D1696749

Die Nordseeküste

Dirk Meier

Die Nordseeküste

Geschichte einer Landschaft

BOYENS

Prof. Dr. Peter Schmid
1973–1991 Ltd. Akad. Direktor des Institutes für historische Küstenforschung, Wilhelmshaven, in dankbarer Freundschaft zum 80. Geburtstag.

ISBN 978-3-8042-1182-7

2. Auflage 2007
© 2006 by Boyens Medien GmbH & Co. KG, Heide
Alle Rechte vorbehalten
Herstellung: Boyens Buchverlag
Druck: Boyens Offset, Heide
Printed in Germany

Inhalt

Vorwort 7

Einleitung: Dynamische Landschaft 9

Als das Eis schmolz: Der Anstieg des Meeresspiegels
Gletscher, Schutt und Schmelzwasser 15
Der Anstieg des Meeresspiegels 15

Zwischen Kliff und Watt: Die Küste
Die Entstehung der Küsten 22
Watten und Gezeiten 26
Wetter und Stürme 27
Dünen 29
See- und Flussmarschen 30
Nieder- und Hochmoore 33
Geest 33

Jäger, Sammler, Ackerbauern: Frühe Nutzung der Küste
Rentierjäger der jüngeren Altsteinzeit 34
Jäger, Sammler und Fischer der mittleren Steinzeit 34
Bäuerliche Siedler der jüngeren Steinzeit und Bronzezeit .. 36

Der Sprung ins Neuland: Erste Siedler in den Marschen
Am Rande der Geest 45
Römische Berichte über die Nordseeküste 47
Siedlungen in den Flussmarschen 50
Erste Wurten in den Seemarschen 55

Franken, Friesen, Sachsen: Die Nordseeküste im frühen Mittelalter
Die Nordsee als Mare Frisicum 69
Heiden und Christen 69
Wurtendörfer zwischen Ems und Weser 73
Ringwälle und Wurten in Dithmarschen 78
Siedlungen, Gräberfelder und Burgen in Nordfriesland . 84

Friesische Freiheit und Dithmarscher Regenten
Landesgemeinden und Häuptlingsherrschaft 89
Dithmarscher Bauern und die Schlacht von Hemmingstedt .. 91
König Abels Tod 93

Geplante Landschaft: Deichbau und Entwässerung
Erste Deiche an den Flüssen 95
Mittelalterlicher Deichbau in Flandern und Holland 96
Mittelalterlicher Deichbau in Niedersachsen und Schleswig-Holstein .. 100
Zum Deichrecht des Mittelalters 107
Deichbau in der frühen Neuzeit 109
Siele und Sielhäfen 113
Folgen des Deichbaus 114
Entwässerung und Moorkultivierung 114
Salztorfabbau 117

DE LÜDE DREVEN VAN HOGE WERVE MIT HUSE UND GUDE: STURMFLUTEN
Donnertosen und Wirbelsturm: Erste mittelalterliche Berichte 119
Sturmfluten des 13. Jahrhunderts 122
Die Große Mandränke von 1362 123
Rungholt 126
Ursachen der Katastrophe 128
Die Verkleinerung der Lundenberg-Harde und die Entstehung Husums 130
Sturmfluten des 15./16. Jahrhunderts 133
Die zweite Große Mandränke von 1634 134
Die Weihnachtsflut von 1717 142
Die Februarflut von 1825 144
Die Hamburg-Sturmflut von 1962 148
Der Capella-Orkan von 1976 149

ZUKUNFT IN GEFAHR: STEIGT DER MEERESSPIEGEL?
Klimaänderung und Meeresspiegelanstieg 151
Wie sicher sind Klimaszenarien? 151
Prognosen und Küstenschutzmaßnahmen 152

KULTURELLES ERBE: SPUREN IN DER LANDSCHAFT
Landschaftliches und kulturelles Erbe 155
Regionen der Nordseeküste 157
    Rheiderland 158
    Emden und Leer 160
    Sielhäfen 162
    Krummhörn 162
    Norderland und Haarlingerland 163
    Brookmerland und Fehnkolonien 164
    Wangerland 164
    Jever, Oldenburg und Wilhelmshaven 165
    Butjadingen 165
    Land Wursten 165
    Land Hadeln 166
    Die Ostfriesischen Inseln 166
    Dithmarschen 169
    Eiderstedt 170
    Nordfriesisches Festland 173
    Husum und Friedrichstadt 174
    Die Nordfriesischen Inseln 175
    Die Halligen 180
    Neuwerk 183
    Helgoland 183

EPILOG 186

GLOSSAR 187

LITERATURVERZEICHNIS 191

ANMERKUNGEN 199

ORTSREGISTER 203

Vorwort

Die Nordseeküstenregion mit ihren Watten, Inseln und Marschen gehört zu den faszinierendsten Küstenlandschaften unserer Erde. Als die ersten Menschen vor etwa 2000 Jahren in die Nordseemarschen kamen, mussten sie sich ihrer Umwelt anpassen. Sie errichteten Warften als künstliche Schutzhügel gegen das Meer. Der seit dem 12. Jahrhundert einsetzende Deichbau und die Entwässerung veränderten den Naturraum der Watten, Salzwiesen und Moore unwiederbringlich. Die Salzmarschen wurden den regelmäßigen Überflutungen entzogen, die Moore in landwirtschaftliches Nutzland umgewandelt. Katastrophale Sturmfluten führten in der Vergangenheit immer wieder zum Untergang kultivierten Landes. Aus Feldern und Weiden wurde Watt, aus der Kulturlandschaft wieder Natur.

Diese Auseinandersetzung des Menschen mit der ihn umgebenen Umwelt im Spiegel der Zeiten ist Thema dieses allgemeinverständlichen Buches. Archäologische, geologische und umweltgeschichtliche Untersuchungen unterstreichen die vielfältigen Verbindungen zwischen Landschaftsentwicklung und Siedlungsgeschichte.

Während meiner Tätigkeit als Leiter der Arbeitsgruppe Küstenarchäologie am Forschungs- und Technologiezentrum Westküste der Universität Kiel entstanden über die Kooperation mit dem Kreis Dithmarschen und dem Institut für Ur- und Frühgeschichte der Universität Kiel hinaus die engen Verbindungen zwischen verschiedenen Forschungsinstitutionen an der Nordsee wie dem Niedersächsischen Institut für historische Küstenforschung (Wilhelmshaven), der Ostfriesischen Landschaft (Aurich), den Archäologischen Instituten der Universitäten Groningen und Amsterdam, der Historischen Geografie der Universität von Amsterdam oder dem Museum Haderslev. Das von mir mitinitiierte EU-Projekt „Landschaft und Kulturelles Erbe des Wattenmeeres" schuf die Grundlage für eine Erfassung der Landschafts- und Kulturdenkmäler des niederländischen, dänischen und deutschen Nordseeküstengebietes.

Ich danke allen, die bei der Realisierung des Buches geholfen haben. Mein langjähriger Mitarbeiter Jens Detlef Pauksztat hatte in vorbildlicher Weise von 1990 bis 2002 die technische Leitung unserer Ausgrabungen inne. Mein Kollege Dr. Dietrich Hoffmann, Kiel, führte über viele Jahre im schleswig-holsteinischen Küstengebiet geologische Untersuchungen durch. Der bekannte Fotograf Walter Raabe, Friedrichstadt, Dr. Hans-Jörg Streif, Nienhagen, und das Niedersächsische Institut für historische Küstenforschung lieferten viele Bilder für dieses Buch. Besonders danke ich dem Verlagsleiter Bernd Rachuth für seine Kooperation bei der Drucklegung des Buches im Boyens Buchverlag. Das Buch möge Interesse wecken an der Landschaft der Nordseeküste und deren Geschichte, einer Region, aus der meine väterliche Familie stammt und der ich mich immer verbunden fühle.

Dirk Meier

Das Nordseeküstengebiet mit seinen Inseln, Marschen, Watten und Prielströmen unterlag in der Vergangenheit einem erheblichen Wandel. Südöstlich der Insel Pellworm, die vor 1634 noch mit der Insel Nordstrand verbunden war, liegt die über mittelalterlichem Kulturland aufgewachsene kleine Hallig Südfall. Das Blau der Prielströme, das Graubraun der Watten und das Grün der Marschen formen ein malerisches Bild. Foto: Walter Raabe.

Einleitung: Dynamische Landschaft

Unendliche Weite, hoher Himmel über niedrigem Horizont, ausgedehnte Watten, Inseln und Halligen, grüne Marschen und das Meer formen die Szenerie der niedersächsischen und schleswig-holsteinischen Nordseeküste. Diese faszinierende Landschaft ist das Ergebnis des Wechselspiels zwischen den gewaltigen Kräften des Meeres und der Einflussnahme durch den Menschen. Die Großartigkeit und Weite dieser Landschaft, von der bereits der Römer Plinius nicht zu sagen wusste, ob sie dem Land oder dem Meer angehört, zeigt sich besonders aus der Luft.

Unser Flug beginnt an der Emsmündung. Bogenförmig schlängelt sich die Ems durch Flussmar-

Das niedersächsische Küstengebiet erstreckt sich mit seinen Seemarschen von der Ems- bis zur Elbemündung. Die heutige Küste formen die Meereseinbrüche des Dollart und des Jadebusens. Vorgelagert ist das Wattenmeer mit den Ostfriesischen Inseln. Grafik: Dirk Meier.

schen. Südlich der Flussmündung erstreckt sich die breite Bucht des Dollart. Dort, wo sich heute das Wattenmeer ausdehnt, befand sich einst besiedeltes Land. Auf der nördlichen Flussseite erblicken wir Emden, sehen Schiffe, die von der Nordsee kommend in den Hafen einlaufen. Schon im frühen Mittelalter war Emden ein bedeutender Handelsplatz, und auch die römischen Flotten waren bei ihren Versuchen der Eroberung Germaniens wiederholt in die Emsmündung vorgestoßen. In einem breiten Mündungstrichter, einem Ästuar, mündet die Ems in die Nordsee.

Zwischen der Wester- und Osterems erblicken wir trocken gefallene, silbrig glänzende Watten, von denen sich der Memmert-Sand und die Insel Borkum abheben. Unser Flug geht entlang der Küste nach Nordosten. Vor der Festlandsküste mit dem langgezogenen Seedeich und den eingedeichten grünen Marschen erstreckt sich das von Prielen durchzogene Wattenmeer. In einer langen Kette liegen die Ostfriesischen Inseln im Blau des Wassers. Weiß schimmern ihre Dünen im Licht der Sonne: Borkum, Juist, Norderney, Baltrum, Langeoog, Spiekeroog und Wangerooge. Seegaten, breite Prielströme, trennen die Inseln voneinander.

Wir fliegen weiter nach Nordosten und sehen unter uns Wilhelmshaven mit der Mündung der Jade, den weit in das Landesinnere reichenden Jadebusen und die Weser. Dazwischen erstreckt sich die pilzförmige Halbinsel Butjadingen. Wir fliegen vorbei an der Wesermündung entlang des Landes Wursten nach Norden. Hinter dem langgestreckten Seedeich sehen wir grüne Weiden, Äcker und Wurtendörfer, dann taucht vor unseren Augen die breite Mündung der Elbe auf. Zahlreiche Schiffe laufen in die Elbe ein, um nach Hamburg zu gelangen, oder kommen von dem größten deutschen Überseehafen. Unter uns erblicken wir die kleine Marscheninsel Neuwerk mit dem im Mittelalter erbauten Turm.

Wir lassen die Elbmündung hinter uns. Zur rechten Seite erblicken wir Dithmarschen, den weit nach Westen reichenden Friedrichskoog, dann weiter nördlich die in das Landesinnere reichende, breite Meldorfer Bucht und erkennen am Horizont die bewaldeten Geestkuppen. Zwischen Meldorfer Bucht und der breiten Eidermündung erstreckt sich halbkreisförmig nach Westen die Nordermarsch. Im Südwesten der Nordermarsch liegt der Hafen- und Kurort Büsum. Wir überfliegen den Prielstrom der Süderpiep, die Vorsände und Watten.

Das Dithmarscher Küstengebiet trennt nördlich der Eidermündung die Halbinsel Eiderstedt vom nordfriesischen Wattenmeer. An ihrem westlichen Ende liegen im Süden die Sände von St. Peter-Ording, im Norden der Westerhever-Sand. Zwischen dieser alten Marscheninsel und dem südlichen Teil Eiderstedts mit Utholm erstreckt sich die nach Osten reichende Tümlauer Bucht.

Wir überfliegen die ovale, durch einen Deich geschützte ehemalige Insel Westerhever, den rot-weiß gestreiften Leuchtturm, den Westerhever-Sand, und vor unseren Augen erscheint ein neues Panorama: Die unendliche Weite des nordfriesischen Wattenmeeres. Inzwischen ist es Ebbe geworden, deutlich erkennen wir die vielen großen und kleinen Priele, die wie Adern das Grau der Watten durchschneiden. Wir überfliegen den breiten, von Westen nach Osten reichenden Heverstrom, dann die davon nach Nordwesten abzweigende Norderhever, durch deren Vorstoß die Insel Strand 1634 in die Inseln Pellworm und Nordstrand zerrissen wurde. Wie kleine grüne Inseln tauchen die Halligen auf: Süderoog, Norderoog, Hooge, Langeneß und Gröde. Im Westen bilden helle Außensände einen Kontrast zum Graubraun der Watten. Dort, wo bei der jetzt eintretenden Ebbe sich das Wasser zurückgezogen hat, erahnen wir im Watt Gräben, Brunnen und Warftreste – Kulturspuren des seit dem 14. Jahrhundert untergegangenen Landes.

Die Satellitenaufnahme von LANDSAT zeigt die niedersächsische Nordseeküste zwischen Ems und Weser. Deutlich sind die Buchten des Jadebusens und des Dollarts zu erkennen, die im späten Mittelalter infolge katastrophaler Sturmfluten entstanden. Zwischen dem Jadebusen und der Weser erstreckt sich die Halbinsel Butjadingen. Foto: LANDSAT, Streif.

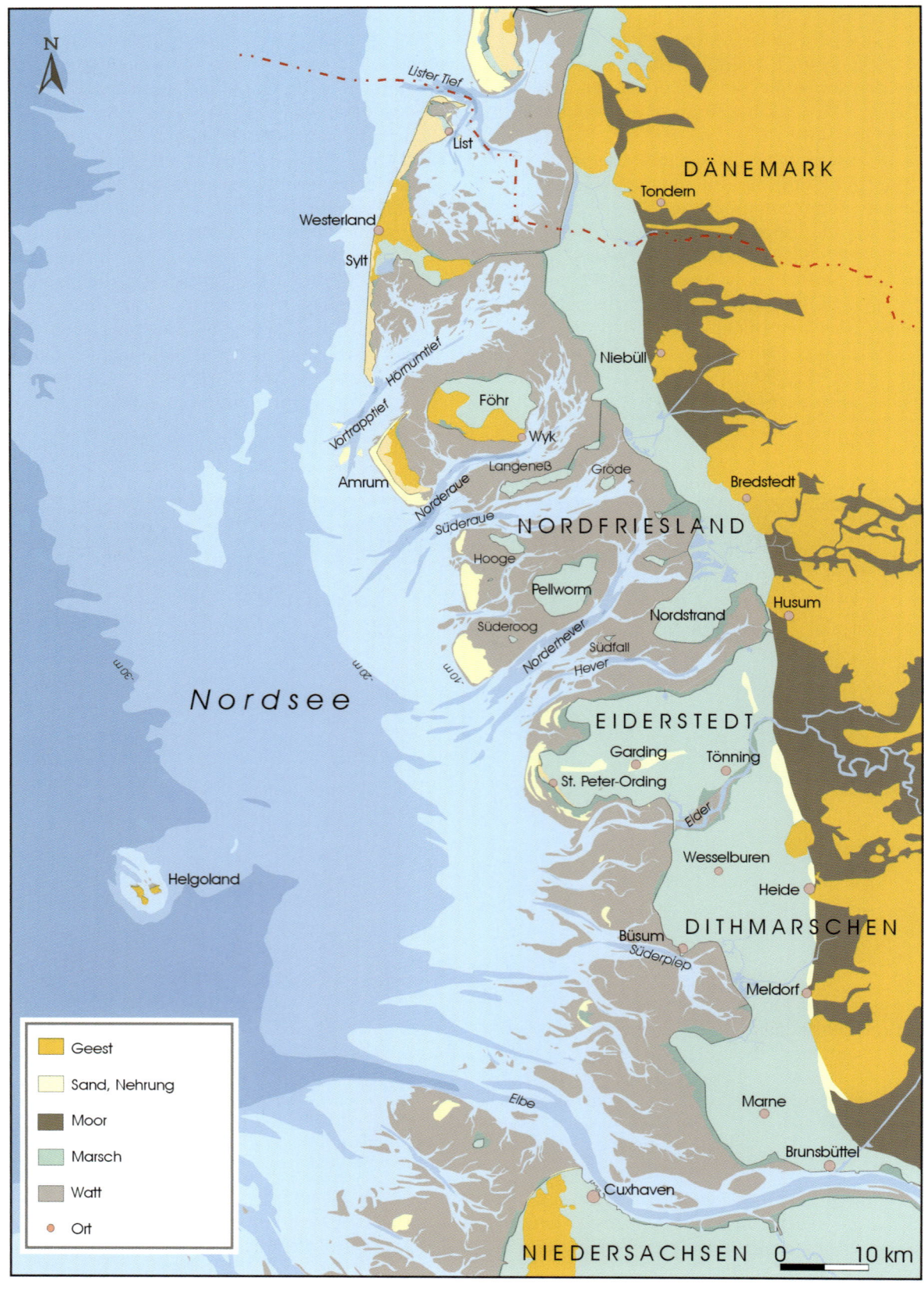

Zu dem herausragenden kulturellen Erbe der Nordseemarschen gehören die alten Dorfwurten. Die Wurt Rysum in der Krummhörn hat ihre alte Siedlungsstruktur noch weitgehend bewahrt: Um die Kirche herum stehen kreisförmig die Bauernhäuser. Foto: Niedersächsisches Institut für historische Küstenforschung/Reinhardt 1965, Taf. 1,1.

Ganz am Rande Pellworms sehen wir die alte Kirche der Insel. Wir erkennen die Halligen Hooge, Gröde und Langeneß, ferner die Inseln Amrum im Westen und Föhr im Osten. An Amrum schmiegt sich im Westen der breite Kniepsand, der zugleich die Düneninsel mit ihrem alten Geestkern schützt.

Vor unseren Augen erblicken wir die Königin der Nordfriesischen Inseln: Sylt. Wir sehen die langgezogenen Dünenketten, die sich im Norden und Süden an den Westerländer Geestkern anschließen, haben das Listland vor uns und begreifen, wie sehr im Laufe der Zeit das Meer diese Insel formte. Nördlich von Sylt erstrecken sich im dänischen Wattenmeer die Düneninseln Rømø und Fanø, dazwischen liegt das kleine Marscheneiland Mandø. Nördlich von Fanø erstreckt sich die langgezogene Halbinsel von Skallingen. Diese Dünenhalbinsel begrenzt zugleich den nördlichsten Teil des Wattenmeeres.

Die Eindrücke dieser Landschaft bleiben unvergesslich: die grenzenlose Weite, das Wattenmeer, die Inseln, Halligen, Sände und Küstenlandschaften. In kaum einer Region Europas sind Landschaftsentwicklung und Siedlungsgeschichte, Umwelt und Mensch so eng miteinander verbunden wie an der

Das schleswig-holsteinische Küstengebiet zerfällt in die Regionen von Dithmarschen, Eiderstedt und Nordfriesland. Im späten Mittelalter und der frühen Neuzeit zerstörten schwere Sturmfluten große Teile der nordfriesischen Uthlande und formten in den Grundzügen die heutigen Küstenlinien. Grafik: Dirk Meier.

Nordseeküste. Die Jahrtausende alte Abhängigkeit von der Gewalt des Meeres hat ihre unauslöschlichen Spuren in der Erinnerung der Menschen hinterlassen. Um sich gegen die Gewalt der Sturmfluten zu schützen, errichteten die ersten Siedler in den nordwestdeutschen Seemarschen vor 2000 Jahren aus Mist und Klei die je nach Region unterschiedlich genannten Warften oder Wurten als künstliche Schutzhügel gegen das Meer. Durch Eindeichung und Entwässerung der Marschen entstand seit dem Mittelalter aus dem Naturraum von Salzwiesen und Mooren eine Kulturlandschaft. Die Auseinandersetzung mit dem Meer bestimmte in dieser extrem Landschaft die Siedel- und Wirtschaftsgeschichte des Küstengebietes. Diese spannende Geschichte hat Forscher ebenso angeregt wie Schriftsteller und Künstler. *Heut bin ich über Rungholt gefahren, die Stadt ging unter vor sechshundert Jahren*, so dichtete Detlev von Liliencron, und Theodor Storms Deichgraf Hauke Haien könnte noch heute bei Stürmen über den Deich reiten.

Dieses Buch möchte anhand verschiedener archäologischer, geologischer und umwelthistorischer Forschungen die historische Tiefe dieser Landschaft erschließen und die Auseinandersetzung des Menschen mit der faszinierenden, aber auch gefährlichen Umwelt schildern. Wir beginnen mit der Entstehung dieser Landschaft, berichten von den ersten Flottenexpeditionen der Römer, beschreiben die Siedel- und Wirtschaftsweise der Marschen und zeigen anhand der großen Sturmfluten die gewaltige, Menschen, Tiere, Häuser und Felder verschlingende Kraft des Meeres auf. Gischtgesäumte Wellenberge rollten auf die Küste zu, Deiche brachen und das Wasser strömte in die Marsch. Ängstlich kauerten sich die Menschen auf den Warften zusammen, hofften auf ein Vorübergehen der Katastrophe. Wird ein steigender Meeresspiegel erneut zu solchen Katastrophen führen? Dieser Frage wollen wir kritisch anhand von Prognosen nachgehen.

Wie auch immer die Zukunft der Küste aussehen wird, wir sollten verantwortungsbewusst mit dem landschaftlichen und kulturellen Erbe der Nordseeregion umgehen. Der Mensch versuchte, dieser Landschaft oft seinen Willen aufzuzwingen. Erst vor dreißig Jahren hat ein Umdenken eingesetzt. Wir begreifen die Einmaligkeit dieser Landschaft und der Ökologie des Wattenmeeres. Das Wattenmeer ist eines der letzten großräumigen naturnahen Ökosysteme Mitteleuropas. Weite Flächen des schleswig-holsteinischen und niedersächsischen Küstengebietes sind daher geschützte Nationalparke. Um die Ökologie des Küstenraumes aber zu verstehen und letztendlich auch zu beurteilen, ist die Kenntnis der eng miteinander verzahnten Landschaftsentwicklung und Siedlungsgeschichte unabdingbar. Der Mensch ist Teil des Ökosystems Wattenmeer, zu tief hat er diese Landschaft geprägt. Das letzte Kapitel des Buches widmet sich diesem kulturellen und landschaftlichen Erbe und führt zu den Spuren der Geschichte dieser Region.

Als das Eis schmolz: Der Anstieg des Meeresspiegels

Gletscher, Schutt und Schmelzwasser

Die Entstehung des heutigen Nordseeküstengebietes mit seinen Watten, Marschen und bewaldeten Geestkuppen geht zurück auf die Eiszeiten, den Anstieg des Meeresspiegels in der Nacheiszeit (Holozän) und den damit verbundenen Transport von Sanden, Tonen und Kiesen (Sedimenten) in das Küstengebiet des Gezeitenmeeres[1]. Kennzeichnend für ein Gezeitenmeer ist der Wechsel von Ebbe und Flut. Solche Vorstöße und Rückzüge des Meeres gab es in einem viel größeren Maßstab auch in der Erdgeschichte, in der sich der Wasserstand der Ozeane wiederholt veränderte. Ursache dafür waren die Klimaschwankungen. In einem besonderen Maße gilt dies für das Quartär, dem jüngsten, vor ca. 2,1 Millionen Jahren beginnenden Zeitabschnitt. Während der Kaltphasen des Quartärs wuchsen die Eismassen der Antarktis und Grönlands an. Daneben entstanden weitere Eisschilde in höheren Breiten auf der Nordhalbkugel.

In das nördliche Mitteleuropa schoben sich dabei wiederholt die Eismassen aus Skandinavien vor. Während die Saaleeiszeit vor 245 000 bis 128 000 Jahren vor heute mit ihrem maximalen Eisvorstößen den Westen Schleswig-Holsteins unter sich begrub, bedeckte das Eis während der Weichsel-Kaltzeit vor 117 000 bis 11 560 Jahren nur den östlichen Teil Schleswig-Holsteins und Jütlands[2]. Das Eis schuf dabei charakteristische Landschaftsformen. Die Gletscher führten gewaltige Schuttmassen mit sich, die nach dem Auftauen als Moränen aus Sand, Lehm und Gesteinsschutt zurückblieben. Das Vordringen und auch das Abtauen der Eismassen erfolgte nicht gleichmäßig, Rückzugsphasen und erneutes Vordringen wechselten sich ab. Die mitgeführten Schuttmassen der Saaleeiszeit blieben dabei als Altmoränen in der Landschaft zurück. Dazu gehören in Nordfriesland die Geesthöhen von Stollberg und Schwabstedt, in Dithmarschen die verschiedenen Geestkuppen von Meldorf bis Burg sowie südwestlich der Elbe die Geestplatten Nordwestniedersachsens.

Das Abschmelzen der gewaltigen Gletschermassen verursachte einen weltweiten Anstieg des Wasserstandes. Infolgedessen drang das nach einem Flüsschen in Holland genannte Eem-Meer bis in das heutige Nordseeküstengebiet vor und erreichte die saaleeiszeitlichen Geestkerne Nordwestdeutschlands.

Mit der Wiedererwärmung wich die spärliche arktische Tundrenvegetation einer Bewaldung von Birken und Kiefern, später wanderten Edel- und Weißtanne, Erle, Hasel und Hainbuche nach Nordwestdeutschland ein. Waldelefanten und Damwild durchstreiften die Wälder. Jäger und Sammler der mittleren Altsteinzeit suchten auf ihren Streifzügen Nordwestdeutschland auf, wie der Neandertaler-Werkplatz von Drelsdorf in Nordfriesland oder die Flintabschläge einer Kiesgrube in Schalkholz in Dithmarschen zeigen[3]. Die in Drelsdorf gefundenen groben Abschläge von Flintknollen und ein Faustkeil lagen nahe eines Sees, der später vermoorte. Das Klima wandelte sich jedoch erneut und die vor 128 000 Jahren angefangene Eem-Warmzeit ging vor etwa 117 000 Jahren zu Ende.

Mit der beginnenden Weichseleiszeit wurde es – allerdings unterbrochen durch wärmere Phasen (Interstadiale) – langsam wieder kühler. Die Gletscher dieser Eiszeit stießen bis nach Ostschleswig, Ostholstein und ins nördliche Mecklenburg vor, ließen aber das heutige Nordseeküstengebiet eisfrei. In dem westlich des Eisrandes liegenden Nordfriesland und Dithmarschen herrschte ein hocharktisches Klima, und der bis in große Tiefen gefrorene Untergrund taute nur während der kurzen Sommer auf. Am Gletscherrand wehte ein starker Wind, der Sande verfrachtete und die Landschaftsformen einebnete. Aus den Talsandlandschaften ragten nur die Kuppen der Altmoränen heraus. Vom Weichsel-Eisrand flossen große Schmelzwässer durch die flachen Sanderebenen nach Westen, deren Täler sich noch teilweise am Grund der Nordsee abzeichnen. Der Abfluss der Schmelzwässer im Raum Hamburg erfolgte dabei durch das 10 bis 30 km breite Elbeurstromtal. Vor etwa 16 000 Jahren wurde das Klima milder, und der Eisrand zog sich allmählich zurück. Dieser Temperaturanstieg erfolgte jedoch nicht gleichmäßig.

Der Anstieg des Meeresspiegels

Neben den Einwirkungen des Eises auf die Gestaltung der Oberfläche lösten die Klimaänderungen weltweite Veränderungen des Meeresspiegels aus[4]. In den Kaltzeiten fiel der Meeresspiegel wiederholt

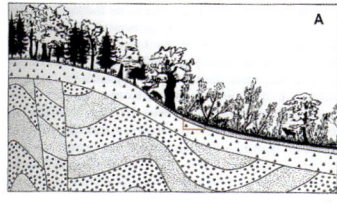
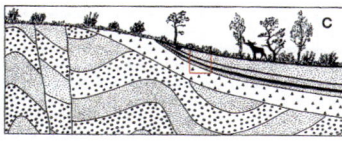

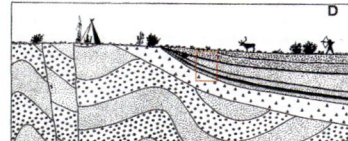

Am Profil der Kiesgrube von Schalkholz in Dithmarschen lässt sich die ältere Landschaftsentwicklung gut verfolgen. In den Kaltzeiten lagerten sich helle Sande ab, in den Warmzeiten kam es zur Bodenbildung. A: Über einer Gletschermoräne der Saaleeiszeit liegt ein 100 000 Jahre altes Eiszungenbecken. B: In einer frühen Wärmeschwankung der frühen Phase der letzten Eiszeit vor 60 000 Jahren (Brörup Interstadial) existierte ein Wald, in dem sich Menschen aufhielten. C: Nach einer Kältephase kam es im wärmeren Odderade-Interstadial wieder zu einer schwachen Bodenbildung mit sporadischer Wiederbewaldung. Oberhalb dieses dunklen Bodens zeichnet sich im Profil die Einwirkung des kalten, eiszeitlichen Klimas auf die Landschaft ab. D: Kurz vor Ende der Weichsel-Eiszeit vor 10 000 Jahren haben frostschuttreiche Fließerden das Tal verfüllt. In dieser Zeit durchstreiften Rentierjäger der Hamburger Kultur Dithmarschen. – Das Rechteck gibt die Lage des Lackprofils der Kiesgrubenwand an. Foto und Grafik: Volker Arnold.

um 130 m, während dieser in den Warmzeiten anstieg, so dass sich an den Flachküsten die Küstenlinien verschoben. Steuernder Faktor dieses Wandels waren vor allem die Veränderungen des Großklimas. Regional spielen – wenn auch im nordwestdeutschen Nordseeküstengebiet weniger bedeutend – horizontale Bewegungen der Erdkruste eine Rolle. So ist das Nordseebecken bereits seit sehr langer Zeit ein Senkungsgebiet, während sich das von der Eislast befreite Skandinavien hebt. Die deutsche Küste sinkt etwa um einen Wert, der kleiner als 1 cm pro Jahrhundert ist.

Wichtiger für die Gestaltung der Nordseeküsten als die Schwankungen der Erdkruste sind die globalen Klimaänderungen. Heute sind etwa 30 Millionen km³ der Süßwasservorräte der Erde im Inlandeis gebunden, davon in der Antarktis die überwiegende Masse mit 28 Millionen km³ und in Grönland 1,8 Millionen km³. Würden diese Eismassen auf einmal schmelzen, wäre nach Berechnungen des International Panel on Climate Change (IPCC) mit einem globalen Anstieg des Meeresspiegels um 71 m zu rechnen.

In der extremsten Kälteperiode der Weichseleiszeit vor 22 000 bis 18 000 Jahren sank der Meeresspiegel auf etwa 110 bis 130 m unter das heutige Niveau[5]. Die Küstenlinie der Nordsee verlief während dieser Zeit weit nördlich der Doggerbank. Im südlichen Nordseeraum dehnten sich weite flache Sanderebenen aus. Mit der Wiedererwärmung und dem Rückgang der großen Gletscher am Ende der letzten Eiszeit stieg der Meeresspiegel zunächst sehr schnell an. Die Nordsee drang in der Folgezeit stetig nach Süden vor und schob infolge des ebenfalls steigenden Grundwasserspiegels einen Vernässungsgürtel mit Mooren vor sich her. Die dabei vom Meer überschwemmten Torfe werden Basistorfe genannt, weil sie weit bis in das heutige Inland an der Basis der nacheiszeitlichen Schichtenfolge liegen. Entsprechend ihrer Höhenlage sind sie verschieden alt und

Mit wärmer werdendem Klima am Ausgang der letzten Eiszeit durchstreiften Rentierjäger die weiten, von Schmelzwasserströmen durchzogenen Sanderebenen der Nordsee. Oft hielten sie sich an solchen Stellen auf, wo die Tiere Flüsse und Niederungen passieren mussten. Grafik: Haderslev Museum.

liefern die wichtigsten zeitlichen Fixpunkte für den Anstieg des Meeresspiegels, da sie sich mit Hilfe der Radiokarbonmethode und Pollenanalyse zeitlich einordnen lassen.

Anhand dieser Datierungen und meeresgeologischer Untersuchungen lag der Nordseespiegel während der frühen Phase der letzten Vereisung (Weichsel-Vereisung) bereits mehr als 40 m unter seinem heutigen Niveau. Nach 9000 v. Chr. überspülte das Meer eine Schwelle westlich der Doggerbank, umfasste diese von Süden und drang 1000 Jahre später entlang des Auslaufs der Elbe in die Helgoländer Rinne weiter nach Süden vor und breitete sich nach Westen aus, so dass die Doggerbank zur Insel wurde[6]. Zwischen 7700 und 7000 v. Chr. kann man auf einen Anstieg des Meeresspiegels von etwa 2,30 m pro Jahrhundert schließen. Infolge des weiter ansteigenden Meeresspiegels verkleinerte sich die Sandinsel der Doggerbank ständig, bis sie nach gut 2000 weiteren Jahren verschwand. Wie der Fund eines bearbeiteten Knochengerätes aus der Zeit um 6050 v. Chr. andeutet, suchten zu dieser Zeit noch Jäger und Sammler diese Region auf. Um 7000 v. Chr. war der Ärmelkanal in die spätere südliche Nordsee durchgebrochen. Die Mündungen von Rhein, Maas und Themse schufen hier noch brackische Bedingungen, voll marine Verhältnisse traten erst 6000 v. Chr. ein.

Für den Zeitraum zwischen 7000 v. Chr. und 5000 v. Chr. geht der Meeresspiegelanstieg erheblich zurück, zwischen 5000 und 1500 v. Chr. steigt das Mittlere Tidehochwasser noch um 20 cm pro Jahrhundert, zwischen 1000 v. Chr. und 2000 n. Chr. dann nur noch um 11,5 cm pro Jahrhundert[7]. In der Zeitspanne des starken Meeresspiegelanstiegs zwischen etwa 9000 und 5500 v. Chr. verschob sich die Küstenlinie mehrere 100 km landeinwärts. Diese Veränderungen der Land-Meer-Verteilung hatten einen erheblichen Einfluss auf die Gezeitenwelle und damit die Höhe des Tidenhubs, der sich ständig veränderte. Seit 3000 v. Chr. begann sich der Meeresspiegelanstieg zu verlangsamen, Phasen eines gedämpften Anstiegs, einer Stagnation, sogar vorübergehender Absenkungen wechselten sich ab. Die einzelnen Meeresvorstöße werden dabei als Transgressionen, die Rückzüge als Regressionen bezeichnet[8].

Während der Regressionen bildeten sich Torfe, die infolge erneuter Meeresvorstöße überschlickt wurden. Derartige, zwischen Meeresablagerungen liegende Torfe werden oftmals bei Bohrungen im Seemarschengebiet angetroffen und als „schwimmende Torfe" bezeichnet. Wie die Basistorfe können auch die schwimmenden Torfe den Beginn einer Regression andeuten. Da diese bis teilweise seewärts der heutigen Küstenlinie reichen, belegen sie Veränderungen der Küstenlinien. Besonders weit verbreitet ist in Ostfriesland und im Wilhelmshavener Jade-Weser-Raum der sog. Obere Torf aus der Zeit zwischen 1550 und 1300 v. Chr.[9]. In landeinwärts liegenden Regionen überflutete das Meer diesen Torf bereits nicht mehr. Da sich der Meeresspiegelanstieg verlangsamt hatte, wuchs das Moor dort schneller auf, als der Sturmflutspiegel Schritt halten konnte.

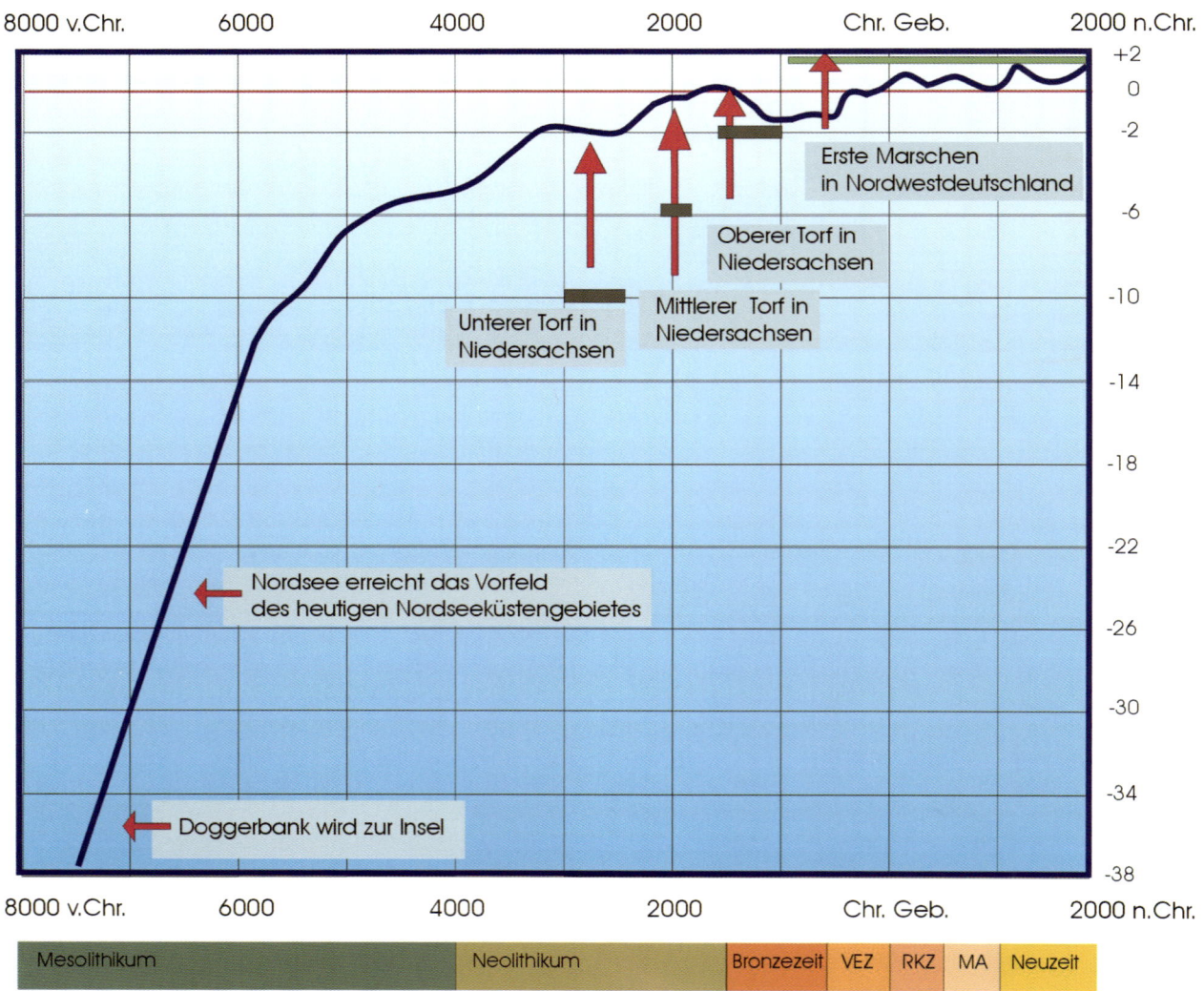

Auf dem Höhepunkt der letzten Eiszeit lag der Meeresspiegel weltweit auf einem Niveau von NN –120 m und stieg seit 10 000 v. Chr. steil an. Seit 5000 v. Chr. verlangsamt sich der Anstieg. Grafik: Dirk Meier nach einem Entwurf von K. E. Behre.

Das Meer überschwemmte die Sanderebenen des flachen Nordseebeckens und erreichte um 4500 v. Chr. den Geestrand der saaleeiszeitlichen Moränen in Nordwestdeutschland. Mit dem Durchstoß des Ärmelkanals zur Nordsee vor 7200 v. Chr. ging zugleich die Landbrücke nach England verloren. Grafik: Dirk Meier nach einem Entwurf von K. E. Behre.

Im Verlauf des nacheiszeitlichen Meeresspiegelanstiegs erreichte die Nordsee um etwa 4500 v. Chr. die saaleeiszeitlichen Geestkerne. Auf der Insel Föhr grenzen diese – wie im Dithmarscher Küstengebiet während der jüngeren Steinzeit – mit kleinen Steilküsten noch heute direkt an das Meer. Die Menschen nutzten die Küste zur Versorgung mit Flint. Foto: Dirk Meier.

Als eines der letzten Küstenmoore haben sich Reste des Sehestedter Außendeichmoors am östlichen Rand des Jadebusens bis heute erhalten[10]. Nach dem Einbruch des Jadebusens im Mittelalter erreichte das Meer wieder das Moor, doch durch das Aufschwimmen der leichteren Oberen Torfschichten kam es nicht zu einer Überflutung.

Die Bildung des Oberen Torfes im niedersächsischen Küstengebiet endete etwa um 1000 v. Chr. In der Folgezeit stieg der Meeresspiegel wieder langsam an und die nächste Transgression überdeckte den Oberen Torf mit Sedimenten. Die Auswirkungen dieses zunehmenden Meereseinflusses sind in Niedersachsen und Schleswig-Holstein zunächst nicht sehr stark gewesen[11]. Der Meeresvorstoß endete mit dem Wachstum neuer Torfe etwa um 800 v. Chr. In dieser Zeit gab es bereits die ersten Flussmarschen[12]. Der Rückzug des Meeres zwischen 1500 und 1000 v. Chr. erlaubte die Besiedlung der Uferwälle an der Unterweser, wo im 9./8. Jahrhundert v. Chr. bei Rodenkirchen eine Siedlung bestand, die infolge erneuter Überschwemmungen Meeresablagerungen bedeckten[13]. Erst um 500 v. Chr. bildete sich hier erneut ein Marschboden, der wiederum überschwemmt wurde. Auch die in der vorrömischen Eisenzeit, um 650 v. Chr., errichteten Flachsiedlungen in der Emsmarsch wurden um 400 v. Chr. vom Meer überschwemmt[14].

In dem nachfolgenden Meeresvorstoß stieß die Nordsee wiederum in das nordwestdeutsche Küstengebiet vor. Das Meer trug teilweise den Oberen Torf im niedersächsischen Küstengebiet ab und die Küstenlinie verschob sich weit in das Binnenland. In Ostfriesland entstanden in dieser Zeit später verlandete Buchten, die Sielmönkener Bucht, Crildumer Bucht und Maade-Bucht. Entlang der Buchten und Küsten warf das Meer höhere Uferwälle auf[15]. Auch das Mittlere Tidehochwasser stieg in dieser Zeit stark an und lag im Wilhelmshavener Küstengebiet etwa NN +0,60 m[16]. In Schleswig-Holstein zeichnen sich die Folgen dieser Überflutungen nicht so deutlich ab.

Ebenso plötzlich, wie diese Transgression einsetzte, so schnell endete sie auch. Wiederum stammen die sichersten Nachweise dieses Umweltwandels aus archäologischen Ausgrabungen von Marschsiedlungen. Die frühesten dieser Siedlungen liegen in der Emsmarsch des Rheiderlandes und beginnen um 130 v. Chr.[17]. Da die Menschen nicht sofort auf die sich verändernden Umweltbedingungen reagierten und mit einer zeitlichen Verzögerung des Einsetzens dieser Siedlungen zu rechnen ist, dürfte die Transgression schon um 150 v. Chr. ausgeklungen sein.

Mit der nachfolgenden Regression sank das Mittlere Tidehochwasser sehr schnell ab. Auf großen Teilen ehemaligen Watts wuchsen Seemarschen auf, deren Weideflächen sich für Viehhaltung betreibende Siedlergruppen anboten[18]. Aufgrund des niedrigen Sturmflutspiegels entstanden vielerorts auf höheren Uferwällen und Marschrücken entlang von Prielen entlang der niedersächsischen und südlichen schleswig-holsteinischen Küste Flachsiedlungen zur ebenen Erde in der Marsch. Sturmfluten infolge eines erneuten Meeresvorstoßes seit 50 n. Chr. erforderten jedoch schon bald den Bau künstlicher Schutzhügel, der Warften oder Wurten. Bereits um 350 n. Chr. sank jedoch das Mittlere Tidehochwasser wieder und die Transgression klang langsam aus. Infolgedessen dehnten sich in vielen Küstenbereichen die Seemarschen aus[19]. Seit dem 7. Jahrhundert entstanden dort auf höheren Uferwällen zunächst Flachsiedlungen, die infolge erneut zunehmender Sturmfluten seit dem 9. Jahrhundert zu Wurten aufgehöht wurden.

In dieser Zeit begann der Meeresspiegel sich wieder zu senken, bevor dann im 12. Jahrhundert die nächste Überflutungsphase erfolgte. Die seit dieser Zeit einsetzende Bedeichung der Seemarschen führte vorübergehend zu einem Anstieg des Mittleren Tidehochwassers, da sich das Meer nicht mehr ungehindert bei höheren Wasserständen über die

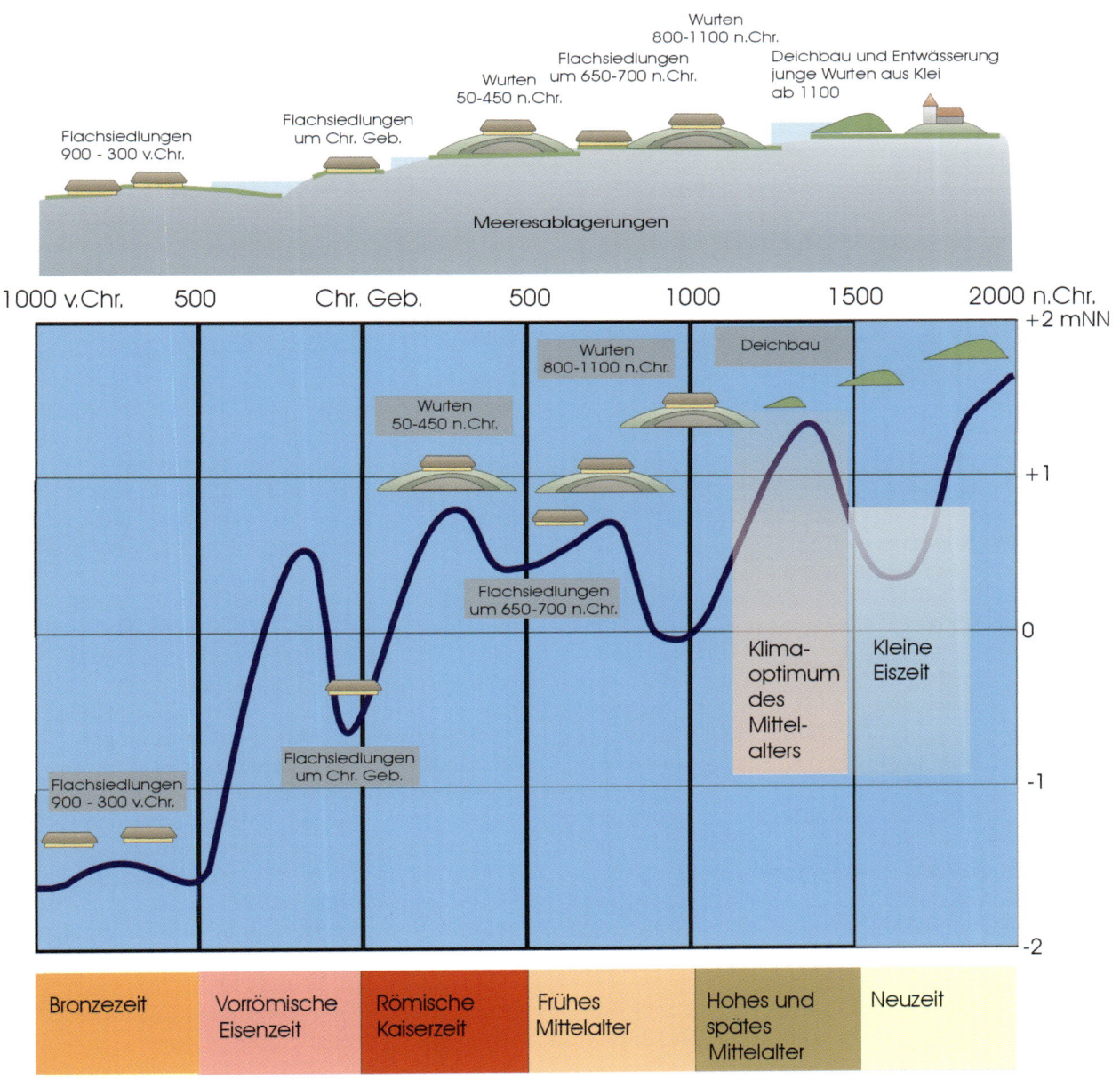

Die stark schematisierte Darstellung der überhöht gezeichneten Meeresspiegelkurve deutet an, wie die Menschen auf das Meer reagierten. Seit 900 v. Chr. entstanden – während der Phase eines niedrigen Sturmflutspiegels – in den Flussmarschen der Weser und Ems auf hohen Uferwällen Flachsiedlungen zu ebener Erde. Steigende Sturmfluten erforderten oft den Bau von Wurten (Warften). Regional gibt es jedoch viele Unterschiede und die Entwicklung ist komplizierter. Seit dem 12. Jahrhundert wurden die Marschen eingedeicht. Infolge des Deichbaus und des hochmittelalterlichen Klimaoptimums stieg der Meeresspiegel erneut an, bevor er infolge der Kleinen Eiszeit wieder sank. Grafik: Dirk Meier nach einem Entwurf von K. E. Behre.

Seemarsch ausbreiten konnte. Um 1450 sank das Mittlere Tidehochwasser erneut ab und stieg um 1700 wieder an. Der Anstieg des Mthw war zum eine Folge der zu Ende gehenden „Kleinen Eiszeit" – einer vorübergehenden Abkühlung des Klimas von etwa dem 15. bis frühen 19. Jahrhundert –, aber auch verursacht durch die zunehmenden Eindeichungen[20].

Zwischen Kliff und Watt: Die Küste

Die Entstehung der Küsten

Erste Überflutungen erreichten vor 5900 bis 5600 Jahren v. Chr. das Vorfeld der heutigen Ostfriesischen Inseln. In der Folgezeit drang das Meer buchtartig zwischen den saaleeiszeitlichen Geestplatten Niedersachsens vor[21]. Westlich als auch zwischen den vorspringenden Geestgebieten vermoorten die niedrigen Landoberflächen. Das vordringende Meer überdeckte im Gebiet des heutigen Jadebusens um 5000 v. Chr. diese flachen, vermoorten Ebenen mit Sedimenten. Als „Basistorfe" sind Reste dieser Vermoorung auf der eiszeitlichen Oberfläche (Holozänbasis) erhalten geblieben. Seit 4000 v. Chr. zog sich das Meer wieder zurück und in einem Niveau von NN −7 m bis −5 m bildete sich im niedersächsischen Küstengebiet der sog. Mittlere Torf. Der nachfolgende Meeresvorstoß (Transgression) überdeckte dieses Moor mit Sedimenten. Infolge eines erneuten Meeresrückzuges (Regression) entstanden dann Seemarschen, in die das Meer in der Folgezeit Buchten ausprägte. Die sich ständig verlagernden Ostfriesischen Inseln bildeten sich frühestens im 1. Jahrtausend v. Chr. aus Vorsänden, auf denen Dünen aufwehten.

Im Unterschied zum niedersächsischen Küstengebiet liegt das westliche Schleswig-Holstein näher zum Eisrand der Weichseleiszeit. Das eiszeitliche Relief beeinflusste daher stärker die Entwicklung der Nordseeküste. Die am Eisrand frei gewordenen Schmelzwasserströme hatten weite Sanderflächen aufgeschüttet. Diese erstreckten sich in Nordfriesland zwischen den höheren Moränenkuppen der vorletzten Eiszeit, wie dem Stollberg. Die Altmoränen reichten in Nordfriesland dabei, wie die Geestkerne der heutigen Inseln Sylt, Amrum und Föhr zeigen, weiter nach Westen als in Dithmarschen. Aus diesem Raum flossen die Schmelzwasserströme weiter nach Nordwesten in das Nordseebecken. Das Wasser der weiter südlich gelegenen Sanderflächen sammelte sich in den Tälern von Treene, Eider und Elbe, die über das Elbeurstromtal entwässerten. Am Ende der letzten Eiszeit prägten im Bereich des heutigen Nordseeküstengebietes somit teils hochliegende, flach zur Nordsee geneigte Moränen- und Sanderflächen die Landschaft, welche Schmelzwasserrinnen durchzogen. Aufgrund dieser erdgeschichtlichen Vorgänge verlief die weitere Landschaftsentwicklung in Nordfriesland und Dithmarschen jeweils unterschiedlich.

Im Verlauf des nacheiszeitlichen Meeresvorstoßes drang die Nordsee zunächst in die tiefen Schmelzwassertäler von Eider und Elbe vor, lagerte bis zu 30 m mächtige Sedimente ab und erreichte schließlich um 4500 v. Chr. den Dithmarscher Geestrand. Da die Geestkerne, wie bei St. Michaelisdonn und Kleve, steil nach Westen abfielen, überspülte das Meer sehr schnell den tiefen Fuß dieser Moränen. So entstanden aus den älteren, bereits in der Saaleeiszeit vorgeformten Steilhängen zum Elbeurstromtal jüngere Kliffs und Steilufer[22]. Die im heutigen Küstenbereich bis NN −20 m abfallenden Moränen bedeckte das Meer mit Sanden und Tonen. Die Sohle der nacheiszeitlichen Elbe wurde bei Trischen sogar erst in einer Tiefe von NN −34 m erfasst[23]. Als die Nordsee die −20 m-Tiefenlinie erreichte, war vor dem Dithmarscher Geestrand eine tiefe Meeresbucht mit Ausläufern zu Eider und Elbe vorhanden.

Um etwa 2500 v. Chr. lagerten sich infolge der Abspülung (Erosion) der vorspringenden Geestkerne mit der nord-südlichen Meeresströmung in nord-südlicher Richtung sandige Sedimente ab, die das Ausgangsmaterial für die Bildung von Nehrungen schufen. Zunächst entstanden die kleineren Sandwälle bei Kleve und Fedderingen sowie ältere Nehrungen bei St. Michaelisdonn. Erst danach bildeten sich die langgezogene Lundener Nehrung und die jüngeren Nehrungen bei St. Michealisdonn. Bis in die Mitte des 1. vorchristlichen Jahrtausends waren diese Sandwälle, auf denen teilweise Dünen aufwehten, den Brandungskräften des Meeres ausgesetzt. Nehrungen und vorspringende Geestkerne schufen somit in Dithmarschen eine Ausgleichsküste. Wäh-

Um 3000 v. Chr. brandete das Meer an die saaleeiszeitlichen Geestkerne Dithmarschens und Nordfrieslands. In Dithmarschen trug das Meer diese teilweise ab und schüttete aus deren Material sowie mitgeführten Sanden und Kiesen entlang der Küste verlaufende Nehrungen auf. In Nordfriesland erstreckten sich die Geestkerne weiter nach Westen. Das Meer zerstörte diese teilweise und drang in die niedrigen Schwemmsandebenen vor. An die Geestkerne angehängte Nehrungen führten allmählich zur Abschottung des heutigen nordfriesischen Wattenmeergebietes. Hier breiteten sich in der Folgezeit Moore und Schilfsümpfe aus. Grafik: Dirk Meier.

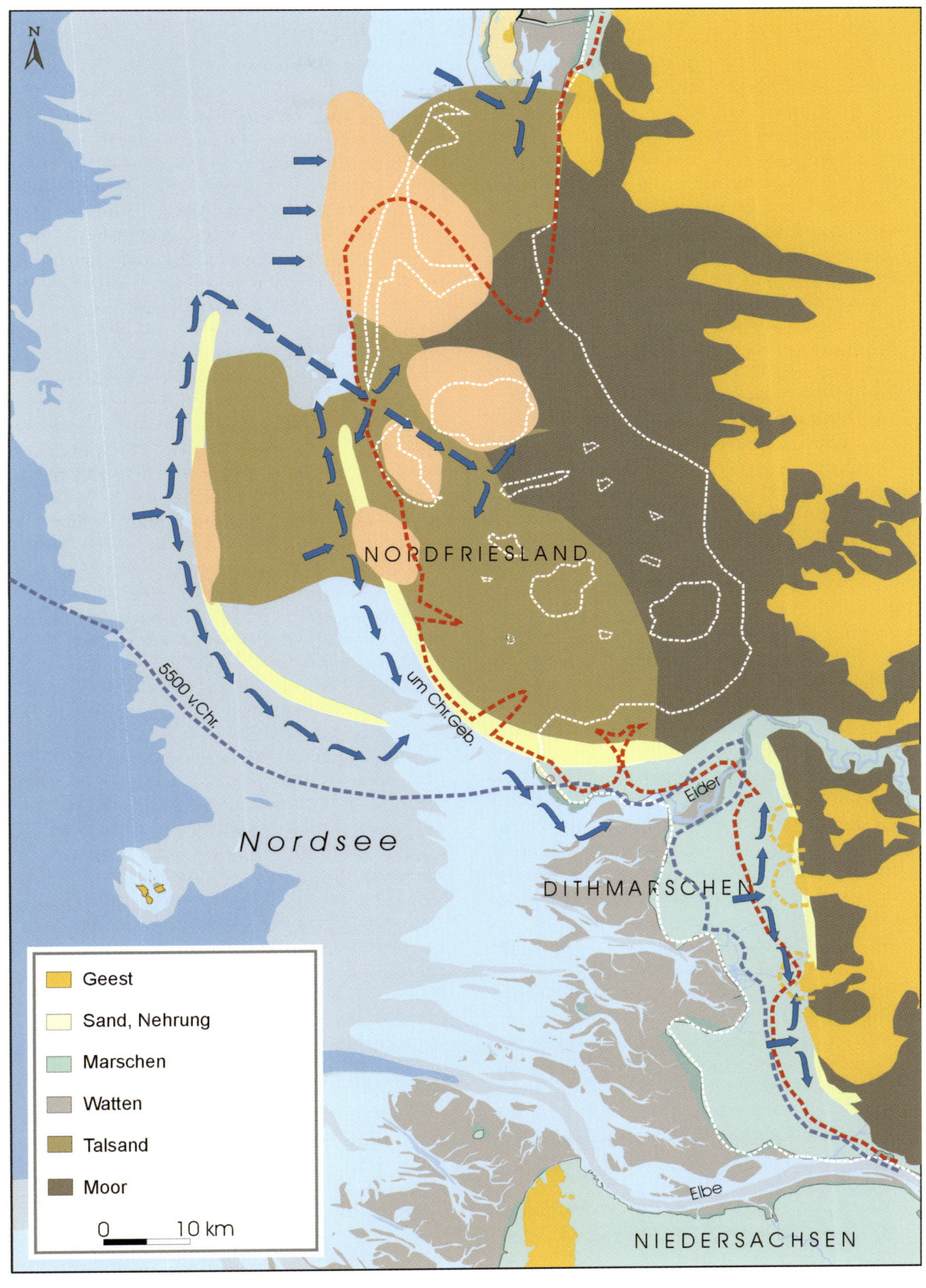

rend die dahinter liegenden Täler dem direkten Meereseinfluss entzogen wurden, aussüßten und vermoorten, bildeten sich westlich der Nehrungsküste ein Wattenmeer sowie seit etwa 500 v. Chr. die alte Marsch.

Das Dithmarscher Küstengebiet trennt nördlich der Eidermündung die 30 km weit nach Westen reichende Halbinsel Eiderstedt vom nordfriesischen Wattenmeer[24]. Ihre Entstehung ist eng mit der Bildung der Sandwälle verbunden, welche die heutige Halbinsel von Osten nach Westen durchziehen. Nachdem das Meer nordwestlich der Halbinsel alte Geestkerne und Nehrungen abgebaut hatte, verfrachtete es die Sande und Kiese nach Südosten und schüttete die verschiedenen Eiderstedter Sandhaken auf. Zwischen 2100 und 500 v. Chr. bildete sich der Tholendorfer Haken, an den zunächst noch Wattflächen grenzten, bevor eine Verlandung einsetzte.

Weitere Abtragungsprozesse führten dann zur Entstehung der langgestreckten Garding-Tatinger Nehrung. Wie ein Profil der Sandgrube Esing zeigt, lagerte das Meer oberhalb des Watts mehrere Meter mächtige Sande ab. Auf den Sände bildete sich um Chr. Geb. ein humoser Boden. Darüber folgen weitere Sandanwehungen, die mit ihren Dünen Höhen von über NN +1,50 m erreichen.

Die Bildung dieser Sandwälle begünstigte die Entstehung von Seemarschen südlich der Nehrung, während im Schutz der Nehrung die nördlichen Bereiche der Halbinsel vermoorten. Besonders hoch landeten dabei die Marschen entlang der Eidermündung auf. Jüngere Meeresvorstöße im Verlauf des 1. nachchristlichen Jahrtausends durchbrachen dabei zwischen Tating und Garding dieses Nehrungssystem. Diesen Süderheverdurchbruch darf man sich jedoch nicht als ein katastrophenartiges Ereignis vorstellen. Auch von Westen her drang das Meer nördlich der Nehrungen vor und bedeckte die Moorflächen vor 2500 Jahren mit Sedimenten. Als sich das Meer aus diesem Bereich wieder zurückzog, entstanden auch im nördlichen Teil der Halbinsel niedrige, von vielen Prielen inselartig zerschnittene Seemarschen.

Nördlich der Halbinsel Eiderstedt erstreckt sich das heutige nordfriesische Wattenmeer mit seinen Geest- und Marschinseln, Halligen, Sänden, Prielen und Watten. Die Landschaftsentwicklung dieser Region hat einen ganz anderen Verlauf genommen als diejenige der südlichen schleswig-holsteinischen Nordseeküste[25]. In der Saaleeiszeit bildeten die Geestkerne der heutigen Inseln Sylt, Föhr und Amrum die höchsten Erhebungen eines Gletscherzungenbeckens. Während der Weichseleiszeit füllten Schmelzwässer das Zungenbecken mit Ablagerungen auf und ebneten die Täler ein. Die Höhenunterschiede des eiszeitlichen Reliefs ändern sich hier bereits in kurzer Entfernung.

Hier erreichte das Meer aufgrund der zwischen NN −20 m und −5 m höher liegenden eiszeitlichen Oberfläche (Holozänbasis) das heutige Küstengebiet des nordfriesischen Wattenmeeres später[26]. Im westlichen Bereich reicherten sich Sande an, weiter östlich Tone. In einem tiefen Becken östlich von Pellworm lagerte sich Schlick unter ruhigen Bedingungen ab. Da der langsamer gewordene Meeresspiegelanstieg nicht mehr mit der Ablagerung der Sande und Tone Schritt halten konnte, bildete sich ein Wattenmeer. Bald nach 5500 v. Chr. erreichte die Nordsee dabei den Raum des heutigen Pellworm[27]. Etwa 500 Jahre später waren vermutlich weite Teile des heutigen südlichen nordfriesischen Wattenmeeres und des nördlichen Eiderstedt überflutet. Die Küstenlinie verlief etwa von der Westseite Nordstrands zur Hamburger Hallig und von dort nach Pellworm, um dann nach Norden in Richtung der Süderaue abzubiegen und deren Südseite zu folgen[28]. Zwischen Pellworm und Nordstrand reichte die Bucht weit nach Osten. Die Landschaft müssen wir uns ganz anders vorstellen als heute. Im Westen lagen höhere, beim weiteren Anstieg des Meeresspiegels teilweise überflutete Moränenkerne, östlich davon erstreckten sich sandige Täler, die allmählich aufgrund des steigenden Grundwasserspiegels vermoorten.

Langsam drang das Meer weiter in diesen lagunenartige Landschaft vor und lagerte Sande und Tone oberhalb dieser vermoorten Gebiete ab. Die gröberen Teile dieser Sedimente trug das Meer von den Moränenkuppen ab. Mit zunehmender Annäherung der Sedimentoberfläche an die heutige Höhe setzte sich Schlick ab. Als der Meeresspiegel sank und sich das Meer aus dem inneren Bereich des heutigen nordfriesischen Wattenmeeres um 500 v. Chr. zurückzog, entstanden dort im Schutz der westlichen Moränenkerne und angehängten Sandwälle (Nehrungen) Schilfsümpfe. Die Oberfläche dieses Moores lag ursprünglich um NN +0,8 m. Danach tra-

Von den saaleeiszeitlichen Moränen der südlichen Dithmarscher Geest reicht der Blick nach Westen über die um 500 v. Chr. entstandene alte Marsch. Im Vordergrund erstreckt sich die Nehrung von Dingerdonn. Foto: Volker Arnold.

In weiten Bereichen des heutigen nordfriesischen Wattenmeeres dehnten sich – wie dieses Foto vermitteln soll – infolge der Abschottung durch Geestkerne und Nehrungen Schilfsümpfe aus, auch die landwärtigen Partien der Seemarschen (Sietländer) waren vermoort. Foto: Dirk Meier.

ten in den aus Ton aufgebauten Gebieten erhebliche Sackungen ein. Somit prägten Kuppen und vermoorte Senken die Landschaft.

Die Bildung der Nehrungsküste setzte während der letzten beiden Jahrtausende v. Chr. ein. Reste der Moore erfassten Bohrungen im inneren Bereich des heutigen nordfriesischen Wattenmeeres. Priele spülten wiederholt bis 3000 Jahre alte Baumstubben frei[29]. Die lagunenartige Landschaft mit Seen, Schilfsümpfen und Hochmooren durchstreiften seit der Bronzezeit Jäger, die dem Vogel- und Fischfang nachgingen. Nachdem das Meer die als Barrieren wirkenden Nehrungen und Geestkerne teilweise wieder abbaute, wuchsen um 500 v. Chr. in den westlichen Teilen des heutigen nordfriesischen Wattenmeeres in ihrer Ausdehnung nicht bekannte Seemarschen auf. Deren Erschließung von der nordfriesischen Festlandsgeest behinderte jedoch die ausgedehnte Moorlandschaft im Osten.

Watten und Gezeiten

Wasser, Wind, Strömung und Gezeiten sind die treibenden Kräfte der Veränderlichkeit des Wattenmeeres. Das Mittlere Tidehochwasser (MThw) bildet dabei die Grenze zwischen Land und Meer. Oberhalb des MThw beginnen die Salzwiesen, darunter die Watten, deren Oberfläche sich ständig wandelt. Viele große und kleine Priele leiten täglich zweimal mit Flut- und Ebbstrom große Wassermassen in das Watt ein und aus. Je nach diesen Gezeitenströmen, nach Wind und Seegang, nach Lage in Luv und Lee ist die Wasserbewegung sehr unterschiedlich und damit auch die Transportkraft. Schnell bewegtes Wasser transportiert gröberes Material als langsameres. Die Ablagerung von Sanden spricht daher für schnelle Ablagerungsbedingungen, die von Tonen und Schluffen für langsamere. An den Prielen kann man an den Windungen höhere Prall- und flachere Gleithänge beobachten. Abhängig von der Strömungsgeschwindigkeit und dem damit angelieferten Material unterscheidet man das festere Sandwatt und das feuchtere Schlickwatt, in dem man leicht einsinken kann. Viele Lebewesen, Algen, Muscheln, Kleinkrebse und Würmer bevölkern das nährstoffreiche Watt.

Die durch die Anziehungskräfte von Mond und Sonne auf die Erde entstehenden Gezeiten, Tideniedrig- und Tidehochwasser, bestimmen alle Prozesse im Wattenmeer. Ebbe und Flut treten zwar an der Nordseeküste mit zeitlicher Verzögerung ein, weichen aber gleichmäßig voneinander ab. So braucht die Gezeitenwelle von der niederländischen Küste bis nach Sylt etwa dreieinhalb Stunden.

Zahlreiche Pegel halten diese Gezeitenbewegungen fest. Den Wert zwischen Tideniedrigwasser und Tidehochwasser bezeichnet man als Tidenhub. An der deutschen Nordseeküste ist dieser mit 3,5 m am größten in der inneren Deutschen Bucht. An den Flussmündungen, wie der Weser, steigt der Tidenhub bis auf 4 m, in Borkum beträgt er 2,4 m und in List auf Sylt 1,8 m.

An die heutige Nordseeküste grenzt das von zahlreichen kleineren und größeren Prielen durchzogene Watt, das periodisch während der Ebbe trockenfällt. Der Blick reicht hier von den Seegatten der ostfriesischen Wattenmeerküste bis zum Jadebusen. Foto: Walter Raabe.

Die Schwingungswellen des Atlantischen Ozeans reichen bis in die Nordsee als dessen flachem Randmeer. Diese laufen von den Shetland-Inseln auf die Ostküste Englands zu und treffen im Ärmelkanal auf die südlichen Schwingungswellen. Von dort verlaufen die Wellen weiter entlang der Ostfriesischen Inseln bis in die Deutsche Bucht, nordwärts entlang der schleswig-holsteinischen und dänischen Nordseeküste, um dann in einer bogenförmigen Bewegung wieder den Atlantischen Ozean zu erreichen.

Wetter und Stürme

Sturmfluten entstehen durch Starkwinde infolge des Aufeinandertreffens von Tief- und Hochdruckgebie-

Der Wind häuft den vom Meer herantransportierten Sand auf Sänden zu Dünen auf. Die jungen Dünen – wie diese von Borkum – bezeichnet man als Weißdünen, die älteren – wie diese auf Spiekeroog – als Schwarzdünen. Fotos: Hans-Jörg Streif.

ten. Die an den zusammentreffenden Tief- und Hochdruckmassen mit ihren unterschiedlichen Temperaturen und Drücken entstehenden Luftwirbel verschiedener Stärke lösen dabei starke Winde und Wellen aus. Sind diese nur schwach, sprechen wir von einer leichten Brise, im Extremfall tobt ein Orkan. Sturmwirbel über der Nordsee entstehen dann, wenn arktische Kaltluftmassen auf subtropische Warmluftmassen stoßen. Am 3. Januar 1976 trafen solche Kaltluftmassen von –37 Grad Celsius über den Färöern mit Warmluftmassen von –12 Grad Celsius über dem Ärmelkanal zusammen. Der entstandene Sturmwirbel bewegte sich schnell südostwärts und erreichte mit Orkanböen die schleswig-holsteinische Westküste gegen Mittag. Durch diesen auflandigen Sturm entstanden hohe Wellen. Diese Wetterlage ist

Aus dem Aufwachs von Sanden und Tonen oberhalb des Mittleren Tidehochwassers entstehen an der Nordseeküste Seemarschen. Überflutet das Meer die Seemarschen, führen abgelagerte Sinkstoffe zu deren weiterer Aufhöhung. Foto: Dirk Meier.

ein typisches Phänomen für den Nordseeraum und hat auch in der Vergangenheit zu teilweise katastrophalen Sturmfluten geführt.

Entsprechend der Stärke der Sturmfluten lassen sich leichte von schweren und sehr schweren Sturmfluten unterscheiden, die entsprechend der Windstärke auch als Wind-, Sturm- und Orkanfluten bezeichnet werden. Als Maß der Sturmflut gilt dabei die Höhe über dem Mittleren Tidehochwasserstand (MThw) des jeweiligen Pegelortes. Liegt dieser 1,5 bis 2,5 m darüber, spricht man von Sturmfluten, bei 2,5 bis 3,5 m von schweren Sturmfluten und ab 3,5 m von sehr schweren Sturm- oder Orkanfluten. Seit der Mitte des 19. Jahrhunderts liegen von vielen Orten an der Nordsee Pegelmessungen vor. Die häufigsten und höchsten Sturmfluten treten naturgemäß im Winterhalbjahr auf, so vor allem zwischen November und Januar. Jeder Sturm bringt Bewegung in das Wattenmeer: Schlick-, Sand- und Schillmassen wirbeln die Wellen auf, werden transportiert und wieder abgelagert.

Dünen

Auf den Ostfriesischen Inseln und den Nordfriesischen Inseln Amrum und Sylt finden wir Dünen. Dünen entstehen durch Flugsand und mitgeführte Sande des Meeres. Die Meeresbrandung häuft diese zunächst zu flachen Strandwällen auf. Der Wind trägt dann den getrockneten Sand fort. In einiger Entfernung von der Flutkante siedeln sich als Pionierpflanzen der Strandweizen oder die Binsenquecke an, die einen hohen Salzgehalt vertragen. Deren Halme halten den Sand fest und eine erste Düne von etwa einem Meter Höhe kann so aufwachsen. Wenn weiter

Entlang der Priele bilden sich an den Prallhängen höhere Uferwälle. Dies lässt sich gut an Prielen im Watt oder Sänden beobachten. Foto: Dirk Meier.

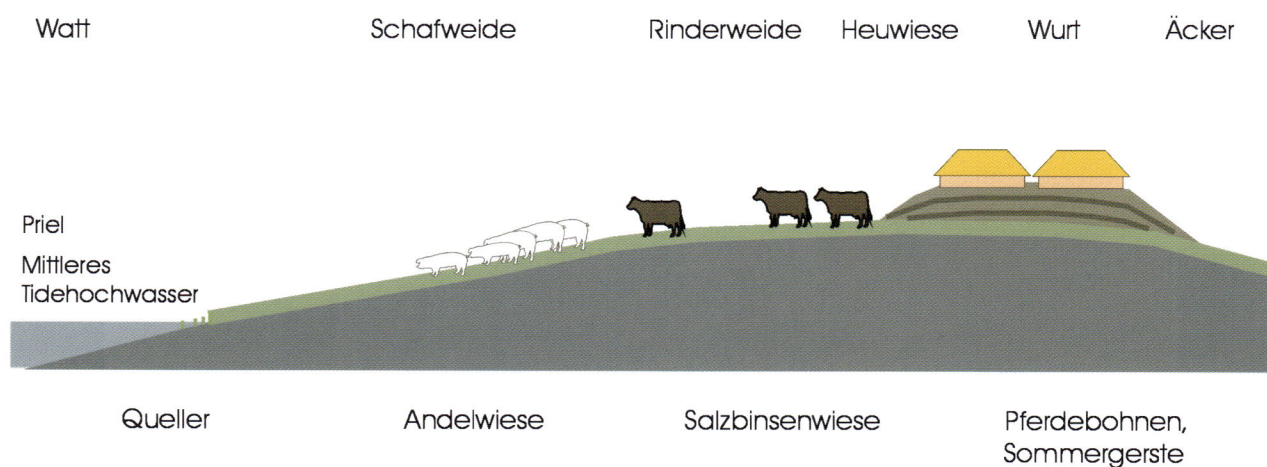

In den unbedeichten Seemarschen lagen die Wurtsiedlungen meist auf den hohen Uferwällen entlang von Prielen. Es dominierte die Viehhaltung, saisonaler Ackerbau erfolgte während der Sommermonate nur auf den höchsten Partien der Uferwälle. Hier befanden sich auch die Heuwiesen. In den höheren Seemarschen weideten vor allem Rinder, in den niedrigeren Schafe. Grafik: Dirk Meier.

Sand zugeführt wird und der Salzgehalt abnimmt, finden wir in dichteren Beständen Strandhafer, Strandroggen und andere Gräser. So entsteht die bis 30 m hohen „Weißdüne". Wo die Sandzufuhr aufhört, wachsen Silbergras und Sandseggen, die den Sand durch den gebildeten Humus grau färben (Graudüne). Das Entstadium der Dünenentwicklung ist die Schwarzdüne. Bei den Wanderdünen verhindert hingegen die ständige Sandzufuhr einen natürlichen Bewuchs.

SEE- UND FLUSSMARSCHEN

Täglich zweimal während der Flut erreicht das Wasser die Küstenlinie des Flachmeeres. Die im Wasser schwebenden feinen Teile lagern sich ab und auf den Watten bildet sich Schlick. Zu dessen Bildung tragen die im Wattboden lebenden Muscheln und Würmer mit ihren Ausscheidungen bei. Als erste Pflanze im noch tiefen Watt siedelt sich neben verschiedenen Algen das Seegras (Zwergseegras: *Zostera nana*) an. Ist dieses Schlickwatt bis zu einer Höhe von 50 cm unter dem mittleren Tidehochwasserspiegel aufgewachsen, kann als Pionierpflanze der kammartige grüne Queller *(Salicornia herbacea)* existieren. Der Queller bremst die Wasserströmung und fördert die weitere Schlickablagerung. Zwischen dem Queller siedelt sich heute das künstlich eingeführte, aber wenig erwünschte Reisgras *(Spartina towsendii)* an, da dessen Wuchs Wasserstrudel begünstigt.

Hat diese Anwachszone mit dichterem Pflanzenbestand landwärts etwa die Höhe des Mittleren Tidehochwassers erreicht, finden wir den Andel *(Pucinellia maritima)*. Die rasenartige Andelzone wird nur noch bei Springtiden und höheren Windfluten überflutet. In der Andelzone siedeln sich auch die ersten größeren Blütenpflanzen an. Höhere, den Andelrasen überwemmende Fluten höhen diesen durch die Ablagerung von Schwebstoffen weiter auf, so dass ein Anwachs entsteht. Solche Anwachsschichten lassen sich an den natürlichen Abbruchkanten beobachten. In den höchsten Bereichen der

Vor der Bedeichung der Seemarschen im 12. Jahrhundert waren die Siedelareale auf die Seemarschen nahe der Küste begrenzt, den inneren Teil der Marschen – das Sietland – bedeckten Moore und Schilfsümpfe. In den Seemarschen erstreckten sich zahlreiche Priele, an denen Wurten lagen (oberes Bild). Nach der Bedeichung wurden die Seemarschen und Moore entwässert. In dem neu kultivierten Sietland liegen die Höfe in Reihen als Schutz vor dem Binnenwasser auf flachen Wurten (Marschhufensiedlungen). Infolge des Deichbaus steigt das Mittlere Tidehochwasser an (unteres Bild). Grafik: Dirk Meier.

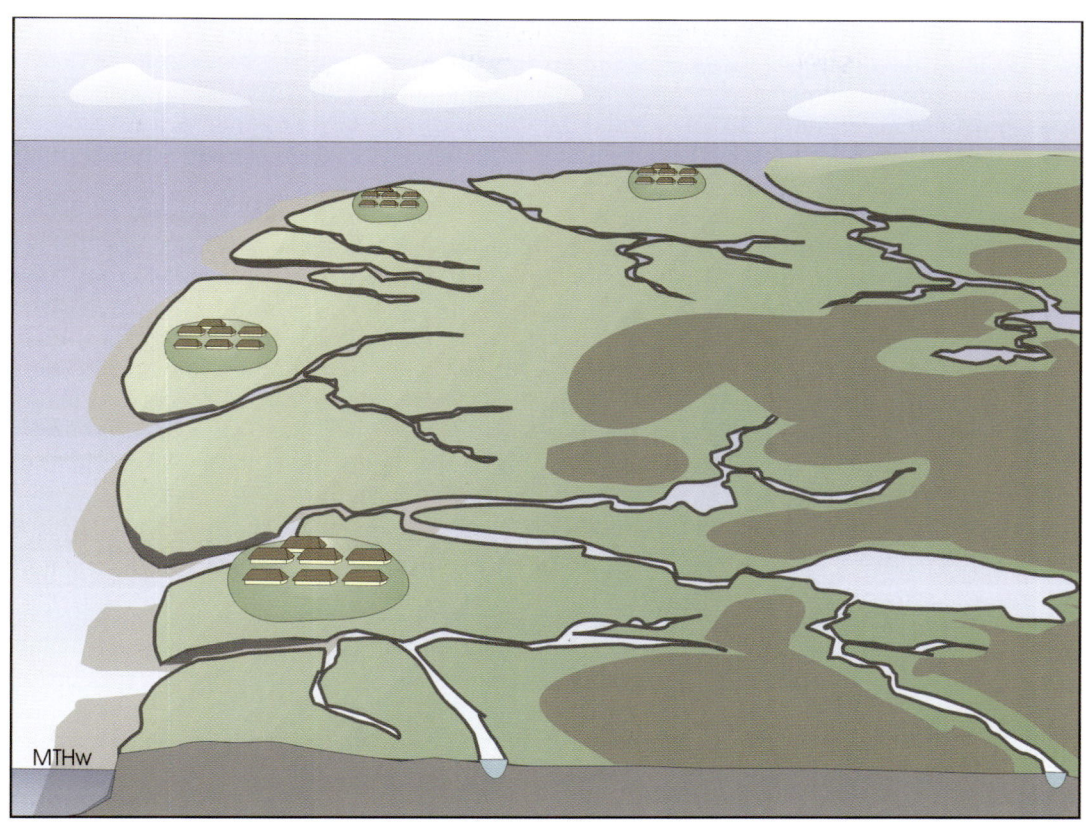

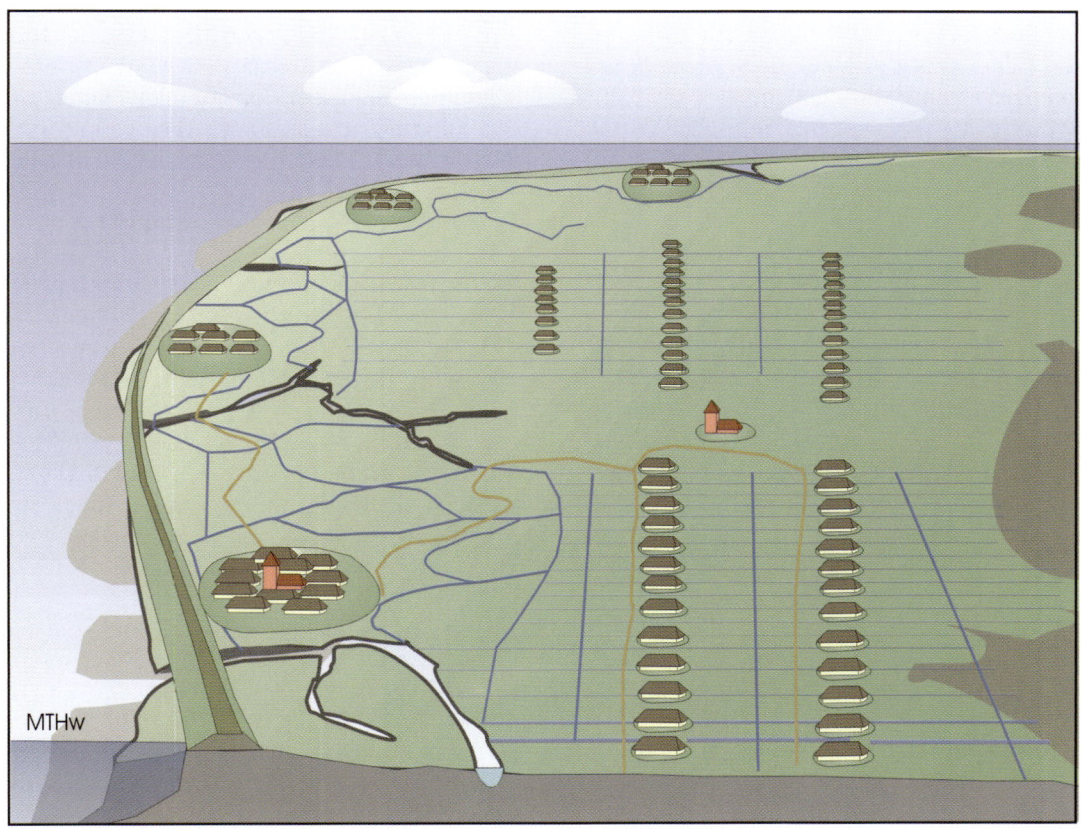

Salzwiesen gedeiht der Rotschwingel *(Festuca rubra)*. Solche Salzmarschen mit reichhaltiger Flora finden wir heute nur noch in den nicht mehr beweideten Vorländern. Die höheren Partien der Salzmarschen bilden eine gute Viehweide für Rinder, während die niedrigeren Bereiche nur für Schafhaltung geeignet sind. Die Seemarschen weisen einen hohen Salz- und Kalkgehalt aus. Die Flussmarschen entstehen hingegen unter brackischen Bedingungen oder im Süßwasserbereich.

In den sich seewärts ausdehnenden Salzbinnenwiesen *(Juncetum geradi)* weideten bereits die Schafe und Rinder der ersten Siedler. Diese dienten auch als Heuwiesen. In den niedrigeren Partien der Seemarschen, den Andelrasenflächen *(Puccinellietum maritimi)* fanden wie in unseren heutigen Vorländern nur Schafe Nahrung, in den höheren auch Rinder. Die jungen Seemarschen weisen dabei besonders kalkreiche Böden auf, die älteren Marschen sind kalkärmer und damit weniger fruchtbar.

Vor der Bedeichung der Marschen im Mittelalter spielt neben den bodenkundlichen Komponenten deren Höhenlage eine wichtige Rolle für die Besiedlung und Nutzung. Unter natürlichen Bedingungen wachsen die Seemarschen nahe an der Küste, an Flüssen oder Prielen am höchsten auf, da hier das Meer die meisten Schwemmstoffe ablagert. In der Zeit vor der Bedeichung suchten die ersten Siedler in den Seemarschen solche Uferwälle auf, da sie hier die besten Möglichkeiten für die Anlage ihrer Hofstellen, für Viehhaltung und saisonalen Ackerbau während der Sommermonate vorfanden. Zwar überschwemmten höhere Sturmfluten die Uferwälle und drangen in das Hinterland vor, lagerten hier aber kaum noch Schwemmstoffe ab. Mit der Zeit wuchsen so die nahe der Küste gelegenen Seemarschen höher auf, während das Meer keine Sinkstoffe mehr im Hinterland ablagerte. In den flacheren, landeinwärts liegenden Sietländern, deren natürliche Entwässerung nur die Priele bildeten, entstanden Schilfsümpfe und Moore. Vor der Bedeichung und der damit einhergehenden künstlichen Entwässerung waren die Sietländer eine siedlungs-

Zwischen den Geestkernen an der Nordseeküste erstreckten sich noch in der frühen Neuzeit zahlreiche, aus Niedermooren entstandene Hochmoore. Das Sehestedter Außendeichsmoor grenzt an den Meereseinbruch des Jadebusens. Foto: Hans-Jörg Streif.

feindliche Landschaft. Solche Schilfsümpfe nahmen weite Bereiche der landseitigen Marschen ein und bedeckten den gesamten Bereich des heutigen inneren nordfriesischen Wattenmeeres, den inneren Teil der Dithmarscher Seemarsch oder der niedersächsischen Küste.

NIEDER- UND HOCHMOORE

Große Teile des Elbe-Weser-Gebietes ebenso wie der innere Teil Dithmarschens und Nordfrieslands bedeckten ursprünglich Moore. Als Folge von Versumpfungen im Bereich des Grundwassers, teils in Senken und Niederungen, entstanden Niedermoore[30]. Diese weisen aufgrund der Bindung an das Grundwasser eine große Artenvielfalt auf. Die Ausbreitung solcher Niedermoore im Sietland sowie in Bach- und Flusstälern im Küstengebiet ist eng verbunden mit dem durch den Meeresspiegelanstieg verursachten Anstieg des Grundwasserspiegels. Als Folge des Grundwasseranstiegs versumpften auch ursprünglich weitgehend trockene Niederungen und deren Ausdehnung trennte die Geestgebiete Nordwestniedersachsens, Dithmarschens und Nordfrieslands in verschieden große Teile.

Im Unterschied zu den im Küstengebiet ursprünglich weit verbreiteten Niedermooren sind Hochmoore unabhängig vom Grundwasser und ernähren sich allein vom Niederschlagswasser. Da dieses nährstoffarm ist, wachsen in den Hochmooren nur wenige anspruchslose Pflanzen wie Torfmoose, Wollgräser und einige Heidekrautgewächse. Das Einsetzen der großflächigen Hochmoorbildung hängt eng zusammen mit dem Vordringen der Nordsee und dem damit verbundenen feuchten Klima in den heutigen Küstenbereich. Schon südlich der Linie Osnabrück–Hannover finden wir kaum noch Hochmoore. Viele unserer Hochmoore begannen ihr Wachstum vor 3000 v. Chr. und dehnten sich in der Folgezeit rasch aus. Das für Hochmoore günstige Klima führte im Elbe-Weser-Gebiet zur Entstehung des Ahlenmoors, Kehdinger Moors und des 204 km² großen Teufelmoors.

Viele der Moore zeigen in ihrem Aufbau eine markante Zweiteilung in den unterliegenden stark zersetzten Schwarztorf und den darüber liegenden schwach zersetzten Weißtorf. Dieser Wechsel der Torfart ist eine Folge einer seit 1000 v. Chr. einsetzenden Klimaverschlechterung mit höheren Niederschlägen und geringerer Verdunstung. Je nach den lokalen Entwässerungsbedingungen (Hydrologie), reagierten die Moore zeitlich unterschiedlich auf diese Klimaverschlechterung. Die Altersdatierungen des Schwarzmoor-Weißmoor-Kontaktes können daher über 1000 Jahre streuen.

GEEST

Unter Geest werden im Nordseeküstengebiet die eiszeitlichen Altmoränen und Sandgebiete verstanden. Im Unterschied zu Marschen und Mooren haben wir auf der Geest noch die Oberflächenformen vor uns, wie sie die Eiszeit geschaffen hat. Diese hat erst der Mensch durch seine Siedlungs- und Wirtschaftsweise verändert. Natürliche Veränderungen der Geest in der Nacheiszeit betreffen vor allem die Böden. Kennzeichnend für große Teile der Geest sind lehmige Sandböden oder nährstoffarme, trockene Sandböden.

In weiten Bereichen der Geest bildeten sich mit der Wiederbewaldung in der Nacheiszeit Braunerden. Durch Auswaschung der Tonbestandteile aus dem Oberboden infolge von Regenfällen und deren Anreicherung im Unterboden entstanden daraus Parabraunerden als gebleichte Böden. Noch stärker ausgewaschen ist der Podsol mit seinen stark eisenhaltigen, bodenverdichtenden Horizonten, wie sie insbesondere auf den reinen Sandböden vorkommen.

Unter dem Rohhumus liegt hier oft 15–20 cm Bleichsand, gefolgt von einer stark eisenhaltigen Ortsteinschicht. Darunter folgt der gelbe Sand des Ausgangsmaterials. Neben diesen Böden sind auf der Geest auch Niederungsböden vertreten, deren Ausbildung eine Folge der Grundwasserschwankungen ist. Ansteigendes Grundwasser führte hier zur Bildung von Stauwasserböden, sog. Gleyen und Pseudogleyen.

Die auf diese Weise verarmten Geestböden besaßen nur eine geringe Regenerationskraft, zumal diesen durch den seit der Jungsteinzeit vor 5000 Jahren einsetzenden Ackerbau, Viehhaltung und andere menschliche Eingriffe Nährstoffe entzogen wurden. Bereits während der Jungsteinzeit, stärker noch in der Bronzezeit, kam es auf den gerodeten Flächen zur Bildung von Heiden. Diese Offenlandflächen bewaldeten sich später wieder, da die Siedlungen in dieser Zeit öfter verlegt wurden und noch nicht die Platzkonstanz mittelalterlicher Dörfer aufwiesen. Seit dem hohen Mittelalter erfolgte für die Anlegung neuer Felder und Orte eine umfassende Rodung der alten Wälder in realiv kurzer Zeit, worauf Dorfnamen mit Endungen auf -holt, -lohe und -horst hindeuten.

Jäger, Sammler, Ackerbauern: Frühe Nutzung der Küste

Rentierjäger der jüngeren Altsteinzeit

Während der kühleren Phasen am Ende der letzten Eiszeit prägte eine baumlose Tundra den Naturraum, durch den große Rentierherden zogen. Nur vereinzelt wuchsen in geschützten Lagen Birken. Den Herden folgten die Menschen der spätsteinzeitlichen Jägergruppen. Sie lauerten an den Wildwechseln, wie an Tunneltälern und Flüssen, den Tieren auf und erlegten sie mit Pfeil und Bogen. Die während der Warmphase des Meiendorf-Interstadials lebenden Jäger der Hamburger Kultur (10 750–10 200 v. Chr.) waren bereits anatomisch moderne Menschen. Ein charakteristischer Fundplatz dieser Zeit befand sich am Rande der saaleeiszeitlichen Geest bei Ahrenshöft in Nordfriesland[31]. Zwölf Stationen der späteiszeitlichen Jäger der Havelte-Kultur (um 10 300 bis 10 000 v. Chr.) am Randes eines heute abgetorften Moores wurden hier ausgegraben. Dieses Restmoor befand sich am Ende einer Geländesenke, die wie auch die anderen Schmelzwasserrinnen am Ausgang der letzten Eiszeit mit Wasser gefüllt war. Kiefern, Pappeln, Weiden und Sanddorn wuchsen im Umkreis des Lagerplatzes.

Während der darauf folgenden Zeitspanne des Alleröd, zwischen 9800 und 8800 v. Chr., wurde das Klima wärmer und es breiteten sich Birken-Kiefer-Wälder aus, in denen die nach ihren Geschossspitzen genannten Federmesser-Kulturen Elche jagten. Auf ihren Streifzügen durchzogen die Jäger auch die sandigen Ebenen des heutigen Nordseebeckens. Vereinzelt sind Funde aus dieser Zeit am Grunde der Nordsee durch Fischer ans Licht gebracht worden. Von bevorzugt aufgesuchten höher gelegenen Kuppen, wie dem Rand der Schobüller Endmoräne, besaßen die Jäger einen weiten Blick in die Niederung. In der letzten Phase der Klimaverschlechterung, der jüngeren Dryaszeit, in der es zu einer einige Jahrhunderte dauerten neuen Eiszeit kam, starben die Wälder, und erneut breitete sich eine Tundrenvegetation aus. Die Jäger der Ahrensburger Kultur (8800–8200 v. Chr.) erlegten daher wiederum Rentiere. Mit dem wärmer werdenden Klima veränderte sich die Vegetation der Landschaft, die Rentiere verschwanden und auch die weiten Sanderflächen im Gebiet des heutigen Nordseebeckens. Diese überflutete das Meer.

Jäger, Sammler und Fischer der mittleren Steinzeit

Die Wiedererwärmung der Nacheiszeit verdrängte die Tundrenvegetation, Kiefern und Birken breiteten sich aus. Solche Wälder prägten ebenso wie Moore auch den Naturraum der weiten Sandflächen, die sich um 7000 v. Chr. noch zwischen dem heutigen Withby in Nordengland und Nordjütland erstreckten. Jäger und Sammler der mittleren Steinzeit (Mesolithikum) durchstreiften diese Gebiete. Das Vordringen des Meeres infolge des nacheiszeitlichen Meeresspiegelanstiegs verkleinerte langsam, aber stetig deren Lebensraum. Zwischen 7000 und 6000 v. Chr. kam es zu einer Massenausbreitung der Hasel, deren Nüsse das Nahrungsangebot bereicherten. Das wärmere und feuchte Klima des Atlantikums um 6000 v. Chr. verdrängte Hasel und Kiefer, stattdessen breiteten sich Linde und Eiche aus.

Typisch für viele Fundkomplexe der mittleren Steinzeit ist das Auftreten zahlreicher kleiner Geschossspitzen, den Mikrolithen. Wie solche Funde aus den westlichen und nördlichen Niederlanden, im niedersächsischen Küstengebiet sowie der Elbmündung zeigen, suchten die Menschen vor allem den Rand der höheren Sandgebiete, die Dünen und Küstenbereiche auf[32]. Jagdbeute waren die Tiere der Waldlandschaft, zu denen Elche, Hirsche, Rehe, Bären, Wildschweine und Ur gehörten. Im späten Mesolithikum kam es zur ersten Ausbildung festerer, einzelner Territorien. Die Existenz von Bestattungsplätzen aus dieser Zeit, wie Vedbæk bei Kopenhagen, weist auf eine soziale Organisation der Jäger- und Sammlergruppen hin, die komplexer war als jemals zuvor in der Menschheitsgeschichte. In einzelnen Regionen stiegen die Bevölkerungszahlen an.

Der Lebensraum der Küsten mit dem reichhaltigen Nahrungsangebot an Wasservögeln, Seevögeln und Fischen war ideal für die mittelsteinzeitlichen Jäger, Fischer und Sammler. Sie sammelten an den Kliffs für die Werkzeugherstellung Feuerstein. Die an den Küsten lebenden Menschen mussten aber auch besonders flexibel auf die sich wandelnden Umweltbedingungen reagieren. So erreichte am Ende der Mittelsteinzeit das Meer an der nordwestdeutschen Küste bis an die Geestkerne der Saaleeiszeit und stieß weit in den Bereich der heutigen Flussmündungen von Rhein, Ems, Weser, Elbe und Eider vor.

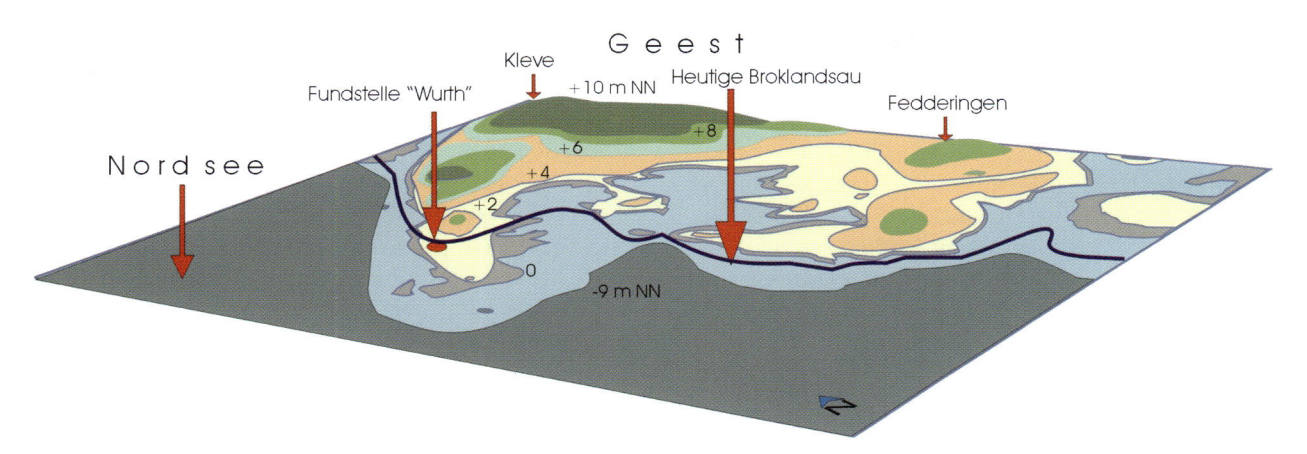

Um 5000 v. Chr. drang das Meer in das untere Tal der Broklandsau bei Kleve in Norderdithmarschen ein. Im unteren, dunkelblauen Niveau (NN −9 m) wird der Meeresspiegelstand zu dieser Zeit angedeutet. Auf einer sandigen Halbinsel liegt der mesolithische Fundplatz Fedderingen „Wurth". Die ehemalige Meeresbucht ist längst verlandet. Grafik: Dirk Meier nach einem Entwurf von Volker Arnold.

Da sich die mittelsteinzeitlichen Menschen vor allem an den Küsten und Ufern von Seen aufhielten, überflutete das Meer deren Siedelplätze, so dass diese heute unter Sedimenten oder Mooren liegen.

Auch in Dithmarschen befanden sich viele Lagerplätze der Mittelsteinzeit nahe der Küste[33]. Infolge des Meeresspiegelanstiegs drang vor ca. 6500 Jahren die Nordsee weit in das Eidertal hinein, deren Mündung dann der heutigen Elbe ähnelte. Die innere Broklandsau bildete eine fördenartige Wasserfläche, die bis in das Ostroher Moor zurückreichte und bei Stelle-Wittenwurth in die Nordsee mündete. Auf einer direkt an das offene Meer grenzenden langgestreckten Halbinsel lag zwischen Nordsee und Broklandsauniederung der mittelsteinzeitliche Lagerplatz Fedderingen. Erst infolge der um 3000 v. Chr. aufgeschütteten vorgelagerten Lundener Nehrung verlandete das Hinterland allmählich, so dass der Fundplatz heute im Binnenland liegt. Die Menschen der Mittelsteinzeit verfügten über grob behauene Scheiben- und Kernbeile, Klingen als Messereinsätze sowie Kratzer für die Fell- und Holzbearbeitung. Verschiedene Mikrolithen, so vor allem querschneidige kleine Pfeilspitzen, dienten der Jagd auf Seevögel. Aufgrund der Steingeräteformen und der Verwendung schlecht verarbeiteter Tongefäße gehört der Lagerplatz zur Ertebølle-Kultur, damit zu einer Kulturgruppe, die vielfach an den Küsten Schleswig-Holsteins und Dänemarks angetroffen wird. Bei Seedorf-Ecklack in Süderdithmarschen fand sich im 19. Jahrhundert in gut 3 m Tiefe ein typischer Spitzbodentopf dieser Kultur. Möglicherweise lag dieser auf dem später überfluteten Teil der südlichen Spitze der ältesten Nehrungen des Strandwallfächers von St. Michaelisdonn[34].

Auch bei Kleve und Windbergen prägten sich westlich der saaleeiszeitlichen Moränenkerne Nehrungen aus, so dass die Geestränder ihre Bedeutung als Rohstofflieferanten verloren. Wo sich auf den Dithmarscher Nehrungen und Geesträndern noch durch die Brandung stark abgerollte Flintabschläge der späten Jungsteinzeit und der frühen Bronzezeit fanden, lagen diese noch im Einflussbereich des Meeres. Klingen, Beile und Dolche fertigten die Menschen hier aufgrund des wenigen Rohmaterials nicht. Stattdessen nutzte man Feuersteine für die Herstellung von Pfeilspitzen. Vor allem zur küstenbezogenen Jagd suchten die Menschen die Sandwälle auf, die Rohstoffversorgung spielte nur eine zweitrangige Rolle[35].

Auf der nordfriesischen Geest legten Jäger und Sammler der mittleren Steinzeit ihre Lagerplätze auf sandigen Zungen an Flussschleifen oder auf Sandböden nahe vermoorter Niederungen an. Im nordfriesischen Küstenbereich konzentrieren sich die noch nachweisbaren Siedelplätze mit Spuren der Feuersteinbearbeitung (Abschlagplätze) auf die Altmoränen der Inseln Sylt, Amrum und Föhr. Unter vier Meter mächtigen Meeresablagerungen kam bei Wyk auf Föhr in einer Torfschicht eine Knochenharpune zum Vorschein. Weitere im nordfriesischen Wattengebiet aufgelesene Einzelfunde von Flintbeilen, Sicheln, Abschlägen und anderen Steingeräten deuten an, dass die seit dem 2. Jahrtausend v. Chr. existierende

Moor- und Schilflandschaft von Menschen aufgesucht wurde[36]. Aus dem Fundzusammenhang gerissen und von der Nordsee verdriftet, erlauben diese Funde keinen Rückschluss auf die Höhe der damals begangenen Landoberfläche. Anhäufungen von Muschelschalen als Mahlzeitreste der Ertebølle-Kultur, die beim Bau der Husumer Hafenschleuse zum Vorschein kamen, lagen auf einer Torfschicht oberhalb der alten Geestoberfläche. Darüber befanden sich sechs Meter mächtige Meeresablagerungen[37].

BÄUERLICHE SIEDLER DER JÜNGEREN STEINZEIT UND BRONZEZEIT

Bereits für das späte 5. Jahrtausend v. Chr. lassen sich in den nordwestdeutschen Küstengebieten Anzeichen einer frühen sesshaften Lebensweise mit Ackerbau und Viehhaltung feststellen. Etwa 3500 Jahre hatte es gedauert, von etwa 7000 bis 3500 v. Chr., bis sich in ganz Europa, ausgehend vom Süden und Südosten bis Norden, bäuerliche Gemeinschaften ausbreiteten. Während die Eingriffe in die Waldlandschaft der Geest durch Brandrodung zunächst nur lokal begrenzt blieben, erfolgten seit 3000 v. Chr. erste Umgestaltungen der Waldlandschaft. Die Menschen dieser ersten bäuerlichen Kultur im Norden werden nach ihren Gefäßen Trichterbecher-Kultur genannt. Die für die Landwirtschaft benötigten Flächen wurden mit Steinäxten sowie Feuer gerodet und das Vieh in den Wald getrieben. Einfache Grabstöcke, später Hakenpflüge, lockerten den Boden zwischen den stehen gebliebenen Baumstümpfen auf. Viele der kleinen Siedlungen und Einzelhöfe befanden sich an Übergangsbereichen zwischen bewaldeten Moränen und vermoorten Tälern.

Mit ihren Großsteingräbern (Megalithgräber) haben uns die Menschen dieser Zeit eindrucksvolle Kulturdenkmäler ihrer Glaubenswelt hinterlassen. Die Dolmen mit ihren schmalen, von Trägersteinen eingefassten Kammern, die meist bis zu drei Decksteine verschlossen, bilden den ältesten Typ der nordischen Megalithgräber. Etwas jünger sind die im mittleren Abschnitt der Jungsteinzeit errichteten, später oft erweiterten Kammern mit größerem Innenraum. Neben den rechteckigen Dolmen finden sich auch polygonale (vieleckige) Anlagen. Die Dolmen und erweiterten Dolmen werden allmählich durch Langbetten mit mehreren Grabkammern abgelöst. An die Stelle von Bestattungen Einzelner treten solche von Gruppen. Die weite Verbreitung der Megalithgräber an den westeuropäischen Küstengebieten deutet auf die Übermittlung neuer Ideen und kultischer Vorstellungen hin, die verschiedene Kulturen übernahmen. Gegenüber den Spitzbodentöpfen der ausgehenden Mittelsteinzeit hatte sich das Gefäßspektrum mit verschiedenen Töpfen, Bechern und Kragenflaschen, die verschiedenen Zwecken dienten, erheblich erweitert.

Im niedersächsischen Küstengebiet waren besonders die Ränder der Moränen entlang der Meeresküste und vermoorten Niederungen dicht besiedelt[38]. Auf der von Mooren umgebenen Geestinsel von Flögeln im nordwestlichen Niedersachsen befanden sich mehrere solcher Wohnplätze. Die Siedler der Trichterbecher-Kultur (3000–2500 v. Chr.) bauten hier Getreide, überwiegend Spelz- und Nacktgerste, daneben auch Emmer, Saatweizen und Einkorn an. Die ursprünglichen Wälder mit Vorherrschen von Eiche gegenüber Linden, Ulmen und Eschen veränderten mit der zunehmenden Siedlungsausdehnung um 2500 v. Chr. ihre Zusammensetzung. Die auf den besten Böden angelegten Äcker befanden sich nun da, wo vorher die Linden stockten. Infolge der Beweidung und der Versorgung des Viehs mit Laubfutter lichtete sich der Wald mehr und mehr auf[39]. Während der Zeit der Trichterbecher-Kultur existierten mehrere weit auseinander liegende Einzelhöfe. Diese bestanden aus trapezförmigen, zweischiffigen Langbauten mit Flechtwänden und eingegrabenen, paarig angeordneten Innenpfosten. Querwände unterteilten die Häuser in mehrere Räume[40]. Ein Nachbau eines solchen Hauses steht im Archäologisch-Ökologischen Zentrum in Albersdorf in Dithmarschen, einem in der Jungsteinzeit dicht besiedelten Gebiet, wie zahlreiche Megalithgräber dokumentieren. Bieten Flögeln und Albersdorf das Beispiel einer landeinwärts auf der Geest liegenden Siedlungskammer, so gibt es auch Belege für die Nutzung der Küsten in dieser Zeit.

Während der Zeit der Trichterbecher-Kultur (3000–2500 v. Chr.) lag die westliche Geestküste Dithmarschens zwischen Friedrichshof im Süden und Lunden im Norden noch im Brandungsbereich des Meeres. Noch reichten im Bereich der Broklandsau, der Miele und der Süderau große Buchten in das Landesinnere zwischen den höher gelegenen bewaldeten Geestkernen. Die Küste ähnelte einer Boddenlandschaft. Siedlungen dieser Zeit konzentrierten sich entlang der Ufer dieser Buchten, von wo aus sich die Steilküsten mit ihrem Rohmaterial für die Werkzeugherstellung aus Feuerstein gut erreichen ließen. Ferner ließ sich das Nahrungsangebot der Küste nutzen[41]. Auch im bewaldeten Hinterland, meist am Rande der Moränen, befanden sich Sied-

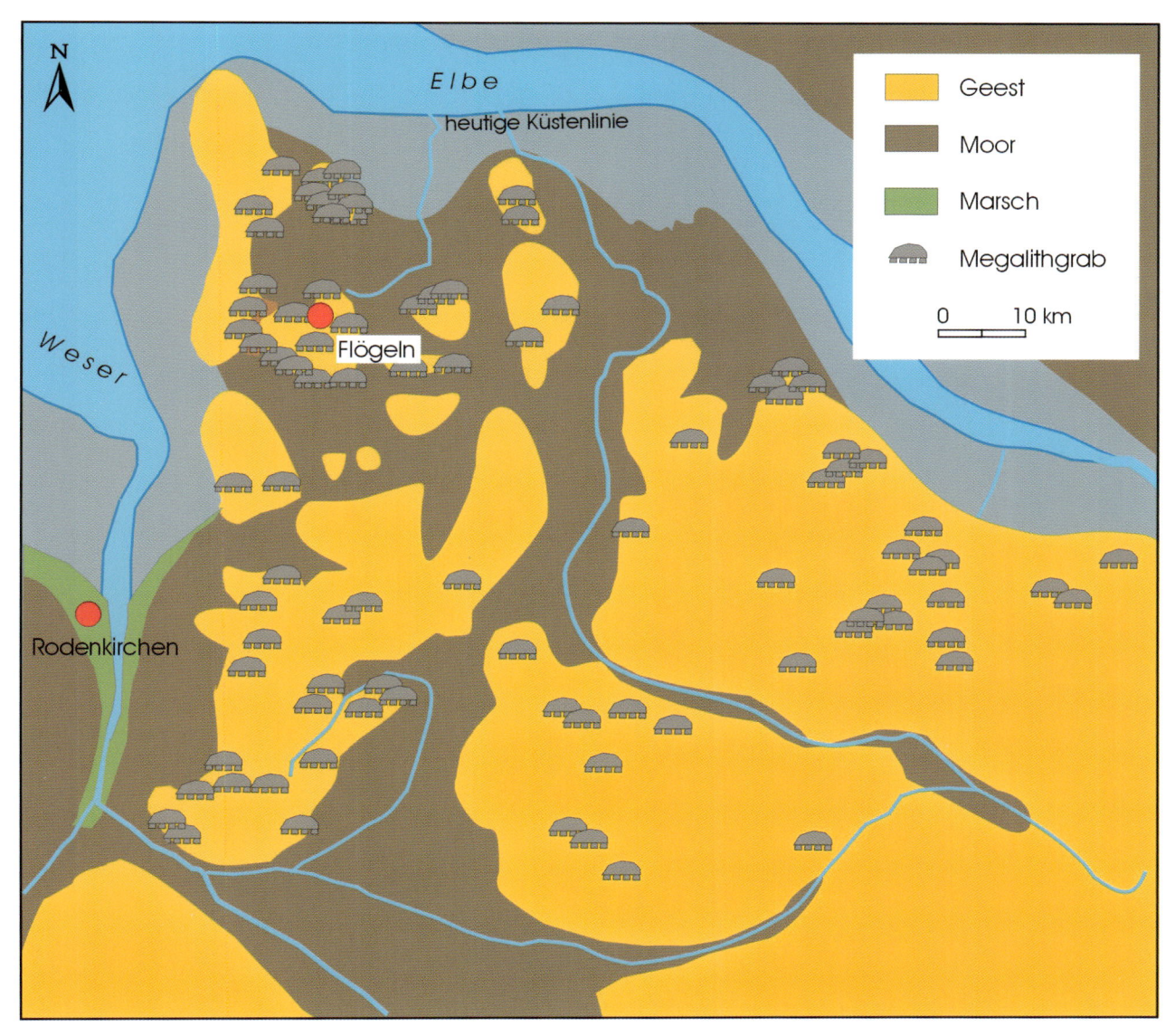

Die Verbreitung der Megalithgräber im niedersächsischen Küstengebiet verdeutlicht, dass in der jüngeren Steinzeit nur die Geestgebiete besiedelt waren. Die Nordsee reichte in dieser Zeit buchtartig zwischen den Geestinseln bis ins Landesinnere. Der Küstenverlauf um 3000 v. Chr. ist hypothetisch. In der späten Bronzezeit finden sich an der Weser bereits besiedelte Flussmarschen, wie Ausgrabungen in Rodenkirchen belegen. Grafik: Dirk Meier.

lungen. Der Wald wurde für die Anlage der Häuser und Felder gerodet.

Zu den herausragenden Kulturdenkmälern dieser Zeit gehören auch in Dithmarschen die vielen Megalithgräber, wie der Brutkamp in Albersdorf als ein typisches Beispiel eines großen Vieleckdolmens. Die rechteckigen Dolmen mit an die Kammer angrenzendem Gang werden auch als Holsteiner Kammern bezeichnet. Zu diesen gehören die Gangräber von Bunsoh und Linden-Pahlkrug. Diese Gräber lagen wohl am Rande der Siedlungskammern. In dem sich durch zahlreiche Megalithgräber auszeichnenden Gebiet von Albersdorf gelang 1992 der Nachweis eines Erdwerkes. Auf dem Geländesporn zwischen Gieselau und Vorbeck erschlossen kleine Ausgrabungen die halbkreisförmige Grabenanlage mit begleitender Palisade, die mehrere Toren unterbrachen. Ältere Deutungsmuster solcher Erdwerke rei-

Legende

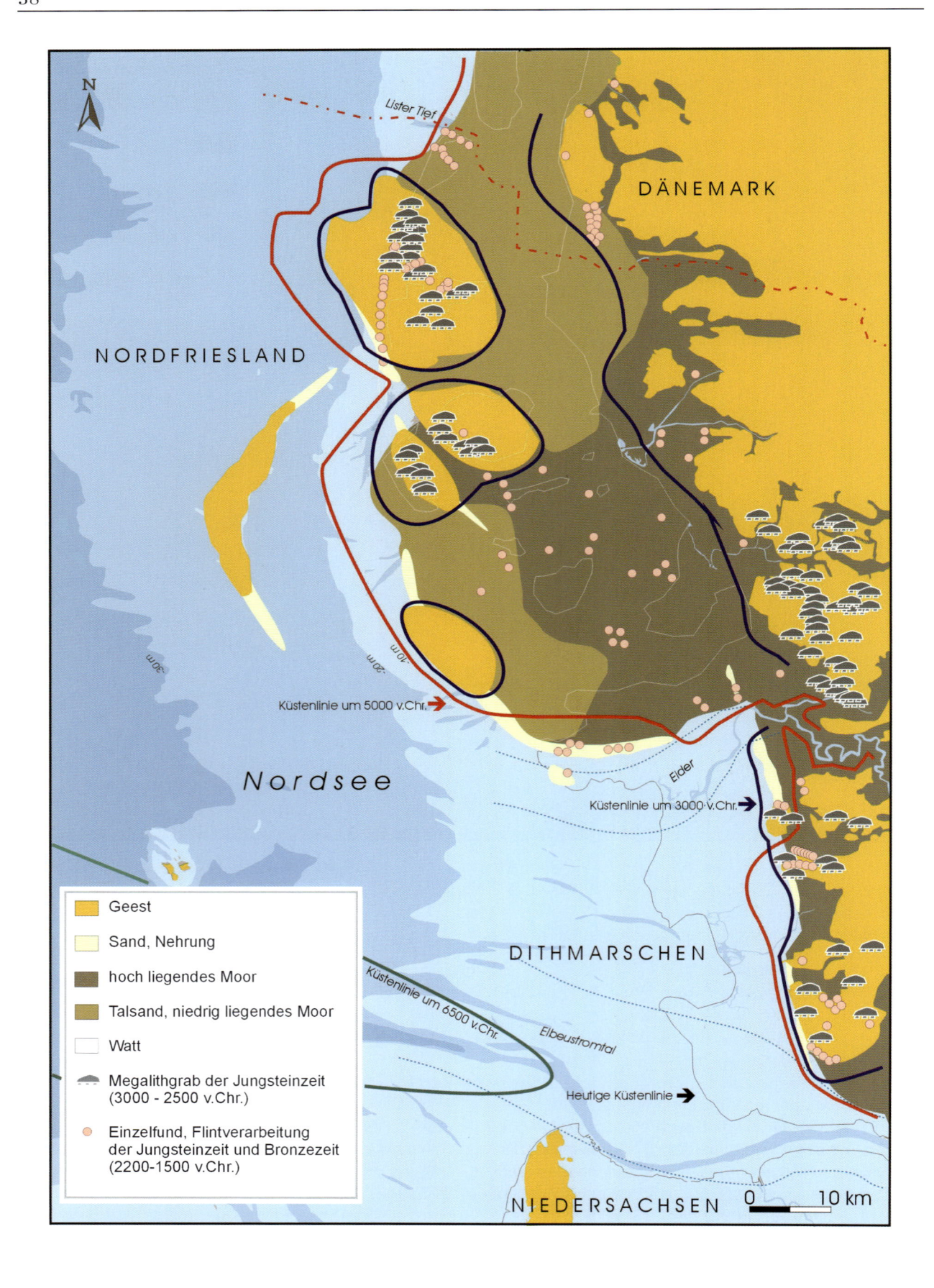

- Geest
- Sand, Nehrung
- hoch liegendes Moor
- Talsand, niedrig liegendes Moor
- Watt
- Megalithgrab der Jungsteinzeit (3000 - 2500 v.Chr.)
- Einzelfund, Flintverarbeitung der Jungsteinzeit und Bronzezeit (2200-1500 v.Chr.)

Der Brutkamp in Albersdorf gehört wie der Denghoog auf Sylt zu den eindrucksvollsten Megalithgräbern des schleswig-holsteinischen Nordseeküstengebietes. Foto: Reimer Stecher.

chen von Befestigungen bis hin zu Viehkralen. Sicher scheint heute, dass es sich bei den mitteleuropäischen Wall- und Grabenanlagen um komplexe Erscheinungen handelt, die verschiedene Zwecke erfüllten und auch kultische Mittelpunkte bildeten. Alle bekannten Erdwerke in Schleswig-Holstein und Skandinavien gehören in die Zeit, als die ersten Dolmen errichtet wurden, somit in eine Periode, in der jungsteinzeitliche Bauern erstmals in ihre Umwelt durch Rodung eingriffen[42].

Während der letzten Periode der Jungsteinzeit zwischen etwa 2800 und 2000 v. Chr., die im Norden durch die Einzelgrabkultur gekennzeichnet ist, gehörte der Bereich der Heider Geesthalbinsel zu den letzten Küstenbereichen, deren niedrige Steilküsten noch ans Meer grenzten. Aufgeworfene Nehrungen schnürten nun einzelne Buchten vom offenen Wasser ab. Südlich von St. Michaelisdonn begann die Bildung des großen Nehrungsfächers, und auch das Gebiet zwischen Kleve und Fedderingen verlor durch die Lundener Nehrung seinen unmittelbaren maritimen Anschluss. Die verbliebenen, an das Meer grenzenden Steilküsten – wie die Heider Geesthalbinsel – wurden nun umso intensiver von den Menschen für die Herstellung von Klingen und Beilen aus Feuerstein genutzt. Seit 2000 v. Chr. werden keine monumentalen Steingräber mehr errichtet, sondern aufgrund neuer Einflüsse aus Osteuropa gehen die

Siedlungsfunde und Einzelfunde der Stein- und Bronzezeit im Dithmarscher Küstengebiet beschränken sich auf die Geestränder und Nehrungen. In den nordfriesischen Uthlanden sind die Geestkerne der heutigen Inseln Sylt, Pellworm und Nordstrand besiedelt. Die lagunenartige Landschaft des heutigen inneren nordfriesischen Wattenmeeres suchten Menschen zur Jagd auf. Spätmittelalterliche Sturmfluten zerrissen das seit dem 12. Jahrhundert kultivierte Land, so dass die steinzeitlichen Funde heute im Watt liegen.

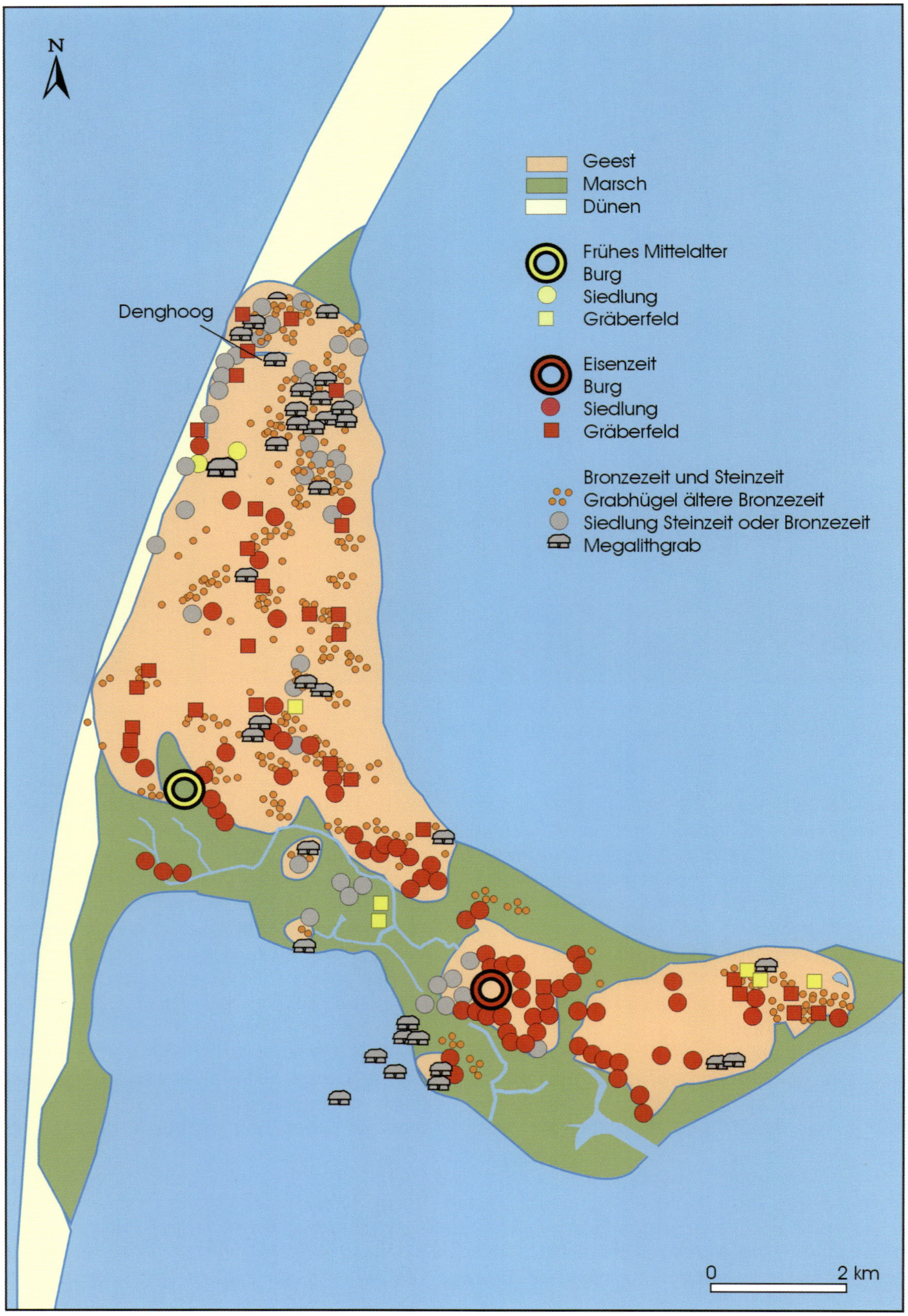
N
Geest
Marsch
Dünen
Frühes Mittelalter
Burg
Siedlung
Gräberfeld
Eisenzeit
Burg
Siedlung
Gräberfeld
Bronzezeit und Steinzeit
Grabhügel ältere Bronzezeit
Siedlung Steinzeit oder Bronzezeit
Megalithgrab
Denghoog
0
2 km

Südlich des Archsumer Geestkerns kommen heute im Watt Reste von Megalithgräbern wieder zu Tage. Diese liegen eigentlich auf der Geest. Das Meer überflutete diese höheren Gebiete jedoch und bedeckte sie mit Sedimenten. Foto: Dirk Meier.

Menschen der Einzelgrabkultur dazu über, ihre Toten in einzelnen Gräbern – teilweise mit Baumsärgen – zu bestatten. Die Menschen erhielten schön geschliffene Streitäxte und mit Schnurmustern versehene Gefäße als Beigaben. Offensichtlich waren die Menschen der Einzelgrabkultur zunächst Eindringlinge, die längere Zeit neben den Erbauern der Megalithgräber lebten, bevor beide Bevölkerungsgruppen miteinander verschmolzen. Die Bevölkerung nahm zu und die Landschaft wurde intensiver genutzt. Als Folge der umfangreicheren Rodung, Acker- und Weidenutzung begann die Ausdehnung erster Heideflächen[43].

Ebenso wie in Dithmarschen grenzten auch in Nordfriesland die Geestkerne von Amrum, Föhr und Sylt während der jüngeren Steinzeit an das Meer. An den exponierten Westseiten der Inseln begann das Meer seinen Zerstörungsprozess, der zur Bildung von Kliffs führte. Nördlich und südlich der Geestkerne von Amrum und Sylt schufen Strom und Brandung ebenso wie in Eiderstedt nehrungsartige Sandwälle, auf denen der Wind den vom Meer angeführten Sand zu Dünen aufhäufte.

Wie dicht die Geestkerne der Insel Sylt besiedelt waren, bezeugen die zahlreichen Grabhügel der Stein- und Bronzezeit[44]. Noch 1958 ließen sich 1506 Grabhügel von der jüngeren Steinzeit bis zur Wikingerzeit nachweisen, darunter 77 Großsteingräber der jüngeren Steinzeit. Zu den schönsten Ganggräbern der mittleren Jungsteinzeit gehört der Denghoog in Wenningstedt auf Sylt, der erstmals im Jahre 1868 untersucht wurde[45]. Den oval geform-

Seit der jüngeren Steinzeit waren die Geestkerne auf Sylt dicht besiedelt. An den Geestkern bei Archsum schlossen sich spätestens in der vorrömischen Eisenzeit Marschflächen unbekannter Ausdehnung an. Grafik: Dirk Meier.

Dieser Nachbau eines reetgedeckten Hauses der jüngersteinzeitlichen Trichterbecher-Kultur befindet sich im Archäologisch-Ökologischen Zentrum in Albersdorf, Dithmarschen. Der Hausgrundriss kam bei archäologischen Ausgrabungen auf der Geestinsel von Flögeln in Niedersachsen zutage. Foto: Dirk Meier.

ten Innenraum der Grabkammer umsäumen als Träger dreier Decksteine zwölf aufrecht stehende Steine. Der Zugang zur Grabkammer erfolgt durch einen Gang im Süden. Über den Deckplatten lag eine Packung aus mit Klei verbundenen Steinplatten, darüber war der Grabhügel aus gelbem Sand aufgehäuft. Im östlichen Teil der Grabkammer lag eine Feuerstelle. Von diesem durch Steine getrennt befand sich eine weitere Grabkammer mit Resten nur einer unverbrannten Leiche. Ein ebenfalls gut erhaltenes Ganggrab ist südlich von Archsum am Seedeich des Mittelmarschkooges gelegen. Reste weiterer Großsteingräber sind im Wattenmeer südlich der Deichlinie der Nössehalbinsel vorhanden. Ihre Lage auf dem alten, überschlickten Geestboden zeigt, dass der Meeresspiegel zur Zeit ihrer Errichtung tiefer lag als heute. Eine andere Gruppe erweiterter Dolmen befindet sich nordwestlich von Kampen.

Wie in Niedersachsen und in Dithmarschen endet auch in Nordfriesland mit der Einzelgrabkultur die Sitte, große Megalithgräber zu errichten. Die Mehrzahl der Fundplätze dieser Kultur stammt hier von der Festlandsgeest. Das vordringende Meer verzögerte wohl das Vordringen der Einzelgrabkultur auf die Nordfriesischen Inseln, die in dieser Zeit durch offene Wasserflächen und Schilfgebiete vom Festland getrennt waren.

All diese Befunde lassen erkennen, dass die jungsteinzeitlichen Siedler auf den Moränenkernen Niedersachsens, Dithmarschens und Nordfrieslands zunächst der bodenständigen, bäuerlichen Trichterbecher-Kultur angehörten, welche Jagd und Fischfang in den Hintergrund treten ließen. Mit der Einzelgrabkultur kamen ebenso neue Einflüsse ins Land wie mit der Glockenbecher-Kultur.

Diese begann sich seit dem 3. Jahrtausend v. Chr. von den heutigen Niederlanden entlang der Küste nach Norden auszubreiten. Zu deren Kulturerscheinungen gehören neben den glockenförmigen, mit Schnur- und Stempelabdrücken verzierten Gefäßen die Verwendung von Pfeil und Bogen sowie Dolchen aus Feuerstein und Kupfer. Armschutzplatten, Speerspitzen sowie Beile aus Feuerstein und Kupfer gehören ebenfalls zur Ausrüstung der Männer. Ferner besaßen die Menschen dieser Kulturgruppe Pferde. Die wirtschaftliche Grundlage der Glockenbecherleute beruhte auf Jagd, Viehhaltung und dort, wo sie sesshaft wurden, auch auf Ackerbau. In Bechern gefundene Pflanzenpollen zeigen, dass aus diesen berauschender Met getrunken wurde. Mit den sich verbessernden Verkehrsverbindungen entlang der Küsten und Flüsse verbreiteten sich neben Waren auch neue kultische Vorstellungen. Im Norden erreichte die Glockenbecher-Kulturen England und Dänemark. Die Toten wurden in einfachen Gräbern in der Erde oder unter Hügeln bestattet, manchmal auch in ältere jungsteinzeitliche Grabhügel eingetieft.

Werkzeuge, Geräte und Waffen aus Stein verschwanden allmählich mit dem Aufkommen des Kupfers und später der Bronze. Bereits im 2. Jahrtausend v. Chr. war Zypern der größte Kupferproduzent und -exporteur der damals bekannten Welt[46].

Im 14. und 13. Jahrhundert v. Chr. wurde Kupfer in Form sog. Ochsenhautbarren weit verhandelt. Die Bedeutung des Kupfers und Goldes schildern auch die Legenden Homers und Hesiods. Die Reise des Jason und der Argonauten galt vor allem solchen Rohstoffen. Seit dem 2. Jahrtausend v. Chr. waren mit den ägäischen Palastkulturen die ersten Stadtstaaten in Europa mit komplexen Gesellschaften entstanden. Mit der Bronzezeit seit 1800 v. Chr. entfalteten sich zugleich neue Verkehrsverbindungen, die den Norden mit dem mediterranen Raum verbanden. Die Bewohner der nordfriesischen Geestinseln standen nach der Aussage der Funde in einem engen Kontakt zu denen in Jütland und Nordostniedersachsen[47].

Schiffsförmige Steinsetzungen, wie die von Boge auf Gotland, deuten indirekt auf die Bedeutung des maritimen Seeverkehrs hin, von dem die Bewohner an den Küsten profitierten. Auch auf vielen skandinavischen Felsbildern finden sich Motive von Schiffen mit Ruderern. Segel waren im Norden wohl noch unbekannt[48]. Auf dem Wasserweg entlang der Nordseeküste führte die Verkehrsroute über den Rhein oder die Elbe oder von der Ostsee über die Oder nach Süden, von hier aus weiter zur Donau und dann über das Schwarze Meer in das Mittelmeer. Erstmals geriet die Nordseeküste so schlaglichtartig in das Blickfeld überregionalen Güteraustausches. Von diesen Kontakten profitierte die einheimische Bevölkerung, die seit 1800 v. Chr. mit der Herstellung von Bronzeschwertern begann. Bruchstücke entsprechender Gussformen stammen beispielsweise aus der Füllerde einiger Grabhügel von Morsum auf Sylt. Traditionelle Wertvorstellungen verschoben sich zugunsten des neuen Metalls. Während man das für die Bronze benötigte Kupfer vor allem aus der Alpenregion und Südosteuropa bezog, stammte das Zinn vermutlich aus Cornwall im Südwesten Großbritanniens[49]. Es ist bislang unklar, ob die Bewohner Helgolands – wie im Mittelalter nachgewiesen – bereits in der Bronzezeit Kupfer gewannen.

Die Flussmarschen der Weser wurden bereits in der späten Bronzezeit besiedelt, wie die Ausgrabungen in Rodenkirchen belegen. Diesen Boxenstall eines dreischiffigen Wohnstallhauses der jüngeren Bronzezeit aus dem 10./9. Jahrhundert v. Chr. bedecken jüngere Meeresablagerungen. Foto: Dirk Dallasera (Niedersächsisches Institut für historische Küstenforschung).

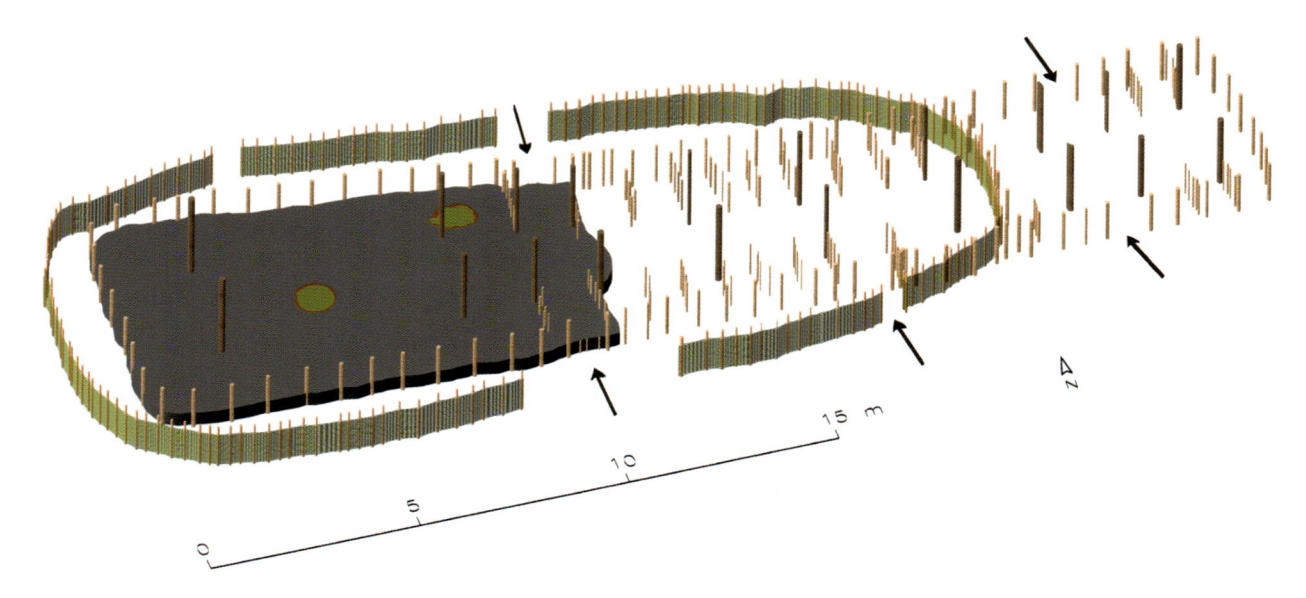

Wie dieses Modell zeigt, entstand auf einem Hofplatz in Rodenkirchen zunächst ein dreischiffiges Wohnstallhaus, das später stallwärts erweitert wurde. Zum Schluss verkleinerte man das Gebäude und umgab es mit einem Schilfzaun. Grafik: Dirk Dallasera (Niedersächsisches Institut für historische Küstenforschung).

Wie in dem mittleren und jüngeren Teil der Steinzeit nutzten auch die Menschen der Bronzezeit die Küstenregion für die Jagd und zur Versorgung mit Flint. Der an den Küsten reichlich vorkommende Bernstein war für Schmuck- und Votivgegenstände sehr gefragt und wurde im Rahmen des Güteraustausches weit verhandelt. Von Helgoland stammte der rote Feuerstein. Funde von nordischem Bernstein fanden sich auch in den Gräbern von Mykene in Griechenland.

Nimmt man die Verbreitung der Grabhügel als einen Anhaltspunkt für Siedlungsschwerpunkte, so finden sich diese auf den Geestflächen der südlichen nordfriesischen Geest. Im Norden der nordfriesischen Festlandsgeest mit den ausgedehnten ertragarmen Schmelzwassersandflächen konzentrieren sich die durch Grabhügel gekennzeichneten Siedelareale dort, wo bessere Geschiebelehme der vorletzten Eiszeit an der Oberfläche vorhanden sind. Oft liegen die bronzezeitlichen Wohnplätze auf höher gelegenen Flächen der Geest im Nahbereich von Wasserläufen und Seen[50]. Aus Heideplaggen errichtete Grabhügel deuten bereits auf größere Flächen Offenland auf der Geest hin, wo infolge von Rodungen der Wald verschwunden war.

Die Toten der älteren und mittleren Bronzezeit erhielten wertvolle Beigaben wie Waffen, Tracht- und Schmuckgegenstände. Mit der mittleren Bronzezeit treten die reichen Bestattungen bereits zurück, zudem wandelte sich seit 1300 v. Chr. die Grabsitte von der Körperbestattung hin zur Leichenverbrennung in Urnen. Da aber in der gleichen Zeit eine starke Zunahme wertvoller Funde in Mecklenburg zu beobachten ist, könnte auch eine Verlagerung der Handelsverbindung vom reichen Nordjütland nach Südosten erfolgt sein. Die Nordfriesischen Inseln lagen nun eher im Abseits.

DER SPRUNG INS NEULAND: ERSTE SIEDLER IN DEN MARSCHEN

AM RANDE DER GEEST

Spätestens seit der Mitte des 1. vorchristlichen Jahrtausends waren entlang der nordwestdeutschen und süddänischen Geestkerne Seemarschen aufgelandet, die zunächst als Weideland der Geestrandsiedlungen dienten. Zwischen Hjemsted und Skærbæk im südlichen Dänemark beispielsweise war der Geestrand seit der vorrömischen Eisenzeit dicht besiedelt. Um 500 v. Chr. entstand in Hjemsted eine Siedlung mehrerer reihenförmig angelegter Wohnstallhäuser, die 200 Jahre lang bestehen blieb. Dann wurden die Häuser vermutlich verlegt. Zu Beginn des 5. Jahrhunderts n. Chr. hatte sich das Siedlungsbild völlig gewandelt, statt kleiner Einzelhöfe dominierten nun mehrere mit Zäunen und langgestreckten Pfostenspeichern umgebene Gehöftgruppen[51]. Die Menschen von Hjemsted verbrannten ihre Toten und deponierten die Asche in Urnen. An die Stelle der Urnengräber traten später Körperbestattungen. Auf den sandigen Böden der Geest lagen die Äcker, während das Vieh in den Salzwiesen weidete. Erst im hohen Mittelalter entstanden in der halbkreisförmig von Geestgebieten eingeschlossenen Ballum-Marsch die ersten Warften[52].

Auf dem Altmoränenkern von Archsum auf Sylt bestanden in der vorrömischen Eisenzeit zahlreiche Siedlungen[53]. Den westlicheren, höheren Geestkern mit Westerland, Tinnum, Keitum und Wenningstedt hatte das Meer bereits in vorchristlicher Zeit von der Archsumer Anhöhe abgeschnitten. Die heute auf der Kuppe liegenden Bauernhöfe waren vor dem Bau des Hindenburgdamms noch sturmflutgefährdet. Südlich von Archsum erstrecken sich Seemarschen, die in der vorrömischen Eisenzeit einen größeren Umfang als heute aufwiesen und welche die Siedler für eine extensive Viehhaltung nutzten. Infolge der zunehmenden Gefährdung durch das Meer schrumpften die Marschflächen jedoch und die Weideflächen verkleinerten sich. Auf dem kleinen Geestkern drängten sich nun die Siedlungen mit ihren Wirtschaftsflächen dicht zusammen. Das Geestareal oberhalb von NN +2,5 m bedeckten in den Jahrhunderten vor Chr. Geb. vermutlich Heiden. Zur Verbesserung der armen Sandböden brachten die Siedler in dieser Zeit abgestochene Humusplaggen auf. Diese Plaggenwirtschaft bot zugleich den Vorteil, dass die Äcker nun höher und damit sturmflutsicherer lagen. Auf den so mühselig verbesserten Äckern erntete man in der Eisenzeit Nacktgerste, Spelzgerste, Emmer und Weizen.

Kurz vor Chr. Geb. entstand eine ausgedehnte dichte Bebauung von scheinbar längerer Ortskonstanz gegenüber den Wandersiedlungen früherer Zeit. Rund 20 Fundstellen deuten auf verstreut liegende Einzelgehöfte und weilerartige Ansiedlungen hin. Wie die Ausgrabungen auf dem Melenknop zeigen, zeichnen sich die Wohnplätze seit der vorrömischen Eisenzeit auf dem kleinen Geestkern durch eine lange Platzkonstanz aus. Wurde ein Gebäude abgebrochen, entstand über seinen eingeebneten Resten ein neues. So wuchsen die Wohnplätze auf ihrem eigenen Schutt langsam in die Höhe. Die archäologischen Untersuchungen belegten die Existenz mehrerer solcher Siedlungshügel, die von der vorrömischen Eisenzeit bis zur Völkerwanderungszeit bestanden[54]. Während die Gehöftgrößen variierten, blieben die Gebäudetypen unverändert. Viele der Wohnstallhäuser mit Kleisodenwänden wiesen gepflasterte Dielen auf. In den Wohnbereichen der dreischiffigen Pfostenbauten existierten ein Lehmestrich sowie Herdstellen mit einem Fundament aus Steinen oder Scherben. Das Vieh war beiderseits des gepflasterten Steingangs in Boxen aufgstallt. Die ältesten Wohnstallhäuser auf dem Melenknop wurden vor dem Beginn der neuen Bebauung um die Mitte des 1. oder in der zweiten Hälfte des 1. Jahrhunderts n. Chr. planiert und mit einer Kleiauflage bedeckt. Anstelle der kleineren Wohnstallhäuser trat nun ein über Jahrhunderte dominierendes Gehöft mit einem immer wieder umgebauten Langbau. Den Bewohnern der Siedlung diente eine nahegelegene Ringwallanlage, die Archsum-Burg, als Kultstätte[55].

Weitere dieser tellerartigen Wohnplätze liegen auf der Geest der Insel Föhr in Übergangslage zur Marsch, so in Dunsum[56]. Hier sind über zwei Meter mächtige Kulturschichten mit Hausresten der Eisenzeit nachgewiesen, die bislang jedoch nicht archäologisch untersucht sind. Die erste Kunde von dieser Siedlung erhielten Kieler Archäologen schon Ende des 19. Jahrhunderts, als Bauern der Umgegend Muschelschalen von diesem Hügel auf die Felder zur Bodenverbesserung abfuhren. Neben Viehhaltung und Ackerbau nutzen die Bewohner der nahe der Küste liegenden Siedlungen der Eisenzeit das reichhaltige Nahrungsangebot des Wattenmeeres. Auch von den Moränenkernen Dithmarschens oder des Landes Wursten an der Außenweser wurden die auf-

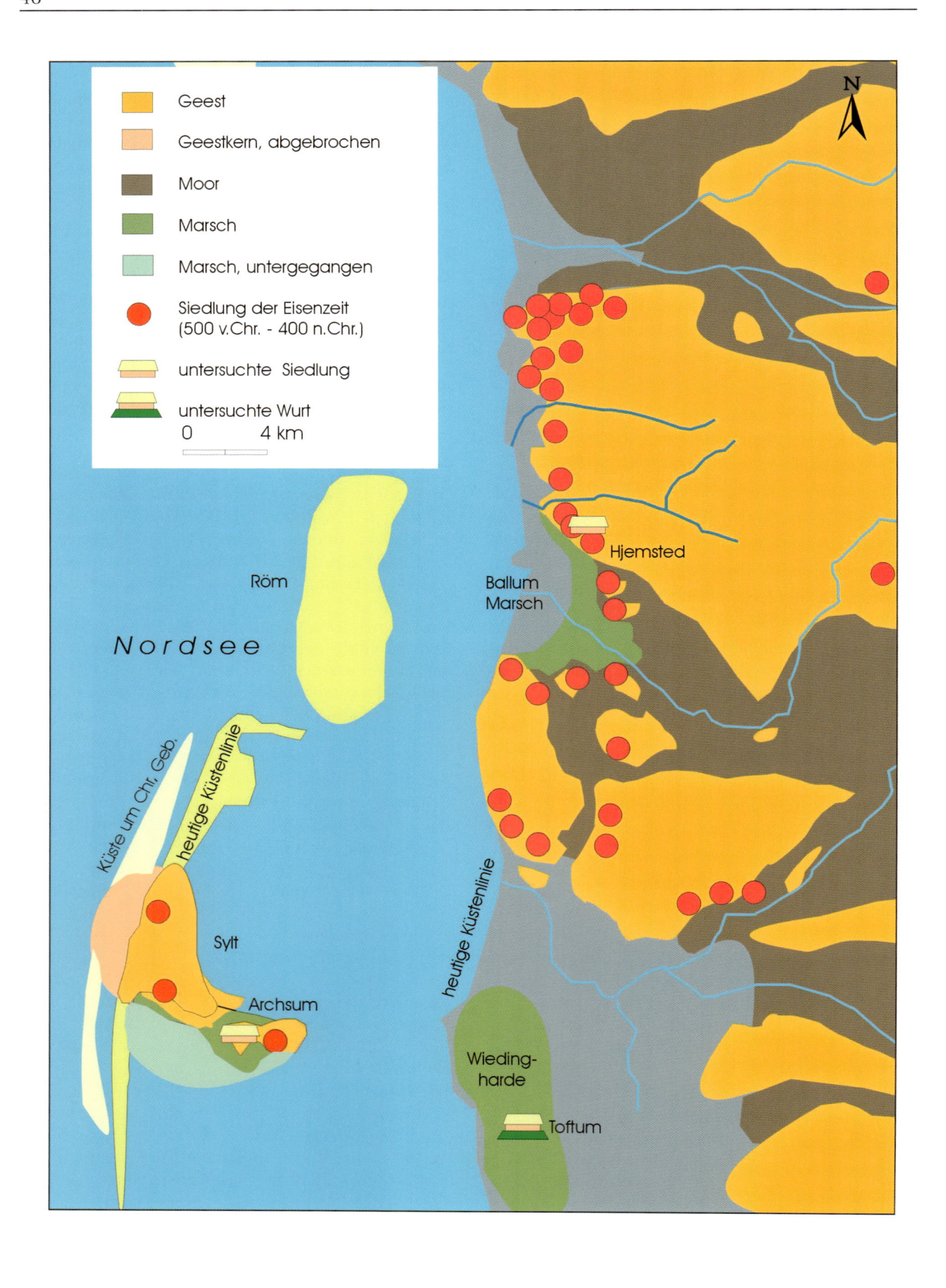

🟧	Geest
🟧	Geestkern, abgebrochen
⬛	Moor
🟩	Marsch
🟩	Marsch, untergegangen
🔴	Siedlung der Eisenzeit (500 v.Chr. - 400 n.Chr.)
	untersuchte Siedlung
	untersuchte Wurt

0   4 km

Röm

Nordsee

Hjemsted

Ballum Marsch

Küste um Chr. Geb.

heutige Küstenlinie

Sylt

Archsum

heutige Küstenlinie

Wiedingharde

Toftum

gelandeten Marschflächen seit der vorrömischen Eisenzeit für die Viehhaltung genutzt, bevor eine Landnahme die ausgedehnteren Seemarschen selbst erfasste[57]. Damit tritt die Küstenregion und das Leben der Menschen erstmals schlaglichtartig in den Blickwinkel einer historisch greifbaren Geschichte, denn wir erhalten erste Kunde von den Römern.

RÖMISCHE BERICHTE ÜBER DIE NORDSEEKÜSTE

Erstmals hat uns der griechische Geograph und Astronom Pytheas aus Massilia in Südfrankreich, ein Zeitgenosse Alexanders des Großen, als Teilnehmer einer Expediton um das Jahr 325 oder 330 v. Chr. eine Schilderung der Nordseeküste hinterlassen. In seinem Werk über „den großen Ozean" erwähnt er das Wattenmeer und die eine Tagesfahrt von der Küste entfernte Insel Helgoland – *Abalus* –, an dessen Küsten die Bewohner angetriebenen Bernstein sammelten und verkauften[58].

An der Nordseeküste Jütlands siedelten in dieser Zeit nach Livius die Kimbern und Teutonen. Diese suchten *auf der Flucht von den äußersten Grenzen Galliens, da der Ozean ihr Gebiet überschwemmt hatte, nach neuen Wohnsitzen in der ganzen bekannten Welt*[59]. Dies ist der erste Hinweis auf eine Sturmflut im Nordseeraum und stammt vielleicht von den Betroffenen selbst. Für Strabo, der um Chr. Geb. lebte, jedoch *sieht die Annahme, dass einstmals eine übermäßige Meeresflut erfolgt sei, ganz wie eine Erfindung aus*[60]. Leider sind die Berichte des Plinius und Livius über die germanischen Kriege mit den Kimbern und Teutonen von 130 v. Chr. bis hin zu den Feldzügen des Germanicus von 14 bis 16 n. Chr. verloren gegangen. Ob der Name der beteiligten Ambronen mit Amrum in Verbindung gebracht werden darf, ist umstritten. Überraschend tauchten diese Stämme bei ihrem Zug nach Süden vor den Grenzen des von den Römern beherrschten Gebietes auf, das sie zehn Jahre durchstreiften, bevor sie in der Schlacht von 102 v. Chr. bei Aquae Sextia nahe der Rhônemündung und 101 v. Chr. bei Vercellae in Oberitalien den Legionen unter Marius unterlagen.

Die folgenden römischen Berichte über die Nordseeküste stehen im Zusammenhang mit den Versuchen zwischen 12 v. Chr. und 16 n. Chr., Germanien bis zur Elbe zu erobern. An der südlichen Nordseeküste siedelten nach den antiken Berichten westlich der Ems die Friesen, im heutigen Ostfriesland die kleinen Chauken, denen sich östlich der Weser bis jenseits der Elbe die großen Chauken anschlossen, die Tacitus in der Germania als *ein ganz hervorgendes Volk* nannte. An der unteren Ems waren nach Tacitus die Ampsivarier ansässig[61].

Erstmals erreichten die Römer 12 v. Chr. unter dem Feldherrn Drusus Ostfriesland. Nach Suetonius[62] hat er *den nördlichen Ozean als erster von den römischen Heerführern befahren*. Schwieriger als der Widerstand der germanischen Stämme waren für die Römer die Gefahren der unbekannten Küste. Denn so berichtet Dio[63]:

Als Drusus dann in das Land der Chauken eingefallen war, geriet er in eine gefährliche Lage, da seine Schiffe infolge der Ebbe des Ozeans auf dem Trockenen sitzen blieben. Damals wurde er von den Friesen, die zu Lande mit ihm zu Streite gezogen waren, gerettet und kehrte zurück.

Vom Rhein stieß Drusus somit über den *Lac Flevo* – dem Vorläufer des Almeres, der Zuidersee und des Ijsselmeeres – entlang der Nordseeküste mit Schiffen in die Ems vor. Auf der Rückfahrt geriet dann die Flotte auf dem trocken gefallenen Watt in Not. Auch die von Tacitus erwähnten Unternehmungen des Tiberius um 5 n. Chr. an der Nordseeküste dienten dem vergeblichen Ziel der Eroberung des nördlichen Germanien[64]. Tacitus berichtet ferner über die Feldzüge des Germanicus gegen germanische Stämme zwischen 14 und 16 n. Chr.[65]. Wie schon Drusus und Tiberius segelte auch Germanicus mit der Flotte in die Ems ein, um sich mit den nach Norden von Mainz her vorstoßenden Legionen zu treffen. Nach dem Feldzug schickte er einen Teil des Heeres zu Fuß heim und schiffte den Rest ein, damit nach Tacitus die Flotte *umso leichter auf dem Meere voller Untiefen schwimme und nicht bei Ebbe festsäße*[66]. Das entlang der Marschenküste zurück marschierende Heer geriet in die Katastrophe einer Sturmflut, wie Tacitus berichtet[67].

Die Ränder der Geest waren in der Eisenzeit dicht bewohnt, wie zahlreiche Siedlungen in Südjütland zeigen. Wo kleinere Marschflächen aufgelandet waren, nutzte man diese zur Viehhaltung. Größere Marschgebiete hingegen, wie die Wiedingharde, wurden seit Chr. Geb. besiedelt. Grafik: Dirk Meier.

Vitellius, der die Truppe führte, *machte den Marsch anfangs trockenen Fußes oder doch bei niedriger Flut ohne Gefahr. Dann aber wurde unter der Wirkung des Nordwindes und dazu unter dem Gestirn der Tag und Nachtgleiche, wo der Ozean am stärksten anschwillt, der Heereszug fortgerissen und hierhin und dorthin geworfen. Der Boden verschwand unter den Fluten, das Meer, die Ufer und die Landflächen zeigten das gleiche Aussehen: man konnte nicht mehr unsicheren Grund vom festen Land, seichte von tiefen Stellen unterscheiden. Die Soldaten wurden durch die Flut niedergeworfen, von den Wogen verschlungen, Zugtiere, Gepäck und Leichen trieben dazwischen oder kamen ihnen entgegen geschwommen. Die Manipeln gerieten durcheinander; bald wateten sie bis an die Brust und bis zum Kopfe im Wasser; manchmal verloren sie den Boden unter den Füßen, wurden abgetrieben oder versanken. Da nutzten keine Zurufe oder gegenseitigen Ermutigungen gegen den Andrang der Wellen; kein Unterschied war zwischen Tapferen und Feigen, Klugen und Toren, zwischen Einsicht und Zufall: alles wurde von der gleichen Naturgewalt überwältigt.*

In ähnliche Lage geriet im nächsten Jahr auch die entlang der Marschenküste marschierende Nachhut der Hilfstruppen und Bataver[68]. Die Legionäre, *ein großer Teil von ihnen nackt und/oder übel zugerichtet*, konnten sich retten und *man drang in den Fluss Visurgin vor*[69]. Mit dem Fluss ist die Weser gemeint. Erneut veranlasste Germanicus den Bau einer Flotte. Bei dem folgenden Vorstoß ließ der Feldherr einen Teil der Schiffe *in der Emsmündung auf der linken Seite zurück,* da die verbündeten Stämme der Chauken und Friesen wohl Schutz und Versorgungsmöglichkeiten für die Schiffer boten[70]. Am Ende des Feldzuges kehrte ein Teil der Truppen durch die germanischen Wälder an den Rhein zurück, während der andere Teil sich in der Emsmündung einschiffte[71]. Nach der Ausfahrt aus der Ems gerieten die römischen Schiffe wiederum in einen verheerenden Sturm. So erzählt Tacitus[72]:

Zuerst war das Meer ruhig, wie es unter den Rudern der tausend Schiffe aufrauschte oder durch die Kraft des Segelns aufgewühlt wurde. Dann aber zog schwarzes Gewölk herauf, und ein Hagelschauer prasselte nieder. Die Truppen, die die Launen des Meeres nicht kannten, wurden ängstlich und störten die Seeleute bei ihren Hantie-

In Hejmsted bei Skærbæk in Südwestjütland lagen mehrere Wohnstallhäuser der vorrömischen Eisenzeit am Rand der Geest. In der anschließenden Ballum-Marsch weidete das Vieh, während sich die Äcker auf der Geest befanden. Grafik: Haderslev Museum.

rungen oder griffen zur Unzeit ein und machten so die Manöver der Sachkundigen zunichte. Dann aber wurde Himmel und Meer die Beute des Südwindes: bei dem feuchten Klima Germaniens, seinen tiefen Strömen, seinen riesigen Wolkenmassen war er von reißender Gewalt. Die Kälte des Nordpols steigerte noch seine Furchtbarkeit: er packte die Schiffe, warf sie hierhin und dorthin und trieb sie in den offenen Ozean oder auf die Inseln zu, die durch steile Felsen oder verborgene Untiefen gefährlich waren. Nur mit knapper Not gelang es, aus ihrem Bereich zu entkommen. Als dann Flutwechsel eintrat und die Meeresströmung die gleiche Richtung wie der Sturm einnahm, konnten sich die Schiffe nicht vor Anker halten. Es war auch unmöglich, die über Deck stürzenden Wassermassen auszuschöpfen. Pferde, Zugtiere, Gepäck, selbst Waffen warf man über Bord, um den Ballast zu erleichtern, während das Wasser durch die Planken drang und die Wellen über Bord schlugen. Je wilder der Ozean als das übrige Meer ist und je stärker Germanien durch sein raues Klima hervorragt, umso mehr überstieg das Unheil durch seine Neuheit und Größe alles Dagewesene. Waren doch seine Gestade ringsum feindlich oder das Meer so grenzenlos und tief, dass man glaubte, es sei das äußerste überhaupt und alles Land hier zu Ende. Ein Teil der Schiffe ging unter; die Mehrzahl wurde auf weit entfernte Inseln an Land geworfen. Die Soldaten wurden dort, wo es keinerlei menschliche Ansiedlungen gab, eine Beute des Hungers, falls nicht einzelne durch Kadaver von Pferden, die gleichfalls dort angetrieben waren, ihr Leben fristeten.*

Das Schiff des Germanicus trieb an die von Chauken bewohnte Küste. Nach einem weiteren Misserfolg des Germanicus verzichtete Tiberius auf weitere derartige kostspielige maritime Unternehmungen. Die umfassenden Land- und Seeoperationen der Römer wären ohne genaue geographische Kenntnisse unmöglich gewesen.

Erhalten ist jedoch nur eine sehr viel später entstandene Karte. Der in Alexandria lebende Claudius Ptolomäus entwarf um 150 n. Chr. eine Karte, deren mittelalterliche Kopie aus der Zeit um 1200 erhalten ist. Auf dem Holzschnitt sind westlich der jütischen (kimbrischen) Halbinsel drei Inseln eingezeichnet, die als Sachseninseln bezeichnet sind und südlich der drei Alokischen Inseln liegen. Mit den letzteren drei könnten die nordfriesischen Inseln Sylt, Amrum

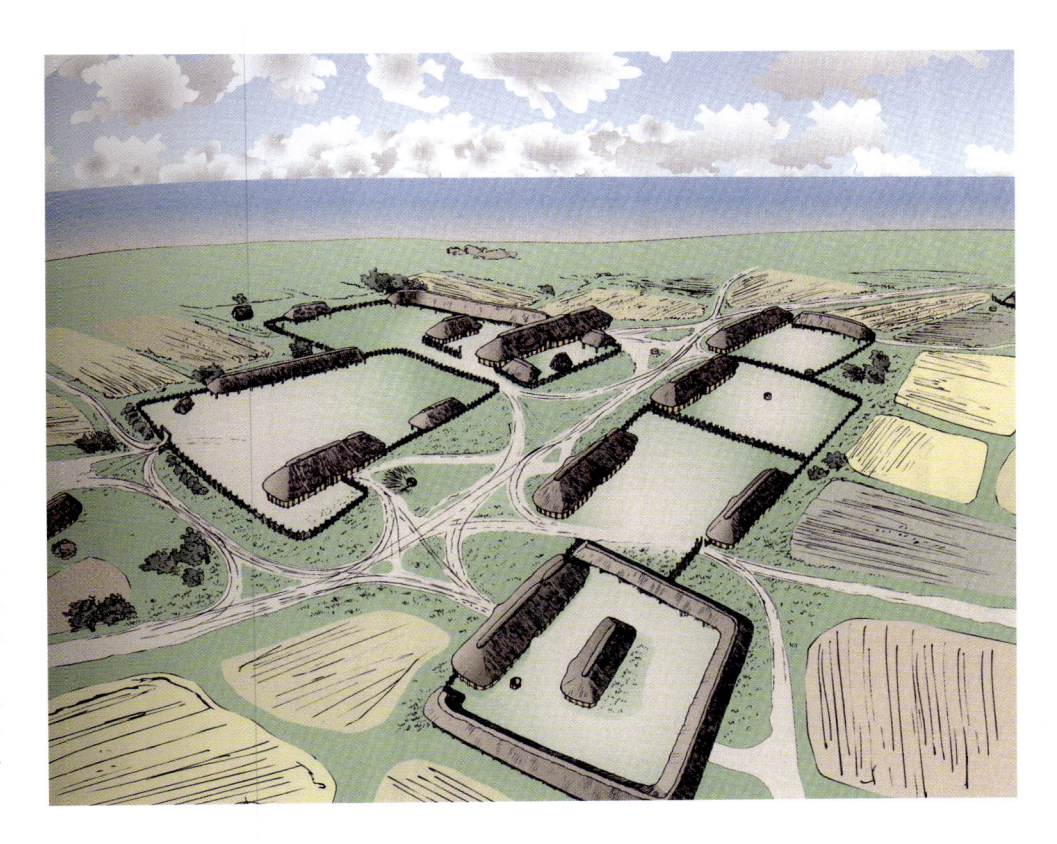

Zu Beginn des 5. Jahrhunderts n. Chr. hatte sich die Siedlungsstruktur in Hjemsted völlig verändert. An Stelle einzelner Höfe waren geschlossene Gehöfte mit Wohnhäusern und langen Speicherbauten getreten. Grafik: Haderslev Museum.

und Föhr gemeint sein. In seine Kartendarstellung mögen die römischen Berichte über die Flottenvorstöße entlang der Nordsee eingeflossen sein.

Alle römischen Berichte können das Erstaunen bei der Erklärung dieser ihnen unheimlichen Landschaft nicht verbergen. So schreibt Tacitus in seiner Germania[73]:

> *Daher dehnt sich das Meer, nirgends weit aus und ist nirgends einem Meer ähnlich, sondern es ist, da die Wasserläufe überall durchfließen und oft ihr Bett überschreiten unstet und auseinandergeflossen, es zerteilt sich in einzelne Ströme, da wo es Gestade bespült, wird es durch die Ufer von Inseln, die nicht weit voneinander entfernt sind, eingeschlossen und hat überall fast dieselbe Ausdehnung: es flutet in der Enge, ähnlich wie ein Meeresarm.*

Über das Leben der in diesen Regionen ansässigen Menschen berichtet Plinius der Ältere (23/24–79 n. Chr.)[74]:

> *Wir haben auch in der Beschreibung des Orients nahe dem Ozean mehrere Völker erwähnt, die in derselben Dürftigkeit leben. Es gibt aber auch im Norden* [solche Völker], *die wir gesehen haben, nämlich die der Chauken, die die großen und die kleinen genannt werden. In gewaltiger Strömung ergießt sich dort der Ozean in Zwischenräumen zweimal bei Tage und bei Nacht auf ein ungeheures Gebiet, indem er den abwechselnden Streit der Elemente bedeckt, von dem man im Zweifel sein kann, ob er zum Lande gehört oder ein Teil des Meeres ist. Dort hat ein elendes Völckchen hohe Hügel im Besitz, die wie Rednerbühnen von Menschenhand errichtet sind, entsprechend den Erfahrungen von der höchsten Flutgrenze: auf die sind demgemäß die Hütten gesetzt. Ihre Bewohner gleichen Segelnden, wenn die Fluten das umliegende Land bedecken, aber Schiffbrüchigen, wenn sie wieder zurückgewichen sind, und sie machen bei ihren Hütten Jagd auf die mit dem Meer fliehenden Fische. Vieh zu halten, ist diesen Menschen nicht vergönnt, ja, nicht einmal mit den wilden Tieren zu kämpfen, da jeder Strauch weit und breit fehlt. Aus Seegras und Binsen flechten sie ihre Netze zum Fischfang und indem sie den mit den Händen gesammelten Schlamm mehr durch den Wind als durch die Sonne trocknen, machen sie mit Hilfe* [dieser] *Erdart ihre Speisen und ihre vom Nordwind erstarrten Eingeweide warm. Ihr Getränk besteht ausschließlich aus Regenwasser, das in Gruben vorn im Hause aufbewahrt wird. Und diese Menschen behaupten, falls sie heute vom römischen Volk besiegt werden sollten, sie würden dann Sklaven! Es steht wirklich so: viele schont das Schicksal zu ihrer Strafe.*

Vielleicht hatte Plinius die Marschen nach einer Sturmflut gesehen. Denn seine Beschreibungen entsprechen kaum den tatsächlichen Lebensbedingungen der Menschen an der Küste. Archäologische Ausgrabungen erlauben uns heute ein genaueres Bild, als es Plinius möglich war.

Siedlungen in den Flussmarschen

Als die römischen Flotten in die Flussmündungen von Ems und Weser vorstießen, kamen sie in keine menschenleeren Gebiete. Lange schon vor den Flottenvorstößen der Römer waren die aufgeschlickten Uferwälle an der Unterweser besiedelt gewesen. So wurden in der Flussmarsch der Unterweser 1971 westlich von Rodenkirchen nahe der Hahenknooper Mühle bei Baggerarbeiten für das neue Strohhauser Sieltief in etwa 2 m Tiefe Holzpfosten und Scherben entdeckt. Diese erwiesen sich bei den späteren Ausgrabungen als Reste einer Flachsiedlung der jüngeren Bronzezeit, die hier auf der NN −1 m hohen Marsch im 10./9. Jahrhundert v. Chr. existierte. Die etwa 15 km entfernte Küstenlinie im Bereich der Wesermündung verlief zu dieser Zeit wohl ungefähr

Im Hjemsted Oldtidspark vermitteln Nachbauten, wie man sich die Wohnstallhäuser der Eisenzeit vorstellen kann. Foto: Dirk Meier.

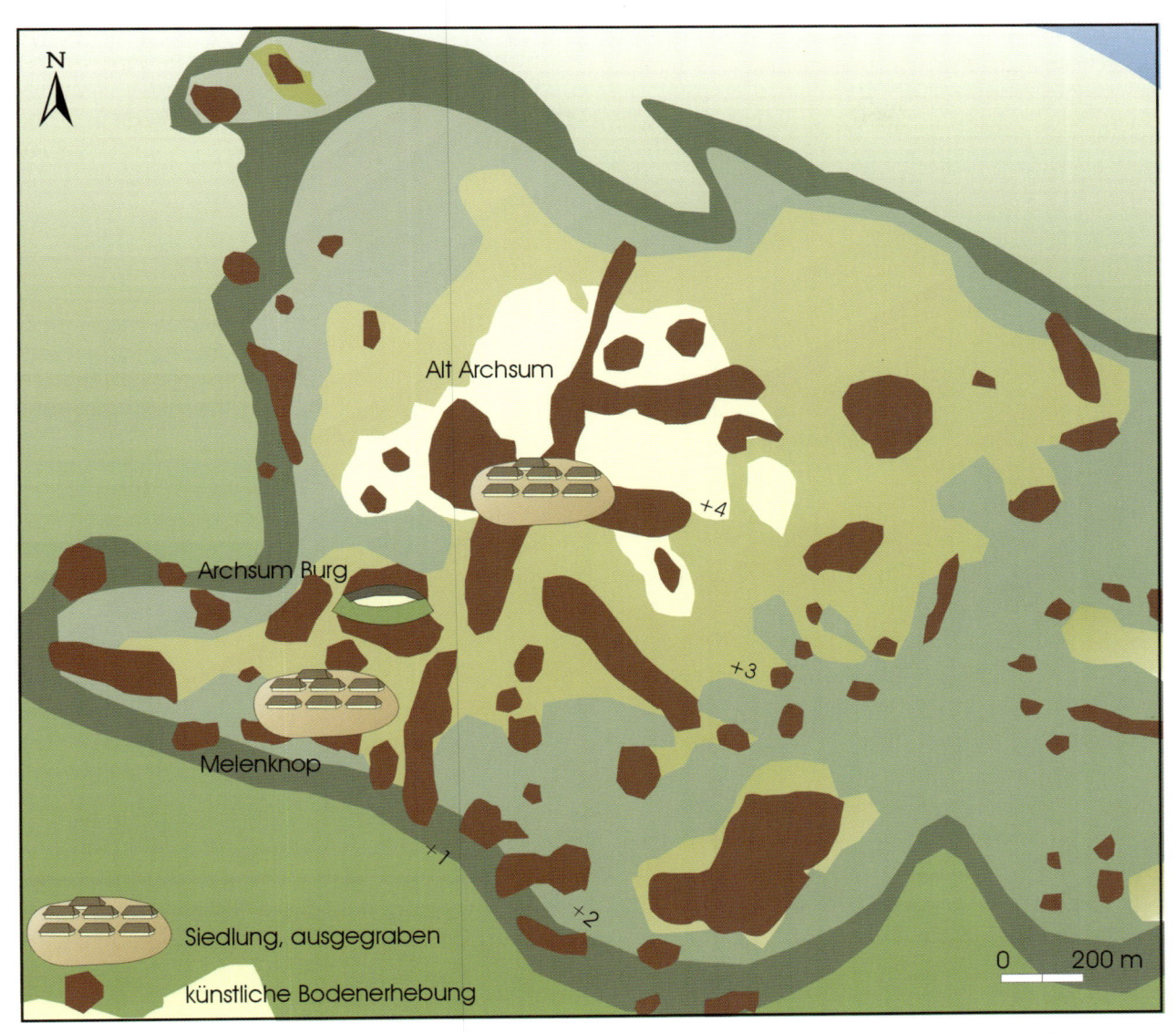

Der Archsumer Geestkern war in der vorrömischen Eisenzeit (500 v. Chr.–Chr. Geb.) und der römischen Kaiserzeit (Chr. Geb.–500 n. Chr.) dicht besiedelt. Zur Bodenverbesserung trugen die Siedler Plaggen auf, da sich die Marsch zunehmend verkleinerte. Grafik: Dirk Meier, künstliche Bodenerhebungen nach Karl Kersten.

wie heute, da ein Rückzug der Nordsee zwischen 1500 und 1000 v. Chr. zu einer Aussüßung des Gebietes führte, in deren Folge der Obere Torf entstand. Später wurde dieser überflutet und Sedimente lagerten sich auf dem Moor ab. Darüber bildete sich ein Boden sowie ein weiterer nach einer erneuten Überflutung. Auf dem Uferwall lag die Siedlung der Bronzezeit gut geschützt. Allenfalls winterliche Überflutungen überschwemmten gelegentlich den Uferwall. Die Höfe standen jedoch auf dem flussabgewandten Hang des westlichen Weseruferwalles und waren so vor höheren Wasserständen relativ sicher. Den archäologischen Untersuchungen zufolge sind bislang drei Hausplätze bekannt, von denen der nördliche fast vollständig ausgegraben wurde. Hier befand sich ein aus dem Erlenholz des Auenwaldes an der Weser errichtetes, etwa 21 m langes und 5 m breites, in west-östlicher Richtung erbautes dreischiffiges Wohnstallhaus, dessen westlich gelegener Stallteil einmal verlängert wurde. Das tief heruntergezogene Walmdach bedeckte vermutlich Schilf. Der Wohnteil des Hauses befand sich auf einem etwas höheren Sodenpodest. Den Hof umgab ein Flechtwerkzaun. In der nächsten Nutzungsphase des Platzes entstand

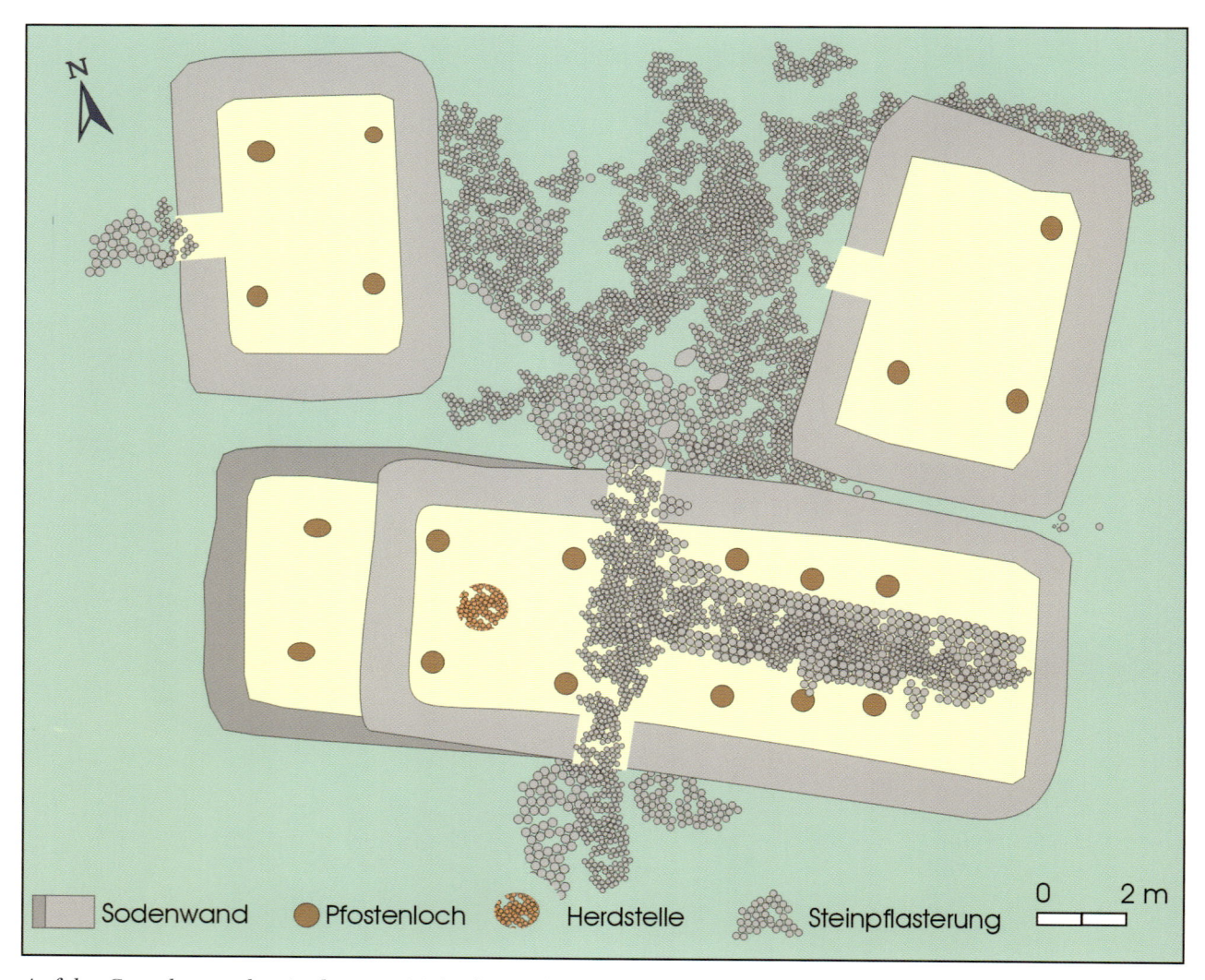

| Sodenwand | Pfostenloch | Herdstelle | Steinpflasterung | 0 2 m |

Auf der Geestkuppe des Archsumer Melenknops legten archäologische Ausgrabungen eine Gehöftgruppe aus dem ersten nachchristlichen Jahrhundert frei. Zu einem größeren Wohnstallhaus mit Steinpflasterung im Stallgang gehörten zwei Nebenbauten. Alle Bauten wiesen Sodenwände auf. Grafik: Dirk Meier nach O. Harck u.a. 1992.

ein kleineres Gebäude. Auf dem Uferwall weideten die Rinder und Schafe. Hier wurde auch in den Sommermonaten Spelzgerste angebaut. Eine Ergänzung der Ernährung stellte auf der Geest oder dem Auewald das Sammeln von Haselnüssen, Brombeeren und Schlehen dar. Von der Geest her war die Siedlung wohl über durch das Moor führende Bohlenwege erreichbar. Spätere Überschwemmungen bedeckten die Siedlung mit Sedimenten[75].

In den Uferpartien der Flussmarschen wuchsen Schilfröhrichte, welche die Schwemmstoffe des Wassers herausfilterten und mit zur Entstehung der Uferwälle beitrugen. Landeinwärts der höheren Uferwälle erstreckten sich Schilfsümpfe, Bruchwälder und Hochmoore. Zur Zeit der ersten Besiedlung um 600 v. Chr. im Rheiderland wuchsen auf den Uferwällen der Unterems Auenwälder. Diese umfassten die oft überschwemmte Weichholzauen mit Weiden und Weidengebüsch bis hin zu seltener überfluteten oberen Hartholzau mit Ulmen, Eichen und Eschen.

Als die ersten Siedler in das Rheiderland südlich der Ems vordrangen, rodeten sie für die Anlage ihrer Hofstellen den Wald des Emsuferwalles[76]. Die günstigen Umweltbedingungen erlaubten dabei die Anlage der Wohnstallhäuser zu ebener Erde, in denen

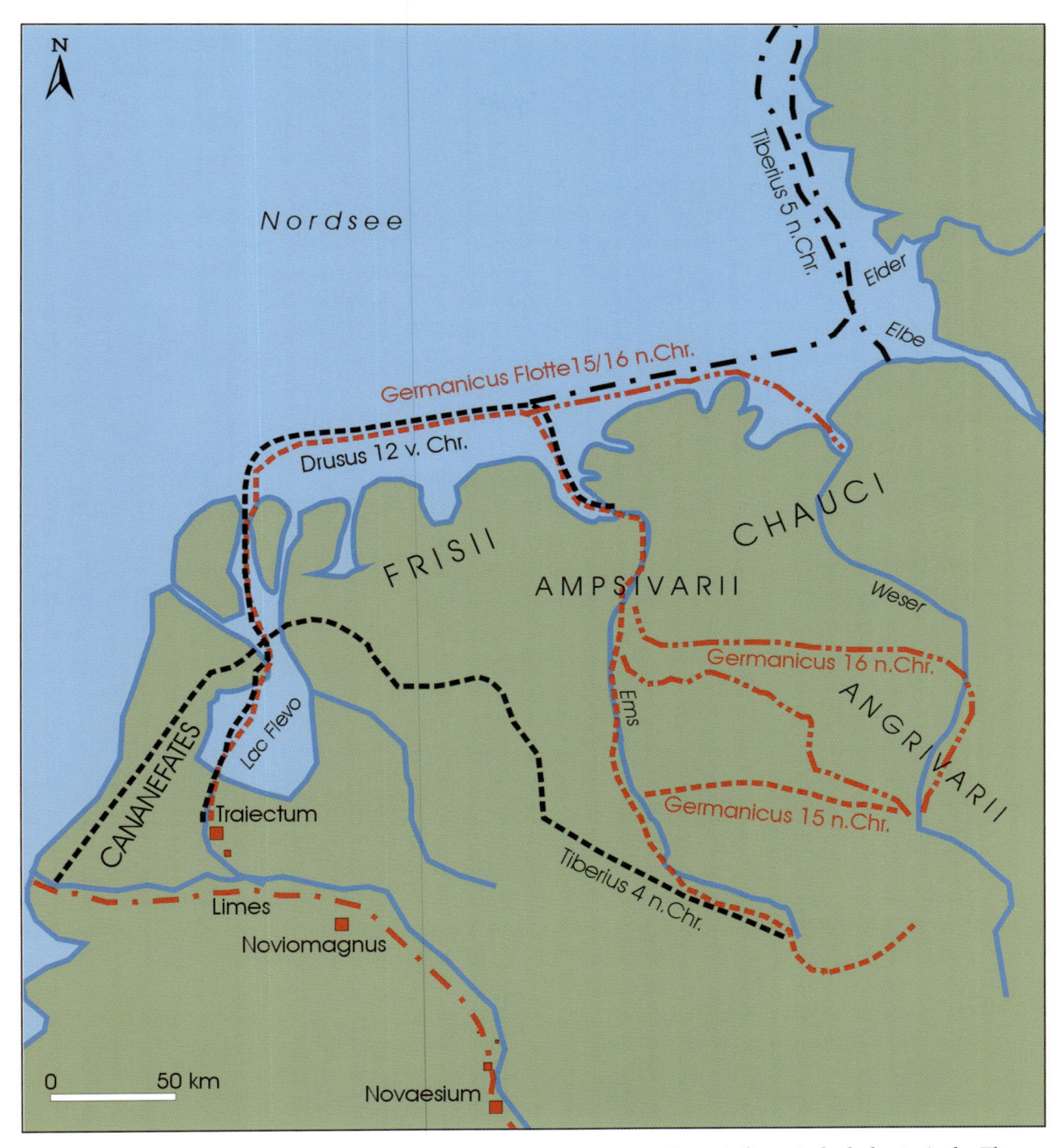

Unter der Regierungszeit des römischen Kaisers Tiberius (14–37 n. Chr.) stießen wiederholt römische Flotten in die Nordsee und die Mündungen von Ems und Weser vor. Diese Unternehmungen bildeten ein Teil der vergeblichen Versuche, Germanien bis zur Elbe zu erobern. Grafik: Dirk Meier.

Vieh und Mensch unter einem Dach untergebracht waren. Die gerodeten Flächen auf dem Uferwall dienten dabei auch zur Anlage der Äcker, auf denen zunächst Gerste, Emmer und Pferdebohne angebaut wurden. Wichtiger als der Ackerbau blieb aber stets die Viehhaltung.

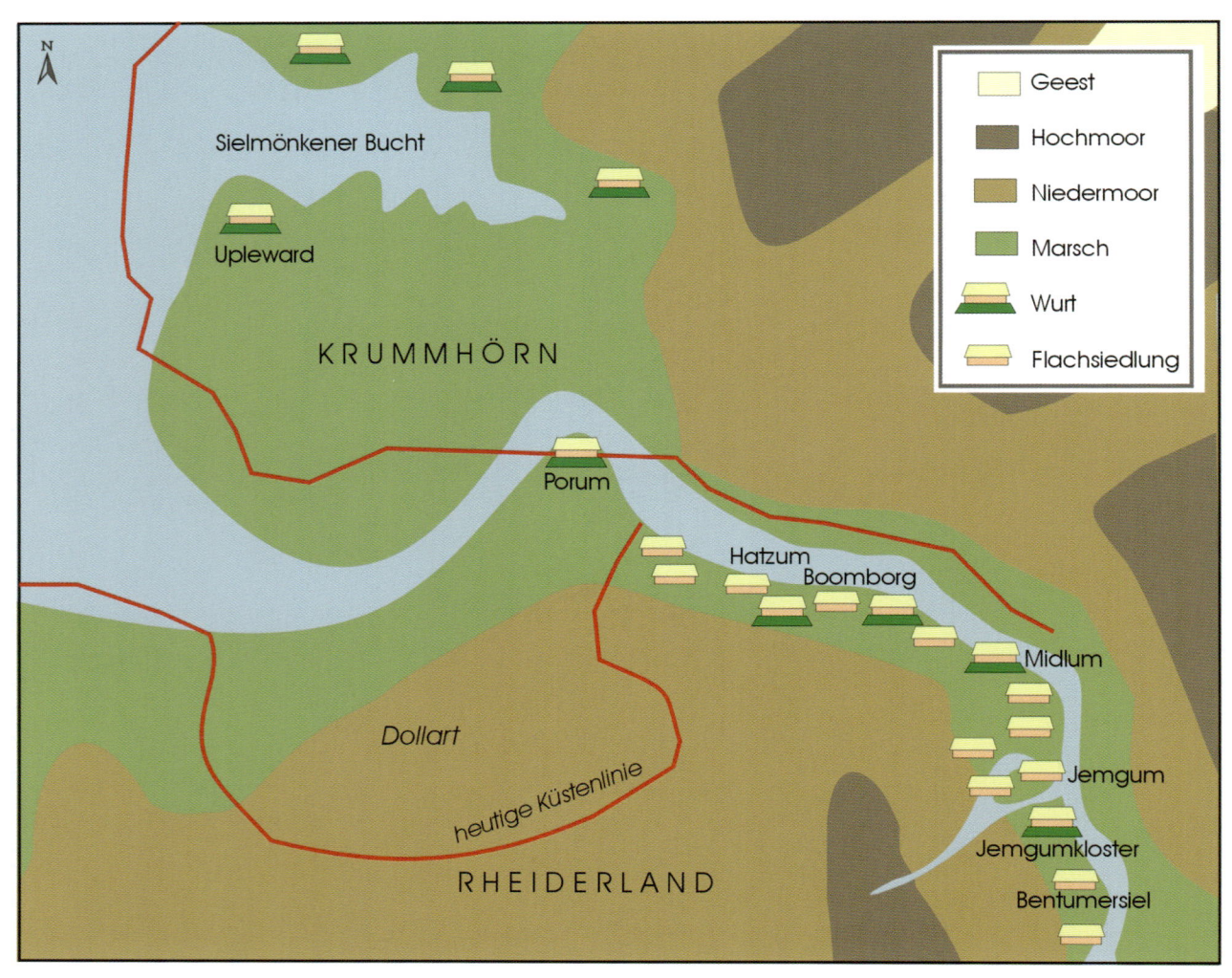

Im Rheiderland auf dem Südufer der Ems begann eine erste Landnahme mit Flachsiedlungen – wie Jemgum – auf dem breiten Emsuferwall seit dem 7. Jahrhundert v. Chr. Im Hinterland dehnten sich Moore aus. Zunehmende Überflutungen im 3. Jahrhundert v. Chr. infolge eines erneuten Meeresspiegelanstiegs führten zur Aufgabe dieser Wohnplätze. Eine erneute Besiedlung setzte kurz nach Chr. Geb. ein. Diese erschloss nun auch die Seemarschen der Krummhörn. Grafik: Dirk Meier.

Die im 7. Jahrhundert v. Chr. angelegte Gehöftsiedlung Jemgum wurde dabei aufgrund von Überflutungen im 5. Jahrhundert v. Chr. wieder aufgegeben, während andere, wie die aus 10 bis 14 Gehöften bestehende Siedlung Boomborg bei Hatzum vom 6. bis 3. Jahrhundert v. Chr., längere Zeit bestanden, bevor auch hier das Meer das Siedelareal überschwemmte. Wie auch in Jemgum umsäumten auch in Boomborg Prielläufe die Siedlung. Deren Wohnstallhäuser mit zugehörigen Pfostenspeichern waren auf flachen Hauspodesten aus Mist und abdeckenden Kleisoden errichtet. Eine erneute Nutzung des Uferwalles setzte in der Phase eines weitflächig nachweisbaren Meeresrückzugs um Chr. Geb. ein. Die nun dichtere Besiedlung führte zu einer weitgehenden Rodung der oberen Hartholzauen und die Waldnutzung erfasste nun auch die tieferen Bereiche. Wieder entstanden auf Viehhaltung ausgerichtete ländliche Siedlungen.

Nur die Siedlung Bentumersiel wich in ihrem Erscheinungsbild von diesem Bild ab[77]. Auf dem zwischen Ems und einem Prielsystem errichteten Platz befanden sich im 1. Jahrhundert n. Chr. eine Gruppe von in den Boden eingelassenen Pfostenspeichern sowie ein dreischiffiges Gebäude ohne Stall. Vermutlich stapelten die Bewohner hier während des Sommerhalbjahres ihre Vorräte. Römische Militärgegenstände und Gebrauchskeramik deuten auf einen entsprechenden Warenaustausch hin und könnten mit den 15/16 n. Chr. durchgeführten Feldzügen des Germanicus in einem Zusammenhang stehen.

Auch aus den schleswig-holsteinischen Flussmarschen gibt es Nachweise einer römerzeitlichen Besiedlung, die jedoch erst seit dem 1. Jahrhundert n. Chr. einsetzte. Auf der östlichen Flussseite der Stör legten die Ausgrabungen 1935 südlich von Itzehoe bei Hodorf ein Wohnstallhaus frei, das mehrfach vom 2. bis 4. Jahrhundert auf der gleichen Stelle neu errichtet wurde[78]. Die Uferwälle entlang der Stör waren vermutlich ähnlich dicht besiedelt wie die der Ems.

Auch die Uferwälle entlang der Küste der nördlichen Elbe waren wohl dicht besiedelt. Aufgrund der späteren Verlagerung der Stromrinne zerstörte der Fluss diese jedoch. Den einzigen Nachweis einer eisenzeitlichen Besiedlung bilden mehrere, reihenförmig angelegte Wohnstallhäuser auf einem Uferwall bei Ostermoor in Süderdithmarschen. Die im 1. Jahrhundert gegründete Siedlung wurde im 2./3. Jahrhundert schon wieder aufgegeben, da das vermoorte Hinterland die Möglichkeiten einer gewinnbringenden Weidewirtschaft eingrenzte[79].

Erste Wurten in den Seemarschen

Ein Rückzug des Meeres im 1. Jahrhundert v. Chr. und der Aufwuchs großer Seemarschen begünstigte eine Landnahme, die im niedersächsischen Küstengebiet etwas früher einsetzte als in Schleswig-Holstein. Auf höheren Uferwällen entlang von Prielen

Bei Hatzum wurden auf dem Uferwall der Ems kurz hintereinander diese beiden Wohnstallhäuser errichtet. Die von Meeresablagerungen bedeckten Reste der Flechtwände, Viehboxen und dachtragenden Pfosten haben sich gut erhalten. Bildnachweis: Behre u. Schmid 1998, 61.

Im 1. Jahrhundert entstanden auf einem Uferwall eines Priels nahe der Elbmündung mehrere reihenförmig angelegte Wohnstallhäuser. Die Flachsiedlung Ostermoor wurde bereits Ende des 2. Jahrhunderts wieder verlassen, da das vermoorte Hinterland die Weideareale eingrenzte. Grafik: Fritz Fischer.

nahe der Küste legten die Siedler vielerorts ihre Wohnstallhäuser als Flachsiedlungen zu ebener Erde an, bevor infolge erneuter Sturmfluttätigkeit diese seit 50 n. Chr. zu Wurten aufgehöht wurden.

In der ostfriesischen Seemarsch der Krummhörn nordwestlich von Emden begann die Landnahme im 1. Jahrhundert n. Chr. mit Flachsiedlungen auf hohen Uferwällen entlang der Crildumer Bucht[80]. Einige dieser Flachsiedlungen überschwemmte das Meer, während andere zu Wurten erhöht wurden. Weitere Marschensiedlungen gingen entlang der ostfriesischen Küste unter. Daran erinnert ein Kindergrab im Watt vor Ostbense im Kr. Wittmund. Der etwa drei Monate alte Säugling wurde im 5. Jahrhundert n. Chr. in einem ehemaligen Backtrog mit Beigefäß und Blütenschmuck bestattet[81]. Dass sich hier einst besiedeltes Land befand, geht auch aus anderen Funden durch das Meer abgetragener Wurten hervor.

Weitere Wurten lagen in der äußeren Seemarsch des Landes Wursten auf einem Brandungswall entlang der damaligen Küste. Die umfangreichen Ausgrabungen auf der Feddersen-Wierde zeigen beispielhaft, wie sich über viele Jahrhunderte eine dieser Dorfwurten entwickelte[82]. Auf den nach Osten abfallenden Partien des von Prielen umgebenen Brandungswalles legten hier die ersten Siedler im 1. Jahrhundert v. Chr. mehrere Hofstellen an, die sich am Ende der Nutzungszeit jeweils hangabwärts verschoben. Infolge der seit 50 n. Chr. wieder einsetzenden Sturmfluttätigkeit erhöhten die Siedler diese zu Hofwurten. Dabei verwendeten sie den bei der extensiven Viehhaltung anfallenden, getrockneten Mist, den sie mit Kleisoden abdeckten. Auch die Zwischenräume der Hofwurten füllte man mit Mist auf, so dass schließlich eine geschlossene Dorfwurt entstand. Größere und kleinere Wohnstallhäuser befanden sich dabei halbkreisförmig um einen freien Platz herum. Während des 3. bis 4. Jahrhunderts n. Chr. erreichte die Wurt mit bis zu 25 Wohnstallhäusern, drei anderen Hallenhäusern und Kleinbauten ihre größte wirtschaftliche Blüte. Die sozial und wirtschaftlich herausgehobene Schicht wohnte in einem von Zäunen umgebenen Gehöftkomplex.

Die Bewohner erhöhten die Wurt kontinuierlich bis in das 5. Jahrhundert n. Chr. mit Mist und Klei. Diese Erhöhungen dürften zwar Reaktionen auf einen steigenden Meeresspiegel gewesen sein, doch gibt es auf der Feddersen-Wierde auch Nachweise

Im Land Wursten an der Wesermündung lagen auf einem hohen Uferwall in der römischen Kaiserzeit mehrere Dorfwurten, darunter die in Ausgrabungen erschlossene Feddersen-Wierde. Im frühen Mittelalter verlagerte sich infolge des Landanwachses die Küstenlinie seewärts. Das Neuland sicherten seit dem 12. Jahrhundert Deiche (1 Oberstrich, 2 Niederstrich, 3 Altendeich, 4 Neufeld). Grafik: Dirk Meier nach Peter Schmid 1991.

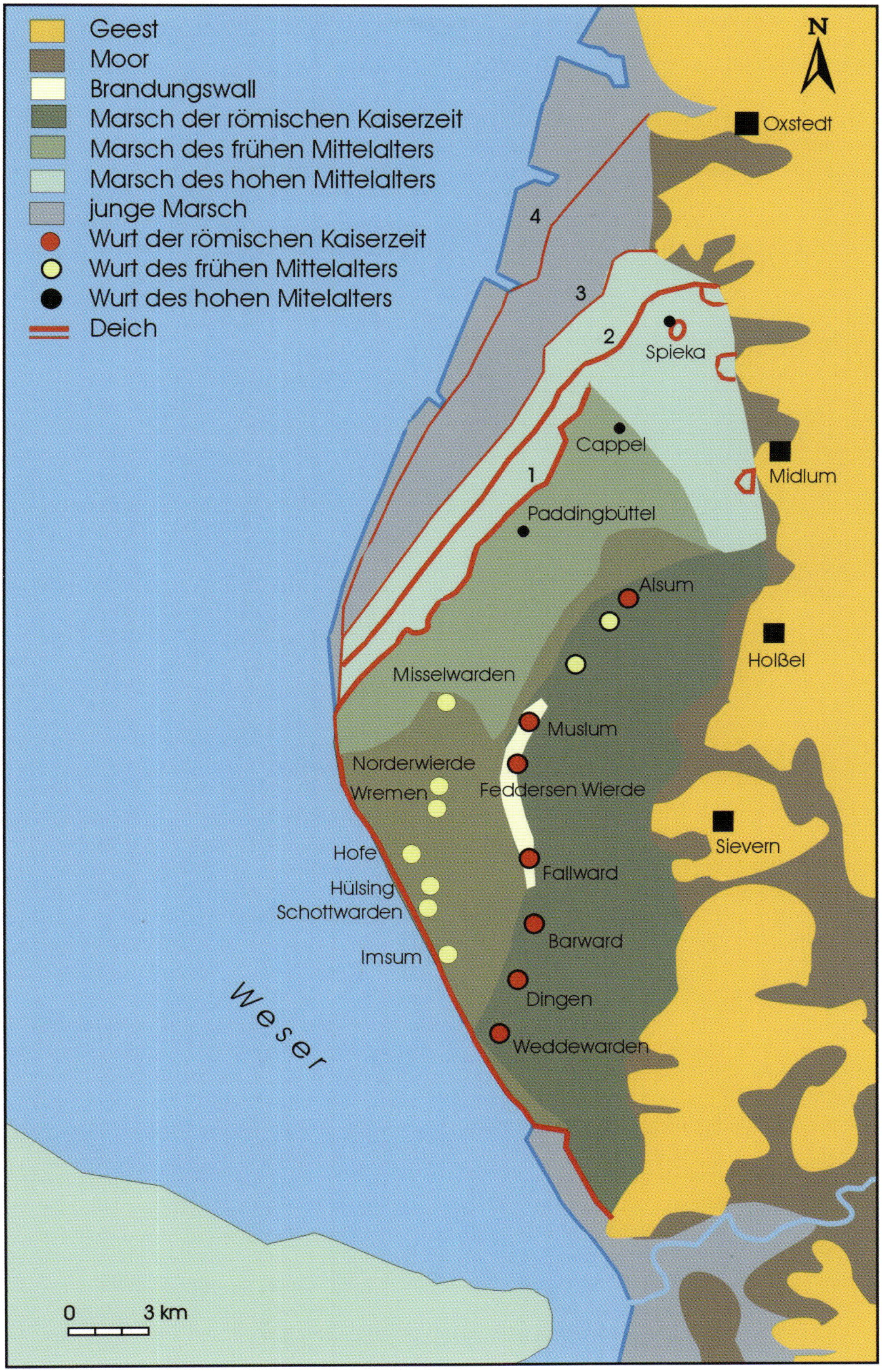
Geest
Moor
Brandungswall
Marsch der römischen Kaiserzeit
Marsch des frühen Mittelalters
Marsch des hohen Mittelalters
junge Marsch
Wurt der römischen Kaiserzeit
Wurt des frühen Mittelalters
Wurt des hohen Mitelalters
Deich
N
Oxstedt
4
3
2
1
Spieka
Cappel
Midlum
Paddingbüttel
Alsum
Holßel
Misselwarden
Muslum
Norderwierde
Wremen
Feddersen Wierde
Sievern
Hofe
Fallward
Hülsing
Schottwarden
Barward
Imsum
Dingen
Weser
Weddewarden
0
3 km

für ein vorübergehendes Absinken des Mittleren Tidehochwassers im 4. Jahrhundert. So entstanden während der Siedlungsphasen 7 und 8 noch Wohnstallhäuser am Rande der Dorfwurt. Deren Wohnniveau lag niedriger als die der älteren Häuser am Wurtenrand[83]. Bald verschlechterten sich die Lebensbedingungen der Bewohner jedoch wieder. Denn erneut zunehmende Überflutungen versalzten die Wirtschaftsfluren und schränkten Viehhaltung und Ackerbau ein. In der letzten Phase der Wurtsiedlung entstanden mehr Kleinbauten, deren Bewohner

Infolge der kontinuierlichen Erhöhung der einzelnen Hofwurten der Feddersen-Wierde entstand ein großes Wurtendorf. Mehrere, mit Zäunen eingefasste Gehöfte gruppieren sich im 3. Jahrhundert n. Chr. halbkreisförmig um einen freien Platz. Modell: Niedersächsisches Institut für historische Küstenforschung.

dem handwerklichen Gewerbe nachgingen, während die Landwirtschaft an Bedeutung verlor. Im 5. Jahrhundert n. Chr. schließlich verließen die Menschen die Wurt.

Auf den über mehrere Jahrhunderte besiedelten Dorfwurten wie der Feddersen-Wierde bildete sich eine differenzierte Sozialstruktur heraus. Das zeigt sich nicht nur in den verschieden großen bäuerlichen Betrieben und dem von Zäunen eingefassten Mehrbetriebsgehöft, sondern auch in den Gräberfeldern. So kam südlich der Feddersen-Wierde im Spätsommer 1993 am Rand der Dorfwurt Fallward ein Urnen- und Körpergräberfeld mit wertvollen Beigaben sowie einer Bootsbestattung zu Tage[84]. Das Gräberfeld liegt ebenso wie die Dorfwurten auf dem Strandwall an der Unterweser, der in den Jahrhunderten v. Chr. auflandete. Die im 4. und 5. Jahrhundert auf den höchsten Partien des Uferwalles eingetieften Urnengräber waren bereits stark zerstört. Am Ostrand des Strandwalles existierten in dieser Zeit aber auch Körpergräber. Bei den besser erhaltenen Gräbern fanden sich Beigaben aus Metall und verzierte Holzgegenstände, darunter ein aufwendig verzierter thronähnlicher Holzsessel, ein verzierter Tisch und Holzschalen. Eine gefundene Gürtelgarnitur mit Beschlagplatten gehörte zur Ausstattung der Soldaten im spätantiken römischen Heer. Die Römer rekrutierten öfter Germanen als Söldner für ihr Grenzheer und einige Stämme waren mit dem Imperium verbündet. Am Westrand der untersuchten Grabungsfläche stießen die Archäologen im Spätsommer 1994 auf eine längliche Grube. Den Sarg dieses Körpergrabes bildete ein mit Brettern abgedeckter Einbaum.

Ähnlich wie im Land Wursten erstreckten sich auch die Dorfwurten im Dithmarscher Küstengebiet nördlich der Elbe bis zur heutigen Meldorfer Bucht in einer Siedlungsreihe in der äußeren Seemarsch, während das Landesinnere ein vermoortes Sietland einnahm. Hier setzte die Landnahme spätestens in der Mitte des 1. Jahrhunderts n. Chr. ein. Auf einem bis NN +1,80 m hohen Uferwall in Süderbusenwurth entstanden mehrere aus Mist und Klei aufgehöhte Hofwurten, von denen eine in den Jahren 1998 bis 2002 durch archäologische Ausgrabungen freilegt wurde. Ein kleinerer Priel durchzog dabei das feuchte Siedelareal. Vor der Anlage der Wohnstallhäuser entwässerten die Siedler daher die niedrigeren Partien der Seemarsch durch parallel verlaufende flache Gräben. Wie die Ausgrabungen zeigten, entstand nördlich des die Siedlung durchziehenden Priels an der östlichen Seite des Uferwalles ein Wohnstallhaus. Dieses kurz nach Chr. Geb. errichtete Gebäude ging durch ein Schadensfeuer zugrunde. Die Menschen verließen wohl fluchtartig das Haus, wie verbrannte Webgewichte zeigen. Diese Tongewichte hingen ursprünglich zur Beschwerung der senkrechten Fäden (Kettfäden) an einem Webstuhl.

Über den Resten der Hauses entstand weiter nach Osten verschoben ein Nachfolgebau. Dazu planierte man die Trümmer, bedeckte sie mit Sodenlagen und errichtete dann das neue Gebäude. Die eingetieften Pfosten des Vorgängerbaus, soweit sie noch erhalten waren, schlug man an ihrer Basis ab und verbaute sie erneut. Das abfallende Niveau glichen Mistauf-

Die Grabungsfläche von 1959 der Feddersen-Wierde zeigt einen Ausschnitt der halbkreisförmigen Anlage der Wohnstallhäuser des 2. Jahrhunderts n. Chr. Die braunen Flächen sind die Mistkerne der einzelnen Hofwurten, die von Kleisoden (helle Flächen) abgedeckt waren. Foto: Niedersächsisches Institut für historische Küstenforschung.

träge und abdeckende Kleisodenlagen aus, den Rand der Mistpackung umgab ein Sodenwall. Das Hofareal fasste ein Zaunsystem ein, dessen Hölzer in den Jahren 146 bis 149 n. Chr. gefällt wurden. Die Zäune sollten verhindern, dass Rinder und Pferde unkontrolliert auf die Wurt liefen und durch ihre Hufe die Grasnarbe beschädigten. Die Siedlung durchzogen mit Flechtwerk ausgelegte Wege. Nach der Mitte des 2. Jahrhunderts erfolgten umfangreiche Kleiaufträge. Möglicherweise dienten diese nicht nur der Anlage neuer Wohnplätze, sondern auch für den Ackerbau, da zunehmend Sturmfluten die nur niedrig aufgelandeten Seemarschen überfluteten und die höheren Areale des kleinen Uferwalles begrenzt waren. Die wirtschaftliche Grundlage der Siedlung bildete bis zu deren Aufgabe am Ende des 3. Jahrhunderts die Viehhaltung, wobei mehr Rinder als Schafe gehalten wurden.

Die Rinder waren kleinwüchsige Tiere mit kurzen Hörnern, die Schafe waren hingegen relativ groß. Deren Wolle diente der Anfertigung von Tuchen auf großen Webstühlen. Die Pferde glichen in der Größe etwa den heutigen Panjepferden. Ferner nutzten die Bewohner das reichhaltige Nahrungsangebot der Küste, fingen Fische, erlegten Tümmler, Seehunde und gingen auf die Jagd nach Küstenvögeln wie Graugänsen, Graureihern und Stockenten. In den Wäldern auf der Geest wurden Rothirsche und Wildschweine erlegt[85]. Von hier bezogen die Siedler auch das Bauholz, vor allem Eichen, das über Priele zu den in der baumlosen Seemarsch liegenden Wurten herangeschifft werden musste.

Neben der Südermarsch erfasste die Landnahme des frühen 1. Jahrhunderts n. Chr. auch höhere Marschflächen 2000 m westlich von Heide. Hier befand sich ebenfalls eine nord-südlich orientierte

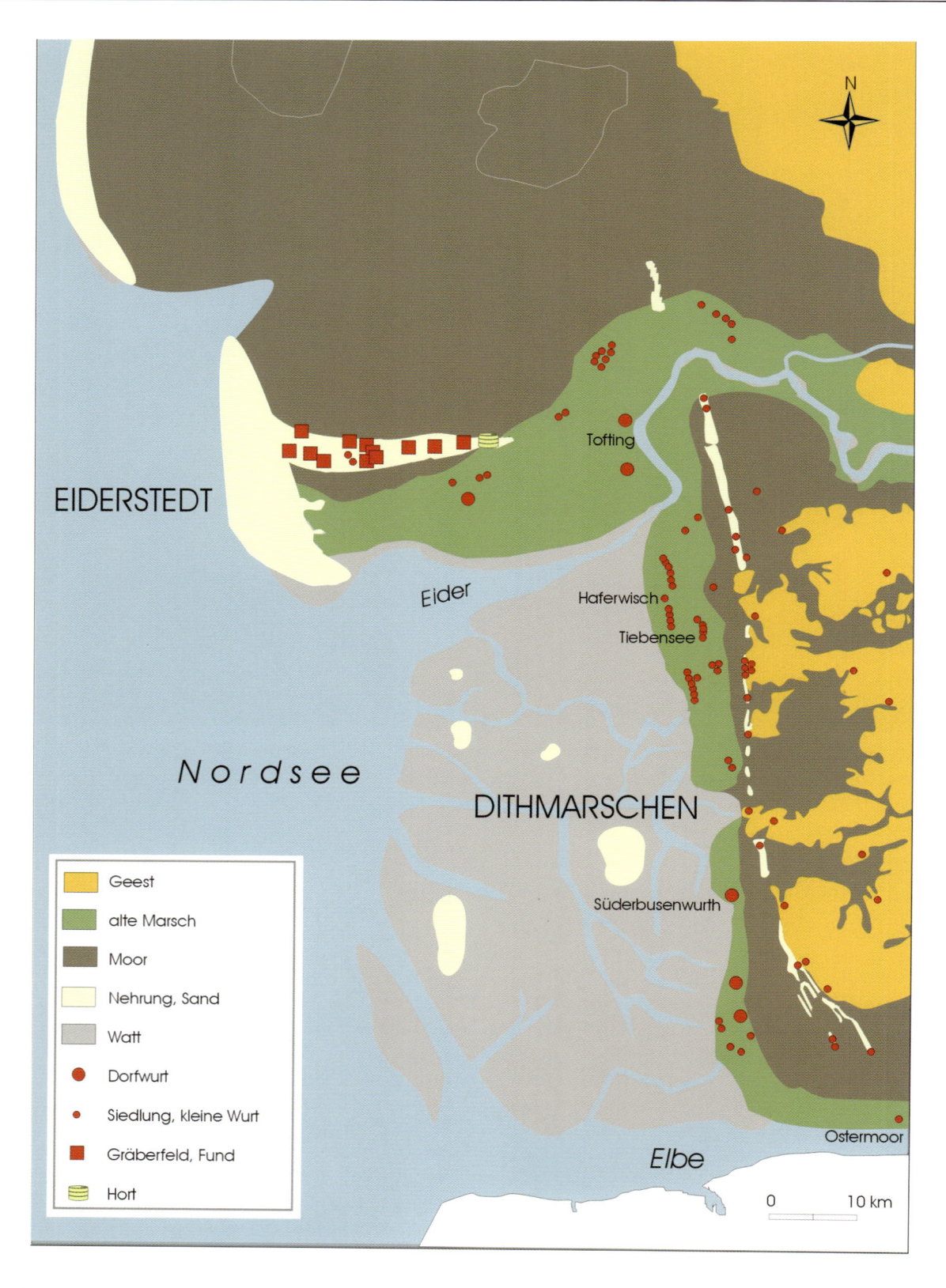

Die alte Marsch des Dithmarscher Küstengebietes erfasste im frühen 1. Jahrhundert n. Chr. eine Landnahme bäuerlicher Siedlergruppen. Im Unterschied zum südlichen Eiderstedt blieben die Siedlungen eher klein.

Während ausgedehnte Seemarschen im südlichen Schleswig-Holstein zwischen Chr. Geb. und etwa 450 n. Chr. die Anlage zahlreicher Wurten erlaubten, blieben die Siedlungsmöglichkeiten in Nordfriesland infolge ausgedehnter Moore auf die Geestkerne beschränkt. Grafik: Dirk Meier.

Die archäologischen Ausgrabungen in Süderbusenwurth, Dithmarschen, legten einen Wohnplatz des 1./2. Jahrhunderts n. Chr. frei. Foto: Dirk Meier.

Siedlungsreihe. Wie Ausgrabungen in Tiebensee zeigten, entstanden zunächst Wohnstallhäuser auf niedrigen Sodenpodesten, die im 2. Jahrhundert n. Chr. zu Wurten aufgehöht wurden[86]. Neben der überwiegenden Viehhaltung verrichteten die Bewohner auch handwerkliche Tätigkeiten. Die Tongefäße brannten sie selbst in einem ehemals kuppelförmigen Ofen, deren zusammengestürzte Reste in der Ausgrabung zutage kamen. Auf dem etwas höher aufragenden Marschrücken überwogen vom Süßwasser geprägte Pflanzenarten. Zwar ließen sich keine Kulturpflanzenreste nachweisen, doch deuten Unkräuter auf saisonalen Ackerbau hin[87]. Eine zunehmende Vernässung des Hinterlandes begrenzte hier jedoch die geestnahen Weidegründe, in denen sich bald Moore ausbreiteten, die um 500 n. Chr. schon weite Bereiche des Sietlandes umfassten und deren Reste sich mit dem Weißen Moor erhalten haben.

Einige Siedlergruppen zogen daher 2000 m weiter nach Westen, wo sie bei Haferwisch auf einer nur niedrig aufgelandeten Seemarsch in der Mitte des 2. Jahrhunderts n. Chr. aus Kleisoden aufgetragene Wurten errichteten. Zahlreiche Salzbinsen *(Juncetum geradi)* und andere salzliebende Pflanzen prägten hier die niedrige Seemarsch, die nicht einmal von sommerlichen Sturmfluten verschont blieb[88]. Häufigste Nutztiere waren daher Schafe, aber auch mit maximal 108 cm Widerristhöhe kleinwüchsige Rinder, Schweine und Pferde wurden gehalten[89]. Die nicht mehr nutzbaren Kadaver toter Tiere entsorgten die Bewohner in den mit Abfall durchsetzten Mistschichten am Rande der Siedlung. Als Jagdbeute sind ferner Knochen von Weißwangengänsen, Seeadlern, Enten, Schwänen sowie von Wildschweinen und Rothirschen belegt, welche die Umweltzonen des Küstengebietes vom Watt bis zur bewaldeten Geest widerspiegeln. Eine junge Wildkatze, die sich ebenfalls im archäozoologischen Fundmaterial fand, mag auf Reviersuche gewesen sein. Am Rande der Wurt legten die Bewohner einen alten Hofhund, dem sie vorher einen Schlag auf den Kopf gaben, in eine Grube. Wie auch die übrigen Knochen von Wurtsiedlungen dieser Zeit zeigen, hielten die Bewohner – vielleicht aus Statusgründen – sehr große Tiere.

Ein besonderes Problem in Haferwisch stellte – wie überall in der Seemarsch – die Versorgung der Bewohner und des Viehs mit Frischwasser dar[90]. Auf engem Raum errichteten die Bewohner die verschiedensten Arten von Brunnen, in den Untergrund eingelassene Gruben und Zisternen. Eine der auf der Wurt errichteten Zisternen besaß einen mit Soden ausgekleideten großen runden Trichter, der sich nach unten zu verengte und in einem mit Flechtwerk

Das Luftbild zeigt den Rand einer seit der Mitte des 1. Jahrhunderts n. Chr. aus Mist aufgeschütteten und mit Kleisoden abgedeckten Hofwurt in Süderbusenwurth, Dithmarschen. Die nach Osten erweiterte Hofwurt umgibt ein Wall aus gepackten Kleisoden, den zu beiden Seiten eine Flechtwerkwand begrenzt. Foto: Walter Dörfler.

ausgekleideten Brunnenschacht endete, der bis in die grundwasserführenden Schichten reichte. Da das Grundwasser brackig war, erlaubte der breitere Trichter bei Regenfällen die Speicherung von Süßwasser, das auf dem schwereren Brackwasser schwamm. Ein Graben leitete das Wasser des Brunnens ähnlich einer Art Tränkeleitung ab.

Die Marschsiedlungen in Dithmarschen blieben meist nur klein, umfassten nur wenige Häuser und wurden aufgrund ungünstiger Umweltbedingungen bald wieder aufgegeben. In Süderbusenwurth überschwemmten Sturmfluten die nur niedrig aufgelandeten Seemarschen, in Tiebensee schränkte Staunässe die Weidegründe ein. Dort, wo günstigere Umweltbedingungen herrschten, blieben einmal gegründete Marschsiedlungen mehrere Jahrhunderte bestehen. So waren nördlich der bogenförmig in die Nordsee mäandrierenden Eider hohe Uferwälle aufgelandet, die über mehrere Jahrhunderte eine platzkonstante Besiedlung ermöglichten.

Die Ergebnisse der 1949 bis 1951 in Tofting nordöstlich von Tönning durchgeführten Ausgrabungen erlauben eine Rekonstruktion der Lebensverhältnisse dieser Wurtsiedlung vom 1. bis zum 5./6. Jahrhundert n. Chr.[91]. Die freigelegten Häuser gleichen denen des niedersächsischen und Dithmarscher Küstengebietes. Ebenso wie auf den übrigen Marschsiedlungen waren die Wohnstallhäuser auf Sodenpodesten in West-Ost-Richtung errichtet, um mit ihren Reetdächern weniger Widerstand gegen die Hauptwindrichtung zu bieten. Der Wohnraum der Häuser in Tofting lag dabei stets wie in Süderbusenwurth im Westen, der Stallteil im Osten. Während wie auf der Feddersen-Wiede die Länge der Gebäu-

Zwischen Tiebensee und Wennemannswisch in Norderdithmarschen erstreckten sich im 1. Jahrhundert n. Chr. Siedlungsplätze der römischen Kaiserzeit in einer nord-südlich orientierten Reihe. Die Wurt im Vordergrund wurde 1991 ausgegraben. Zwischen den Siedlungsplätzen der ersten zwei nachchristlichen Jahrhunderte liegen mittelalterliche Hofwurten. Foto: Volker Arnold.

Die Rekonstruktion veranschaulicht, wie die Flachsiedlung Tiebensee im frühen 1. Jahrhundert n. Chr. ausgesehen haben könnte. Grafik: Dirk Meier.

de je nach Anzahl des aufzustallenden Viehs recht unterschiedlich war, lag die Breite durchschnittlich meist bei 5 m. Die Viehboxen, in denen jeweils zwei Tiere mit dem Kopf zur Wand aufgestallt werden konnten, fassten Flechtwände ein. Im Stallgang befand sich eine muldenförmige Rinne zum Abfluss der Jauche. Der im Westen liegende Wohnteil bestand aus einem Raum, in dessen Mitte die Feuerstelle lag. Als Feuerstellen dienten geglättete, meist mit umlaufenden Rillen verzierte Platten aus Marschenklei. Das Dach trugen zwei eingetieften Pfostenreihen im Inneren. Sowohl die Außenwände als auch die Trennwände im Inneren bestanden aus Flechtwerk. Bei einem Haus waren Kleisoden an die Wände angeworfen. Die Außenwände dienten nur dem Schutz und hatten selbst keine tragende Funktion, da die das Rähm tragenden Außenpfosten nicht in die Wand einbezogen waren. Meist bestanden die Pfosten aus dreieckigen Spaltbohlen, deren Gebrauch in der baumlosen Marsch holzsparender war als die von Rundhölzern. Unter einer Kleisodendiele eines Hauses aus dem 2. Jahrhundert n. Chr. kam eine hölzerne Hängewiege mit einem toten Kleinkind zum Vorschein.

In Tofting umgaben zu Beginn der Besiedlung Gräben, später Zäune die Hofplätze. Jede dieser Bauernfamilien dürfte somit für sich gewirtschaftet haben. Aus den Dungmassen der Stallteile stammen Textilien. Die Kleidung der Bewohner lässt sich anhand eines Opferfundes aus dem Thorsberger Moor bei Süderbrarup in Angeln rekonstruieren. Die Männer trugen lange Hosen mit gamaschenartigen Verlängerungen, die den Spann bedeckten und in die ledernden Riemenschuhe gesteckt wurden. Am Bund hielten Schlaufen die Hose an der Hüfte. Den Oberkörper bedeckte ein langarmiger, über die Hose hängender Kittel. Ein Umhang aus einem großen Wolltuch gab zusätzliche Wärme.

Auf der Wurt Haferwisch in Dithmarschen entstanden im 2. Jahrhundert n. Chr. aufwendige Brunnen und Zisternen zur Versorgung des Viehs und der Menschen mit Wasser. Das Foto zeigt den von der Wurt aus in den Untergrund eingetieften Flechtwandbrunnen, darüber befindet sich ein breiter Trichter aus Soden. Foto: Dirk Meier.

Am Rande der Wurt Haferwisch in Dithmarschen legten die Siedler im 2. Jahrhundert n. Chr. einen Hund in einer Grube nieder. Foto: Dirk Meier.

Die auf der Wurt hergestellten Tongefäße belegen um Chr. Geb. Kontakte mit dem benachbarten Schleswiger Gebiet, seit dem 2. Jahrhundert n. Chr. verstärken sich Tendenzen von südlich der Eider, aus Dithmarschen und dem Elbe-Weser-Raum. Wie auch auf den anderen Marschsiedlungen dieser Zeit überwogen grob gearbeitete Töpfe vor einer qualitätsvolleren polierten und verzierten Feinkeramik. Ferner deuten römische *Terra-Sigillata*-Scherben auf über See gehende Kontakte hin. Die Mehrzahl der gefertigten Stücke entstammt ostgallischen Werkstätten des 2. und 3. Jahrhunderts. Seit dem 2. Jahrhundert bezogen die Bewohner auch Basaltmühlsteine aus dem Rheinland. Im Tausch für diese Erzeugnisse konnten die Bewohner landwirtschaftliche Produkte wie Leder und Wolle anbieten, an denen die römischen Legionen am Rhein einen großen Bedarf hatten.

Bis in das 5./6. Jahrhundert blieb die Wurtsiedlung Tofting bewohnt. Kontinuierlich hatten dabei die Bewohner ihre Wohnplätze mit Mist und Klei erhöht. Wurde zu Beginn der Siedlungszeit der Uferwall nur selten von höheren Wasserständen überschwemmt, nahm seit dem 3. Jahrhundert die Häufigkeit der Sturmfluten zu. Der hohe Uferwall bremste aber zugleich die weitere Ausbreitung der Sturmfluten, denn in dem niedrigen Hinterland konnten bis in das 5. Jahrhundert im Gebiet von Oldenswort noch Flachsiedlungen existieren. Ähnlich dicht besiedelt wie die Seemarschen entlang der Eider waren in den ersten nachchristlichen Jahrhunderten die Sandwälle, da sich von hier aus die anschließende Marsch gut bewirtschaften ließ[92]. Weitere Wohnplätze dieser Zeit lagen auf den höheren Sandwällen der heutigen Halbinsel. Hier fanden sich, wie bei Tating und Garding, auch Brandbestattungen in Form von Urnengräberfeldern.

Völlig anders als an der südlichen schleswig-holsteinischen Nordseeküste waren die Umweltbedingungen im Bereich des heutigen inneren nordfriesischen Wattenmeeres von Eiderstedt bis Föhr. Bruchwälder, Schilfsümpfe und Hochmoore beherrschten hier im Schutz westlicher liegender Geestkerne und Nehrungen das Landschaftsbild. Die Siedelareale blieben hier auf die Geestkerne der Inseln Föhr, Amrum und Sylt begrenzt. Hier drängten sich die Wohnplätze dicht zusammen. Möglicherweise erhöhte dies die Zahl von Konflikten. Einzelne Territorien begrenzten Wälle, wie der 2 m hohe und 7 m breite Krummwall auf Amrum. Dieser verläuft bogenförmig von Steenodde bis nach Nebel und ähnelt vergleichbaren Anlagen der Eisenzeit in Jütland.

Inwieweit auf Amrum eine Siedlungskontinuität von der Eisenzeit bis in das frühe Mittelalter besteht, ist eine ungeklärte Frage. In dem Amrumer Dünen wehte der Wind in den letzten Jahren einen alten Humusboden frei, in dem sich fränkische Glasscherben aus dem Kölner Raum, Glasperlen, aber auch reich verzierte Keramik fanden. Um das Jahr 500 bestand hier ein sommerlicher Lande- und Umschlagplatz eines lokalen Machthabers, der seinerzeit geschützt am Ufer einer durch einen Strandhaken geschützten Bucht lag. Importe wurden hier gegen einheimische Bronze- und Eisenwaren getauscht, die Gläser mögen vielleicht beim Aus- oder Verladen zu Bruch gegangen sein[93]. Möglicherweise existierte weiter landeinwärts die Siedlung des Lokalhäuptlings, wie es in ähnlicher Weise im südöstlichen Fünen mit dem Landeplatz Lundeborg und dem Zentralort Gudme durch archäologische Ausgrabungen belegt ist[94]. Als die Bucht, an welcher der

Bogenförmig schlängelte sich einst die Eider in die Nordsee, heute trennt ein etwa 5 km breiter Trichter das Dithmarscher Küstengebiet im Süden von der Halbinsel Eiderstedt im Norden. Der Blick reicht vom Moor bei Lehe über die Lundener Nehrung bis zur Eider. Jenseits der Eider liegt auf einer alten Dorfwarft Tönning. Die Marschen entlang der Eidermündung gehören zu den Küstengebieten, die bereits vom 1./2. bis 5./6. Jahrhundert n. Chr. dicht besiedelt waren. Ganz im Westen reicht der Blick bis zu den Sänden von St. Peter-Ording und Westerhever. Foto: Walter Raabe.

Landeplatz auf Amrum lag, im 6. Jahrhundert versandete, bedeutete dies das Ende des Strandmarktes.

Im Verlauf des 5. Jahrhunderts mehren sich in allen vorher so dicht bewohnten Gebieten die Zeichen einer zunehmenden Entvölkerung. Mit den Verhältnissen der Küste und der Schifffahrt vertraut, haben sich die Sachsen des Elbe-Weser-Raumes und wohl auch anderer nordwestdeutscher Küstenregionen in kleinen Gruppen an der Landnahme und Eroberung

Englands beteiligt. Andere Bevölkerungsteile blieben aber in ihrer Heimat. So deuten archäologische Ausgrabungen auf der Wurt Upleward in der ostfriesischen Krummhörn und Westeraccum im Norderland, dass diese Siedlungen fortbestanden[95]. In Westeraccum existierte bereits in der vorrömischen Eisenzeit eine ebenerdige Besiedlung auf einer Sandkuppe, die vom 1. bis in das 9. Jahrhundert n. Chr. kontinuierlich erhöht wurde. Auf dem ebenfalls immer wieder erhöhten Wurtendorf von Upleward wurde eine kurz nach 584 geschlagene Eichenbohle verwendet. Ebenfalls im 6. Jahrhundert wurde bei Katharinenheerd in Eiderstedt noch ein Hortfund vergraben. Dieser bestand aus einem Fingerring und 46 weiteren Metallstücken aus Gold und Silber sowie einer Mischung aus beiden Edelmetallen[96]. Kleinere Siedelgruppen könnten auch auf den Geestkernen der Nordfriesischen Inseln gelebt haben, während die Dithmarscher Seemarschen – nach bisheriger Erkenntnis – infolge ungünstiger Umweltbedingungen schon seit dem 4. Jahrhundert n. Chr. verlassen wurden. Somit verlief die Siedelgeschichte regional unterschiedlich, einige Marschgebiete wurden aufgegeben, während in anderen die Bevölkerung wohnen blieb.

Folgt man der von Beda um 730 verfassten Kirchengeschichte, bedeutete die Landung der Angeln und Sachsen in England einen tiefen Einschnitt für die weitere Geschichte[97]. Die germanischen Einwanderer bildeten danach den Kern des späteren Volkes. Die angelsächsische Landnahme beschränkte sich jedoch auf kleinere Bevölkerungsteile, als man ursprünglich glaubte. Bereits seit der zweiten Hälfte des 3. Jahrhunderts hatten sich die erstmals bei Ptolemäos um 150 n. Chr. erwähnten Sachsen, die er in dieser Zeit nördlich der Elbe ansiedelte, und andere Germanen an maritimen Überfällen auf die provinzialrömischen Küsten Englands und Frankreichs beteiligt[98]. Die Römer reagierten auf diese Gefahr, indem sie nach 367 ihr Befestigungssystem erneuerten und dieses einem *comes litones Saxonici*, somit einem Befehlshaber der sächsischen Küste unterstellten. Neue Kastelle entstanden entlang der gefährdeten Küsten, die teilweise mit Föderaten besetzt wurden, bei denen es sich auch um Sachsen handelte.

Beda erwähnt ferner, dass nach dem Abzug der Römer im Jahre 407 die Sachsen auf ein Hilfegesuch des britischen Stammeskönigs Vortigern hin unter ihren Anführern Hengest und Horsa im Jahre 443 nach England übersetzten, um ihn gegen andere britische Stämme zu unterstützen. Die Jahresangabe ist jedoch umstritten. Nach der im 9. Jahrhundert verfassten *Historia Britonum* könnte die Landnahme schon zwei Jahrzehnte früher erfolgt sein[99]. Die frühesten germanischen Siedler siedelten sich entlang der Themsemündung, bei Mucking in Essex sowie in Kent und entlang der Mündung des Humber an. Während des 5. Jahrhunderts erfolgte der Zuzug weiterer Siedler vom Kontinent. Die angelsächsische Landnahme in England darf aber nicht den Blick davor verstellen, dass Sachsen auch in andere Richtungen zogen. So waren an dem Zusammenbruch des römischen Rheinlimes zwischen 352 und 355 auch sächsische Kontingente beteiligt. Sächsische Landnahmeversuche am Rhein hielten sogar bis in das 5./6. Jahrhundert an, bevor diese die Franken vereitelten. An der fränkischen Unterwerfung des Thüringerreiches 531 waren ebenfalls Sachsen beteiligt. In den Jahren 555 und 556 erhoben sich die in Nordthüringen siedelnden Sachsen und Thüringer dann gegen die Franken, mussten jedoch nach ihrer Niederlage das Land verlassen[100]. Angeblich zogen 20 000 von ihnen nach Norditalien. Da sie sich den Langobarden nicht unterordnen wollten, kehrten sie über Gallien in ihre alten Wohnsitze im heutigen Westfalen und Niedersachsen zurück. Wenn auch die von den frühmittelalterlichen Historikern genannten Zahlen nicht als verbürgt gelten können, zeigen diese doch, dass vom 3. bis 6. Jahrhundert viele Sachsen das Land verließen und auch aus diesen Gründen manche der Küstensiedlungen aufgegeben worden sein dürften. Dass die Bevölkerung an der Nordseeküste in dieser Zeit abnahm, ist sicher, auch wenn in einzelnen Abschnitten Siedlungen fortbestanden.

FRANKEN, FRIESEN, SACHSEN: DIE NORDSEEKÜSTE IM FRÜHEN MITTELALTER

DIE NORDSEE ALS *MARE FRISICUM*

Die Friesen rückten erstmals in das Licht der Geschichte, nachdem Caesar zwischen 57 und 49 v. Chr. Gallien erobert hatte und die römische Grenze bis an den Rhein vorschob. Ihre Namensnennung erfolgte im Zusammenhang mit den Feldzügen des Drusus, der zahlreiche Kastelle am Rhein erbauen ließ. Wiederholt ist von Aufständen der Friesen in dieser Region die Rede, bevor mit dem Abzug der Römer die historische Überlieferung zunächst abbricht. Nur kurze Zeit konnten die Friesen ihre Unabhängigkeit im Rheinmündungsgebiet wahren, da dieser Raum schon bald unter die Oberbotmäßigkeit der Franken geriet. Bereits um 600 war Maastricht mit Bischofssitz und eigener Münze ein bedeutender Stützpunkt der Merowinger. Auch Utrecht, schon in römischer Zeit ein wichtiger Ort für den Handel mit Friesland, war bis in die Zeit des Merowingerkönigs Dagobert I. (623–639) unter fränkischer Herrschaft. Ab der zweiten Hälfte des 7. Jahrhunderts gewann dann mit Dorestad in dieser Grenzregion ein Handelsplatz zunehmend an Bedeutung, der seine günstige Lage der Flussgabelung zwischen Lek und dem Krummen Rhein verdankt[101].

Von dem von Friesen bewohnten Dorestad segelten die Schiffe über Rhein und Lek in die Nordsee, nach England und entlang der nordniederländischen sowie niedersächsischen Küste weiter nach Norden bis zu dem um 700 n. Chr. entstandenen Ribe. Bis in die Mitte des 7. Jahrhunderts hatten die Friesen ihren Einflussbereich an der südlichen Nordseeküste von der Schelde- bis zur Wesermündung ständig erweitert. Die von gewählten Heerkönigen regierten Friesen beherrschten alle Flussmündungen der festländischen südlichen Nordseeküste. Der bekannteste dieser Heerführer, Radbod, wurde nach dem Wiedererstarken der Franken seit dem Hausmeister Pippin im Jahre 689 bei Dorestad geschlagen, und der Handelsplatz geriet vorübergehend, seit 719 ganz unter fränkische Kontrolle. Der fränkische Hausmeier Karl Martell eroberte schließlich 751 die Küstengebiete bis zum Lauwers; den Rest der von Friesen besiedelten Küstenabschnitte bezog Karl der Große seit dem Ende des 8. Jahrhunderts in das Fränkische Reich ein. Die fränkische Herrschaft über die weit entfernten und von der Landseite infolge großer Moore nur schwer zugängliche Küstenlandschaft blieb jedoch lose.

In der gleichen Zeit erlebte der von friesischen Kaufleuten getragene Nordseehandel eine erste Blüte. Nach zeitgenössischen Berichten fuhren friesische Händler mit ihren Schiffen nach Nordfrankreich, England und Dänemark. Über Eider und Treene erreichten die Kaufleute Haithabu[102]. Schon 753 wird das Auftreten friesischer Kaufleute auf den Märkten von St. Denis bei Paris, 778 in York, erwähnt. In rheinischen Städten besaßen Friesen Zollprivilegien. Bindeglied zwischen den verschiedenen Küstengebieten war das Meer. Die Nordsee wird bereits in der um 700 verfassten Historia *Mare Frisicum* genannt und noch in der zweiten Hälfe des 11. Jahrhunderts schreibt der Chronist Adam von Bremen, dass die Eider in den „Friesischen Ozean" mündet. Mit der Beteiligung einzelner Siedlergruppen am Fernhandel gerieten diese seit dem 9. Jahrhundert auch erstmals in den Einfluss christlicher Missionare[103].

HEIDEN UND CHRISTEN

Die Geschichte der christlichen Mission vollzieht sich vor dem Hintergrund der Beziehungen zwischen Franken, Friesen und Sachsen vom 7. bis 9. Jahrhundert. Mit den Sachsenkriegen Karls des Großen begann seit dem Ende des 8. Jahrhunderts auch eine intensivere Christianisierung der friesisch besiedelten Küstengebiete zwischen Lauwers und Weser. Geschützt durch die fränkische Herrschaft erfasste nach der Errichtung der Hammaburg und der Gründung einer Kirche im Jahre 810 die Mission auch die Gebiete nördlich der Elbe[104]. Die christlichen Missionare folgten dabei den Fernhandelswegen über die Nordsee. Ausgangszentrum der frühen Mission war Utrecht, von wo aus Bonifatius das westlich der Lauwerssee gelegene Friesland predigend durchzog, bis er und sein Begleiter 754 den Märtyrertod in Dokkum erlitten. Seine Ermordung durch die Friesen belegt hinlänglich die Schwierigkeiten der Mission.

Nach Dokkum kam um 770 auch der aus Northumbrien stammende Priester Willehad als einer der vielen angelsächsischen Geistlichen, die den neuen Glauben in Friesland verbreiten wollten. Während er in den Gebieten westlich der Lauwerssee erfolgreich wirkte, stieß die Mission östlich davon noch auf Schwierigkeiten. Zu Hilfe kam ihm die

Die Nordseemarschen von der Rhein- bis zur Wesermündung waren im frühen Mittelalter von Friesen besiedelt. Diese wurden – ebenso wie die Sachsen – von Karl dem Großen endgültig unterworfen. Die folgende Zugehörigkeit der Frieslande zum Fränkischen Reich blieb jedoch lose. Entlang der Nordsee entfaltete sich zugleich seit 700 n. Chr. – ausgehend von Dorestad – der fränkisch-friesische Handel. Grafik: Dirk Meier.

fränkische Eroberung Sachsens. Im Jahr 781, im zweiten Jahr seiner Ankunft, so heißt es in seiner Lebensbeschreibung, versprachen Friesen und Sachsen, Christen zu werden[105]. Kurz danach, 787, bestellte ihn Karl zum Bischof von Wigmodien, Lara und Rüstringen, den Gebieten zwischen Hunte und Weser, somit friesisch als auch sächsisch besiedelter Gebiete. Mit dieser Politik wollte Karl das Eigengewicht der einzelnen, untereinander locker verbundenen Stammesgruppen brechen. Beiderseits der unteren Ems erhielt 787 der aus der Utrechter Missionsschule stammende Liudger einen friesischen Sprengel, 792 bestellte er ihn dann zum Hirten im westlichen Sachsengebiet. In Westfalen wurde dann Münster seine Wirkungsstätte, wenn ihm auch sein friesischer Bistumsteil bis in die Groninger Küstengebiete erhalten blieb. Die Zuordnung der friesischen Gaue von der Lauwerssee bis zur unteren Weser mit den Bistümern von Münster und Bremen war eine Konsequenz der Sachsenkriege Karls. Nach Willehads Tod blieb der Bremer Bischofsitz wohl infolge sächsischer Aufstände bis 805 unbesetzt.

Die Lebensbeschreibungen der Missionare Willibrord, Liudger und Willehad lassen nur erkennen, dass die Bevölkerung an der Küste verschiedenen Göttern huldigte[106]. Abwertend ist vom Götzendienst die Rede und erwähnt wird ein Gott *Fosete (Fosite)*, dem die Insel Helgoland *(Fosetisland)* geweiht war. Ansonsten werden die germanischen Götter wie Donar und Wodan verehrt worden sein.

Die Familienverbände der Siedlungen im Küstengebiet bestatteten ihre Toten in Grabhügelfeldern. Seit dem 8. Jahrhundert begegnen wir einer sozial herausgehobenen Schicht, deren Tote mit vollständiger Bewaffnung mit Lang- und Kurzschwert, Lanze, Schild und Steigbügeln bestattet sind. Während die Beigabensitte in den friesischen Küstengebieten um 800 endet, zeugen in der ersten Hälfte des 9. Jahrhunderts noch einzelne kostbare Reiterausrüstungen von der sozialen Stellung ihrer Träger[107].

Mit den Eroberungen und Bündnisverträgen des Frankenreiches gelangten kostbare Metallarbeiten, wie Sporen mit Schlaufenornamentik, auch in den Besitz der einheimischen Oberschichten. Hinweise darauf liefern die friesischen Gräberfelder von Dunum, Kreis Wittmund und Schortens, Kreis Friesland. Der Führungsschicht dieser Familienverbände lassen sich auch reich mit Perlenketten und Silbernadeln ausgestattete Frauengräber zuordnen. Die Beigaben verdeutlichen zugleich die kulturellen und wirtschaftlichen Verbindungen, die in der Zeit um 800 zwischen den friesischen Küstenregionen und dem Karolingerreich bestanden haben. Als Folge dieser Kontakte wurden seit der zweiten Hälfte des 8. Jahrhunderts die Brandbestattungen von West-Ost orientierten Körpergräbern abgelöst. Als Anzeichen erster Missionserfolge mögen dabei kleine als Amulette an Halsketten getragene Zierschlüssel gelten, wie sie in heidnisch geprägten Frauengräbern der Oberschicht seit dem 7. Jahrhundert vorkommen. Ein Exemplar aus Dunum weist mit seiner typischen Tierornamentik Stilelemente des anglo-

An der kleinen Ribeau in Übergangslage zur Marsch entstand um 700 ein Handelsplatz, aus dem sich später ein frühstädtisches Zentrum entwickelte. Im hohen Mittelalter verlagerte sich die Besiedlung auf das südliche Ufer der Ribeau. Ribe verlor an Bedeutung, als die größer gewordenen Schiffe die Ribeau nicht mehr befahren konnten. Foto: Rita F. Nielsen, Ribe.

irischen Kunsthandwerks auf, damit einem Herkunftsgebiet, von dem aus viele der frühen Missionare kamen[108]. Die Verbreitung dieser Amulettschlüssel in den nordwestdeutschen Küstengebieten deutet dabei auf die Routen der Missionare hin, die den Händlern folgten.

Die Mehrheit der Bevölkerung lehnte aber die Mission zunächst ab. Nach der *Villa Willehade* beugten die Friesen nur trotzig ihren Nacken unter das sanfte Joch Christi[109]. Am ehesten versprach sich noch der Adel Vorteile von dem neuen Glauben. Noch in der Mitte des 9. Jahrhunderts aber, als der Bremer Bischof Ansgar im friesischen Westergo predigte, gin-

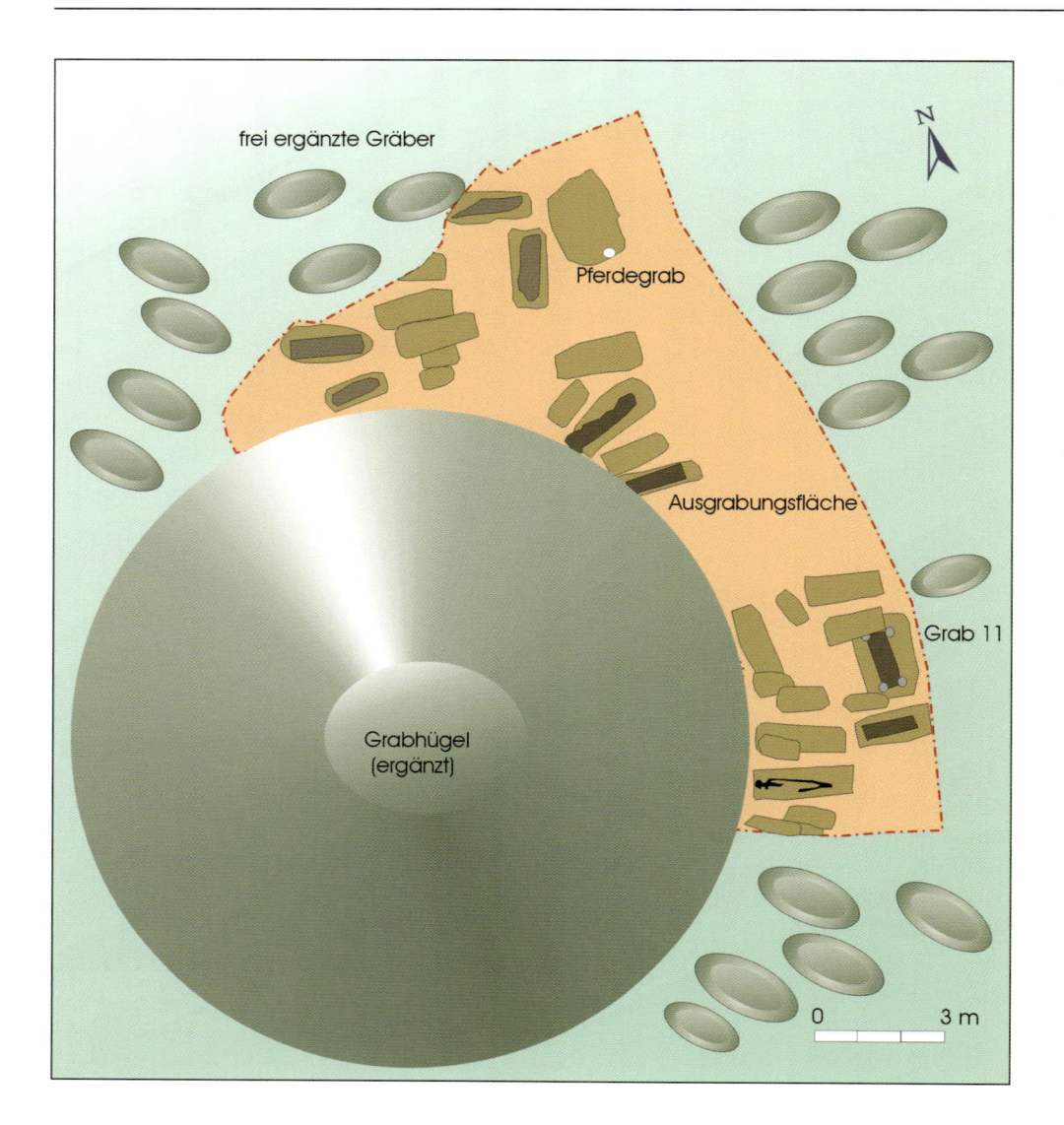

Im frühen Mittelalter bestatteten reiche Familienverbände der Friesen ihre Toten mit wertvollen Beigaben in Grabgruppen. Eines der gut untersuchten Gräberfelder liegt am Geestrand von Midlum in Niedersachsen. Grafik: Dirk Meier.

gen einige Verstockte, wie es in Rimberts *Vita Anskarii* heißt, lieber auf der Wiese Heu schaufeln[110]. Der Bremer Erzbischof war es auch, der die Gebeine des 789 verstorbenen Willehad in seine Bischofskirche überführen ließ. Obwohl Bremer Bischöfe verschiedentlich in den von Wikingereinfällen des 9. Jahrhunderts geplagten friesischen Küsten predigten war es um 900 noch sehr dürftig um die kirchliche Organisationsstruktur bestellt. Bereits ein Jahrhundert später, um 1080, zählt Adam von Bremen für die sieben zum Bremer Bistum gehörenden Gaue etwa 50 Kirchen auf[111]. Die ersten archäologisch belegten Holzkirchen in den östlichen Frieslanden datieren sogar erst in das 10. Jahrhundert. Parallel zu diesem Prozess werden die alten Gräberfelder aufgegeben.

Mit dem 12. Jahrhundert beginnt dann der Bau von Steinkirchen im Küstengebiet[112]. Bei den Kirchen wurden nun die Toten auf Friedhöfen begraben. Die reicheren Familien bestatteten ihre Angehörigen in rheinischen Sandsteinsarkophagen. Nur in Ausnahmefällen, wie im ostfriesischen Middels, bestand dabei eine Kontinuität von altem Gräberfeld zum Friedhof der neuen Kirche. In Zetel existierten nach den Ergebnissen der Ausgrabungen von 1960 bis 1964 zwei Holzkirchen hintereinander[113]. Von der jüngeren Holzkirche des 12. Jahrhunderts blieb das aus Findlingen bestehende Fundament eines Schwellbalkenbauwerks erhalten. Ebenfalls der heutigen Stadtkirche von Jever gingen seit der Mitte des 10. Jahrhunderts mehrere Holzkirchen voraus[114]. Noch älter als die Kirche scheint ein Friedhof zu sein. Kirche, Friedhof und Siedlung erhielten im 11./12. Jahrhundert eine mächtige Wall- und Grabeneinfassung.

In den Marschen entstanden seit dem hohen Mittelalter Kirchen auf Wurten. Teilweise lagen diese auf Einzelwurten oder inmitten der größeren Wurtendörfer, wo sich die Bebauung dann, wie in Rysum in der Krummhörn oder Wesselburen in Dithmarschen, kreisförmig herum gruppierte. Das vorherrschende Baumaterial für die zwischen Ems und Elbe errichteten einschiffigen Steinkirchen waren Granitquader aus Findlingen. Daneben gab es wie in Cleverns Mischbauweisen aus Granitquadern und aufgemauerten Ziegelwerk. Alle Steine mussten dabei in den Marschen über die Wasserwege mit Booten herangeschafft werden. Reichere Kirchenbauten sind durch Tuffstein ausgewiesen, der in der Eifel, im Nettetal oder an der Weser gebrochen wurde. Solch eine Kirche mit Fassadengestaltung aus Tuffstein ist u. a. in Schortens erhalten. In dem flachen Land weithin sichtbar legen viele der Kirchen durch ihre Monumentalität Zeugnis von dem Reichtum der Marschländer ab, deren Wiederbesiedlung zwischen Ems und Eider im 7. Jahrhundert begonnen hatte.

WURTENDÖRFER ZWISCHEN EMS UND WESER

Nach einer Siedlungsausdünnung oder -unterbrechung während der Völkerwanderungszeit erfasste seit dem 7. Jahrhundert n. Chr. eine erneute Landnahme die Fluss- und Seemarschen. Neben den wieder in Besitz genommenen alten Siedelflächen waren in vielen Küstenabschnitten junge Marschflächen aufgewachsen, alte Buchten verlandet und neue entstanden. Mit einer seewärts verlagerten Küstenlinie standen in den niedersächsischen Seemarschen hoch aufsedimentierte Siedel- und Wirtschaftsareale zur Verfügung, deren Inbesitznahme ein niedriger Sturmflutspiegel begünstigte[115]. Grundlage der auf Viehhaltung ausgerichteten Marschsiedlungen bot wie in den Jahrhunderten zuvor die Viehhaltung.

Regional verlief die frühmittelalterliche Neubesiedlung der Marschen unterschiedlich. Während in den Flussmarschen der Ems und Weser im frühen Mittelalter die Siedelflächen infolge der ausgedehnten vermoorten Sietländer ebenso eingeschränkt blieben wie in den früheren Jahrhunderten nutzten große Gruppen bäuerlicher Siedlungsgemeinschaften die Seemarschen. Dort legten sie ihre Siedlungen

Aus den frühmittelalterlichen Gräbern von Dunum stammen mehrere Metallfunde und Perlen, darunter auch diese Zierschlüssel und Nadeln. Schlüssel als christliche Symbole verbreiteten sich mit der Missionierung im Norden. Foto: Niedersächsisches Institut für historische Küstenforschung.

zunächst auf höheren Uferwällen entlang der durch Meeresbuchten zergliederten Küste an, während die rückwärtigen vermoorten Niederungen gemieden wurden. In den jung aufgelandeten Seemarschen entstanden seit der Mitte des 7. Jahrhunderts Flachsiedlungen, die jedoch infolge steigender Sturmflutspiegelstände erneut zu Wurten aufgehöht werden mussten. Vielerorts bildeten sich aus diesen Siedlungen in den folgenden Jahrhunderten große Wurtendörfer[116]. Nach Aussage der archäologischen Funde, der Grabsitten und Beigaben aus Gräberfeldern, bildeten Friesen die Träger der neuen Landnahme im Küstengebiet zwischen Ems und Weser.

Archäologische Untersuchungen im niedersächsischen Küstengebiet bestätigen die Beteiligung der Einwanderer an dem maritimen Fernhandel. Viele

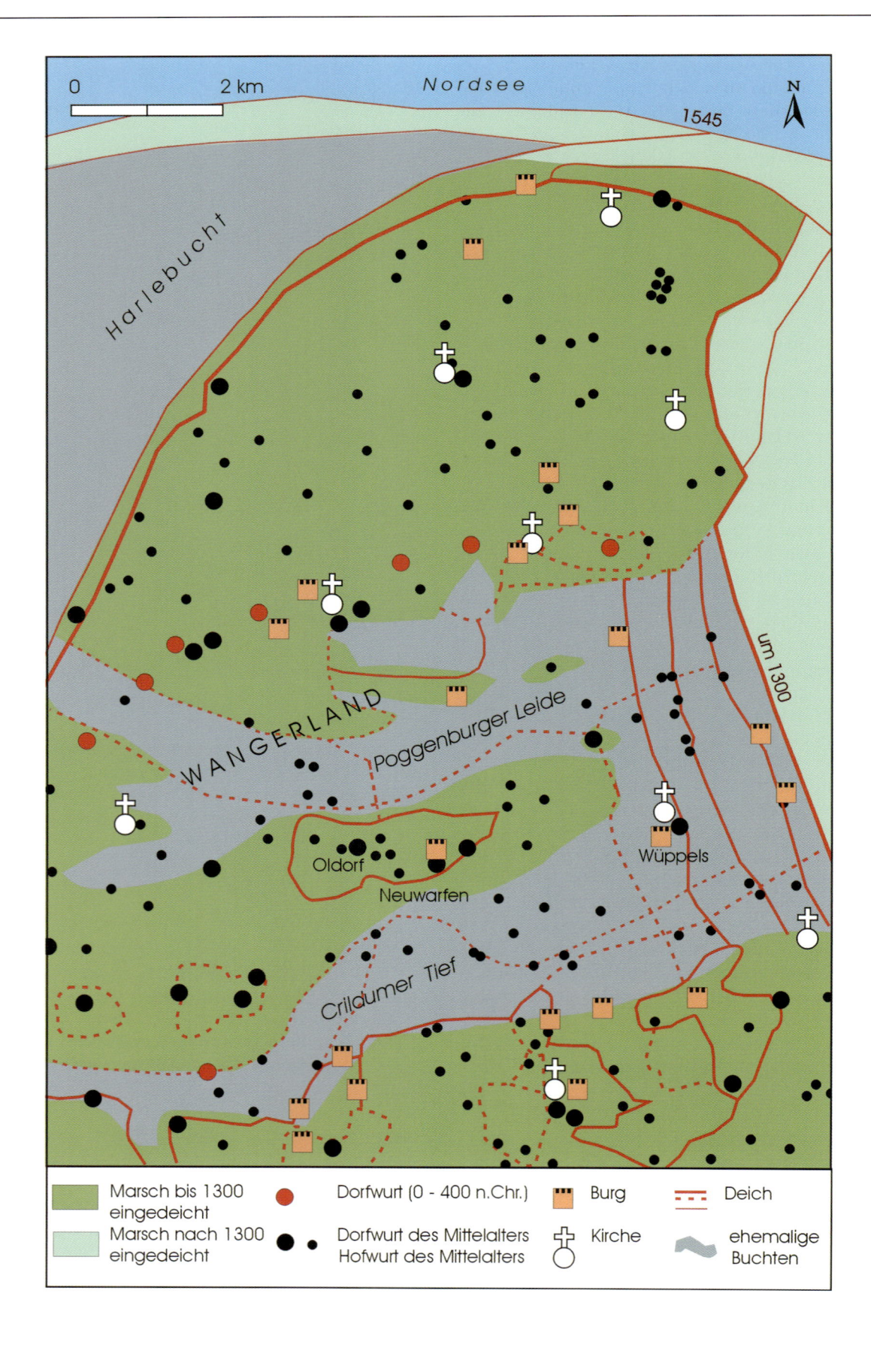

| Marsch bis 1300 eingedeicht | Dorfwurt (0 - 400 n.Chr.) | Burg | Deich |
| Marsch nach 1300 eingedeicht | Dorfwurt des Mittelalters / Hofwurt des Mittelalters | Kirche | ehemalige Buchten |

der Wurtsiedlungen kennzeichneten eine enge Verbindung von Landwirtschaft, Handel und Gewerbe, deren Überschüsse dem Nah- und Fernhandel zuflossen. Die Wolle der zahlreichen Schafe wurde zu Tuchen verwebt, die einen guten Absatz im Fränkischen Reich fanden.

Träger des Handels war eine ländliche Oberschicht, die sich in Grabgruppen mit Beigaben auf Gräberfeldern im Küstengebiet bestatten ließ. Von ihren Höfen auf den Dorfwurten aus organisierte diese sozial herausgehobene Gruppe den Warenverkehr, der vor allem von kleinen Zentralorten im niedersächsischen Küstengebiet abgewickelt wurde. Über diese Langwurten führte eine lange Straße, an der beiderseits kleine Häuser standen. Über Priele besaßen die Langwurten einen unmittelbaren Zugang zur Nordsee. Die in dieser Zeit üblichen Schiffe mit flachem Boden, wie der bananenförmige Holk, konnten so zu den Marktsiedlungen gelangen. Die Schiffe wurden zunächst auf die Marsch gezogen, erst in späterer Zeit entstanden Hafenanlagen. Viele dieser kleinen Langwurten, wie Emden, verloren jedoch durch die Verlandung von Prielen oder Buchten ihre maritime Erreichbarkeit und damit ihre Bedeutung. Nur aus wenigen dieser Langwurten, wie Emden, entwickelten sich Städte, deren Häfen bis heute überdauerten.

Nördlich der Ems lagen in der Seemarsch der Krummhörn zahlreiche Wurtendörfer. In Upleward kamen bei Ausgrabungen die Überreste zweier frühmittelalterlicher Wohnstallhäuser mit Wänden aus Flechtwerk und schräg gestellten Außenpfosten zum Vorschein, das eine wurde in der Zeit um etwa 670 errichtet, das andere wohl kurz danach. Als Bauhölzer fanden neben Eiche auch Ulme, Hasel, Weide und sogar Birne Verwendung. Das gesamte Baumaterial musste über Priele mit Booten zur Siedlung geschafft werden.

Wie wir uns die Wurten dieser Zeit vorstellen müssen, vermittelt auch das auf einer Halbinsel in der Crildumer Bucht im Wangerland nordöstlich von Wilhelmshaven in einem archäologischen Grabungsschnitt 1990 untersuchte Oldorf[117]. Auf der Marsch erfolgte um 650 der Bau flacher Wurten, die mit mehreren Aufträgen aus Mist und abdeckenden Kleisodenlagen erhöht wurden und zu einer größeren Dorfwurt zusammenwuchsen. Um 670 entstanden ein größeres Wohnstallhaus und kleinere mit handwerklichen Tätigkeiten zu verbindende Werkplätze. Um 710 erweiterte man die Wurt mit weiteren Mist- und Kleianpackungen, bevor in der Mitte des 8. Jahrhunderts der kontinuierliche Ausbau des Gehöftes abbrach und man die Kernwurt mit tonigem Klei bis zu einer Höhe von

An der Basis des Ausgrabungsschnittes der Dorfwurt Oldorf, Wangerland, kam der Rest eines Wohnstallhauses des 7. Jahrhunderts zutage. Foto: Niedersächsisches Institut für historische Küstenforschung.

Das Wangerland nordöstlich von Wilhelmshaven gehört zu den seit 2000 Jahren besiedelten Seemarschen. Am Rande der ehemaligen Crildumer Bucht liegen alte Dorfwurten. Auf einer Halbinsel der seit dem hohen und späten Mittelalter bedeichten Bucht entstand in der Mitte des 7. Jahrhunderts die Wurtsiedlung Oldorf. Grafik: Dirk Meier nach Peter Schmid u.a.

Anstelle eines aufgegebenen Hofplatzes in Oldorf entstand ein Gräberfeld. Foto: Niedersächsisches Institut für historische Küstenforschung.

NN +3,60 m abdeckte. Auf diesem erhöhten Gelände erfolgte in der ersten Hälfte des 9. Jahrhunderts eine Bestattung der Toten aus den Familienverbänden als Angehörige einer „ländlichen Oberschicht" in einem Gräberfeld mit vorwiegend west-östlich orientierten Körpergräbern. Der Begräbnisplatz wurde bereits im Laufe des Jahrhunderts wieder aufgegeben und mit kleineren Gebäuden bebaut. Im 10. Jahrhundert verließen die Menschen die Wurt. Deren Aufgabe dürfte mit einer Siedlungsausweitung in die benachbarten Marschgebiete und schließlich in die verlandete Crildumer Bucht zusammenhängen. Mit Neuwarfen entstand in der Nachbarschaft eine mit mächtigen Kleiaufträgen im 10. Jahrhundert aufgeschüttete längliche Wurt[118].

Den Kern der frühmittelalterlichen Siedellandschaft Butjadingens bilden zwei Marschrücken mit mehreren Dorfwurten im Norden der Halbinsel zwischen Jadebusen und Weser[119]. Ein weiterer Uferwall mit seit dem frühen Mittelalter entstandenen Wurten wurde im 14. Jahrhundert ein Raub des Meeres. Wie archäologische Untersuchungen auf den erhaltenen beiden Siedlungsreihen andeuten, ließen sich im 7./8. Jahrhundert Einwanderer auf den seit der Völkerwanderung verlassenen Wurten nieder. So lagen in Sillens Siedlungsschichten des frühen Mittelalters über denen des 2. Jahrhunderts. Die frühmittelalterliche Landnahme erschloss erstmals auch die Niederungsgebiete zwischen den beiden Marschrücken, wo mit Niens im frühen 8. Jahrhundert eine Siedlung mehrerer Wohnstallhäuser entstand[120]. Am Ende des Jahrhunderts bestand das Wurtendorf bereits aus 10 bis 15 Gehöften. Die dichte Bebauung überdauerte auch die Zeit nach dem 9. Jahrhundert, bevor die Wurt im Hochmittelalter verlassen wurde. Während der gesamten Siedlungszeit bildeten Viehhaltung und Ackerbau die Lebens-

Im nördlichen Butjadingen lagen auf zwei Uferwällen mehrere Dorfwurten, die teilweise bis in die ersten nachchristlichen Jahrhunderte zurückreichen. Daneben erfolgten im frühen Mittelalter Neugründungen, wie Ausgrabungen auf der Wurt Niens belegten. Die landwirtschaftlichen Produkte wurden über die Langwurt Langwarden dem fränkisch-friesischen Fernhandel zugeführt. Grafik: Dirk Meier.

grundlage. Die gewerblichen Tätigkeiten umfassten Knochen-, Geweih-, Textil- und Metallverarbeitung, deren Produkte ebenso wie die Agrarerzeugnisse dem Fernhandel zuflossen. Den Umschlagplatz dieser Erzeugnisse und der Agrarprodukte bildete in Butjadingen die Langwurt Langwarden[121].

Wie in Butjadingen griff auch nördlich der Wesermündung im Land Wursten die frühmittelalterliche Neubesiedlung über die alte Marsch hinaus und seewärts der eisenzeitlichen Wurtenkette entstand mit Misselwarden bis Schottwarden eine weitere. Auch die zu Beginn des 10. Jahrhunderts aufgelandeten Marschflächen erschloss nun eine Landnahme.

Ringwälle und Wurten in Dithmarschen

Auch im südlichen schleswig-holsteinischen Küstengebiet nutzten seit dem Ende des 7. Jahrhunderts Gruppen bäuerlicher Siedlungsgemeinschaften die günstige naturräumliche Entwicklung an der Küste. Im Unterschied zu den friesisch besiedelten Küstenabschnitten bildete das zwischen Elbe und Eider gelegene Dithmarschen im frühen Mittelalter einen Teil der drei nordelbischen Sachsengaue. Neben Stormarn und Holstein bezeichnet Adam von Bremen Dithmarschen als *Thiadmaresgaho*, womit wohl ein großes Moorland gemeint ist[122]. Auch nach Unterwerfung der nordelbischen Sachsenstämme durch Karl den Großen nach 798 blieb der fränkische Einfluss in dem nur schwer zugänglichem Land gering. Deutliches Anzeichen sich wandelnder Strukturen ist die Gründung einer Kirche in Meldorf, die nach Adam von Bremen um 820 entstand und mit Hamburg für Stormarn und Schenefeld für Holstein zu den drei Urkirchen nördlich der Elbe gehört. Der Ausdehnung auswärtiger adeliger und bischöflicher Macht waren in Dithmarschen jedoch Grenzen gesetzt. Auf den durch vermoorte Täler getrennten dicht bewaldeten Geestkernen bestanden verschiedene Siedlungskerne um die späteren Kirchdörfer, wie Tellingstedt oder Weddingstedt. Die im frühen Mittelalter dicht besiedelte Zone der äußeren Seemarsch trennte ein weites vermoortes Sietland von der Geest[123].

Als raumsichernde Verteidigungsanlagen verwehrten im Norden die Stellerburg bei Weddingstedt und im Süden die bei Burg auf dem hohen Geestrand liegende Bökelnburg den Zugang in das Landesinnere[124]. Beide Burgen waren typische, aus Erdsoden aufgeworfene Ringwälle sächsischen Typs. Die auf einem vorspringenden Geestkern in Übergangslage zum vermoorten Sietland errichtete Stellerburg sicherte den über die Lundener Nehrung und die Geest bei Weddingstedt verlaufenden Weg. Die Bebauung im Inneren bestand aus mehreren kleinen Holzhäusern.

Von dem im Durchmesser 100 m großen Ringwall der Bökelnburg hatten die Verteidiger einen weiten Blick in die anschließende vermoorte Niederung. Zur Geestseite wies die Burg vermutlich als Annäherungshindernis einen Graben auf. Südwestlich der Bökelnburg lag ferner am Kudensee eine über eine lange Brücke erreichbare weitere frühmittelalterliche Wehranlage[125]. Da die die Burger Au im frühen Mittelalter über kleine Auen eine Verbindung zur Elbe besaß, war die Befestigung von Kuden, die sog. „Alte Westburg", ebenso wie die Bökelnburg wohl auf dem Wasserwege erreichbar. Im Süden und Osten bildeten die sumpfigen Niederungen der Walburgsau und der Holstenau natürliche Hindernisse. Westlich der Burg erstreckte sich ein großes Waldgebiet. Archäologisch nicht nachgewiesen, aber zu vermuten ist ein weiterer Ringwall in dem über die Miele von See her erreichbaren Meldorf.

Die Stellerburg und die Bökelnburg entstanden wohl nur wenige Jahrzehnte vor der Eroberung des nordelbischen Sachsen durch Karl den Großen, die im Jahre 804 abgeschlossen war[126]. Nachdem Karl der Große Nordalbingien erst an die verbündeten slawischen Abodriten abgetreten hatte, fasste er unter dem Druck der dänischen Bedrohung aus dem Norden her schon 809 den Entschluss, das Gebiet der nordalbingischen Sachsen zu besetzen und errichtete im Frühjahr des Jahres 810 die Burg Esesfleth an der Stör. Da die weitere Entwicklung durch den Gegensatz zwischen Franken, Dänen und Abodriten bestimmt wird, blieben Wehranlagen unverzichtbar. Nach dem Tode Karls des Großen verstärk-

In Dithmarschen erschloss seit dem Ende des 7. Jahrhunderts eine neue Landnahme die Seemarschen westlich des vermoorten Sietlandes. Hier entstanden in den folgenden Jahrhunderten zahlreiche Dorfwurten. Den Zugang in das Landesinnere des sächsischen Gaus Dithmarschen verwehrten die Stellerburg im Norden und die Bökelnburg. Nördlich der Eider wanderten im 8. Jahrhundert Friesen ein. Das Gebiet des heutigen nordfriesischen Wattenmeeres bedeckten noch Moore und Schilfsümpfe. Grafik: Dirk Meier.

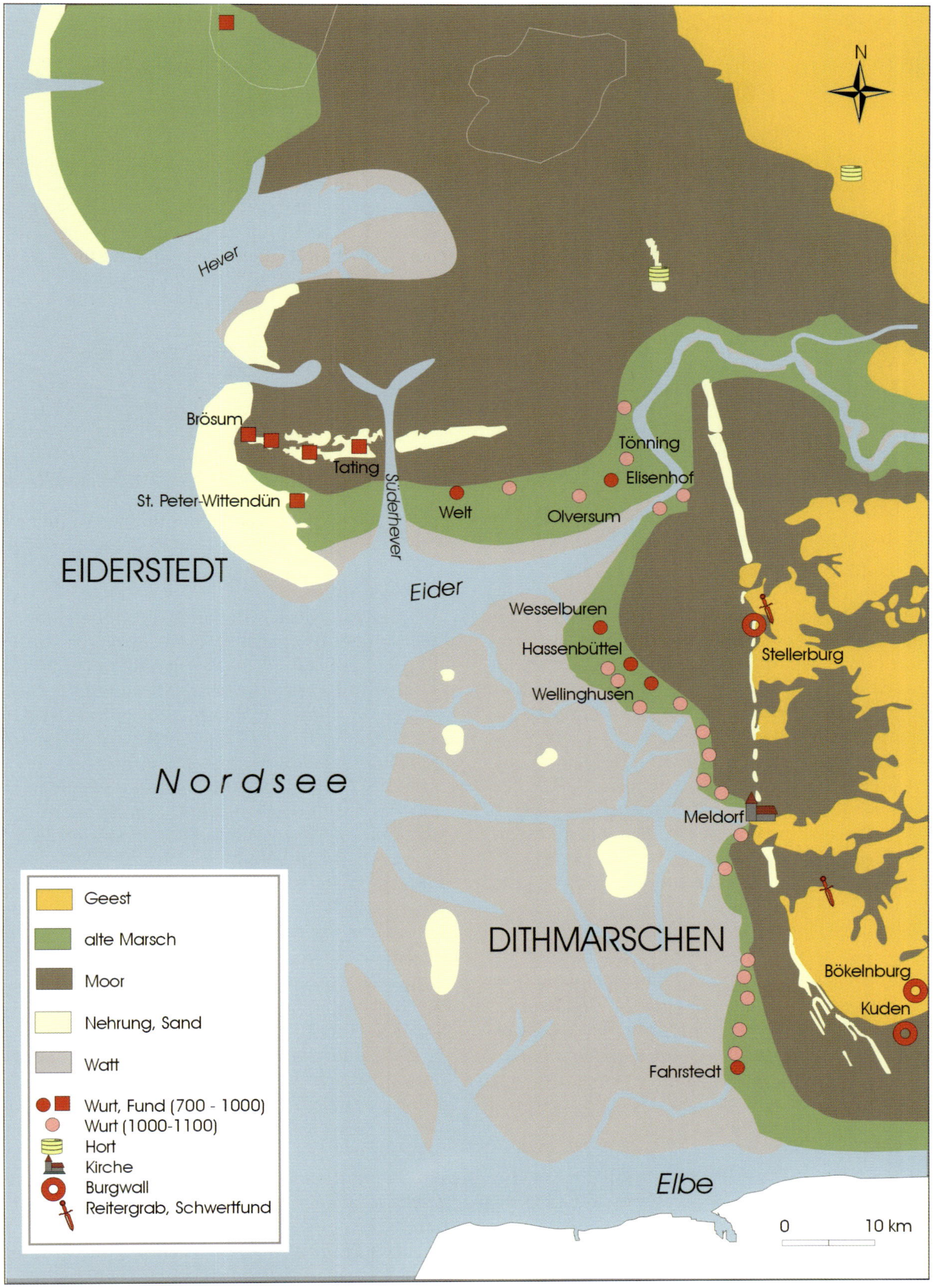
N
Hever
Brösum
Tating
St. Peter-Wittendün
Süderhever
Welt
Olversum
Tönning
Elisenhof
EIDERSTEDT
Eider
Wesselburen
Hassenbüttel
Wellinghusen
Stellerburg
Nordsee
Meldorf
DITHMARSCHEN
Bökelnburg
Kuden
Fahrstedt
Elbe
0
10 km
Geest
alte Marsch
Moor
Nehrung, Sand
Watt
Wurt, Fund (700 - 1000)
Wurt (1000-1100)
Hort
Kirche
Burgwall
Reitergrab, Schwertfund

Die um 800 n. Chr. angelegte Stellerburg in Dithmarschen gehört zu den typischen Ringwallburgen sächsischen Typs. Foto: Dirk Meier. Modell: Museum für Dithmarscher Vorgeschichte.

ten sich die Spannungen noch. So erschien 817 ein dänisches Heer und eine dänische Flotte im Gebiet der nordalbingischen Sachsen und 828 stießen die Dänen erneut zur Eider vor. Wie notwendig diese Verteidigungsanlagen noch im 11. Jahrhundert waren, unterstreicht die vergebliche Belagerung der Bökelnburg durch die aus Ostholstein 1032 eingefallenen Slawen. Bei dem Slawenüberfall von 1032 dürfte auch die ländliche Bevölkerung des Umkreises in der Bökelnburg Schutz gefunden haben. So berichtet Helmold von Bosau, dass der abodritische Fürst Gottschalk nach der Ermordung seines Vaters Udo, eine Schar von Räubern um sich versammelte und das Land der Nordelbingier überfiel[127]:

Ein solches Blutbad richtet er unter den Christen an, dass seine Grausamkeit alles Maß überstieg. Und nichts blieb im Gebiete der Holzaten [Holsteiner], Sturmarn [Stormaner] und Dithmarschen verschont, nichts entging seinen Händen, außer allen den allbekannten Vesten Itzehoe und Bokeldeburg [Bökelburg bei Burg].

Die sächsischen Burgen waren ursprünglich im Besitz der Edelinge, die an der Spitze einer aus Freien, Halbfreien, Unfreien und Sklaven bestehenden Gesellschaft standen. Diese ließen sich in Grabhügelgräberfeldern mit Pferdeausrüstung und Waffen bestatten[128]. Bei kriegerischen Auseinandersetzungen stellten die einzigen Wehraufgebotsbezirke, in Dithmarschen wohl Weddingstedt, Tellingstedt, Meldorf und Süderhastedt, bewaffnete Männer.

Zu den am dichtesten besiedelten Gebieten Dithmarschens im frühen Mittelalter gehörten die äußeren Seemarschen mit ihren Wurtendörfern, die wie Fahrstedt-Marne, Wöhrden, Wellinghusen, Hassenbüttel oder Wesselburen einen Durchmesser bis zu 300 m und Höhen bis zu NN +6 m aufweisen. Weite vermoorte Gebiete des Sietlandes trennten diese Siedelgebiete von denen auf der Geest. Eine erste Landnahmephase nahm vor allem die höchsten Partien der Uferwälle an Prielen nahe der Küste in Besitz, wie die 1994 in Wellinghusen nördlich von Wöhrden durchgeführten Ausgrabungen dokumentieren[129]. Den paläobotanischen Untersuchungen zufolge überschwemmten zu Beginn der Siedlungszeit am Ende des 7. Jahrhunderts den NN +1,80 m hohen Uferwall noch keine Sturmfluten. Die um 690 an einem die Siedlung durchziehenden Prielarm angelegten Hofstellen waren daher zur ebenen Erde angelegt. Im niedrigeren Umland erstreckten sich hingegen stark salzwasserbeeinflusste Salzmarschen. Den Prielarm überquerte eine um 785 reparierte Brücke. Seit dem frühen 9. Jahrhundert erhöhten die Siedler die Hofplätze zu Hofwurten mit Klei und Mist. Wiederum erfolgte die Errichtung von Wohnstallhäusern. Der Wurtenausbau mit einer Verlagerung der Hofplätze erfolgte dabei nach Osten hin. Steigende Sturmflutspiegelstände machten dann vom 10. bis 14. Jahrhundert weitere Wurterhöhungen notwendig. Die kuppige Oberflächenstruktur von Wellinghusen lässt heute noch erahnen, wie die Einzelwurten zu einer Dorfwurt im Laufe der Siedlungszeit zusammenwuchsen. Die wirtschaftliche Grundlage der Siedler bildete die Viehhaltung, während der Sommermonate wurden auf dem Uferwall Gerste, Hafer und Leinen angebaut. Im späten Mittelalter verlor die Wurtsiedlung an Bedeutung, da

Am Rande der Geest bei Burg hat man von dem bewaldeten Ringwall der Bökelnburg eine weite Aussicht auf die Niederung der Burger Au. Foto: Walter Raabe.

Das Profil der Dorfwurt Wellinghusen in Dithmarschen dokumentiert eine Schichtenfolge von etwa 700 bis 1400. Ende des 7. Jahrhunderts entstand hier an einem Priel eine Flachsiedlung, deren Hofstellen zu Beginn des 9. Jahrhunderts mit Mist und mit Kleisoden aufgehöht wurden. Im Profil dokumentieren die braunen Schichten die Mistaufträge, die hellen die abdeckenden Kleisodenlagen. Die Messlatte ist 5 m hoch. Foto: Dirk Meier.

mehr und mehr Höfe in die bedeichte Marsch ausgebaut wurden. Zudem entstand im 12. Jahrhundert unmittelbar nördlich der alten Dorfwurt eine langgestreckte Wurt[130].

Im 9./10. Jahrhundert verdichtete sich das Siedlungsbild in der Dithmarscher Nordermarsch. Da nicht mehr in ausreichendem Maße höher aufgelandete Prieluferränder zur Verfügung standen, wurden neue Wurtsiedlungen auch auf den niedrigeren Partien der Seemarschen angelegt[131]. Wie die 1995 durchgeführten Ausgrabungen in Hassenbüttel belegten, erfolgte 2000 m nördlich von Wellinghusen im 9./10. Jahrhundert sofort der Bau von Hofwurten. Diese entstanden dort auf Anwachsschichten (Meeresablagerungen), die ein älteres Ackerfeld bedeckten. Auf den Hofwurten befanden sich Wohnstallhäuser. Zu den Hofplätzen gehörten mit Holzbohlen ausgesteifte Brunnen und Nebenbauten oder Pferche mit Kleisodenwänden. Im Verhältnis zu Wellinghusen hielten hier die Bewohner aufgrund der niedrigen Seemarschen noch mehr Schafe als Rinder. Als weitere Nutztiere waren Schweine, Ziegen und Pferde vertreten. Zu den anderen Haustieren gehörten Hunde, Katzen und Hühner. Das Hausgeflügel lockte auch Füchse an. Erlegte Trauerenten, Graugänse, Weißwangengänse, Kolkraben ebenso wie Fischotter, Störe und Schweinswale bereicherten das Nahrungsangebot[132].

In den archäologischen Funden spiegeln sich die verschiedenen Lebensbereiche wider[133]. Ausschnitthaft sind Tracht und Kleidung durch Textilien, Fibeln aus dem Rheinland, Perlen und Lederschuhe belegt. Als Gegenstände des täglichen Gebrauchs finden sich Kämme aus Horn aus Skandinavien und Wetzsteine aus norwegischem Tonschiefer und Sandstein. Spielsteine lassen vermuten, dass die Bewoh-

Das Foto zeigt die Flechtwand eines der um 700 n. Chr. entstandenen Häuser der Flachsiedlung. Foto: Dirk Meier.

ner sich vorübergehend vom harten Alltag abwenden konnten. Weitere Funde geben Hinweise auf verschiedene Tätigkeiten. Spinnwirtel, Webgewichte und Nadeln unterstreichen die Bedeutung der Textilherstellung. Die grobe, unverzierte Gefäßkeramik weist oft Schmauchspuren und Speisereste auf.

Wichtig war auch die Verarbeitung von Eisen für zahlreiche Geräte, wie das Vorschneidemesser eines Pfluges in Hassenbüttel belegt. Seit dem 8. und 9. Jahrhundert tritt mit Muscheln gemagerte Keramik auf, die ebenso wie rheinisches Basaltlava und andere Importe auf die damaligen Verkehrsräume hin-

Die Fotomontage vermittelt, wie die Bebauung des Wurtendorfes Wellinghusen im 9. Jahrhundert ausgesehen haben könnte. Fotomontage: Dirk Meier.

Das Luftbild zeigt die im 9. Jahrhundert entstandene Dorfwurt Hassenbüttel in Dithmarschen. Foto: Volker Arnold.

deutet. Noch im 11. und 12. Jahrhundert bezeugen Keramikscherben der sog. Pingsdorf- und Andennenware zumindest eine Kenntnis von Handelskontakten mit dem Rheinland.

Die frühmittelalterlichen Wurtsiedlungen Dithmarschens bewahrten ihren ländlichen Charakter, handwerkliche Tätigkeiten in Form von Produktionsabfällen und Halbfabrikaten fehlen bislang. Auffällig ist die hohe Zahl wieder instandgesetzter Gegenstände. Keramikgefäße, Kämme und Schuhe weisen Reparaturen auf. Diese Instandsetzungsarbeiten ebenso wie das Brennen von Keramik dürften in einen traditionell geprägten Lebensablauf eingebunden gewesen sein. Im frühen Mittelalter lagen die Dithmarscher Küstengebiete somit eher abseits der großen Fernverbindungen der Zeit, wenn auch die Bevölkerung von dem über See gehenden Fernhandel profitierte.

Siedlungen, Gräberfelder und Burgen in Nordfriesland

Nördlich der Eider wanderten im 8. Jahrhundert Friesen ein, deren Landnahme jedoch in historischen Quellen nicht belegt ist. Als Ursachen der Auswanderung der Friesen aus deren Kerngebieten zwischen Vlie und Lauwers kommt eine Überbevölkerung aber auch die fränkische Expansion in Betracht[134]. Weder die Historiker Adam von Bremen noch Saxo Grammaticus äußern sich aber näher über diese Landnahme. Nach Saxo Grammaticus haben mit den Dänen auch Streiter aus Friesland gegen die Schweden gefochten, wobei der Friese Ubbo siegreich gegen zwanzig erlesene feindliche Streiter kämpfte, bis er schließlich – von hundertundvierzig Pfeilen durchbohrt – fiel[135]. Im weiteren Verlauf der Geschichte folgt die Flottenfahrt des Normannen Rorik von Westfriesland nach Nordfriesland, die nach den Fuldenser Annalen um 857 stattfand. Sein Lehnsherr, der fränkische König Lothar, und der Dänenkönig Horik sollen ihm und seinen Gefolgsleuten ihre Erlaubnis zur Einnahme des Landes zwischen Meer und Eider gegeben haben. Saxo schreibt dann in seiner Chronik, dass lange vor seiner Zeit, also vor 1140, Friesen aus der Fremde in dieses Gebiet gekommen sind, das er als *Frisia Minor* (Kleinfriesland) bezeichnet. In den Jahren 1187 und 1198 werden die äußeren nordfriesischen Regionen dann *Utland* (Uthland) genannt, ein Begriff, der auch im Schleswiger Stadtrecht von König Waldemars Erdbuch von 1231 gebraucht wird.

Archäologische Funde aus den Siedlungen und Gräberfeldern in Nordfriesland belegen die Anwesenheit einer Bevölkerung seit dem 8. Jahrhundert, die Kontakte zu den von Friesen besiedelten Küstengebieten unterhielt. Die Art der Bestattungen in Hügelgräbern sowie die Form und Ausstattung der seit dem 9. Jahrhundert die Leichenverbrennung verdrängenden Körpergräber erinnert an friesische Gräberfelder in den nördlichen Niederlanden und Niedersachsen[136].

Die Einwanderer nördlich der Eider nahmen zunächst die höheren Uferwälle entlang der nördlichen Flussseite und die Sandwälle in Besitz. Hingegen bot das vermoorte Sietland des mittleren und östlichen Eiderstedt keine Siedel- und Wirtschaftsmöglichkeiten. Neben der Wiederbesiedlung alter Warftsiedlungen, wie Tofting und Tönning, erfolgten mit Welt, Olversum und Elisenhof Neugründungen[137]. Das beste Beispiel einer dieser Neuansiedlungen bildet die in umfangreichen Ausgrabungen zwischen 1957 und 1964 untersuchte Marschsiedlung am Elisenhof westlich von Tönning[138]. Am Beginn der Besiedlung im 8. Jahrhundert standen mehrere bäuerliche Wohnstallhäuser auf den Flachhängen eines breiten Uferwalles. Im Laufe des 9. Jahrhunderts verschoben sich diese den Hang abwärts. Der an der Siedlung vorbeilaufende Priel wurde dabei mit Mist zugeworfen, mit Kleisoden abgedeckt und in das Siedelareal miteinbezogen. Die Hofareale jeweils zwei dicht beieinander stehender großer Langhäuser fassten Zäune und Gräben ein. In die jüngste Siedlungsphase gehören vier Gehöfte im Norden des Siedelareals. Die paläobotanischen Untersuchungen belegten einen sehr viel stärkeren Salzwassereinfluss als in der im Verlauf des 5./6. Jahrhunderts verlassenen weiter nordöstlich gelegen Warft Tofting[139]. Im Unterschied zu Tofting überwog in Elisenhof daher die Schaf- vor der Rinderhaltung. Daneben profitierten die Bewohner der Siedlung auch von dem über die Eider verlaufenden maritimen fränkisch-friesischen Seehandel, der seit dem 9. Jahrhundert verstärkt den Fluss hinauf und dann weiter in die Treene führte, um das frühmittelalterliche Wirtschaftszentrum Haithabu zu erreichen[140].

Der Nordseehandel berührte neben der Eidermündung auch die Küstengebiete nördlich der Halbinsel Eiderstedt. Die ersten datierbaren Zeugnisse aus dem Rheinmündungsgebiet bilden hier Münzen. So kam eine in Maastricht um 650 geprägte Goldmünze in Alkersum auf Föhr zutage. Etwa gleichaltrig ist ein in Wenningstedt auf Sylt gefundenes Exemplar, für das ein Münzort in Südfrankreich wahrscheinlich ist[141]. Ebenfalls von der Insel Sylt stammt eine Münze vom sog. Dronrijp Typ, wie sie zwischen 650 und 689 in Friesland geprägt wurden. Zu dieser Zeit hatte auch die von den Merowingern gegründete Münzstätte in Dorestad ihren Betrieb aufgenommen. Mit dem 8. Jahrhundert verlieren die Goldmünzen ihre Bedeutung als Zahlungsmittel. An ihre Stelle treten Silbermünzen, die sog. Scettas. Die ältesten dieser Münzen entstammen englischen Prägestöcken aus der zweiten Hälfte des 8. Jahrhunderts, die jüngeren wurden von den Friesen selbst geprägt. Mit der Ausbreitung des friesischen Handels verbreiteten sich diese Münzen entlang der Nord- und Ostsee-

Archäologische Ausgrabungen legten 1995 dieses aus dem 10. Jahrhundert stammende Wohnstallhaus auf der Dorfwurt Hassenbüttel in Dithmarschen frei. Im Vordergrund ist die südliche Längswand des Hauses zu erkennen, die hellen Kleisoden im Profilsteg sind der ehemalige Fußboden des Hauses. Foto: Dirk Meier.

Im 8. Jahrhundert entstand am Elisenhof bei Tönning in Eiderstedt auf einem Uferwall eines Prieles eine von friesischen Einwanderern gegründete Siedlung mit mehreren Wohnstallhäusern. Foto: Albert Bantelmann.

küste. Im Bereich der Handelsniederlassung Ribe, dem ersten maritim von der Nordsee her erreichbaren Hafen im dänischen Machtbereich und dem einzigen an der jütischen Westküste, wurden 32 solcher Scettas gefunden, weitere 10 südlich davon in Dankirke bei Ribe, einem bereits in der Eisenzeit bedeutenden Zentrum. Weitere Funde kamen am Goting-Kliff auf Föhr zum Vorschein[142]. Für die Nordseeroute vom Rhein nach Ribe bildeten die nordfriesischen Inseln mit ihren geschützt liegenden Anlaufmöglichkeiten günstige Zwischenstationen.

Im 9. Jahrhundert wurde im Norden aber nicht nur mit Münzen sondern viel öfter mit zerhacktem und mittels Wagen in seinem Gewicht und Wert bestimmten Silber bezahlt, wie es in dem im 9. Jahrhundert vergrabenen Hort von Witzwort in Eiderstedt vergraben worden war. Der Witzworter Schatzfund besteht aus Silberringen und zahlreichen Silberbarren[143]. Ein weiterer Hacksilberhort stammt aus Rantrum[144]. Dieser enthielt auch 13 arabische Silbermünzen, sog. Dirhems. Die älteste der Münzen war um 750 in Bagdad, die jüngste um 864 in Isfahan geprägt. Das orientalische Silber gelangte über die russischen Flusssysteme mit dem Warägerhandel in den Ostseeraum und erreichte von hier aus auch die Nordsee[145].

Neben den Hortfunden belegen auch die Gräberfelder auf den Nordfriesischen Inseln die weiträumigen Kontakte[146]. Aus Brösum und St. Peter-Wittendün stammen je eine Frauenbestattung des 8/9. bis 10. Jahrhunderts[147]. In einem Gräberfeld bei Tating befand sich Leichenbrand in zweckentfremdeten fränkischen Weinkannen, sog. Tatinger Kannen[148]. Die Gräberfelder Goting, Hedehusum und Wyk auf Föhr ebenso wie Steenodde auf Amrum sowie weitere auf Sylt belegen eine starke Zunahme der Bevölkerung seit dem 8./9. Jahrhundert. Nach einer Phase lediglich eingetiefter Urnen wurden über diese Grabhügel aufgeworfen. Diese Grabhügelfelder können mehr als 100 Bestattungen umfassen. Einzelne herausragende Gräber wiesen Reiterausrüstungen auf, wie sie die Männer von Ansehen besaßen.

Sowohl diese Begräbnisformen, die eiförmigen Tongefäße und die Beigaben deuten auf enge Kontakte mit den von Friesen besiedelten Küstenabschnitten der südlichen Nordseeküste hin. Auf einem Gräberfeld in den Dünen bei Nebel auf Amrum kamen Steinsetzungen zutage wie sie in ähnlicher Weise auf dem wikingerzeitlichen Gräberfeld von Lindholm Høje am Limfjord vorhanden sind. Hier finden sich kreisförmige Steinsetzungen als auch solche, die Schiffe symbolisieren. Diese Befunde belegen ebenso wie Funde skandinavischer Schalenfibeln als Gewandschließer der Frauentracht Impulse aus dem Norden. Auch Siedler aus Jütland dürften in die nordfriesischen Regionen eingewandert sein. Die Funde dieser Fibeln ebenso wie der Hortfunde von Witzwort und Rantrum gehören in die unruhige Zeit räuberischer Wikingerzüge, die mit ihren Schiffen die nordwesteuropäischen Küstengebiete heimsuchten.

Damit in Zusammenhang könnte ein Schatzfund stehen, der 1937 beim Einebnen einer Düne in List ans Licht kam. Dieser bestand aus 565 englischen, 48 deutschen und einigen anderen Münzen, die hier zwischen 1000 und 1020 vergraben wurden[149]. Die Münzen lagen in einem mit einer Bleischeibe verschlossenen Kuhhorn. Bei den englischen Münzen handelt es sich um Pennies des englischen Königs Aetheldred II. (978–1016), der bekanntlich hohe Tribute in Form des Danegeldes an die Wikinger entrichten musste. Neunzehn Münzen sind Prägungen des Königs Sithric III. Silkeskaeg (Seidenbart) von Dublin (989–1029). Weitere stammen aus Worms, Speyer, Köln und Soest sowie West- und Ostfriesland. Die Lage des Fundorts an einem günstigen Landeplatz deutet vielleicht auf deren Eingrabung durch eine Besatzung eines Schiffes hin, das die geschützte Stelle angelaufen hatte. Aus unerfindlichen Gründen wurde der Schatz nicht wieder gehoben. Etwas jünger ist ein Münzfund in Westerland, der aber bereits einer Zeit angehört, als Knud der Große seit 1018 sein kurzlebiges dänisches Nordseeküstenreich schuf. Dieser Hort enthält Münzen aus Niedersachsen, Friesland, den Rheinlanden, Franken, Schwaben, Ungarn, Dänemark und England. Auch auf Föhr

Aus der Luft zeichnet sich der runde Ringwall der Lembecksburg auf Föhr besonders gut ab. Foto: Walter Raabe.

fand sich unweit von Utersum ein Münzschatz aus dem 11. Jahrhundert.

Ebenfalls Zeugnis dieser unruhigen Zeiten legen die beiden eindrucksvollsten Geländedenkmäler auf den Nordfriesischen Inseln ab: Die Lembecksburg auf Föhr und die Tinnumburg auf Sylt[150]. Der 10 m hohe Ringwall der Lembecksburg entstand in der ersten Hälfte des 9. Jahrhunderts auf einem Geestsporn in Übergangslage zur Marsch, der bereits in den ersten nachchristlichen Jahrhunderten besiedelt war. In der jüngsten Nutzungsphase, wohl der Zeit um 1000, befanden sich einige Sodenwandhäuser am inneren Wallfuß, die sich kreisförmig um den feuchten Innenraum gruppierten. Die älteren, nur kleinen archäologischen Untersuchungen bestätigten geophysikalische Prospektionen. Möglicherweise bot die Anlage der Reet gedeckten Häuser direkt hinter dem Wall den besten Schutz vor Brandpfeilen.

Ähnliche Ausmaße wie die Lembecksburg besitzt auch die Tinnumburg, die mit ihrem 5 m hohen Ringwall ebenfalls über einer Siedlung der ersten nachchristlichen Jahrhunderte im 9. Jahrhundert aufgeworfen wurde und bis vielleicht in das frühe 11. Jahrhundert Bedeutung besaß. Die hohen Wälle von bis zu 10 m weisen diesen Anlagen anders als der Archsumburg aus der Eisenzeit eine fortifikatorische Bedeutung zu.

Die Tinumburg verband nur im Osten eine schmale Landbrücke mit der Geest, die aber bei höheren Wasserständen das Meer überspülte. Wie die Lembecksburg ließ sich auch die im Durchmesser etwa 110 bis 129 m große Tinumburg über einen Wasserlauf, einem Nebenarm des Waadens-Sils und den wohl seinerzeit schiffbaren Dörplem-See, mit Schiffen erreichen[151]. Auch die Bevölkerung konnte in diesen Ringwällen Schutz finden.

Da die ausgedehnten Moorflächen in Nordfriesland keine Ausdehnung der Siedlungsareale erlaubten waren die Geestkerne auf den heutigen nordfriesischen Inseln Amrum und Sylt dicht bewohnt. In Archsum auf Sylt kamen bei Ausgrabungen Reste von Lang- und Grubenhäusern des 8. bis 10. Jahrhunderts zu Tage[152]. Die Wände dieser Wohnstallhäuser bestanden aus Soden. Diese knüpfen zeitlich nicht an die ältere Siedlung der Eisenzeit an, die bis in das 4. Jahrhundert auf dem Melenknop bestand. Die neue Siedlung wurde auf Auftragsböden errichtet, in denen Scherben des 6. Jahrhunderts zum Vorschein kamen. Aus diesem Alt-Archsum entstand dann das hochmittelalterliche Dorf.

Weitere Siedlungen des frühen Mittelalters in Nordfriesland sind in kleinen Ausgrabungen auf Pellworm, Föhr, im Watt vor Hallig Hooge und der Wiedingharde untersucht worden. Alle bekannten Siedlungen lagen einst zu ebener Erde in einer Seemarsch, welche sich im Westen der nordfriesischen Uthlande erstreckte[153]. Die Siedlung von Pellworm überdeckten Meeresablagerungen und die in der Wikingerzeit besiedelte Seemarsch im Gebiet von Hallig Hooge wurde ein Raub der spätmittelalterlichen Sturmfluten. In der Midlumer Marsch auf Föhr befand sich ein länger besiedelter Wohnplatz mit mehreren übereinander errichteten Sodenwandhäusern. Von der in den Jahren 1990 bis 1993 nur am Rande untersuchten Warft Toftum in der Wiedingharde sind zahlreiche mit Holz oder Kleisoden verschalte Brunnen belegt[154]. In einem Brunnen kamen zahlreiche Glasperlen zutage, die im frühen Mittelalter im Norden neben Münzen und Hacksilber als Zahlungsmittel dienten. Importierte Drehscheibenkeramik deutet auf maritime Fernkontakte hin. Die Wiedingharde grenzte in dieser Zeit an die Nordsee, eine Landverbindung mit Sylt bestand nicht mehr, wie indirekt auch gefundene Walknochen belegen.

Die Betrachtung der frühmittelalterlichen Siedlungen Nordfrieslands ebenso wie der entlang der Dithmarscher Küste und in Niedersachsen unterstreicht, dass die Menschen von den Umweltbedingungen abhängig blieben und ihre 1000 Jahre alte Wirtschaftsform der Viehhaltung in den Seemarschen fortführten. Mit Ausnahme der Plaggenwirtschaft und Rodungen auf der Geest griffen die Menschen noch nicht in den Naturraum des Küstengebietes ein. Bei Sturmfluten trieben sie das Vieh auf die Warften und hofften auf das Ende des Sturms, während das Wirtschaftsland vom Salzwasser überschwemmt wurde.

Friesische Freiheit und Dithmarscher Regenten

Landesgemeinden und Häuptlingsherrschaft

Im frühen Mittelalter lag der Kern des friesischen Siedlungsgebietes westlich der heutigen niederländischen Provinz Groningen, in den durch die Middelzee getrennten Regionen von Westergo und Ostergo sowie dem Mündungsdelta von Rhein, Maas und Schelde. In mehreren Siedlungswellen dehnte sich das friesische Siedelgebiet entlang der Nordseeküste aus und erreichte – wie geschildert – seit dem 8. Jahrhundert über die Unterweser auch die Gebiete nördlich der Eider mit den Nordfriesischen Inseln. Diese verschiedenen Siedlungsgebiete bildeten keinen festen Verbund, sondern die einzelnen Gaue verwalteten sich selbst.

Nach den Lebensbeschreibungen der ersten Missionare in Friesland, Liudger und Willehad lagen im westlichen Ostfriesland die Gaue *Emisga* und *Federitga*, im nördlichen Ostfriesland *Nordedi (Nordendi)*, im nordöstlichen Ostfriesland und dem nördlichen Jeverland *Wanga* sowie im Jade-Weser-Gebiet *Asterga* und *Riusti (Riusteri, Rustri, Hriustri)*. Im sächsisch besiedelten Ammerland wird wenig später der Ammergau *(Ammeri)* erwähnt. Nach der Einbeziehung dieser Regionen in das Fränkische Reich nach den Sachsenkriegen am Ende des 8. Jahrhunderts waren seit 800 den Grafen als Sachverwaltern des Königs bestimmte Rechte übertragen worden. Es kam jedoch im Unterschied zum Binnenland nicht zu einer einheimischen Adels- oder auswärtigen Lehnsherrschaft. Die Friesen wurden dem Königtum direkt unterstellt, zahlten einen Königszins und behielten so eine gewisse Unabhängigkeit ihrer Lebens- und Wirtschaftsbedingungen.

Die wirtschaftliche Sicherheit der Küstenbevölkerung bedrohten aber zeitweise Beute suchende Wikinger. So folgten seit dem Überfall des Dänenkönigs Göttrik im Jahre 810 auf das östliche Friesland zahlreiche maritime Raubzüge der Nordleute, deren Schiffe über die in die Nordsee mündenden Flüsse weit in das Landesinnere segelten. Karl der Große (768–814) verpflichtete daher alle waffenfähigen Friesen zur Küstenwache und befreite sie gleichzeitig von der üblichen Heerfolge außerhalb Frieslands. Als sich unter der Regierungszeit Ludwigs des Frommen (814–840) die Wikingerüberfälle an den Küsten noch verstärkten, wurde der dänische Königsanwärter Harald 826 mit der Grafschaft Rustri, dem späteren Rüstringen, betraut. Diese Lehnsherrschaft blieb jedoch eine kurze Episode. Die persönliche und wirtschaftliche Freiheit der friesischen Bauern garantierte auch weiterhin der Königszins.

Die innere Struktur der Küstengebiete mit einer bäuerlichen ländlichen Oberschicht wandelte sich seit dem 12. Jahrhundert zu autonomen Landesgemeinden mit gewählten Ratgebern, die Recht und Frieden wahren und die Regionen politisch vertreten sollten. Infolge der Zersplitterung in einzelne Herrschaften, dem damit verbundenen politischen Streit und der Veränderung der Küstenlinien durch Meereseinbrüche zerfielen die Landesgemeinden in einzelne Unterviertel, *Viertel* oder *Deele* genannt. Außer den Landesburgen zur Verteidigung der Unabhängigkeit der Länder oder zum Schutz der innerfriesischen Streitigkeiten war es den mächtigen Leuten zwischen 1150 und 1350 in der Zeit der sog. „Friesischen Freiheit" untersagt, Burgen zu bauen. Die bald nach 1276 beschlossene Rechtssatzung des Brokmerbriefes erhob zum Gesetz, dass da *keine Burgen und hohe Steinhäuser sein dürften ...*[155].

Als seit dem 12. Jahrhundert die Landesgemeinden auch als Träger des Deich- und Sielbaus fungierten, vermoorte Sietländer urbar machten und neue, fruchtbare Marschen eindeichten, vergrößerten sich die Besitzunterschiede innerhalb der bäuerlichen Genossenschaften. Einzelnen Familien gelang im Unterschied zu anderen eine Erweiterung ihres Grundbesitzes. Machtbewusstsein und politisches Prestige äußerte sich nun in einzelnen Personen der reichen Bauernfamilien, die sich mit eigenen Gefolgsleuten umgaben. Fehden und Machtkämpfe innerhalb dieser Familien führten dabei zu Unsicherheit in den betreffenden Küstengebieten. Hinzu traten Schäden infolge der seit dem 13./14. Jahrhundert zunehmenden katastrophalen Sturmfluten mit den Einbrüchen von Dollart und Jadebusen. Folgen der Sturmfluten waren Hungersnöte und auch die Pest griff im späten Mittelalter um sich. Mehr und mehr gewannen so einzelne Männer Einfluss auf die Geschicke in den Kirchspielen, deren bedrängte Bewohner mit diesen Herren Schutzverträge abschlossen. Darüber hinaus übertrugen einzelne Landesgemeinden die Rechte ihrer gewählten Organe an einzelne einheimische Mächtige, um auswärtige Ansprüche abzuwehren. Diese Mächtigen nannten sich seit der Mitte des 14. Jahrhunderts *hovetlinge* (Häuptlinge)[156].

Die später Sibetsburg genannte Burg errichtete 1383 der friesische Häuptling Edo Wiemken d. Ä. Den ehemaligen Wehrturm aus Backstein im heutigen Stadtgebiet von Wilhelmshaven umgaben eine Ziegelmauer sowie eine doppelte Grabenanlage mit zwei Wällen. Solche festen Häuser bildeten ebenso wie die Steinkirchen Stützpunkte, in die sich in Zeiten der Gefahr die Friesen zurückziehen konnten. Die Rekonstruktion zeigt, wie man sich solche Anlagen vorstellen kann. Grafik: Dirk Meier.

Da befestigte Kirchen, wie die von Bant, nicht als Wehr- und Machtzentren ausreichen, errichteten die Häuptlinge feste Steinhäuser, sog. Stinsen. Fortan versuchten die Häuptlinge, die ihnen nur zeitweise verliehenen Rechte zum Schutz der Bevölkerung für ihre Nachkommen zu erhalten. Vorbilder solcher in Stein erbauter Wehrtürme bildeten die Donjons in Nordfrankreich, welche nach dem Aufkommen der Feuerwaffen die Turmhügelburgen mit ihren Holztürmen verdrängten. Die Machtbereiche der jeweiligen Häuptlinge in Ostfriesland waren ungleich. An der Spitze standen die Landeshäuptlinge, darunter folgten viele kleinere Dorf- und Kirchspielshäuptlinge, welche untereinander mit wechselnden Bündnissen in vielfältiger Fehde standen. Einige von ihnen sympathisierten sogar mit den aus der Ostsee vertriebenen Vitalienbrüdern, den *Liekedeelern* (Gleichteilern)[157]. Von den einst so zahlreichen Steinbauten der Häuptlingszeit haben in Ostfriesland nur noch einige der kleineren Häuptlinge die Zeit überdauert.

Ein mittelalterliches Beispiel bildet die von Edo Wiemken d. Ä. 1383 erbaute Burg in Bant, später Sibetsburg genannt, im heutigen Stadtgebiet von Wilhelmshaven. Den ehemaligen, 22 m hohen Wehrturm aus Backstein mit einem Nebenbau umgaben ehemals eine Mauer und eine doppelte Grabenanlage. Ferner gehörte zur Sibetsburg ein Vorburgareal. Anders als die Wehrtürme von Ritzebüttel bei Cuxhaven und Neuwerk sind von der Sibetsburg nur noch die Erdwälle und Gräben erhalten[158].

Aufstieg und Fall eines friesischen Häuptlings zeigt das Schicksal des Focko Ukena[159]. Durch reiche Heirat zu Macht und Einfluss gelangt, gewann dieser die

Schlacht bei Detern 1426 gegen seinen Widersacher Ocko II. und seine Verbündeten. In einem weiteren Scharmützel bei Upgant am 28. Oktober 1428 sicherte er sich die Vorherrschaft in Ostfriesland. Die anderen, um ihren Besitz besorgten ostfriesischen Häuptlinge schlossen sich aber 1430 in einem friesischen Freiheitsbund zusammen und belagerten 1431 dessen Fockeburg in Leer. Focko konnte jedoch erst nach Emden und weiter nach Papenburg fliehen, um dann schließlich Unterschlupf bei einem Schwiegersohn auf der Friedeburg zu finden. Nachdem es den anderen Friesen, verbündet mit der Hansestadt Bremen und den Grafen von Oldenburg, nicht gelang, die Sibetsburg an der Jade einzunehmen und sie am 29. Mai 1432 sogar von Sibets Leuten geschlagen wurden, konnte Focko laut dem Friedensvertrag zurückkehren. Focko begab sich zu Odo Imel, Häuptling zu Osterhusen in der Krummhörn. Doch das Schicksal war ihm nicht mehr günstig. Auf dem Wege zu seinem Vater erschlug man seinen Sohn und brannte dessen Burg in Oldersum nieder. Als schließlich auch Imel Abdena bezwungen wurde, blieb Focko Ukena nur noch die Flucht auf die Güter seiner Frau in Dijkhuizen übrig, wo er am 6. Oktober 1436 starb. In der Legende lebte Focko fortan weiter.

Solche Auseinandersetzungen zwischen den Häuptlingen schwächten die Verteidigung der friesischen Lande. Die Oldenburger Grafen, die schon lange nach einem Einfluss in den Marschländereien trachteten, unterwarfen 1386 die Häuptlinge von Varel. Die Auseinandersetzungen mit den übrigen Häuptlingen und Landesgemeinden zogen sich jedoch länger hin und erst 1514 gelang Graf Johann d. Ä. (1495–1526) mit Hilfe braunschweigischer Truppen die Unterwerfung der friesischen Landesgemeinden Butjadingen und Stadland, die von nun an von der Zwingburg Ovelgönne beherrscht wurden[160].

DITHMARSCHER BAUERN UND DIE SCHLACHT VON HEMMINGSTEDT

Das Küstengebiet zwischen Elbe und Eider bildete – anders als die Marschregionen zwischen Ems und Weser – seit dem frühen Mittelalter einen der drei nordelbischen Sachsengaue. Das Land war in einzelne Wehrbezirke, in Dithmarschen Döffte, eingeteilt. Nach der Eroberung Nordelbiens bis zur Eider durch Karl den Großen blieb die fränkische Herrschaft über das abgelegene Küstenland nur lose. Vielleicht rekrutierte Karl der Große aus den Großen des Landes Grafen, die das neu erworbene Land verwalteten. So erwähnt Helmold von Bosau die 1044 in Dithmarschen erschlagenen Grafen Dedo und Eteler[161]. Als der Bremer Erzbischof Adalbert (1000–1072) Dithmarschen als Lehen vom deutschen Kaiser Heinrich IV. erhielt, belehnte er seinerseits damit 1062 den Grafen Udo II. von Stade, womit sich eine politische Trennung zu dem von den Schauenburger Grafen verwalteten übrigen Holstein ergab. Der politische Schwerpunkt der Stader Grafen blieb jedoch südlich der Elbe. Sie verwalteten Dithmarschen durch eingesetzte Vögte. Die Abgaben beträchtlicher Kornzinse in der seit dem 12. Jahrhundert bedeichten Seemarsch führte zum gewaltsamen Tod des Stader Grafen Rudolf im Jahre 1144, welcher der Sage nach auf der Stellerburg erschlagen wurde. Der als Vergeltung für den Tod des Stader Grafen durchgeführte Eroberungszug Heinrichs des Löwen 1147 mit der Einsetzung des neuen Grafen Reinhold blieb nur eine kurze Episode.

Von der Ermordung des letzten Stader Grafen im Jahre 1144 bis zur Schlacht von Bornhöved 1227, die der dänischen Macht in Holstein ein Ende setzte, wechselte die Landesherrschaft über Dithmarschen wiederholt, bis die Bremer Bischöfe wieder das Land zugesprochen bekamen. Allerdings blieb deren Oberhoheit nun mehr nominell. In den am Ende des 13. Jahrhunderts vorhandenen 15 Kirchspielen in Dithmarschen entwickelten sich ähnlich wie in Ostfriesland gewählte Ratgeber und Konsulen zu den eigentlichen Machtträgern. Die sich aus den Großbauern der Personalverbände rekrutierenden Mächtigen vertraten die Kirchspiele nach außen und in den bäuerlichen Landesversammlungen. Die Bildung dieser Landesgemeinden fällt zusammen mit dem Deichbau und der Urbarmachung weiter vermoorter Marschflächen. Bis zum Jahre 1447 bestand Dithmarschen somit aus einer Föderation nahezu autonomer Kirchspiele, in denen die Führungsschicht des Landes über Rechtsprechung, Deichbau, Wegeangelegenheiten und Verteidigung entschied. Der Einfluss der Vögte als Verwalter der Bremer Bischöfe verlor hingegen an Bedeutung, die 1320 auch als Vorsitzende der Kirchspielsgerichte verdrängt wurden. Um nicht alle Macht zu verlieren, schlossen sie sich daher zu einem eigenen Verband, dem Vogdemannen-Geschlecht zusammen.

Die Geschlechter als Personalverbände waren im Zuge der Kultivierung der Sietlandsmarschen entstanden. Neben dem Rechtsschutz übten sie andere öffentliche Aufgaben aus und hielten bis in das 16. Jahrhundert sogar an der Blutrache fest. Um 1500 verteilten sich die Masse der Geschlechter über mehrere Kirchspiele. Sie bildeten neben den Bauerschaften rechtskräftige Verbände, besaßen Teile von Wegen und Deichen, waren Inhaber von Wäldern sowie Außendeichsland und verwalteten das Land genossenschaftlich. Diese raubten auf der Elbe auch die Hamburger Schiffe aus, was die Hansestadt zur Unterstützung der Norderdithmarscher Kirchspiele gegen die Geschlechter und Kirchspiele in Süderdithmarschen veranlasste. Nach jahrzehntelangen Auseinandersetzungen blieben die Norderdithmarscher Kirchspiele siegreich und mit dem Landrecht von 1447 kamen die inneren Spannungen zu einem gewissen Abschluss. Nun vertraten 48 Regenten das Land, die auf der Landesversammlung in Heide zunächst gewählt und später auf Lebenszeit bestellt wurden.

Auf das reiche Bauernland an der Nordsee hatten die auswärtigen Territorialfürsten, die Könige von Dänemark und die Grafen von Holstein schon lange ein Auge geworfen, doch nie glückte eine Eroberung. Erst dem dänischen König Christian I. gelang die Übertragung der Lehnsrechte vom deutschen Kaiser. Hingegen betonte Jacob Polleke, Bürgermeister von Meldorf und führendes Mitglied der Achtundvierziger, die alte Zugehörigkeit zum Erzbistum Bremen. Der Bischof bestätigte dies nochmals 1476[162]. Nach dem Tode Christians I., der seine Forderungen nicht mit Waffengewalt durchsetzen konnte, verfolgten seine Söhne die unrechtmäßige Aneignung jedoch weiter. Infolge des Streits um den Status von Helgoland, das Christian an das Bistum Schleswig verschenkt hatte, Dithmarschen und die Hansestädte hingegen für ein freies Land hielten, spitzten sich die Ereignisse zu. In der sich anbahnenden Auseinandersetzung mit Dänemark stand Dithmarschen jedoch allein, die Hansestädte gewährten nur Geldzuwendungen. Ein Vermittlungsversuch Lübecks scheiterte.

Sowohl Friesen als auch Dithmarscher versuchten im Mittelalter, ihre Rechte und Unabhängigkeit gegen die Ansprüche des auswärtigen Adels zu wahren. Immer wieder begünstigte die schwer zugängliche Marschenlandschaft die Unabhängigkeit der Küstengebiete. So besiegte am 17. Februar 1500 ein Aufgebot der Dithmarscher Bauern, die bei Hemmingstedt den Weg mit einer Schanze versperrt hatten, ein Heer des dänischen Königs und schleswig-holsteinischen Adels vernichtend. Panorama im Gedenkpavillon. Foto: Dirk Meier.

Der dänische König Johann I. versammelte nun die gewaltige Streitmacht von 12 000 Mann. Das Heer bestand aus Aufgeboten aus Skandinavien, den Herzogtümern und den norddeutschen Fürstentümern von Pommern bis Oldenburg[163]. Mit ihnen zog als 4000 Mann starke Söldnertruppe die Schwarze Garde unter Junker Slenz. Dieser gewaltigen Truppe konnten die Dithmarscher nur 6000 Mann entgegenstellen, was immerhin wohl einem Fünftel der damaligen Bevölkerung entsprach. Ohne nennenswerten Widerstand stieß das feindliche Heer schnell über den Geestrücken nach Albersdorf vor und besetzte am 13. Februar mit Meldorf eines der wichtigen Zentren des Landes. Auf Drängen des dänischen Königs zog das Heer dann am 17. Februar in einer langen Reihe auf der alten Landstraße von Meldorf Richtung Heide. Diese führte nördlich von Heide durch die infolge von Hagel- und Regenschauern nasse Marsch. In den Gräbern stieg bedrohlich das Wasser, da die Dithmarscher Bauern die Siele geöffnet und auch Deiche durchstochen hatten. An der Spitze des langen Lindwurms marschierte die Schwarze Garde, gefolgt vom Aufgebot der holsteinischen Bauern und den adeligen Rittern. Noch halb in Meldorf befanden sich der Tross und der dänische König. Bei Hemmingstedt stieß das Heer überraschend auf eine von den Dithmarschern unter Führung von Wulf Isebrand aufgeworfene Schanze[164]. Trotz des Beschusses versuchte die Schwarze Garde mit ihren langen Hellebarden einen Gewalthaufen zu bilden und die Schanze zu umgehen. Das scheiterte ebenso wie die ersten beiden Ausfälle der Bauern. Erst ein dritter Ansturm der Dithmarscher Bauern zerschlug dann sechs Kompanien der Garde. Die restlichen wandten sich zur Flucht, Junker Slenz fiel durchbohrt von der langen Lanze eines Bauern. Von allen Seiten drangen die Dithmarscher auf die eher kriegsungewohnten, auf dem schmalen Weg zusammengedrängten Massen der holsteinischen und friesischen Bauern ein und vernichteten sie in wenigen Stunden. Trotz dieses großen Erfolges verlor 59 Jahre später das Land in der letzten Fehde seine Unabhängigkeit. Der nördliche Teil kam unter die Herrschaft des Herzogs von Schleswig, der südliche bis 1864 unter dänische Verwaltung.

KÖNIG ABELS TOD

Ebenso wie die Friesen zwischen Ems und Weser hatten auch die im frühen und hohen Mittelalter nördlich der Eider eingewanderten Friesen versucht, ihre Unabhängigkeit zu erhalten, gerieten hier aber bald unter die Oberbotmäßigkeit der dänischen Könige. Der in drei Probsteien verwaltete Bereich des Schleswiger Bistums wurde in weltlicher Einteilung nach dem Erdbuch Waldemars II. aus dem Jahre 1231 Uthlande genannt und war in 14 Harden eingeteilt[165]. Die inselartigen, von der Landseite schwer zugänglichen Marschen erleichterten jedoch eine gewisse Unabhängigkeit des Landes und verhinderten eine auswärtige, adelige Grundherrschaft. Die inselartige Lage der Uthlande beschreibt bereits der um 1040 geborene, spätere Magister Adam von Bremen in seiner Hamburgischen Kirchengeschichte. Er bemerkt, dass außer dem *Fosetisland* genannten Helgoland noch andere Inseln Friesland und Dänemark gegenüberliegen. Die Bewohner der Geestharden unterstanden dabei dem Herzogtum Schleswig, die der 13 Harden der Uthlande dem dänischen König.

Die amphibische Landschaft der Uthlande erleichterte somit eine weitgehende Unabhängigkeit des Landes und verhinderte eine adelige Grundherrschaft. Als die uthländischen Harden eine neue, sehr hohe Steuerschätzung verweigerten, die der gerade an die Macht gelangte dänische König Abel dem Land auferlegt hatte, zog dieser 1252 gegen die Friesen zu Felde. Mehrere Chronisten des 16. Jahrhunderts erzählten die Geschichte, allerdings verfügten sie kaum über authentische Quellen und schmückten diese sagenhaft aus. Infolge der Schlacht auf dem Königskamp bei Oldenswort wurde König Abel nach dem Chronisten Anton Heimreich durch den Wagenmacher Wessel Hummer getötet[166]. Auch das ist eine Legende. In einer der wenigen zeitgleichen Berichte der norwegischen Königsgeschichte von Sturla Thortiharson heißt es dort zu dem Jahr 1252 in deutscher Übersetzung des isländischen Textes: *Diesen Sommer bekriegte König Abel die Friesen und wollte ihnen mehr Steuern auferlegen als früher. Sie hatten einiges an Mannschaft gesammelt und blieben weitgehend im Schutz der Wälder. Und als der König Abel sie verfolgte, ward er durch einen Pfeil getroffen und starb dadurch*[167]. Die Friesen lieferten – anders als es das *Chronicon Eiderostandense vulgare* ausschmückt – dem König keine große Schlacht, sondern besiegten dessen Heer in einer Guerillataktik in einer von Sümpfen, Wasserläufen und Marschen geprägten Landschaft. Noch 1550 führte ein dänischer Historiker aus, dass die Bauern mit ihren langen Stöcken besser über die Gräben springen konnten als die Ritter mit ihren Pferden[168]. Die schweren Panzerreiter des Königs erlagen den beweglichen Kräften der friesischen Bauern, die über leichte Fernwaffen wie Pfeil und Bogen verfügten und so das Heer allmählich aufrieben. Nicht alle der friesischen Harden kämpften dabei gegen den König, sondern das Aufgebot der Friesen bestand nur aus den Aufgeboten der Harden Eiderstedt, Everschop und Utholm.

Es waren Vertreter der Harden, die in der Folgezeit nun die Kodifizierung ihrer Rechte schriftlich bekräftigten. So warem am 27. Juli 1426 Vertreter der *Pillworminghatde, Belltringharde, Wrykesharde, Osterharde, Föhr, Sildt, Horßbullharde* und der *Bockingharde* zusammengekommen, um in der Siebenhardenbeliebung ihr altes, bis dahin nur mündlich überliefertes Recht aufzuzeichnen. Dennoch konnten die nordfriesischen Harden ähnlich wie die ostfriesischen Häuptlinge untereinander im späten Mittelalter weder Recht noch Frieden wahren. Zu Beginn des 15. Jahrhunderts wurden sie in die Auseinandersetzungen um das Herzogtum Schleswig einbezogen und die Eiderstedter Harden verwüsteten zwischen 1414 und 1417 die Dithmarscher.

Geplante Landschaft: Deichbau und Entwässerung

Der im 11./12. Jahrhundert in den niederländischen und nordwestdeutschen Seemarschen einsetzende Deichbau und die damit verbundene Entwässerung und Urbarmachung der Sietländer schufen die Voraussetzungen für eine flächenhafte Besiedlung. Im niederdeutschen *Dik* genannt, bezeichnen Deiche Dämme zum Schutz der Küsten[169]. Durch den Deichbau wurde die Marsch den regelmäßigen Salzwasserüberflutungen entzogen, die bei höheren Tiden auftraten Die gestiegenen Ernten des Ackerbaus führten zu einem Überschuss an landwirtschaftlichen Produkten, die in den wachsenden Städten und bei einer zunehmenden ländlichen Bevölkerung Absatz fanden. Bereits im 14. Jahrhundert war Gerste zusammen mit tierischen Produkten das wichtigste Ausfuhrgut des Landes Hadeln. Im Hadelner Landbuch werden für die Jahre 1516 bis 1518 neben Gerste, Hafer und Bohnen auch Weizen und Roggen angeführt[170]. Seit dem späten Mittelalter dominierte im Hadelner Hochland, also in den Seemarschen, der Getreideanbau, während im Sietland überwiegend Viehhaltung betrieben wurde. Die Getreidekonjunktur führte allmählich zum Umbruch aller ackerfähigen Grünlandgebiete. So wurde im Land Wursten 1764 mehr als zwei Drittel der Fläche als Acker genutzt. Erst der Deichbau und die damit verbundene Entwässerung ermöglichten diese Intensivierung der Landnutzung.

Die Deichhöhen entwickelten sich dabei in Abhängigkeit von dem jeweiligen Mittleren Tidehochwasser, somit an empirischen Erfahrungen älterer Fluthöhen. Auf der Basis der beobachteten Wasserstände und der Sturmfluten erhöhten die Menschen die Deiche jeweils. Diese sind ein besserer Indikator für sich verändernde Meeresspiegelstände und Sturmfluthöhen als die Warften, bei deren Aufhöhung individuelle Gründe wichtiger waren. Dies gilt vor allem für die eher langsam mit Mist und Klei erhöhten Warften des 1. Jahrtausends n. Chr. Hingegen wurden die seit dem 12. Jahrhundert neu errichteten Warften oft mit Kleiaufträgen in schneller zeitlicher Folge erhöht und bieten somit bessere Indizien für die Deutung die Sturmfluthöhen.

Die ersten Deichlinien folgten dem Verlauf der vielen Buchten und Prielströme und wurden immer in einem gewissen Abstand zur See errichtet. Viele dieser Küstenschutzbauwerke mit ihren relativ breiten Kronen dienten zugleich als Verkehrswege. Dort, wo breite Prielströme die Marschen inselartig zerschnitten, war nur ein Bau lokaler Deiche möglich. Eine verbesserte Deichbautechnik erlaubte im späten Mittelalter dann die Abdämmung breiter Prielströme und größerer Meeresbuchten von ihren Rändern her.

Bis ins 18. Jahrhundert wurde das Baumaterial in der Nähe des Deichfußes abgegraben, was deren Standfestigkeit nicht gerade erhöhte. Die Vertiefungen lassen sich noch heute als Pütten oder Späthinge in der Marsch erkennen. Den aus Klei aufgeworfenen Deichkörper bedeckte man mit den im Vorland gestochenen Grassoden. Schafe halten dabei bis heute die Grasnarbe des Deiches kurz und sorgen durch ihren Vertritt für eine bessere Festigkeit der Oberfläche.

Erste Deiche an den Flüssen

Bereits die Römer bauten vereinzelt Deiche entlang des niederländischen Flussdeltas. So steht auf einem Gedenkstein, dass Marcus Manilius, ein Soldat der ersten Legion, an einem Deich oder Damm *ad molem* begraben wurde[171]. Das von Karl dem Großen im Jahre 802 erlassene Lex Frisonum erwähnt keine Deiche, wohl aber lässt sich aus Willehads zeitgenössischer *Vita Bonifatii*, der Lebensbeschreibung des Bonifatius, auf deren Existenz schließen[172]. Wil-

Eine der ältesten schriftlich niedergelegten Rechte zum Deichbau ist der Sachsenspiegel. Die Heidelberger Handschrift des Sachsenspiegels des Eike von Repgow erläutert das Landrecht durch die Darstellung eines frühen Deiches. Foto: Universitätsbibliothek Heidelberg.

lehad berichtet im 9. Kapitel seines zwischen 754 und 768 entstandenen Werkes von wunderbaren Ereignissen bei der Errichtung einer Kirche zu Ehren des heiligen Bonifatius. Dabei habe ein sehr großer Teil des friesischen Volkes einen mächtigen Wall aus Erde als Wehr gegen die Gezeiten errichtet. Ferner ist die Rede von einem aufgeschütteten Hügel für die Kirche. Um 840 sind erstmals gemeinschaftliche Organisationen bei der Entwässerung der Küstenlandes beurkundet[173]. Im *Capitulare ad Theodonis Villam* verfügt Ludwig der Fromme (778–840) die Errichtung von Deichen an der Loire und betont den öffentlichen Charakter von Maßnahmen zum Schutz überschwemmter Gebiete[174]. Die Notwendigkeit der Maßnahmen belegen die fränkischen Reichsannalen mit ihren Berichten über starke Regenfälle im Sommer 820, nach denen die Flüsse über die Ufer traten[175]. Schon ältere karolingische Rechtsdokumente widmen sich gelegentlich Fragen des Deich- und Sielbaus sowie deren Unterhalts[176]. Möglicherweise gab es wie in Nordfrankreich auch in Flandern erste Flussdeiche bereits im 10. Jahrhundert[177]. Das westfriesische Schulzenrecht des 11. Jahrhunderts erwähnt dann erstmals Deiche in den Seemarschen[178].

Mittelalterlicher Deichbau in Flandern und Holland

In Flandern und Holland nahmen sich die Grafen schon früh des Deichbaus an, um ihre Ländereien zu sichern, urbar zu machen und zu erweitern. In den seit 1122 fassbaren Rechten der Grafen von Flandern ist bereits von Deichinspektionen die Rede. Der weitere Landesausbau im Schutz der Deiche diente sowohl der Absicherung der eigenen Herrschaft als auch dem Einziehen von Steuern von den in den Poldern angesiedelten Pächtern. Phillip vom Elsass (1169–1191), Graf von Flandern, enteignete sogar Kirchen und Stifte, um die Bedeichung am Zwijn voranzutreiben. Andere adelige Herren übertrugen den Klöstern die Kultivierung des Landes in den *wateringen* zwischen Dünkirchen und Nieuwport in

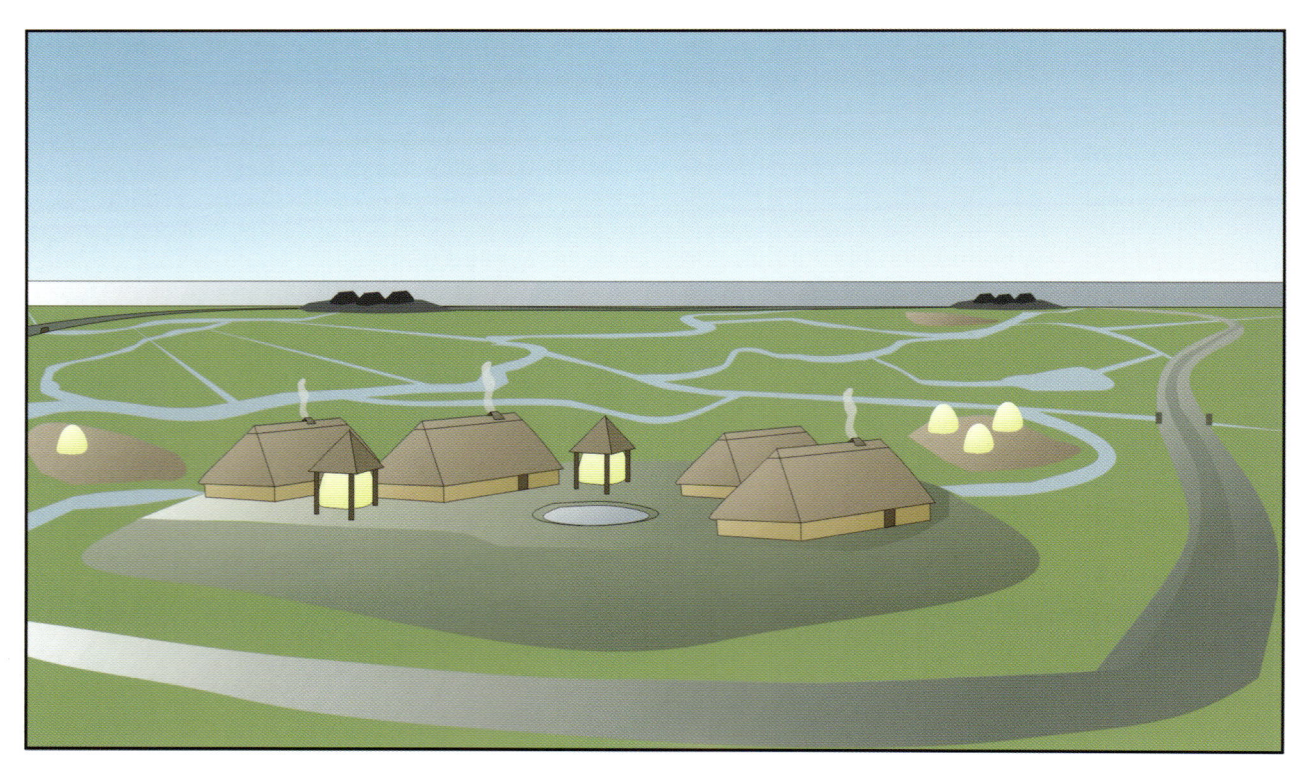

Im Laufe des 11./12. Jahrhunderts entstanden in den von Prielen inselartig zergliederten Seemarschen erste lokale, ringförmige Deiche. Während die Deiche zunächst meist als niedrige Sommerdeiche ausgeführt waren, bildeten die aus Klei in schneller zeitlicher Folge aufgehöhten höheren Warften noch lange den einzigen Schutz vor höheren Sturmfluten. Grafik: Dirk Meier.

Flandern. Die Unterhaltung der für die Entwässerung angelegten Siele war eine öffentliche Aufgabe. Seit dem 12./13. Jahrhundert entstanden in den Seemarschen immer weitere Seedeiche, die nun auch größere Marschgebiete vor den höher auflaufenden Sturmfluten schützten. Mit deren Bau waren erhebliche Arbeitsleistungen verbunden. Aus Flandern stammt auch das älteste beschriebene Deichprofil von etwa 1244. Dieses bezieht sich auf einen Deich der später untergegangenen Insel Wülgen, dessen Maße etwa 10 m Breite und etwa 3 m Höhe betrugen. Die steile Seeseite wies wohl eine Neigung von 1:2, die Innenseite von 1:1 auf[179].

Auch die holländischen Grafen unternahmen große Anstrengungen, ihr Land gegen Sturmfluten durch neue Deiche zu sichern. Neben den Flussdeichen gab es nach Aussage der schriftlichen Überlieferung seit der Mitte des 12. Jahrhunderts Seedeiche[180]. Den wenigen Hinweisen ist zu entnehmen, dass beispielsweise der Graf von Holland in Flandern für die Reparatur eines Deiches im Jahre 1167 an die 1000 Arbeiter stellen musste[181]. Dort, wo breite Priele und Flüsse die Seemarschen zerschnitten, war zunächst nur an eine lokale Eindeichung der Wirtschaftsflächen zu denken. Dies war beispielsweise in Zeeland der Fall. Hier formten die Mündungen von Maas, Schelde und Rhein sowie breite, in der ersten Hälfte des 13. Jahrhunderts eingebrochene Prielströme wie das Haringvliet eine inselartige Marschlandschaft. Einzelne adelige Grundherren begannen hier mit der lokalen Eindeichung ihrer Gebiete. Deren Turmhügelburgen liegen ebenso wie die Kirchen oft inmitten dieser Ringpolder. Die Errichtung von Deichen war einerseits sicher die Folge zunehmender Sturmfluten zu Beginn des 12. Jahrhunderts, andererseits verlangten die Städte Flanderns nach Brotgetreide. Erst die Bedeichung der Marschen aber ermöglichte eine Ausweitung des Getreideanbaus. Niedrige, etwa 1,50 m hohe Deiche umgaben mehrere jeweils rund 100 Hektar umfassende Polder. Die frühesten Ringdeiche entstanden auf Westvoorne in der Mitte des 12. Jahrhunderts. Im südlichen Voorne ist vom Bau eines Deiches auf Oud Rockanje im Jahre 1330 die Rede[182]. Bis zum 13. Jahrhundert bildeten sich aus dem Zusammenschluss mehrerer solcher Ringdeiche größere, geschlossen bedeichte Gebiete.

Nach der Unterwerfung Zeelands organisierte Graf Floris V. am Ende des 13. Jahrhunderts die Unterhaltung der Deiche nach holländischem Vorbild. Bei der weiteren Bedeichung und Entwässerung gewannen dann Klöster Einfluss auf die dortigen Deichverbände und die Orden wurden so zu Spezialisten der Entwässerung und Kultivierung von Ödländern. Dirk, Herr von Voorne, hatte schon 1229 eine Zisterzienser-Abtei bei Brügge in Flandern mit der Bedeichung Zeelands beauftragt[183]. Der Schutz der Inseln Voorne und Goeree erfolgte bis 1500 noch ausschließlich durch Deiche, die um 1200 entstandenen jungen Dünen waren erst nach dieser Zeit an ihre heutige Stelle im Westen der Inseln gewandert. Der Seedeichring um die östlich von Voorne liegende Insel Putten wurde um 1540 durch die Zusammendeichung kleinerer Polder geschlossen.

Anders als in den Zeelanden erstreckte sich in Nordholland östlich der Küstendünen bis zur Zuidersee ein weites Moorgebiet sowie ganz im Norden aufgewachsene Flächen einer Seemarsch. Für das Jahr 1320 ist in Nordholland der *Westfriese Omringdijk* in seinem Verlauf gesichert. Dieser umfassende Ringdeich umgab zwischen Schagen, Enkhuizen und Hoorn ein zwischen den Küstendünen und dem Zuidersee (Ijsselmeer) gelegenes größeres Marsch- und Moorgebiet sowie Binnenwasserflächen wie das Heerhugoward[184]. Die Unterhaltung dieses Deiches – möglicherweise auch seine Errichtung – erfolgte auf Anordnung der Grafen von Holland. Als Baumaterial fand teilweise Seetang Verwendung. Der Grund für seine Errichtung und die mehrfache, häufig mit Streitigkeiten verbundene Wiederherstellung ist nicht in erster Linie der Schutz vor Sturmfluten, sondern vor allem in seiner regulierenden Funktion bei der Binnenentwässerung zu suchen. Örtliche Bodenabsenkungen infolge des Verschwindens großer, im Schutz der Küstendünen entstandener Moorflächen *(veen)* durch Kultivierung des niedrigen Landes erforderten den Bau von Deichen, Entwässerungsgräben und Sielzügen. Als um 1388 im Norden Hollands der Westfriese Omringdijk gefährdet war, sollten die aufgerufenen Untertanen aus ganz Holland helfen.

Die ältesten Deichbauten auf der durch das Marsdiep von Nordholland abgeschnittenen Insel Texel erfolgten historischen Nachrichten zufolge seit 1349[185]. Die Deiche – wie der Langedijk von 1595 – wiesen relativ steile Böschungen auf, wenn an einigen Stellen auch versucht wurde, die Seeseiten abzuflachen. Wie aus mehreren Quellen hervorgeht, konnten diese Deiche den Sturmfluten nicht standhalten.

Im Jahre 1423 ordnete der Graf von Holland an, Deichbrüche durch die Arbeit von 3000 Mann wieder zu schließen[186]. Innerhalb der bedeichten Gebiete sind seit 1225 mit den *waterschapen* regionale, genossenschaftlich organisierte Wasserverbände nachweisbar. Die *hooghemraden* als Geschworenenkollegien führten dabei die Beschau von Deichen

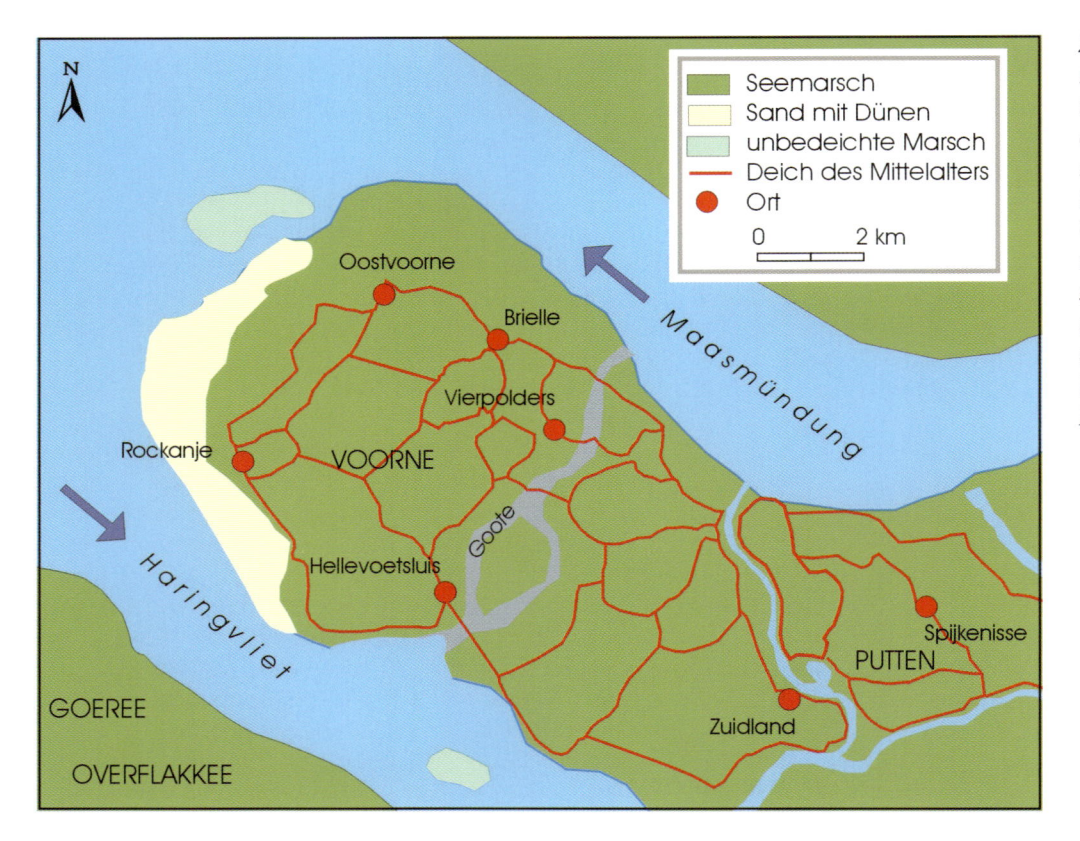

Zwischen Maasmündung und dem im späten Mittelalter eingebrochenen Haringvliet liegen die Inseln Voorne und Putten, auf denen sich noch Ringdeiche des Mittelalters erhalten haben. Grafik: Dirk Meier.

Seit 1932 riegelt der Abschlussdeich den Meereseinbruch der Zuidersee ab, die aussüßte und zum heutigen Ijsselmeer wurde. Dieser Damm verbindet zugleich Holland mit dem friesischen Westergo. Foto: Dirk Meier.

In Nordholland verlief die Landschaftsgeschichte sehr wechselvoll. Östlich der alten, in der Bronzezeit entstandenen Dünen erstreckte sich ursprünglich ein großes Moorgebiet (veen). Infolge von Meereseinbrüchen hatte sich im späten Mittelalter die Zuidersee gebildet. Nach ersten kleineren Kultivierungen des Moors um 1000 n. Chr. wurde nach der Bedeichung das Moor entwässert und in Agrarland umgewandelt. Im nördlichen Holland schützte der Westfriese Omringdijk das neue Kulturland. Im Laufe der Zeit wurden die Binnenwasserflächen trockengelegt und die Insel Wieringen an Nordholland angedeicht. Grafik: Dirk Meier.

durch[187]. Ursprünglich dem jeweiligen Landesherren unterstellt, gelangten sie bald unter die Botmäßigkeit der als landesherrliche Beamte fungierenden Deichgrafen.

Nach 1500 erhält der Deichbau einen offensiveren Charakter. Das an die Deiche angewachsene Land (niederländisch: *aanwas*) oder die im Wattengebiet aufgeschlickte Marsch (niederländisch: *opwas*) werden nun eingedeicht.

MITTELALTERLICHER DEICHBAU IN NIEDERSACHSEN UND SCHLESWIG-HOLSTEIN

In den nordwestdeutschen Seemarschen entstanden ebenso wie in Flandern und den Niederlanden seit dem 12. Jahrhundert Seedeiche, deren Errichtung jedoch in historischen Quellen kaum einen Niederschlag gefunden hat. Adam von Bremen (1072/75) erwähnt in seiner Hamburger Kirchengeschichte noch keine Deiche. In einer Urkunde des Jahres 1198, die Anweisungen des Papstes Innozenz III. an den Probst des „Strandes" enthält, ist von „der Überschwemmung der Gewässer" und den durch „Gräben bereiteten Hindernissen" die Rede. Im Zusammenhang mit der Erwähnung der Friesen schildert Saxo Grammaticus (1150–1220) in seiner dänischen Geschichte erstmals die Folgen von Deichbrüchen[188]:

An Jütland grenzt Kleinfriesland [Frisia Minor], das vom jütischen Höhenzug abfällt, daher also viel tiefer liegt. Die Überschwemmungen des Meeres geben Anlass zu übermäßig reichem Wachstum, doch ist zweifelhaft, ob diese Überflutungen nur Vorteile bieten, denn wenn es stark stürmt, brechen die Wellen durch Dämme, mit denen sich die Bewohner gegen das Meer schützen. Es wälzen sich manchmal solche Wassermassen über die Felder, dass zuweilen nicht nur die fruchtbare Erde, sondern auch Häuser und Menschen weggespült werden.

Anders als in Flandern und Holland, wo es eine straffere Adelsherrschaft gab, wurden in Ostfriesland die Landesgemeinden und deren Landesviertel durch ihre gewählten Vertreter zu Trägern des Deichbaus und der Entwässerung.

Zunächst wenden wir uns der ostfriesischen Marschlandschaft Krummhörn zu, die Dollart, Ems, Leybucht sowie im Osten die Geestrandmoore des Brokmerlandes begrenzen. Noch im Mittelalter zergliederten zahlreiche Priele und Buchten dieses Gebiet in Inseln und Halbinseln. Den größten, schon um Chr. Geb. bestehenden Meereseinbruch bildet die Sielmönkener Bucht. Entlang der weit in das Landesinnere reichenden Bucht lagen auf einem hohen Uferwall mehrere Dorfwurten, deren Wirtschaftsareale seit dem hohen Mittelalter der „Alte Teich" verband. Seit dem 8./9. Jahrhundert erschlossen die Bewohner dieser Wurten zunächst die aufgelandeten Marschen im inneren Bereich der Bucht, bevor sie mit deren Abdämmung selbst begannen. An der Bedeichung beteiligten sich auch das urkundlich 1276 erwähnte Kloster von Sielmönken und die Grafen von Ravensburg. Letztere sicherten ihre Wirtschaftsflächen im westlichen Teil der Sielmönkener Bucht seit 1252 durch Deiche. Im 13./14. Jahrhundert erfolgte dann eine erste Abdämmung der Bucht durch einen in nordsüdlicher Richtung verlaufenden Deich, den weiter im Westen 1531 ein Neubau ersetzte[189]. Auf den neuen kalkhaltigen und somit fruchtbaren Marschböden entstanden zahlreiche Einzelhöfe.

In der Fivelbucht erleichterte die natürliche Abschnürung durch einen Strandwall deren Bedeichung vom 12. bis zum 15. Jahrhundert[190]. Den Abriegelungsdeichen der Crildumer Bucht gingen wie in der Sielmönkener Bucht und der im 8. Jahrhundert eingebrochenen Harlebucht küstenparallele Deiche voraus[191]. Im Jahre 1520 war dann mit dem Neugrodendeich auch diese Bucht verschwunden. Im nördlichen Butjadingen begannen zunächst Bauern selbständig mit der Eindeichung kleiner Marschgebiete. So schützte die bäuerliche Gemeinschaft der Dorfwurt Sillens in Butjadingen ihre Flure mit einem niedrigen, heute aber nur noch anhand alter Wegverläufe auszumachenden Deich. Noch in der frühen Neuzeit besaßen hier alle Höfe der Dorfwurt Anteile am eingedeichten Ackerland[192].

Im Land Wursten führte im 12. Jahrhundert ein erster Seedeich, der Oberstrich, entlang der Wesermündung westlich der Dorfwurtenkette von Imsum bis Hofe nach Norden und bog dann nach Nordosten ab, um im Norden Anschluss an die Geestlandschaft der Hohen Lieth zu finden. Landzuwachs ermöglichten dann weitere Vordeichungen mit dem Niederstrich um 1300, dem Altendeich und dem Neufeld[193]. Mehrere tiefe, mit Wasser gefüllte Wehlen in den verschliffenen Deichen sind Zeugen einstiger Katastrophen. Da die ehemaligen Bruchstellen nicht durchdämmt werden konnten, führte man den Seedeich bogenförmig um die Wasserflächen herum. Die mittelalterlichen Winterdeiche mögen eine Höhe von 3 m und eine untere Breite von 10,80 m gehabt haben, ohne dass sich deren Ausmaße aber sicher re-

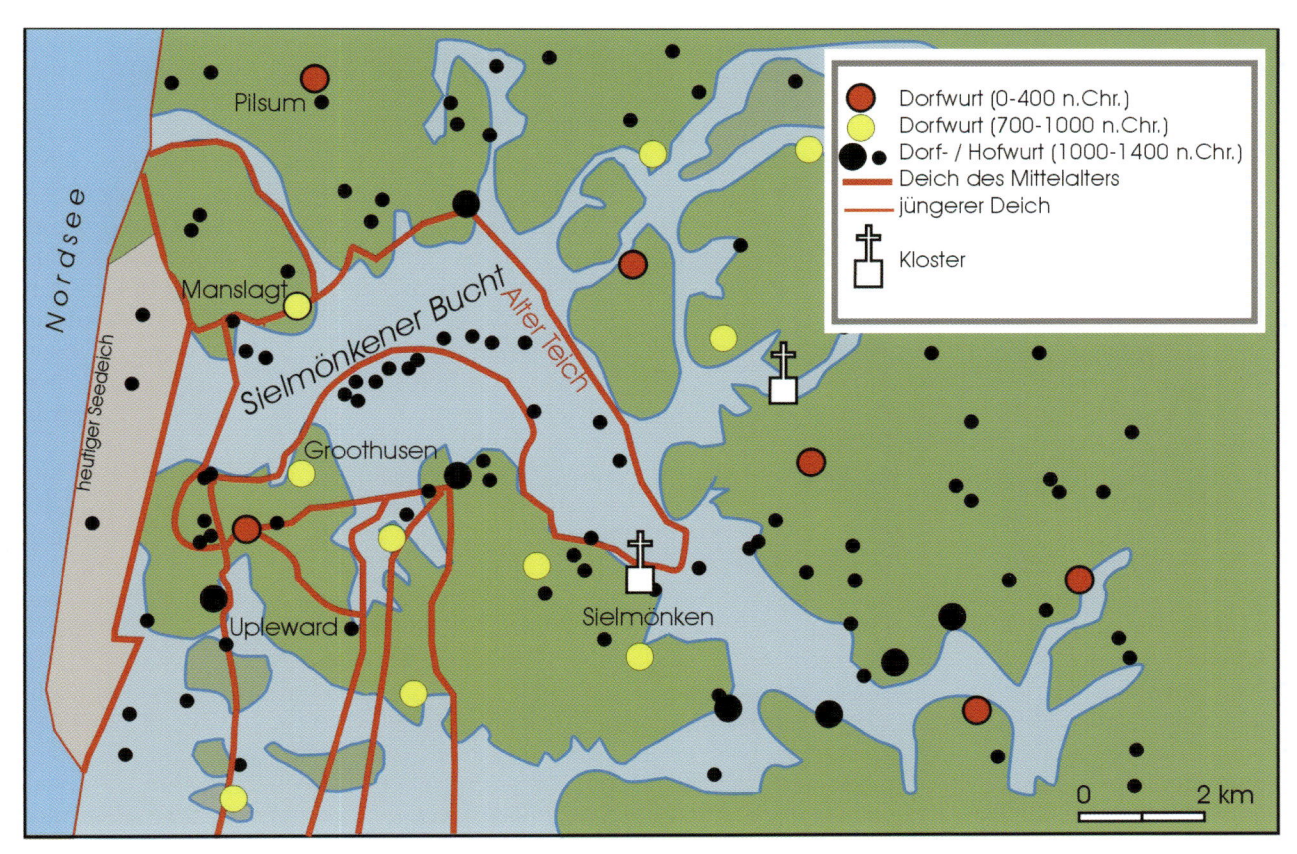

In der ostfriesischen Krummhörn wurde im Laufe des Mittelalters die Sielmönkener Bucht bedeicht. Nachdem zunächst im 12. Jahrhundert der „alte Deich" entlang der Bucht führte, erfolgte mit quer verlaufenden Seedeichen die spätmittelalterliche Abdeichung der Bucht. Grafik: Dirk Meier.

konstruieren lassen. Während seit dem hohen Mittelalter im Norden des Landes Wursten Land anwuchs, mussten die Deiche im Süden infolge der Verlagerung der Außenweser zurückverlegt werden. Wie im Land Wursten verband auch im nördlichen Butjadingen im 12. Jahrhundert ein Seedeich die Dorfwurtenkette. Im Mittelalter dehnte sich die Seemarsch zunächst aus, bevor wiederum Landverluste eintraten. Seit dem späten Mittelalter ist die Küste im stetigen Rückgang begriffen[194].

Ähnlich verlief die Bedeichung des Dithmarscher Küstengebiets zwischen Elbe- und Eidermündung. Wie im Land Wursten dehnte sich auch hier die Marsch durch Landanwachs nach Westen aus, so dass vor der im Mittelalter eingedeichten alten Marsch die junge Marsch entstand. Bereits im 12. Jahrhundert schützte die Dithmarscher Südermarsch ein Seedeich, der von den hohen Uferwällen im Süden entlang der Elbmündung nach Norden führte. Nachdem ein älterer Deich vermutlich von Ammerswurth südlich der Süderau bis zum Elpersbütteler Donn reichte, gelang noch im Mittelalter eine Durchdämmung der Süderau und damit der Anschluss an die Meldorfer Geest[195]. Die Dithmarscher Nordermarsch umgab bogenförmig ein weiter Seedeich, der von der Geest nördlich von Meldorf bis zur Lundener Nehrung reichte[196].

Die küstenparallelen Winterdeiche ermöglichten eine umfassende Entwässerung und Urbarmachung der ausgedehnten vermoorten Sietländer und damit einen Landesausbau, der von den Dorfwurten in der Seemarsch ausgehend die inneren Marschen erfasste. In dem vor allem für den Getreideanbau, aber auch für Viehhaltung genutzten Land erstreckten sich langgezogene Reihen flacher Hofwurten, sog. Marschhufensiedlungen. An die gegen das Binnenwasser aufgeschütteten flachen Hofwurten schlossen sich langgezogene Streifenfluren an. Der Aushub der begleitenden Gräben (Sielzüge) diente der Erhöhung der durch Grabenaushub kreisförmig aufgehöhten Wölbäcker für den Ackerbau. Bis heute prägt dieses Siedlungsmuster die Sietlandmarsch. Durch die Entwässerung verschwand das Moor fast vollständig, da sich die Äcker immer weiter in das Ödland vorschoben. Reste dieser Moore sind in Dithmarschen mit dem Weißen Moor östlich von Neuenkirchen sowie als Torfe unter den Warften erhalten geblieben, die wie Jarrenwisch im 12. Jahrhundert auf dem Niedermoor angelegt wurden[197].

Verbunden wird dieser Landesausbau in Dithmarschen mit Geschlechtern, deren Personennamen mit der Endung -wisch diese Bereiche prägen. Zu den typischen Geschlechtersiedlungen gehören in Dithmarschen Wennemannswisch, Tödienwisch oder Hödienwisch[198]. Wie die Gründung der Kirche Neuenkirchen von 1323 zwischen den Siedlungsreihen des Sietlandes zeigt, war die Kultivierung des Ödlandes im späten Mittelalter abgeschlossen. Die Geschlechter hatten sich auf den großen Dithmarscher Dorfwurten herausgebildet, die wie Marne, Wöhrden und Wesselburen mit Kirche und Markt zu Siedlungszentren wurden. Typisch ist die Gründung von Kirchen in der Mitte der runden, bis in das 8. Jahrhundert zurückreichenden, im Laufe der Jahrhunderte kontinuierlich mit Mist und Klei erhöhten Dorfwurten. Vom hohen Mittelalter an gruppierte sich die Bebauung kreisförmig um Kirche und Markt, eine äußere Ringstraße, von der aus die Bauern zu ihren Feldern gelangten, umgab dabei das Wurtendorf.

Neben dem Sietland vollzog sich in Dithmarschen eine weitere Siedlungsverdichtung in der Seemarsch, wo mit Schülp, Büsum und Büsumer Deichhausen ebenso wie mit Manslagt in der ostfriesischen Krummhörn seit dem 12. Jahrhundert langrechteckige Wurten mit schachbrettförmiger Siedlungsstruktur entstanden. Im Unterschied zu den älteren runden und großen Wurtendörfern wurden diese in schneller zeitlicher Folge nur mit Klei aufgehöht[199].

Vor der Küste der Dithmarscher Nordermarsch lag die bis in die heutige Meldorfer Bucht reichende Insel Büsum, die aus einem Dünenkern mit anschließenden Marschen bestand. Infolge der spätmittelalterlichen Sturmfluten verkleinerte sich die 1140 in einer Urkunde des Bremer Erzbischofs als *Buisne* erwähnte Insel zwar im Süden, aber im Nordosten landeten junge Marschen auf[200]. Angeblich befanden sich auf der Insel vor ihrer weitgehenden Zerstörung drei Dörfer: Norderdorp, Mitteldorp und Süderdorp – letzterer Ort ist das heutige Büsum. Mit dem Bau des Wardamms 1585 und weiterer Köge gelang dann deren Andeichung an das Festland[201].

Weitere umfassende Deichbauten gab es im mittleren Eiderstedt. Teile zweier Harden und mehrere Kirchspiele umgab hier ein ringförmiger Deich, der im Süden an die Eider, im Westen an den Prielstrom der Süderhever, im Norden an die Offenbüller Bucht und im Osten an die vermoorte Südermarsch grenzte[202]. Diese umfassende Bedeichung schuf auch in Eiderstedt die Voraussetzungen für die Urbarmachung des stauwasserreichen Sietlandes im Gebiet von Oldenswort und Witzwort. Möglicherweise initiierte der dänische König dieses größere Bedeichungsvorhaben. In dem eingedeichten Land stiegen die Erträge des Ackerbaus. König Erich (1216-1259) erfand daher eine neue Steuer, die ihm später seinen Beinamen einbrachte: den Pflugpfennig (Plogpenning). Diesen mussten auch die Bauern in Nordfriesland entrichten[203].

Im nördlichen Eiderstedt hatte das Meer die hier um 500 v. Chr. existierende Moorlandschaft überflutet und mit einer etwa 1 bis 1,50 m mächtigen Sedimentschicht bedeckt. Auf diesen Meeresablagerungen wuchs um etwa 1000 n. Chr. eine niedrige, von zahlreichen Prielen durchzogene Seemarsch auf, die öfter von höheren Tiden überströmt wurde. Westlich von Poppenbüll trennte das Fallstief die Marschen von Wester- und Osterhever voneinander, während das Reetfleeth als Seitenarm von der Hever im Norden bis nach Tetenbüll reichte[204].

Aufgrund der häufigen Überflutungen der niedrigen Marschen schütteten die in diese Landschaft im 12. Jahrhundert kommenden Siedler hohe und große Warften aus Kleisoden auf, auf denen mehrere Häuser Platz fanden[205]. In der Art der Anlage gleichen sie denen auf den Nordfriesischen Halligen. Das Wirtschaftsland der Warften sicherten niedrige Sommerdeiche. Viele der heutigen Straßen in dieser Region verlaufen auf diesen alten Deichen.

Im vor sommerlichen Sturmfluten geschützten Wirtschaftsland mit seinen unregelmäßigen Block-

Im hohen Mittelalter schützte die Dithmarscher Süder- und Nordermarsch ein langgezogener Seedeich. Vor der Küste Norderdithmarschens erstreckte sich die in der Mitte des 16. Jahrhunderts angedeichte Insel Büsum. Auch die Halbinsel Eiderstedt umgaben Deiche. Im Norden der Halbinsel war aufgrund der inselartigen Zergliederung der Seemarschen nur eine kleinräumige Bedeichung möglich. Die Lundenbergharde verband Eiderstedt mit der Insel Strand. Grafik: Dirk Meier.

Legende

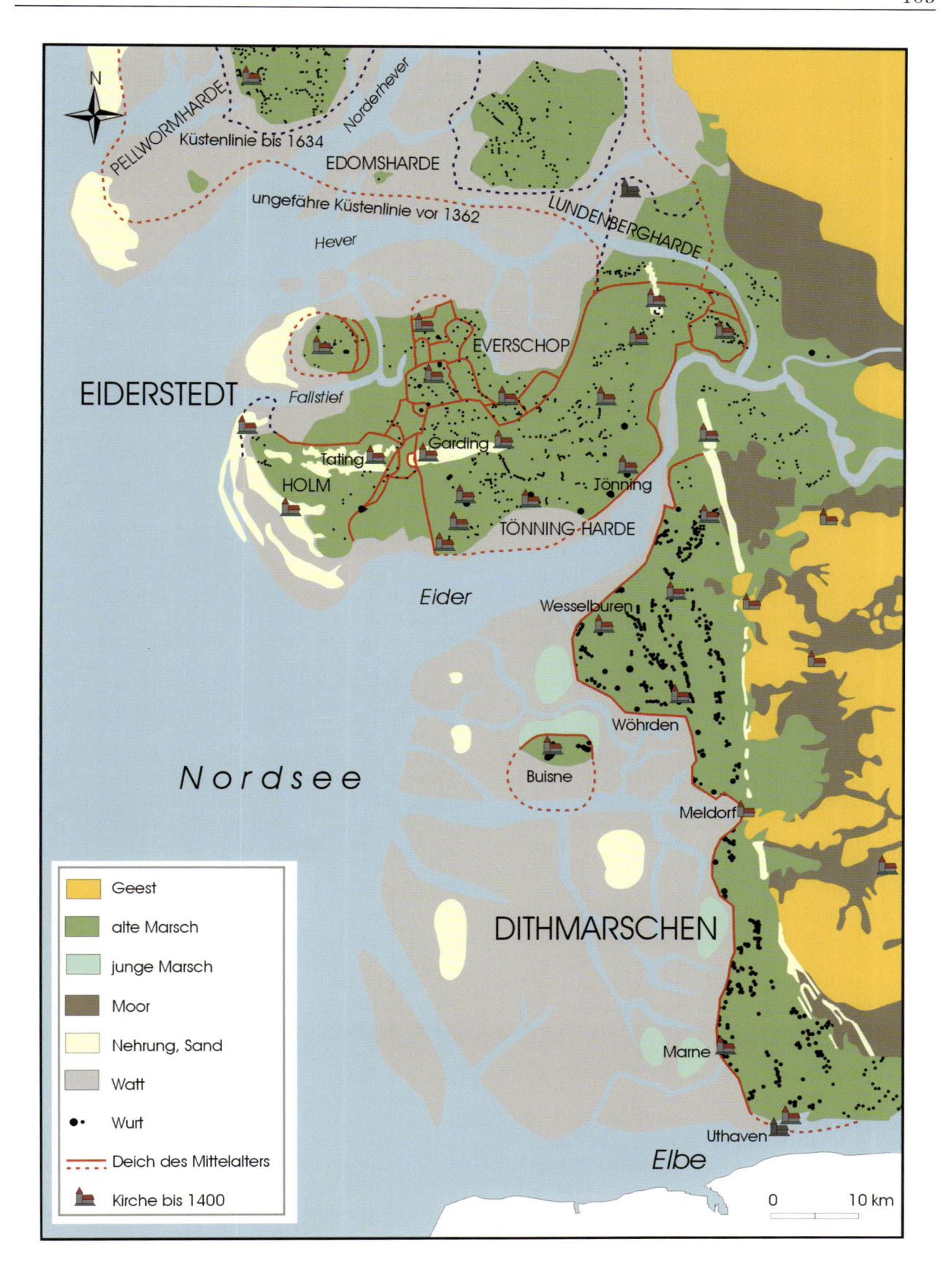

- Geest
- alte Marsch
- junge Marsch
- Moor
- Nehrung, Sand
- Watt
- Wurt
- Deich des Mittelalters
- Kirche bis 1400

Küstenlinie bis 1634
ungefähre Küstenlinie vor 1362

PELLWORMHARDE
EDOMSHARDE
LUNDENBERGHARDE
Norderhever
Hever
EIDERSTEDT
EVERSCHOP
Fallstief
Tating
HOLM
Garding
Tönning
TÖNNING HARDE
Eider
Wesselburen
Wöhrden
Buisne
Nordsee
Meldorf
DITHMARSCHEN
Marne
Uthaven
Elbe

0   10 km

In Dithmarschen prägen alte Dorfwurten das Landschaftsbild der Seemarsch. Das Foto zeigt die Dorfwurt Wesselburen mit der 1281 urkundlich erwähnten St.-Bartholomäus-Kirche. Foto: Dirk Meier.

fluren erfolgte der Ausbau einzelner Hofwarften in unregelmäßiger Streulage. Aufgeschüttete Wege verbanden die Warften untereinander. Zu den am besten erhaltenen hochmittelalterlichen Ringdeichen gehört der St.-Johannis-Koog in Eiderstedt. Im Westen und Nordwesten grenzt der hier bis in die Mitte des 15. Jahrhunderts Seedeich gebliebene Ringdeich an das Fallstief. Inmitten des im Durchmesser 2,5 km großen Koogs liegt auf einer einzelnen Warft die 1113 gegründete Kirche von Poppenbüll. Südwestlich des Kirchortes befindet sich die große Warft Helmfleth, von der spinnenförmig Wege zu Hofwarften führen, die sich teilweise an den niedrigen Ringdeich anlehnen. Zwischen 1989 und 1991 durchgeführte archäologische Untersuchungen in dieser Marschregion erlauben hier indirekt Aussagen über die Höhe der Sturmfluten im späten Mittelalter. So wurde die Warft Hundorf im 12. Jahrhundert in einem Arbeitsgang mit Klei auf NN +3 m aufgeworfen, später zu den Rändern hin erweitert und im 14. Jahrhundert aufgrund zunehmender Sturmflutgefährdung um einen Meter erhöht[206].

Bei Sturmfluten bildete für Mensch und Vieh die Warft den sichersten Zufluchtsort, denn der 6 m breite Ringdeich wies im 12. Jahrhundert mit seiner flachen, 1:2 geböschten See- und Landseite nur eine Höhe von NN +1,50 m auf[207]. Somit dürfte dieser allenfalls den sommerlichen Sturmfluten standgehalten haben. Auch andere frühe Deiche in Nordfriesland besaßen ähnliche Kronenhöhen. Der Deich wurde im späten Mittelalter zum Fallstief hin auf etwa 14 bis 15 m erweitert und zweimal erhöht, so dass die Deichkrone schließlich eine rekonstruierte Höhe von NN +3 m und +3,50 m aufwies. Die seeseitige Böschung lief nun mit 1:4 flacher aus.

Das der Halbinsel Eiderstedt vorgelagerte Utholm, das wie Westerhever im Erdbuch des dänischen Königs Waldemar II. noch als Insel erwähnt wird, wurde durch die Bedeichung der Süderhever nach 1231 an das Festland angebunden. Auch das Fallstief war seit der Mitte des 15. Jahrhunderts durch Holm- und Heverkoog bedeicht. Vorausgegangen waren schwere Sturmfluten mit großen Schäden an den Deichen. Nach längeren Konflikten untereinander entschlossen sich die an den Prielstrom grenzenden Kirchspiele Garding, Katharinenheerd, Tetenbüll und Poppenbüll zu dessen Abdämmung[208].

Wie problematisch diese Bedeichung war, zeigt ein Schnitt durch den Mühlendeich. Die Ausgrabungen belegten mehrere Deichbauten, die in den Untergrund des zusedimentierten Tiefs gesackt waren. Bereits der erste, etwa zwei Meter hohe und 10,50 m breite Deich wies mit einer Kronenhöhe von ehemals wohl etwa NN +1,60 m eine mit 1:4 geneigte flache See- und eine etwas steilere Binnenseite auf und ähnelte in seinen Ausmaßen und seiner Bautechnik den beiden jüngeren, aus Kleisoden aufgeschichteten Deichen des St.-Johannis-Koogs. Dieser Deich wurde zunächst auf der Seeseite, nach dem 14./15. Jahrhundert auf der See- und Landseite mit Kleianpackungen verstärkt. Auch das konnte seine Überflutung nicht verhindern, so dass weitere Erhöhungen notwendig waren[209]. Bis zur Bedeichung des Heverkooges um 1445 bildete dieser den Seedeich zum Fallstief hin. Die gefährdete Lage des Deiches belegen indirekt auch paläobotanische Untersuchungen, die im Bereich des Deichschnittes intensiven Salzwassereinfluss nachweisen konnten.

Diese Ergebnisse entsprechen denen anderer Marschgebiete in Nordfriesland. Bei allen archäologisch untersuchten Deichen in Nordfriesland waren vor der Katastrophenflut von 1362 Kronenhöhen unter NN +2 m die Regel, und auch die Warften wurden erst danach von NN +3 m um einen Meter erhöht. Verlässliche zeitgenössische Schriftquellen zur Höhe der spätmittelalterlichen Sturmfluten gibt es nicht.

Mittelalterliche Deiche sind auch auf der Insel Pellworm erhalten, deren Marschen nach Aussage der archäologischen Funde mit den heutigen Wattflächen von Hallig Hooge zu den ältesten besiedelten Marschen der äußeren nordfriesischen Uthlande gehören. Ausgedehnte Salzwiesen im Schutz westlich gelegener Nehrungen erlaubten hier seit dem frühen

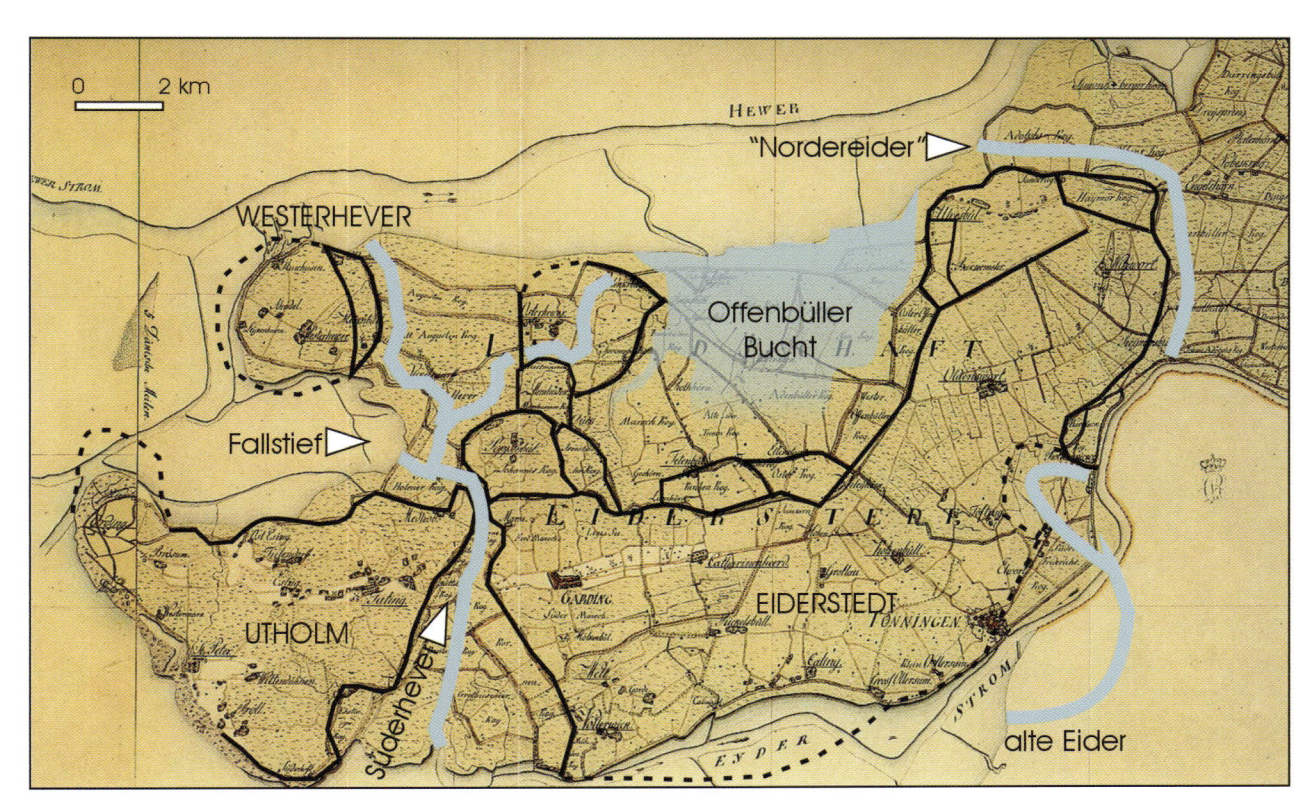

Den zentralen Bereich der Halbinsel Eiderstedt schützte im hohen Mittelalter ein umfassender Ringdeich. Nach dem Erdbuch des dänischen Königs Waldemar II. bestanden Utholm und Westerhever 1231 noch als Inseln und wurden erst durch die Bedeichung von Süderhever und Fallstief an das übrige Eiderstedt angedeicht. Den nördlichen Teil der Halbinsel durchzogen zahlreiche Priele. In den hier nur niedrig aufgelandeten Seemarschen entstanden zahlreiche lokale Deiche. Im späten Mittelalter brach die Offenbüller Bucht in den Norden der Halbinsel ein, die bis 1600 wieder bedeicht wurde. Die Karte von H. du Plat von 1804/1805 lässt die Deichlinien noch gut erkennen. Grafik: Landesvermessungsamt Schleswig-Holstein 1982 unter Mitwirkung von J. Newig mit Ergänzungen von D. Meier.

Mittelalter verschiedentlich die Anlage von Flachsiedlungen. Mit zunehmendem Sturmfluteinfluss entstanden in den äußeren Seemarschen seit dem 11./12. Jahrhundert hohe Warften aus Klei[210]. Auf Pellworm war schon um 1200 ein größeres Marschgebiet bedeicht, das heute mit dem Großen Koog gleichzusetzen ist. Zu den gut untersuchten mittelalterlichen Deichen gehört der über Jahrhunderte bedeutende Schardeich, der den Großen Koog der Insel umgibt[211]. Im Großen Koog sind auch Reste von Teilbedeichungen vorhanden, die vermutlich nach der Zerstörung des Seedeiches in aller Eile entstanden. Auf den Nordfriesischen Halligen deuten Flurnamen und Geländebefunde auf alte Deiche hin[212]. Die Errichtung kleiner, bereits von Kruse beschriebener Kornköge könnte auf Hallig Hooge bis in das Mittelalter zurückreichen.

Wie in Dithmarschen und Eiderstedt wurde auch auf der Insel Strand im hohen Mittelalter begonnen, teilweise tiefgründige, vermoorte Marschen zu kultivieren. Wie mächtig die Torfbedeckung war, zeigen die unter mittelalterlichen Deichen und Warften Nordfrieslands konservierten Torfsockel, die in gepresstem Zustand noch bis ein Meter hoch sind. Die Reste der Sietlandsvermoorung unter den mittelalterlichen Hofwarften in Dithmarschen sind dagegen oft nicht mehr als 0,50 m mächtig. Die Dicke der Torfe in den nordfriesischen Uthlanden lässt zugleich erahnen, welche Maßnahmen notwendig waren, um aus dem Ödland wirtschaftlich rentable Kulturflächen zu schaffen.

Auch auf Sylt sind mittelalterliche Deichreste nachgewiesen. Der Stinumdeich umgab im Mittelalter die gesamte Sylter Südermarsch[213]. Die Erbauungszeit

Map: Eiderstedt Köge

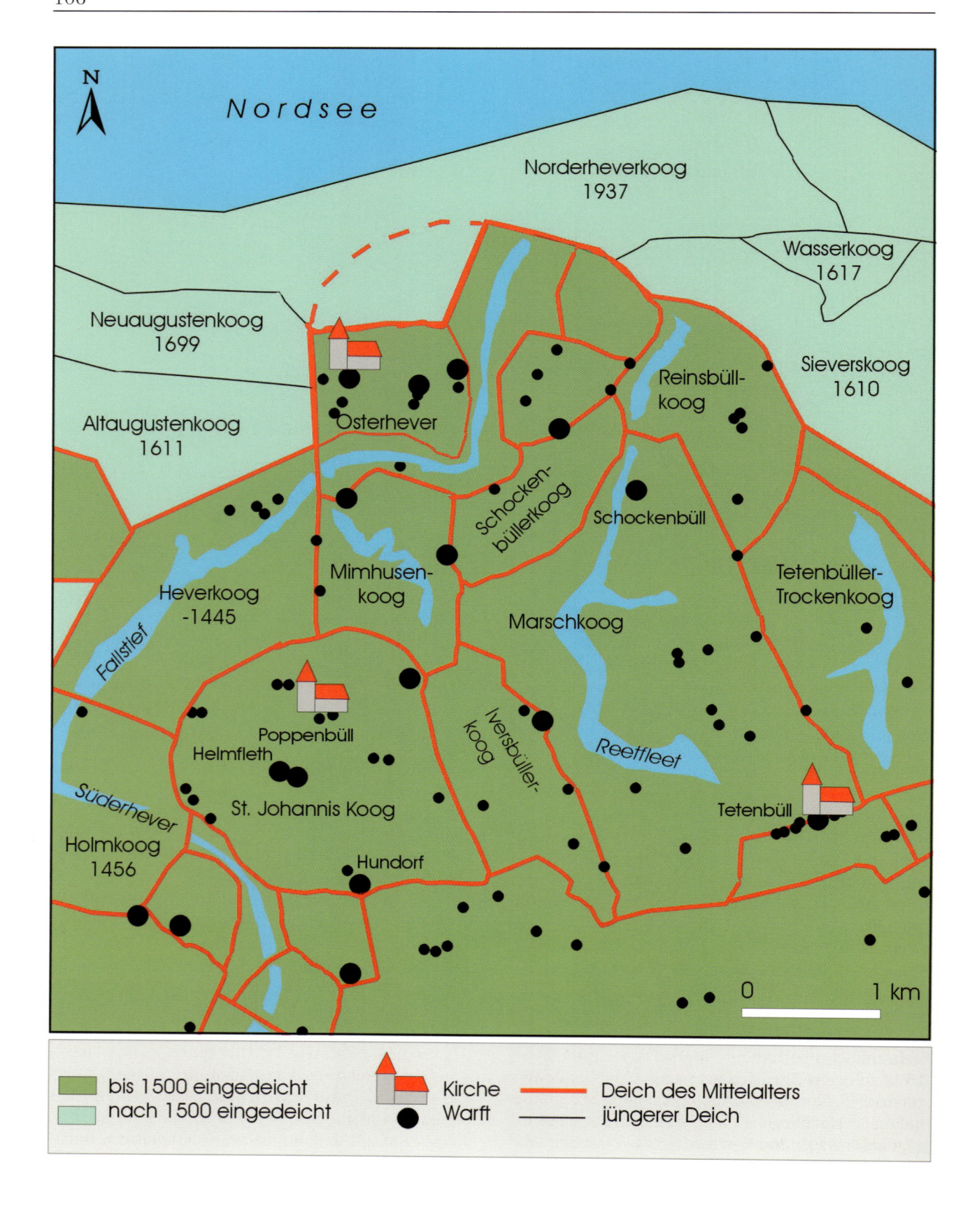

Nordsee

- Norderheverkoog 1937
- Wasserkoog 1617
- Neuaugustenkoog 1699
- Sieverskoog 1610
- Altaugustenkoog 1611
- Osterhever
- Reinsbüllkoog
- Schockenbüllerkoog
- Schockenbüll
- Tetenbüller-Trockenkoog
- Mimhusenkoog
- Heverkoog –1445
- Marschkoog
- Fallstief
- Poppenbüll
- Helmfleth
- Iversbüllerkoog
- Reetfleet
- Süderhever
- St. Johannis Koog
- Tetenbüll
- Holmkoog 1456
- Hundorf

Legende:
- bis 1500 eingedeicht
- nach 1500 eingedeicht
- Kirche
- Warft
- Deich des Mittelalters
- jüngerer Deich

0 — 1 km

Im nordwestlichen Eiderstedt liegen noch viele mittelalterliche Großwarften. Das Foto zeigt die Warft Schockenbüll am Reetfleth im Marschkoog. Foto: Dirk Meier. Die von Prielen durchzogenen Marschen wurden im Mittelalter ringförmig bedeicht (Grafik links): Dirk Meier.

dieses Deiches ist historisch nicht überliefert; zerstört wurde diese Deichlinie vermutlich bei der Sturmflut von 1362. Da sich Deichreste im Watt nicht mehr erhalten haben, lassen sich nur die in der Marsch liegenden Reste – wie der östlich von Morsum liegende Deichrest – damit verbinden. Die Sylter Südermarsch blieb längere Zeit ungeschützt. Am Ende des Mittelalters oder in der frühen Neuzeit wurden dann ein schmaler Marschstreifen östlich von Rantum und die Südermarsch bedeicht. Diesen Eidumdeich beschädigte die Sturmflut des Jahres 1593 teilweise, 1634 wurde der Deich endgültig zerstört[214]. Nur das westliche Teilstück ist noch erhalten[215]. Hochliegende Marschen des der Insel Sylt gegenüberliegenden Festlandes waren in der Wiedingharde bereits in der römischen Kaiserzeit und im frühen Mittelalter dicht besiedelt. Im Ostteil der Wiedingharde sind Lang- und Hofwarften in den Deichverlauf kleiner Sommerköge einbezogen, deren Deichreste teilweise noch erhalten sind. Bis zum Bau des Seedeiches 1436 oder 1465 dienten diese dem sommerlichen Schutz des bewirtschafteten Landes[216].

ZUM DEICHRECHT DES MITTELALTERS

Die Unterhaltung der Deiche oblag im Mittelalter den bäuerlichen Genossenschaften, aus denen sich kein Marschbauer heraushalten konnte. Infolge der Selbstverwaltung der einzelnen Küstenregionen kam es jedoch nicht zu überregional gültigen Rechten. Erst mit dem Bau überregionaler, von den Landesgemeinden organisierter Deiche entwickel-

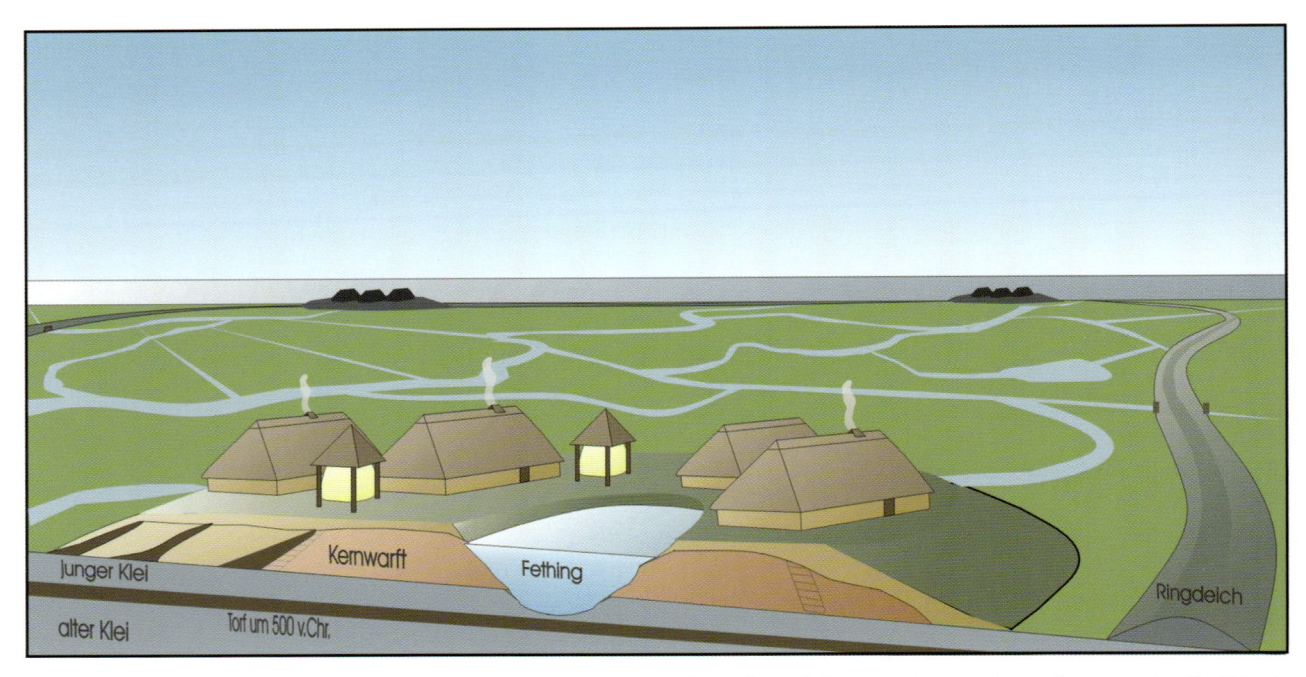

Archäologische Ausgrabungen der mittelalterlichen Großwarften dokumentieren, dass diese – wie die Warft Hundorf – im 12. Jahrhundert bis zu einer Höhe bis NN + 3 m mit Klei aufgewarftet und im 14. Jahrhundert nochmals um einen Meter erhöht wurden. Das Wirtschaftsland mehrerer dieser Großwarften sicherten niedrige Sommerdeiche in der von zahlreichen Prielen zergliederten Seemarsch. Ursprünglich existierte hier um 500 v. Chr. ein Moor, das später überflutet und mit Sedimenten (junger Klei) bedeckt wurde. Um 1000 wuchsen niedrige Flächen einer Seemarsch auf. Grafik: Dirk Meier.

ten sich aus den alten Gewohnheitsrechten schriftlich fixierte Deichrechte[217]. Dreieinhalb Jahrhunderte nach dem *Lex Frisionum* von 802/803 legt die Rüstringer Rechtshandschrift der 17 Küren erstmals das bis dahin geltende Gewohnheitsrecht und ältere Satzungen verbindlich fest. Die 10. und 12. Küre befasst sich dabei mit dem Deichrecht, wo von der Unterhaltung des friesischen „goldenen Reifes" – einer malerischen Umschreibung des Seedeichs – die Rede ist[218].

In dem um 1230 verfassten Sachsenspiegel des Eike von Repgow finden wir im zweiten Buch des Landrechts im 56. Artikel drei Paragraphen zum Wasser- und Deichwesen, die sich zwar auf Wasserläufe (Flüsse) beziehen, aber auch als geschriebenes Deichrecht gelten können[219]:

§ 1 Welche Dörfer am Wasser liegen und einen Damm haben, der sie vor der Flut bewahrt: jedwedes Dorf soll einen Teil des Dammes festigen vor der Flut. Kommt die Flut und bricht der Damm, und ladet man dem Gerüft dazu, alle die binnen dem Damm gesessen sind, wer von ihnen nicht hilft bessern den Damm, der hat verwirkt alles Erbe, das er binnen dem Damm hat.

Wer sich nicht an der Deichunterhaltung beteiligte, verlor somit alle Ansprüche innerhalb des eingedeichtes Landes. Derjenige, der den Spaten wieder herauszog, übernahm gemäß dem Spatenrecht (Spadelandesrecht) den Besitz und die darauf ruhende Deichlast. In Stedingen finden wir dieses Spatenrecht erstmals 1424 schriftlich fixiert[220]. In Wilhelmsburg bei Hamburg wurde das Spatenrecht zum letzten Mal um 1700 angewandt. In der entsprechenden Braunschweigisch-Lüneburgischen Deichordnung heißt es[221]:

Wann ein Mann seine Teiche nicht länger erhalten kann, sol er einen Spaden auf dem Teich stechen, und damit sich des Landes wovon der Teich gemacht wird, gäntzlich begeben, und des den Beamten und Teichgeschworenen anzeigen, damit Land und Leute von Uns als der Obrigkeit wegen angenommen werden und andere Vor-

sehung damit geschehe. Da aber sich einer finden wurde, der den Spaden auszöge, so er des Landes Herr seyn und des Teiches sich annehmen und denselben verbessern und im stande halten.

Auch die schleswig-holsteinischen Deichrechte wurden als Spadelandesrecht bezeichnet. Kein Grundstück konnte normalerweise ohne den zugehörigen Deichabschnitt verkauft, vererbt oder verpachtet werden („Kein Deich ohne Land, kein Land ohne Deich").

In Dithmarschen, das bis zur Kodifizierung des Landrechts von 1447 aus einer Föderation nahezu autonomer Kirchspiele bestand, entschied die bäuerliche Führungsschicht der Geschlechter über Rechtsprechung, Deichbau und Wegeangelegenheiten. Um 1500 verteilten sich diese genossenwirtschaftlichen Verbände über mehrere Kirchspiele. Neben den „Bauerschaften" waren sie rechtskräftige Verbände, besaßen Teile von Feldmarken, Wegen und Deichen, waren Inhaber von Wäldern und Außendeichsland und verwalteten das Land genossenschaftlich. Erst mit dem Landrecht von 1447 erhielt der politisch wirkende Bauernstaat durch die Institution der 48 Regenten – von der Landesversammlung auf Lebenszeit bestellter Männer – eine landesübergreifende Lenkungsinstitution. Das Landrecht regelte auch das Dithmarscher Deichwesen, in dem beispielsweise für versäumte Deichunterhaltung hohe Strafen verhängt wurden. Wiederum übernahmen die Kirchspiele die Organisation des Deichbaus. Detailliertere Deichordnungen wurden den Kirchspielen überlassen[222].

In den schriftlich abgefassten Teilen der nordfriesischen Landrechte von 1426 gibt es noch keine Bestimmungen zum Deichrecht. Erst ein 1444 bis 1448 niedergelegtes Gerichtsprotokoll schildert einige wenige Klagen, in denen es auch um Deiche geht[223]. Beispielsweise klagte Ludde Gunnesson Babe Aghesson und die Seinen an, dass sie ihn verwundet und geschlagen hätten, als er vom Deich kam. Peter Atken verwundete 1444 Tete Boieken im Deichfrieden. Das Urteil verlangte eine Buße für den Friedensbruch. In den Gerichtsprotokollen finden sich immer wieder solche Verletzungen des Deichfriedens. Die Dreilande – Umschreibung für die aus den Harden Everschop, Eiderstedt und Utholm bestehende Halbinsel Eiderstedt – verabschiedeten 1446 eine sogenannte Beliebung, in der ein Bruch des Deichfriedens eine Geldstrafe von 40 Mark nach sich zog, während Leib und Gut der Herrschaft verfielen[224]. Im Eiderstedter Landrecht von 1466 war aber keine Harde der anderen zur Deichhilfe verpflichtet[225]. Offensichtlich blieb der Deichbau Sache der einzelnen Harden als den Verwaltungsbezirken, und erst nach der Einverleibung Nordfrieslands in das Herzogtum Schleswig machten die Landesherren ihren Einfluss auf das Deichrecht geltend.

Die spärliche schriftliche Überlieferung zum Deichrecht in Nordfriesland unterstreicht die Entwicklung des Deichwesens vom individuellen Unternehmen einzelner Bewohner auf den Warften zur überregionalen Kirchspiel- und Hardesaufgabe bis hin zur umfassenden landesherrlichen Hoheit seit dem 15. Jahrhundert. Diese Entwicklung war nicht so sehr nur eine Folge der katastrophalen spätmittelalterlichen Sturmfluten, sondern die Landesherren machten in der frühen Neuzeit ihren Anspruch auf die Vorländer geltend und trachteten danach, diese durch Eindeichungen in abgabefähiges Koogsland umzuwandeln.

DEICHBAU IN DER FRÜHEN NEUZEIT

Seit dem 15. Jahrhundert nimmt der landesherrliche Einfluss in Nordfriesland zu. In Dithmarschen mehren sich nach 1559 nicht nur die Verpflichtungen zur Deichunterhaltung, sondern durch Neueindeichungen wurden Marschen – oft gegen den Protest der einheimischen bäuerlichen Bevölkerung – verpachtet und in abgabepflichtiges Koogland umgewandelt. Seit dem 17. Jahrhundert entstanden so zahlreiche dieser oktroyierten Köge, deren Deiche und Ländereien erstmals in Karten festgehalten werden. Oft übernehmen Unternehmer die Eindeichungen und Verpachtungen für den Landesherren. Derartige Ansprüche des Adels wurden erstmals in Süderdithmarschen 1671 vertreten, nachdem dies in Holland schon im Mittelalter üblich war, da sich die Grafen hier viel früher die Herrschaft über die Küstengebiete sichern konnten. So sprach Wilhelm II. von Holland von den Marschen als ihm zustehende Vorländer[226].

Infolge der rücksichtslosen Eindeichungspolitik und des Landabbruchs infolge von Sturmfluten grenzten viele Deiche nun direkt an das Meer. Damit bereitete die Sicherung des Deichfußes große Probleme. An diesen Küstenabschnitten entstanden seit dem 15./16. Jahrhundert Deiche mit senkrechtem Holzabschluss. Westlich der Weser nannte man diese Deiche „Holzungen", nördlich davon Stackdeiche. Den seeseitigen Fuß dieser Deiche bildete nach den Beschreibungen des nordfriesischen Pastors Johannes Petreus eine steile Bohlenwand mit in den Untergrund eingerammten Eichenpfosten als Stützen. Zusätzlich stabilisierten in den Deichkörper reichende und mit der Bohlenwand verzapfte Ankerbalken die Konstruktion. Als solche Widerlager am Ende der Ankerbalken dienten Astgabeln oder mit Querhölzern verzapfte kleine Hölzer. Um das Ausspülen von Deicherde zu verhindern, verstärkten Erdsoden die Bohlenwand. Vom verbretterten Deichfuß stieg die Außenböschung des Deiches zur Krone flach an, während die Innenböschung steiler war. Die aufwendige technische Konstruktion konnte jedoch nicht verhindern, dass die am Deichfuß brechenden Wellen den Wattboden davor ausspülten und so die Standsicherheit der Schutzwehr gefährdeten. Dort, wo sich tiefe Rinnen bereits bedrohlich nahe an den Deich vorgeschoben hatten, sollten seit dem 15. Jahrhundert in das Watt vorgetriebene Dämme aus Holzpfählen, so genannte „Höfte", die Unterspülung des Küstenschutzbauwerks verhindern[227].

In einigen Kirchspielen Nordstrands besaßen auch Mitteldeiche einen verbretterten Fuß, um das wenig geeignete Klei-Torf-Gemenge des Deichkörpers zusammenzuhalten. Die Beschreibung der Nordstrander Stackdeiche (Moordeiche) von Petreus ist allerdings nicht sehr genau. Diese sollen angeblich 3,50 bis 7 m breit gewesen sein, eine sehr steile Binnenböschung und eine Höhe von nur 3,50 bis 7 m gehabt haben[228]. Nicht mehr als ein Viertel der Seedeiche Alt-Nordstrands wird allerdings als Stackdeiche ausgeführt gewesen sein, denn länger waren die gefährdeten Deichstrecken zu jener Zeit nicht. Bau und Unterhaltung der Stackdeiche mit ihrem enormen Holzbedarf in der baumlosen Marsch verschlangen ungeheure Summen. Hunrichs begründete die Ablehnung des weiteren Baus dieser Deiche 1771 daher auch damit, dass das Geld in den Uthlanden nicht so „überflüssig" sei wie in den Niederlanden[229].

Nach dem „Teich-Receß" der Südermarsch unterhielt man den Stackdeich vor der Halben-Mond-Wehle südwestlich von Husum noch bis in die zweite Hälfte des 18. Jahrhunderts[230]. Ebenfalls als Stackdeich entstand nach spätmittelalterlichen Vorläufern auch der Deich des Porrenkooges vor Husum[231]. Einer Kostenaufstellung zufolge war dieser schon 1577 als Stackdeich vorhanden. Erst in den Fachbüchern zur Deichbautechnik seit der zweiten Hälfte des 18. Jahrhunderts wird deren Bau – meist aus Kostengründen – nicht mehr empfohlen. Stackdeiche blieben bis zu den größeren Bermedeichen mit Strohbestickung im 18. Jahrhundert und neuzeitlicher Steindossierung an gefährdeten Stellen in Gebrauch. Aus einem Bericht von 1711 geht hervor, dass die Deiche an der Westküste Pellworms zwar aus gutem Klei bestehen, aber zu schwache Stackdeiche sind[232].

Das 17. Jahrhundert brachte neue technische Verbesserungen des Deichbauwesens. Die Deichbaumeister dieser Zeit stammten, wie Johann Clausen Rollwagen, meist aus den Niederlanden. Das Regelprofil der von Rollwagen zu Beginn des 17. Jahrhunderts in Eiderstedt errichteten Deiche wies eine Außenböschung von 1:4, eine Innenböschung 1:1,5, eine absolute Höhe von 3 m und eine Basisbreite von 20 m auf. Diese Ausmaße lagen somit beträchtlich über denen der hochmittelalterlichen Deiche, wenn die Innenseite auch zu steil geböscht blieb. Schnurgerade wie der Deich des Alt Augustenkoogs in Eiderstedt ziehen sie sich durch die Landschaft und bilden einen auffälligen Kontrast zu den vielfach gewundenen mittelalterlichen Deichen. Im neuen Koog entstanden planmäßig in einer Reihe mehrere Haubarge auf flachen Warften. Planmäßige Sielzüge durchzogen die breiten Fluren. Die kalkreiche, neu eingedeichte Marsch erlaubte hohe Getreideerträge.

Rollwagen war der erste Deichbaumeister in Nordfriesland, der 1610 für den Deichbau des Sieversflether Koogs in Eiderstedt 1000 bis 1400 Tagelöhner anstellte und die bis dahin von Pferden gezogenen Wagen und Sturzkarren durch holländische Schubkarren ersetzte. Den Deichfuß der Bermedeiche sicherte an gefährdeten Stellen eine Bestickung aus Stroh. Mit der Sticknadel wurden in bestimmten Abständen aus Roggenstroh gewundene Seile krampenartig in den Deichkörper gedrückt. Die Technik des Strohbestickens kam schon im 14. Jahrhundert auf. Für lange Deichstrecken wurden ungeheure Strohmengen benötigt. Vielfach mussten die bäuerlichen Betriebe hinter den Deichen ihr ganzes Stroh zur Verfügung stellen, das daher auch nicht ausgeführt werden durfte[233]. Hunrichs beschrieb dabei die im 18. Jahrhundert übliche Ausrüstung der Deicharbeiter oder Koyerer[234]. Für die mit Schubkarren angefahrene Deicherde wurden Läufer und Spitter benötigt. Jeder Arbeiter verfügte über sein eigenes Werkzeug in Form hölzerner Spaten und Schaufeln, die an der Seite ebenso wie an der Schneide mit Eisen beschlagen waren. Spaten, Forken und Tragbahren hatte es bereits seit dem Mittelalter gegeben. Seit dem 15. Jahrhundert kamen Sturzkarren oder Störten auf, ein Kasten auf zwei Rädern, der durch einen Seilzug gelöst und dann gekippt wird. Solche Karren waren noch im 19. Jahrhundert in Benutzung[235].

Die seit Beginn des 17. Jahrhunderts in Nordfriesland errichteten Deiche lobt Doktor Heistermans „Nachricht von Teichwesen"[236], das die Vorteile gegenüber dem Deichbau der Vorfahren klar heraus-

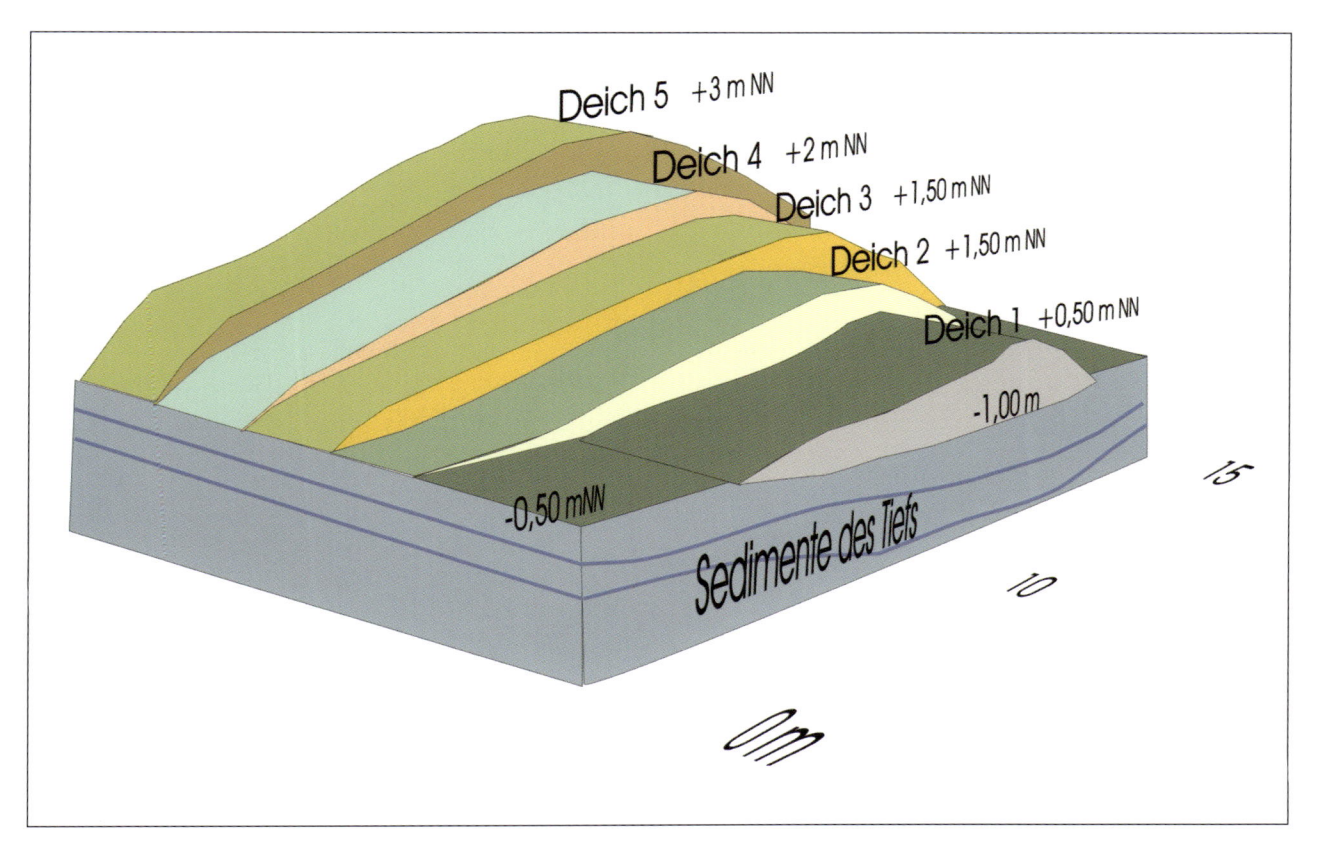

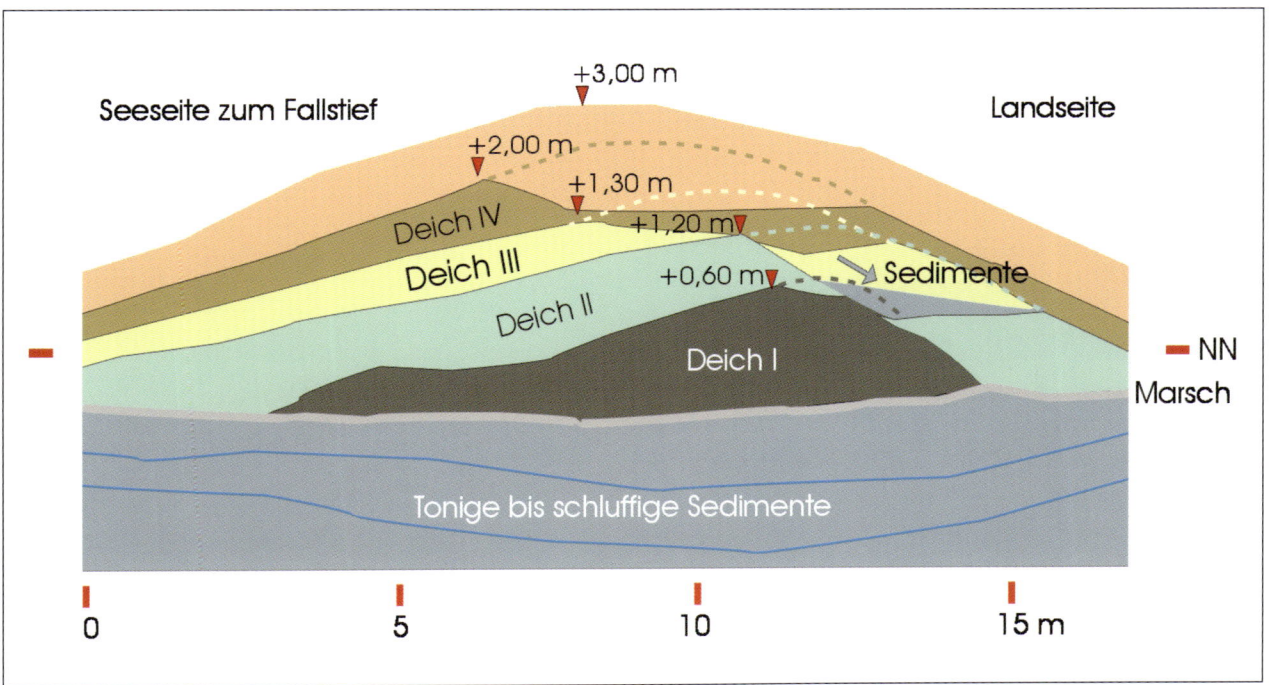

Der im 12. Jahrhundert errichtete Mühlendeich wurde bis in die Mitte des 15. Jahrhunderts mehrfach erhöht. Alle Deiche, die sich aufgrund ihrer Auflast in den instabilen Untergrund gesetzt hatten, wiesen flache See- und steile Landseiten auf; die Krone des zweiten Deiches war infolge einer Sturmflut abgetragen. Grafik: Dirk Meier.

Die blockförmigen Fluren und die regellos verteilten Warften der ehemaligen Insel Westerhever erinnern an die mittelalterliche Siedlungslandschaft. Als Wellenbrecher schützt der im Westen vorgelagerte Westerhever Sand die exponiert liegende Marscheninsel. Foto: Walter Raabe.

stellt und auch Hinweise zum Sielbau sowie zu praktischen Fragen des Deichrechts beinhaltet. Heistermann fungierte als herzoglicher Gutachter für das sog. „Bredstedter Werk" und war Mitglied der Landesvisitations-Kommissionen von 1709 bis 1711. Der Erfahrungsaustausch über die zweckmäßige Gestaltung der Deichquerschnitte blieb aber noch gering, wie auch das Lehrbuch über den Deichbau von Albert Brahms von 1767/73 erst gegen Ende des 18. Jahrhunderts Verbreitung fand[237]. Darin wurde die Profilgestaltung von Deichen, deren Widerstandsfähigkeit gegen Wellenangriff bei hohen Sturmtiden entscheidend ist, untersucht wie auch guter Deichboden vorgeschlagen. Deichprofile mit flachen Böschungen hatten sich bereits im Mittelalter als besonders günstig gegen Wellen erwiesen.

Da die Innenböschung der spätmittelalterlichen und frühneuzeitlichen Deiche mit 1:1,5 jedoch zu steil blieb, untergruben überschlagende Wellen den Deich von hinten her und verursachten so Kappenstürze.

Konnten die Deiche seit dem 17. Jahrhundert auch professioneller ausgeführt werden, so erwies sich die Schließung der Deiche nach Brüchen noch oft als problematisch. So berichtet Boetius über den missglückten Versuch, den Boden einer Wehle durch mit Erde ausgefüllte Strohsäcke aufzufüllen[238]. Durch versenkte Schiffe, über die Erde gehäuft wurde, ließen sich zerstörte Deiche wieder schließen. Gleichzeitig mit den vielen Neueindeichungen war der Bedarf an Karten gestiegen. Zu den wichtigen Kartenwerken des 17. Jahrhunderts gehören in Schleswig-Holstein die Zeichnungen von Peter Sax (1610; 1636–1638), Anton Heimreich (1666; 1668) und Johannes Mejer, die der Landesbeschreibung des Casper von Danckwerth (1652) beigegeben wurden.

Siele und Sielhäfen

Mit dem Bau der ersten Deiche entstanden auch die ersten Siele und Sielzüge, welche das eingedeichte Marschland entwässerten und Überschwemmungen infolge von Stauwasser und Regenfällen verhindern sollten. Die Entwässerung musste sich dabei dem Rhythmus der Tiden mit zweimaligem Tidehoch- und Tideniedrigwasser anpassen, da der Abfluss des Binnenwassers durch ein Siel nur während des Tideniedrigwassers (Ebbe) möglich ist[239]. Blieben die Siele während hoch auflaufender Hochwasser länger geschlossen, ließ sich das von der Geest ablaufende Wasser oft nicht mehr abführen, so dass es zu Stauwasserproblemen kam. Erst die maschinell betriebenen Schöpfwerke der Neuzeit haben die Probleme des Binnenwasserstaus weitgehend beseitigt.

Eines der ältesten, wahrscheinlich in der Marcellusflut 1362 zerstörten Siele legten Ausgrabungen zwischen Weser und Jade frei[240]. Dieses einfache Siel bestand aus einem ausgehöhlten Baumstamm und einem aus Eichenholz gezimmerten Kanal. Das äußere Ende des ausgehöhlten Baumstammes schloss eine aufgehängte Klappe, die sich bei einseitigem Wasserdruck von innen öffnete und das Binnenwasser herausließ. Solche ausgehöhlten Baumstämme bilden die einfachste Form der Siele. Die ebenfalls 1362 zerstörten beiden Siele im Niedam-Deich von Rungholt im nordfriesischen Wattenmeer sind bereits aufwendiger konstruierte, 1,3 m breite und bis zu 20,5 m lange Kammersiele mit Holzwänden. Eine Holzklappe bildete den äußeren Verschluss dieser Konstruktion. Die Überreste eines ähnlichen, nach 1164 erbauten Kammersiels kamen im Watt vor Seriem, Kr. Wittmund, zutage[241]. Sowohl die ausgehöhlten Baumstämme als auch die Kammersiele sind sog. Klappsiele und funktionieren nach dem gleichen Prinzip. Stand bei Ebbe das Binnenwasser höher als das Außenwasser, drückte der Wasserdruck die Klappe nach oben, so dass das Wasser ausströmte. Die einsetzende Flut verschloss die Klappe wieder und verhinderte so das Einströmen von Salzwasser. Solche Klappsiele blieben bis in die 1930er Jahre in Gebrauch.

Zerstörungen infolge von Sturmfluten und geringe Haltbarkeit der Siele infolge des Absetzens von Sinkstoffen erforderten ständige Neubauten. Die Erfahrung lehrte, dass nur große Siele mit einer Zusammenfassung des Wassers aus den einzelnen Sielzügen in einem Speicherbecken die Funktion der Entwässerung optimal erfüllten. Seit dem 16. Jahrhundert begann daher der Bau größerer Torsiele mit offenem Außenvorsiel, rechteckigem Sieltunnel und offenem Binnenvorsiel, die in ihrer Länge der damaligen Deichbreite von etwa 30 m entsprachen. Zur Seeseite verschlossen zwei Sturmtore das Siel. Bei Ebbe öffneten sich die schweren Tore mit ihrer Holzriegelkonstruktion und schlossen sich bei Flut durch den äußeren Wasserdruck. Infolge der Fäulnis des Holzes und der im Salzwasser lebenden Bohrmuschel war die Haltbarkeit solcher Holzsiele nur gering.

Seit der Mitte des 18. Jahrhunderts verdrängten Siele mit Steinmauerwerk und höheren gemauerten Tunneln die alten Holzbauten. Bereits Friedrich der Große hatte deren Bau aufgrund der steigenden Holzkosten angeordnet. Wie die Holzsiele waren auch die Steinsiele auf Holzpfählen gegründet. Eines der wenigen erhaltenen Deichsiele dieser Zeit ist das 1798 erbaute Greetmersiel im ostfriesischen Greetsiel mit seinen großen, ehemals von Wärtern bedienten Holztoren. Aus diesem Sieltyp entstanden dann Ende des 18. Jahrhunderts offene Sielschleusen ohne Deichüberbauten. Seit Beginn des 20. Jahrhunderts verbesserten zunächst mit Dampfmaschinen betriebene Schöpfsiele die Entwässerung.

Bei den größeren Sielen entstanden seit dem 13. Jahrhundert Sielhäfen. Als Zufahrten zu den Sielen dienten die Hauptgewässer binnenseits der Deiche, wie in Eiderstedt gegrabene Bootfahrten, in denen die Schiffe auf begleitenden Wegen durch Pferde gezogen, d. h. getreidelt wurden. Der aufwendige Bau künstlicher Bootfahrten unterstreicht ebenso wie die Siele vor dem Bau fester Landstraßen die überragende Bedeutung der Wasserwege für den Verkehr.

Träger des lokalen Deichbaus waren die in Kirchspielen zusammengefassten bäuerlichen Verbände. Im Süden der alten Insel Westerhever liegt auf hoher Warft die alte Kirche. Foto: Dirk Meier.

Folgen des Deichbaus

Der hochmittelalterliche Deichbau fällt nicht in die Zeit eines hohen Meeresspiegels, sondern in eine Phase, in der das Mittlere Tidehochwasser relativ niedrig lag. Das erstaunt zunächst, doch bildete der Deichbau nicht nur Schutz vor Sturmfluten, sondern auch die Grundlage für die Erschließung weiter Marschflächen und gesteigerte Ackerbauerträge, die in der unbedeichten Marsch sonst nicht möglich gewesen wären. Erst die Bedeichung der Seemarschen führte zu einem Anstieg des Mittleren Tidehochwassers, da sich das Meer bei höheren Wasserständen nun nicht mehr ungehindert über die Seemarsch ausbreiten konnte. Um 1450 sank das Mittlere Tidehochwasser (MThw) infolge der Klimaverschlechterung wieder ab und stieg um 1700 erneut an. Dieser Anstieg des MThw war zum einen Folge der zu Ende gehenden Kleinen Eiszeit, zum anderen resultierte er aus den zunehmenden Eindeichungen[242].

Zwar schützten Deiche die Marschen, in denen mehr Menschen lebten als jemals zuvor, vor regelmäßiger Überflutung, aber der Eingriff des Menschen in den Naturraum der Küste hatte auch schwerwiegende Folgen. Vor dem Deichbau konnte sich bei Sturmfluten das Meer weit über die Seemarschen verteilen. Die Menschen fanden auf den Wurten Schutz, welche wie die heutigen Halligen im nordfriesischen Wattenmeer aus der Wasserwüste herausragten. Infolge der küstenparallelen Deichlinien staute sich nun das Wasser vor den Deichen, und die Sturmfluten liefen entsprechend höher auf.

Besonders bei Nordweststürmen in Niedersachsen oder Nordwest- und Weststürmen in Schleswig-Holstein drückte das Wasser in die Flussmündungsgebiete. Durch den Deichbau war hier der Flutraum erheblich eingeschränkt, und noch stärker als entlang der Küste waren Katastrophen hier vorprogrammiert. Waren die zu schwachen Deiche erst einmal durchbrochen, strömte das Wasser mit gewaltiger Kraft in die kultivierte, infolge der Entwässerung oft tief liegende und nicht mehr durch Ablagerung von Sanden und Tonen natürlich aufgehöhte Marsch. Das Wasser vertiefte die Einbruchstellen in den Deichen zu tiefen Rinnen und Kolken, durch die das Wasser in die kultivierte Marsch strömte. Vor allem in dem tiefen, landeinwärts liegenden Sietland breitete sich das Wasser aus, und die Wirtschaftsflächen blieben lange überflutet, da die Entwässerung nicht ausreichte und die meist in Küstennähe höher aufgelandeten Marschen als natürliche Barriere wirkten. Mit den damaligen technischen Möglichkeiten war an eine Schließung der Deichbruchstellen nicht zu denken, so dass oft tiefe Wehlen auf der Innenseite des neuen, um sie bogenförmig herumgeführten Deiches zurückblieben.

Der Deichbau im Mittelalter verhinderte also nicht, sondern erleichterte eher die Entstehung großer Buchten wie des Dollart oder des Jadebusens. Daneben spielten auch Gestaltung und Lage der Küste sowie der geologische Untergrund eine Rolle. Die im 13. Jahrhundert höher auflaufenden Sturmfluten sind nicht so sehr Folge eines weiteren Meeresspiegelanstiegs als vielmehr das Resultat menschlicher Eingriffe in den Küstenraum. Das Mittelhochwasser ist nach der mittelalterlichen Wärmeperiode sogar eher leicht gesunken. Im 14. Jahrhundert wurde das Klima wieder kälter, weltweit setzte dann im 15. Jahrhundert die Kleine Eiszeit ein. Aufgrund der Abkühlung schrumpfte der Wasserkörper des Weltmeeres, und die Eismassen nahmen vorübergehend zu. Von der Bedeichung der Marschen bis heute stieg der Sturmflutspiegel ständig.

Entwässerung und Moorkultivierung

Der seit dem 11./12. Jahrhundert in den Seemarschen einsetzende Deichbau schuf die Voraussetzungen für eine künstliche Regelung der Binnenentwässerung und damit eine Kultivierung der Moo-

Mit der im 12. Jahrhundert einsetzenden Bedeichung war erstmals auch eine künstliche Entwässerung des vermoorten Sietlandes möglich. Dort, wo wie in Moorgebieten infolge der Entwässerung die Landoberflächen immer tiefergelegt wurde, kamen Entwässerungsmühlen zum Einsatz, die mit Hilfe einer archimedischen Wasserschraube das Wasser abschöpfen konnten. Diese Entwässerungsmühlen stehen in Nordholland. Foto: Dirk Meier.

re. Seit dem hohen Mittelalter waren in Holland die Verfahren der Moorkultivierung durch Regelung der Binnenentwässerung technisch verbessert worden[243]. Der Bereich der infolge des Deichbaus einsetzenden Kultivierung war zunächst das Sietland. Im hohen Mittelalter boten diese teilweise ausgedehnten, wasserreichen und vermoorten Gebiete im Hinterland der altbesiedelten See- und Flussmarschen zwar schwer zu kultivierende, aber notwendige Flächen für die Landnutzung und Ansiedlung einer zunehmenden Bevölkerung. Die Entwässerung der vermoorten Marschen und Moore bewirkte gleichzeitig eine Setzung, Humifizierung und Oxydation der Torfschicht. In diesen kolonisierten Sietlandsmarschen und Moorgebieten mit ihren immer weiter in das Ödland vorgestreckten Fluren führten Gräben das Wasser ab, die in quer verlaufende Sammelgräben (Wettern) endeten, die entweder in die Flüsse oder das Meer entwässerten. Flache Dämme (Sietwenden, Siddeldeiche) trennten dabei die verschiedenen Entwässerungsgebiete voneinander. So entstand in diesen Regionen das typische Siedlungsbild langschmaler Fluren und langgezogener Reihensiedlungen, deren Höfe zum Schutz gegen Stauwasser oft auf flachen Wurten errichtet waren.

In Holland verschwanden auf diese Weise Moore von mehreren Metern Mächtigkeit[244]. Tiefe Entwässerung führte aber zugleich zu Bodenabsenkungen, so dass mancherorts die Marschböden unterhalb des Mittleren Tidehochwassers lagen. In Holland

In der frühen Neuzeit erhielten direkt an das Meer grenzende Deiche eine Holzbohlenwand (Stack), die Ankerbalken mit dem Deichkörper verbanden. Diese sog. Stackdeiche brachen oft, da das Wasser die Bohlenwand unterspülte. Modell: Nissenhaus Husum.

drohten die mit hohem Aufwand urbar gemachten Flächen infolge der immer niedrigeren Flächen zu versumpfen. Erst der Einsatz der Poldermühlen mit drehbaren Wasserschnecken (archimedische Schrauben) seit dem Anfang des 16. Jahrhunderts hat hier die Entwässerungsprobleme gelöst[245].

Träger des Deichbaus und der umfassenden Kultivierung des Ödlandes waren in den Nordseemarschen neben dem Adel, den Kirchspielen und Klöstern genossenwirtschaftliche Verbände. Waren adelige oder kirchliche Grundherren Träger des Landesausbaus, lässt sich dieser seit dem Mittelalter durch historische Quellen fassen, während dies in den von Genossenschaften organisierten Kolonisationsmaßnahmen weniger gut der Fall ist. Seit dem Hochmittelalter bildeten in Ostfriesland Landesgemeinden, genauer deren Landesviertel *(fiadandele)* mit ihren Lenkungsinstitutionen der Ratgeber *(redjeven)* die Organisatoren des Landesausbaus mit der Vergabe der Ländereien in den Sietlandsmarschen[246].

In Dithmarschen fungierten die Geschlechter und ihre Gefolgsleute als Siedlungsgenossenschaften, welche die Kultivierung und Eindeichung des Neulandes übernahmen und gemeinsamem Rechtsschutz unterlagen. Da die im kultivierten Sietland angelegten Marschhufensiedlungen fast ausschließlich Geschlechternamen aufweisen, ist eine Verbindung mit den Geschlechtern auf den Dorfwurten wahrscheinlich[247], wie dies auch in anderen Nordseeregionen belegt ist[248]. Zur Gruppe der auf Gefolgschaften hindeutenden Orte in Dithmarschen gehören Jarrenwisch, Hödienwisch, Edemannswisch und Wennemannswisch, wobei die „Mannen" die Gefolgschaft des „Jerre" oder „Edo" nennen; die Endung -wisch bezeichnet wie in anderen Küstengebieten der Nordseemarschen ein kolonisiertes Niederungsgebiet.

Auf den Marschhufensiedlungen im Sietland saßen die wohl zunächst von den Geschlechtern abhängigen Hufner, wobei seit der frühen Neuzeit neben den Bauern auch mehrere Handwerker in den einzelnen Kirchspielen belegt sind. Die verschiedenen Marschhufensiedlungen erschlossen wallartige Wege, die seit der Mitte des 19. Jahrhunderts durch mit Klinkersteinen gepflasterte Straßen abgelöst wurden. Im 14. Jahrhundert war die Urbarmachung der meisten Sietländer abgeschlossen, wie neu gegründete Kirchen zeigen. In zentraler Lage zwischen zwei Marschhufensiedlungen erfolgte beispielsweise 1323 durch die Geschlechter der Hodimannen und Todimannen von der Dorfwurt Wesselburen aus die Gründung der Kirche von Neuenkirchen in der Dithmarscher Nordermarsch. Zahlreiche verlassene Wohnplätze in den Sietländern deuten ebenso wie in anderen festländischen Nordseemarschen auf zeitweilige Rückgänge in der Besiedlung hin. So wurden in besonders großer Zahl Höfe aus der Zeit des Landesausbaus nach dem hohen Mittelalter wieder aufgegeben. In der ostfriesischen Krummhörn etwa waren die Hofwurten noch am Ende des Mittelalters oder in der frühen Neuzeit bewohnt, bevor viele kleine Höfe auf den Einzelwurten nach Missernten und Sturmflutschäden im 17. und 18. Jahrhundert ihre Existenz verloren und von kapitalkräftigen Betrieben übernommen wurden[249].

In der Dithmarscher Nordermarsch wies 1566 der Anteil der heute meist verlassenen Hofwurten an Landbesitz meist nur zwischen 0,2 bis 0,3 Hektar auf und betrug nur in einzelnen Bauerschaften ausnahmsweise bis 0,6 Hektar[250]. Sturmfluten, Missernten, Epidemien und wirtschaftliche Krisen führten dann zum Höfewechsel oder zur gänzlichen Aufgabe. In Dithmarschen nahm die Grundbelastung nach der Eroberung des Landes durch den dänischen König und den Herzog von Schleswig seit 1559 erheblich zu. Eine Pestepidemie wirkte sich 1625 schwerwiegend auf die Bevölkerungszahl und die Wirtschaftskraft aus[251]. Einquartierungen von Soldaten infolge des Dreißigjährigen Krieges (1618–1648) schufen weitere Belastungen.

Neben den vermoorten Sietländern begann seit dem Hochmittelalter auch eine Urbarmachung der Geestrandmoore[252]. Typische Siedlungsmuster dieser Kultivierungsvorgänge finden wir im nordwestlichen Ostfriesland mit Reihensiedlungen am Rande der Geest mit Aufstreckfluren in das Hochmoor[253]. Für das Stedinger Brokland in Niedersachsen liegen beispielsweise zwei Kolonisationsurkunden aus dem Jahre 1142 und 1149 vor[254]. Als Siedlungsunternehmer traten zwei Männer auf, die das Land vom Bremer Erzbischof als Grundherren kauften und es an die Bauern weiterverpachteten, während in anderen Gebieten Ministerialen des Bischofs als *Venditoren* (Verkäufer) auftraten. Diese schlossen mit den einzelnen Siedlern Verträge über die Übernahme von Hufen gegen bestimmte Zinszahlungen. Aus den Kolonisationsverträgen und den darin vorgesehenen Übertragungen ist ersichtlich, dass die Hauptaufgabe der Lokatoren die Vermessung und Aufteilung des Landes in Hufenstreifen war. Für das erste Kolonisationsgebiet in der Wümmeniederung nördlich von Bremen, seit etwa 1113 in Angriff genommen, wurden Hufen von 30 m breiten und 720 m langen Königsruten (etwa 47–48 Hektar) an die holländischen Partner des Erzbischofs vergeben.

Eine erneute Moorkolonisation setzte in Ostfriesland seit 1600 mit den Fehnkolonien ein. Die starke Überbevölkerung in den Geestgemeinden zog hier noch im 18. Jahrhundert im Zusammenhang mit preußischen Kultivierungsedikten zahlreiche Menschen in das Moor. Das Ödland hoffte man so durch Steuer zahlende Pächter gewinnbringend zu kolonisieren. Im Unterschied zur Fehnkolonisation wurden jedoch weder Kanäle noch Straßen zum Abtransport von Torf angelegt, da diese Investitionen dem Staat zu teuer waren. Daher betrieben die Moorkolonisten Landwirtschaft. Da das nahe der Geest gelegene Niedermoor bereits den Geestdörfern gehörte, mussten die neuen Kolonisten nur ferngelegene Hochmoorparzellen pachten. Da sie meist kein Heu für das Vieh kaufen konnten, übernahmen sie die Technik der in den Niederlanden entwickelten Moorbrandwirtschaft, bei der die Mooroberfläche aufgehackt und nach Abtrocknen abgebrannt wurde. In die Asche säte man Buchweizen. Nachdem durch mehrmaliges Abbrennen der Schwarztorf erreicht war, mussten immer neue, entferntere Flächen angelegt werden. Nur günstige, trockene Jahre brachten zudem eine gute Ernte. So verelendeten viele der Kolonisten.

Neben der Kultivierung für die Gewinnung von Wirtschaftsland ist die Gewinnung von Torf als Brennmaterial eine weitere Form der Nutzung der Moore. Seit römischer Zeit gab es an den westfriesischen Küsten der Niederlande ebenso wie im Bereich der Themsemündung Torfabbau, der allerdings vornehmlich der Salzgewinnung diente. Wäh-

Ab der frühen Neuzeit griffen die jeweiligen Landesherren immer stärker in den Deichbau ein. Deichbaumeister – wie der Holländer Rollwagen – errichteten Deiche mit flachen Seeseiten. Ein gutes Beispiel bildet der 1611 erbaute Alt Augustenkoogdeich in Eiderstedt. Foto: Dirk Meier.

rend die Brenntorfgewinnung in Schleswig-Holstein erst im 16. und 17. Jahrhundert allmählich wirtschaftliche Bedeutung gewann, reichen die Anfänge in den Niederlanden bis in das 11./12. Jahrhundert zurück[255]. Die zunehmende Holzknappheit im 15. Jahrhundert – belegt in zahlreichen Urkunden über das Verbot der Holzausfuhr – führte dann auch an der Westküste Schleswig-Holsteins zur Gewinnung von Torf als Brennmaterial, die im 18. Jahrhundert stark zunahm und zum Verschwinden der Moore beigetragen hat.

Salztorfabbau

In vielen Gebieten an der Nordseeküste zwischen Flandern und Nordfriesland bildete der Salztorfabbau vom 11. bis 14. Jahrhundert einen bedeutenden Wirtschaftsfaktor. Bereits die Römer bauten Salztorfe im Gebiet des Rhein-Maas-Schelde-Ästuars und der Themse-Mündung ab. Da man bei dem feuchten Klima Nordeuropas durch Verdunsten von Meerwasser kein Salz gewinnen kann, boten sich vor allem die salzdurchtränkten Torfe an der nordfriesischen Küste an. Der Torf wurde hier abgestochen, verbrannt und aus der Asche das Salz ausgelaugt und eingedampft. Dieser Abbau der von Sedimenten bedeckten Torfe zerstörte im Bereich des östlichen Teils der alten Insel Strand und der nördlichen Halli-

Überschlugen die Wellen bei einer Sturmflut den Deich, wurde der von innen her ausgehöhlt und die Kappe rutschte ab. Das Wasser schoss mit großer Gewalt durch den Deich und bildete einen tiefen Kolk. Mit der damaligen Bautechnik konnten solche Bruchstellen nicht durchdämmt werden, sondern meist wurde der Deich außen herumgeführt. Foto: Paul Paris.

gen große Teile fruchtbaren Landes und des Watts. Spuren des Salztorfabbaus findet man an vielen Stellen im nordfriesischen Wattenmeer, so beispielsweise um Nordmarsch-Langeneß-Butwehl und Gröde-Appelland. Dort, wo die Salzgewinnung außerhalb der bedeichten Marschen stattfand, schützten niedrige behelfsmäßige Deiche, sog. Kajedeiche, die Salzköge mit Salzsiederwarft und Abbauflächen. Die stark salzhaltige Asche brachte man zu der auf einer Warft errichteten Salzbude und kippte sie in hölzerne Trichter (Küppen), in deren Mitte sich ein für die Asche undurchlässiger Rost aus hölzernen Speichen und einem Strohgeflecht befand. Aus einem Brunnen bezogenes Meerwasser lief dann solange durch den Trichter, bis die eingefüllten Asche kein Salz mehr aufwies. In einer zweiten Küppe erfolgte eine Wiederholung des Vorgangs. Die gesättigte Lösung (scharfer Pekel, Breen) floss dann in eine runde eiserne Siedepfanne, unter der sich ein Feuerungsraum befand. Mittels des nun stattfindenden Siedeprozesses musste die Sole zur Gewinnung feinkörnigen Salzes bei hohen Temperaturen bis zu zwölf Stunden kochen. Danach kam das Salz in hölzerne Tröge.

Der Salztorfabbau kam zum Erliegen, als das „friesische Salz" sich gegenüber dem aus den Bergwerken gewonnenen Salz als nicht mehr konkurrenzfähig erwies. Vor allem der Salztorfabbau im Gebiet der nördlichen nordfriesischen Halligen nahm erhebliche Ausmaße an[256]. Intensiv nachgewiesen ist die Salzgewinnung in der Böking-Harde mit der Halbinsel Gamsbüll, auf den Inseln Sylt und Föhr sowie im Watt der Halligen Hooge, Gröde und Langeneß, an deren Südseiten noch heute Spuren des Salztorfabbaus zu erkennen sind. An der ostfriesischen Küste haben sich ähnliche Abbauspuren im Bensersieler Watt erhalten, ebenso in der Westermarsch bei Norden und der Marscheninsel Bant im Juister Watt[257]. Die genannten Einzelbeispiele belegen auch für Ostfriesland einen ausgedehnten Salztorfabbau[258]. Die durch Salztorfabbau bedingten Landabsenkungen begünstigten die Mereseinbrüche von Jade, Dollart, Ley und Harle[259].

Im niederländischen Friesland währte die Salzgewinnung vom 11. bis zum 15. Jahrhundert. Den Umfang der Produktion veranschaulicht das seeflandrische Biervliet am Südufer der Westerschelde. In der Stadt erwirtschafteten 1423 ca. 300 Siedebetriebe einen Gesamtertrag von ca. 4500 Tonnen[260]. Etwa 90 Prozent der Produktion gingen in den überregionalen Handel. Der Handelsraum des Friesensalzes erstreckte sich vom südlichen Skandinavien bis nach Mitteleuropa. Konnte sich in Nordfriesland das Friesensalz durch Preisunterbietung gegenüber der neuen Konkurrenz aus den Lüneburger Salinen zunächst noch behaupten, so waren die Verhältnisse in den Niederlanden umgekehrt. Dort wurde das Torfsalz durch die Preiskonkurrenz des aus Übersee importierten Salzes rasch verdrängt.

DE LÜDE DREVEN VAN HOGE WERVE MIT HUSE UND GUDE: STURMFLUTEN

Aus der Beschreibung der Landschaftsgeschichte und des Deichbaus geht hervor, dass einige Sturmfluten in der Vergangenheit katastrophenartige Einbrüche in besiedeltes Marschland verursachen und bis heute die Landschaft des Wattenmeeres beeinflussen. Oft bereiteten mehrere Sturmfluten solche Katastrophen vor, ohne dass diese immer auf eine Anhebung des Meeresspiegels zurückgehen. Die im Folgenden exemplarisch betrachteten großen Sturmfluten reichen vom Beginn des bereits geschilderten frühen Deichbaus im Hochmittelalter bis in die Neuzeit.

Vom 12. bis 14. Jahrhundert gibt es in den zeitgenössischen Berichten nur spärliche Hinweise, aus denen sich keine Angaben über die Höhe der jeweiligen Sturmfluten ableiten lassen. Daher können nur archäologische und geowissenschaftliche Untersuchungen Ursachen und Ausmaß der Katastrophen klären. Die wenigen Chronisten waren oft nicht einmal Augenzeuge der Ereignisse, und in ihren Berichten mischt sich tatsächliches Geschehen mit Mythen, die Opferzahlen sind fiktive Größen, und die Schilderungen der Unwetter gleichen sich[261]. Immer wieder wird auch der Mythos der Sündflut bemüht. Nie jedoch ist das Leid in den mittelalterlichen Berichten persönlich, immer sind es viele Menschen, die ertrinken; Namen werden nicht genannt.

Erst seit dem 16./17. Jahrhundert liegen dann zuverlässigere Schilderungen über den Ablauf und die Wirkung der Sturmfluten vor. Mit der Verbreitung der Schriftlichkeit tritt zugleich das Bestreben hervor, viele Ereignisse aufzuzeichnen. Oft werden Deichschäden und Deichbrüche als Folgen schwerer Sturmfluten dargestellt, obwohl sie nur örtlich begrenzt waren und ihre Ursache auch in der mangelnden Unterhaltung hatten. Ferner enthalten die Berichte Angaben zu relativen Höhen der Sturmfluten, bezogen auf die damalige „ordinäre Flut" oder auf vorangegangene Sturmfluthöhen. Die Höhe der „ordinären Flut" wurde an verschiedenen Stellen der Küste berechnet, indem man die Tagesfluten beobachtete und Mittelwerte bildete. An einzelnen Bauwerken lassen Flutmarken die Höhe größerer Sturmfluteereignisse erkennen.

Erst im 19. Jahrhundert beginnt überall an der Nordseeküste die Errichtung von Flutmessern in Form von Pegeln, die genaue Angaben ermöglichen. Allerdings sind ihre Nullpunkte erst durch das Küstennivellement am Ende des 19. Jahrhunderts auf NN bezogen worden.

DONNERTOSEN UND WIRBELSTURM: ERSTE MITTELALTERLICHE BERICHTE

Von den Auswirkungen mittelalterlicher Überschwemmungen erhalten wir erstmals Kunde in den fränkischen Reichsannalen. Diese berichten im Sommer des Jahres 820 von schweren Regenfällen und über die Ufer getretenen Flüssen. Getreide und Feldfrüchte verdarben, die Aussaat verzögerte sich und Hunger und Seuchen waren die Folgen[262].

Folgt man der Schilderung des Bischofs Prudentius von Troyes in den Annalen von Saint Bertin, stieg das Meer entlang der gesamten Küste Frieslands im Jahre 838 derart an, dass es nahezu die Höhe der Dünen erreichte[263]. Den Worten des Bischofs nach war diese Flut schwerer als alle bisherigen. So betont er, dass der Anstieg des Meeres gegen den natürlichen und gewöhnlichen Lauf der Dinge erfolgt sei und die Sturmflut erheblich wütete. Diese Schilderung dürfte sich auf das heute holländische, ehemals westfriesische Küstengebiet und Zeeland beziehen. Die Küste begleiteten vom Rhein-Maas-Schelde-Gebiet bis zum heutigen Den Helder hohe Dünen, hinter denen sich in Holland weitflächige Moore, in Zeeland Marschen ausdehnten. Diese grenzten in Holland an einen Binnensee, den *Lac Flevo*, der über den Vlie in die Nordsee entwässerte und aus dem sich infolge mehrerer Sturmfluten im frühen Mittelalter die Meeresbucht des Almere und später die Zuidersee bildete[264].

Man kann sich gut vorstellen, wie sich die Menschen in ihren Häusern oder in den Kirchen auf den Terpen oder Warften bei einer Sturmflut angstvoll zusammenkauerten und den Schutz Gottes und der Heiligen erflehten. Die Katastrophen erhielten daher oft den Namen des Tagesheiligen. Einige der Terpen waren offensichtlich nicht hoch genug, denn die Fluten verschlangen auch Menschen, Tiere und Gebäude. Seine ungerade Angabe von 2437 Opfern ist willkürlich, da der Chronist sich nicht auf andere Quellen berufen konnte. Nach derart schweren Sturmfluten erhöhten die überlebenden Bewohner ihre Terpen oder Wurten mit Mist und Kleisoden.

Solche Auftragungen des 9. Jahrhunderts sind zwar von vielen Warften im Küstengebiet durch archäologische Ausgrabungen nachgewiesen, sie lassen sich aber nicht bestimmten historisch genannten Sturmflutereignissen zuordnen[265]. Zudem war die Wirkung der Sturmfluten je nach den Windverhältnissen regional sehr unterschiedlich.

Am 29. September 1014 betraf eine große Sturmflut gleichermaßen die englische, die französische und die belgisch-niederländische Küste[266]. Den Quedlinburger Annalen zufolge war diese ein überwältigendes Ereignis, das sich auf der Insel Walcheren in Zeeland und Flandern zutrug[267]. Schreckliche Wolken verharrten drei Nächte lang unbeweglich in ihrer Position. Am dritten Tage erhob sich ein Donnertosen und wirbelte das Wasser auf. Als die Menschen das bevorstehende Unheil erkannten und in panischer Angst fliehen wollten, ertranken die Sünder in den Fluten – so der Bericht, der den gängigen Erzählmustern der Zeit folgte.

Die Chronik des Sigebert von Gembloux berichtet, dass am 1. Oktober 1134 in der Stille der Nacht plötzlich eine große Meeresbewegung stattfand[268]. Das Meer überschwemmte die „Gestade" genannten Küsten, doch die Flut sank rasch wieder. In der folgenden Nacht zeigte das Meer jedoch seine ganze Kraft, überflutete die Küste und verschlang Dörfer, Burgen und Kirchen. Dabei soll der Aussage des Chronisten zufolge die gesamte Bevölkerung der Grafschaften Walcheren, Waas und Brabant umgekommen sein. Ordricus Vitalis (1075–1142) aus der Normandie erwähnt, dass sich die Meeresfluten in Flandern plötzlich sieben Meilen in das Hinterland ergossen und Kapellen, Türme und Hütten unter sich begruben[269]. Tausende Menschen verloren ihr Leben. Auch die Annalen des nahe Namur gelegenen Klosters Floreffe unterstreichen die Wirkung dieser Flut. Mit ungewöhnlichem Toben, so heißt es, „überschritten die Wogen die Gestade" und verwüsteten die Grafschaften Walcheren, Gooiland südlich von Amsterdam und Zewanc an der Westküste der Zuidersee völlig. Im Jahre 1135 und im Herbst des Jahres 1164 suchten wiederum schwere Sturmfluten die flandrische Küste heim[270].

Folgt man den Berichten der Chronisten, übertraf die große Julianenflut vom 17. Februar 1164 alle bisherigen. Die Annalen von Pöhlde beschreiben deren Wirkung[271]. Durch die schreckliche Kraft der Winde entstand eine Unordnung des Meeres und der Wogen. Diese ließ Meer und Flüsse wie Berge anschwellen. Und alle in der Nähe des Wassers lebenden Menschen hätten „ihren Untergang gleich einer Sintflut" erwartet. Unheilvolle Himmelszeichen kündigten dabei die Katastrophe an. Drei Tage lang wütete die Flut, ertränkte Menschen ebenso wie Vieh und begrub Dörfer und Inseln unter sich. Es sei ein göttliches Strafgericht, aber auch ein Zeichen von Barmherzigkeit gewesen. Die Leichen der Ertrunkenen wurden noch zwanzig Meilen entfernt von den Ufern gefunden. Lediglich die Säuglinge in ihren Wiegen habe man aus den reißenden Wassermassen bergen können. Als Zeichen göttlicher Barmherzigkeit fanden einige Überlebende auf dem Holz ihrer zerstörten Häuser oder in großen Krügen Sicherheit, in denen sie davontrieben und geschützte Gebiete erreichten. Die Ertrinkenden aber schrieen vor Angst – so enden die Ausführungen. Ob es sich dabei um die gleiche Flut handelt, die Helmold von Bosau (1120–ca. 1180) in seiner *Chronica Slavorum* für den 17. Februar 1164 erwähnt, sei dahingestellt. Auch für ihn ist die Flut ein Gottesgericht, das über die sündigen Menschen ergeht[272].

In jenen Tagen, als Konrad zu der höchsten Stufe des Priestertums befördert wurde, erhob sich, während er sich noch beim Erzbischof in Harburg, welches am Ufer der Elbe liegt, aufhielt, im Monat Februar, nämlich am 17., ein großes Unwetter mit heftigem Sturmwind, leuchtenden Blitzen und krachendem Donner, welches an verschiedenen Orten viele Häuser anzündete oder umstürzte, dazu entstand eine solche Überschwemmung des Meeres, wie man seit alten Zeiten nicht erlebt hatte; diese überflutete die ganze Küste von Friesland, Holland, Hadeln und das ganze Marschland an der Elbe und Weser und an all den Flüssen, welche in den Ozean mündeten, und viele tausend Menschen und eine unzählige Menge Vieh ertranken. Wie viele Reiche und Vornehme saßen noch am Abend da und schwelgten in Überfülle des Vergnügens, keines Leides sich versehend: plötzlich aber kam das Unglück und stürzte sie mitten in das Meer.

Noch ein halbes Jahrhundert später spricht die Chronik des Klosters Wittewierum bei Groningen von der *schrecklichen Julianenflut*[273]. Nur wenige Jahre später, am 1. November 1170, wehte zu Allerheiligen ein heftiger Wind, dem eine große Überschwemmung folgte[274]. Bis vor die Mauern der Stadt Utrecht habe sich – den *Annales Egmundani* nach – die Flut ergossen, wo man große Meeresfische aus dem Wasser ziehen konnte. In einem nahegelegenen Dorf erfolgte die Überschwemmung so schnell, dass alles Vieh ertrank. Die Menschen retteten sich auf die Dächer ihrer Häuser, von wo sie mit Schiffen

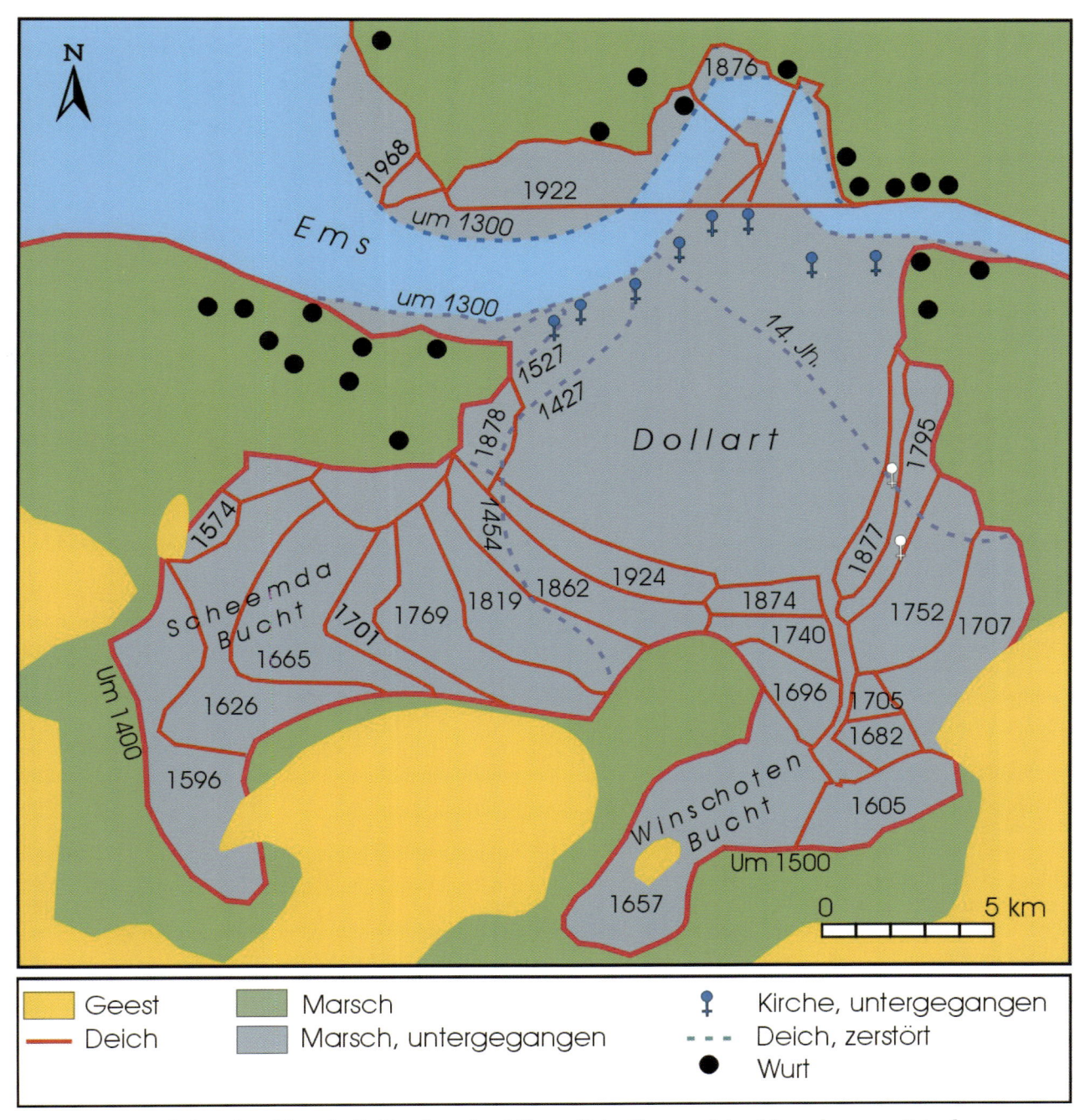

Im späten Mittelalter durchbrach die Nordsee den Uferwall der Ems und das Meer drang weit in das vermoorte Hinterland ein. Der Dollart bildete eine große Meeresbucht, die erst langsam teilweise wieder bedeicht werden konnte. Grafik: Dirk Meier.

geborgen wurden. Die nur in englischen Chroniken erwähnte Flut vom 7. und 8. Januar 1178 betraf neben England wiederum Flandern, Friesland und Holland[275].

Alle diese Katastrophenfluten veränderten die Küstenlinien erheblich. Zwischen 800 und 1000 vergrößerte sich infolge der Meereseinbrüche die Flussmündung des Vlie zur Nordsee hin und zerschnitt die Seemarschen, welche im Schutz des Dünengürtels nördlich der heutigen Küste von Holland aufgewachsen waren. Weitere Seegaten der Zijpe, des Heersdieps, des Marsdieps und des Anegats durchstießen die nördlichen Küstendünen von Holland. Um 1350 bestand über das Marsdiep eine Verbindung mit der aus dem Almere entstandenen Zuidersee und Texel wurde zur Insel. Die Stadt Kampen sorgte schon 1358 für eine Betonnung des neuen Marsdiep-Fahrwassers[276].

STURMFLUTEN DES 13. JAHRHUNDERTS

Am 16. Januar 1219 brach eine der schlimmsten mittelalterlichen Sturmfluten des 13. Jahrhunderts über die Nordseeküste herein. Der erste Abt des friesischen Prämonstratenserklosters Wittewierum, Emo (1204–1237), erlebte diese als Augenzeuge[277]. Wie er beschreibt, wehte vor der Sturmflut der Wind einige Tage mäßig von Südwest, um am 16. Januar beständig an Stärke zuzunehmen. Der Orkan erreichte um die neunte Stunde seinen Höhepunkt. Nachdem es – den Worten des Abtes nach – zunächst kalt und trocken war und sich das Meer zurückzog, verstärkte sich der Wind. Zwischen der neunten Stunde der Nacht und der dritten des ersten Tages schlug die Situation um. Plötzlich wurde es warm und feucht, in den Stunden danach warm und trocken. Von der neunten Stunde des folgenden Tages bis zur dritten der Nacht änderte sich die Wetterlage ein weiteres Mal. Nun wurde es kalt und trocken, danach wieder kalt und feucht. Mit dem Südwestwind gingen heftige Hagelschauer nieder. Der Abt kannte diese gefährliche Wettersituation genau, denn er spricht wörtlich von dem blutdürstigen Südwestwind, dem *cruentes affricus*. Von Südwest und Nord aufziehende Starkwinde sind für die deutsche Nordseeküste stets besonders gefährlich. Bis zum Sonnenuntergang hätten die Menschen gearbeitet, um sich und ihre Habe zu retten. Vor der Nacht hofften die Menschen noch auf Besserung, doch die Sturmflut überraschte sie im Schlaf.

In der Nacht hatte der Wind auf Nordwest gedreht, und das aufgepeitschte Meer trat über die Ufer. Emo beschreibt, dass sich das Meer – wohl nach Deichbrüchen – wie sprudelndes Wasser in das Landesinnere ergoss. Insbesondere Friesland war betroffen. Wer noch fliehen konnte, suchte Schutz auf den Dächern der Häuser, andere ertranken, als sie versuchten, sich und ihre Habe zu retten. Tausende von Männern, Frauen und Kindern kamen um und viele Kirchen wurden zerstört – damit endet der Bericht Emos. Die von ihm genannten zu hohen Opferzahlen von 100 000 lassen sich jedoch nicht nachprüfen[278]. Aber sicher ertranken viele tausend Menschen und Tiere, die Erntevorräte und die Wintersaaten waren vernichtet und die Felder durch das salzige Wasser verdorben. Hunger und ausbrechende Seuchen waren die unmittelbaren Folgen dieser Flut. Und wiederum war es nach den Worten des Abtes der Allerhöchste, der in seinem Zorn die Küstenbewohner mit Hungersnot und Pestilenz schlug.

Im Mai 1263 gestattete der Erzbischof von Bremen dem infolge einer Flut beschädigten Zisterzienserkloster in *Vienflete* – Ivenfleth an der Stör in Schleswig-Holstein – einen Neubau in Etzehoe (Itzehoe) oder an einer anderen Stelle[279]. Ob diese Flut 1263 eintrat oder nicht schon etwas früher, lässt sich der Quelle nicht entnehmen.

Im Herbst des Jahres 1248 brach wieder eine Sturmflut über Friesland, Holland und Flandern herein, und auch die Luciaflut am Neujahrstag 1287 traf die Küste von den Niederlanden bis nach Dänemark schwer[280]. Bei dieser Flut durchbrach das Meer vermutlich den Uferwall am südlichen Emsufer und der Einbruch erweiterte sich 1362 zum Dollart. Ein erster nicht genau datierter Einbruch erfolgte bei dem infolge der Flut untergegangenen Wurtendorf Jansum südwestlich von Emden[281]. Die Flut überschwemmte die hinter dem Uferwall liegende vermoorte Marsch. Reste des Uferwalles überdauerten die Flut zunächst als Halligen, bevor auch sie der Nordsee zum Opfer fielen. Die Ausweitung des Dollarts erfolgte auch deshalb so schnell, weil sich die friesischen Häuptlinge bekämpften und gegenseitig Deiche durchstachen und Siele abbrannten. Seine maximale Ausdehnung erreichte der Dollart mit der Cosmas- oder Damianflut von 1509. Zur Zeit seiner größten Ausdehnung überschwemmte das Meer regelmäßig das Moorgebiet des südlichen Rheiderlandes und bedeckte es mit Sedimenten.

Die Luciaflut von 1287 und die Clemensflut von 1334 drangen ferner tief in das Marschen- und Moorgebiet zwischen Wilhelmshaven und Butjadingen ein und formten bereits in Grundzügen den Jadebusen, der sich in der Folgezeit stetig vergrößerte[282]. Der westlichen Erweiterung des Jadebusens mit dem Schwarzen Brack ging der Vorstoß der Friesischen Balje im Süden im 13. Jahrhundert voraus. Infolge des Meereseinbruchs schwamm das dortige Hochmoor auf. Die Friesische Balje folgte dabei einer im Untergrund vorhandenen bis 20 m tiefen, eiszeitlichen Schmelzwasserrinne. Die Marcellusflut vom 16. Januar 1362 drang noch weiter in den Bereich des heutigen Jadebusens ein. Gleichzeitig mit dem Schwarzen Brack im Westen brach 1362 das Lockfleth in das tief gelegene Sietland des südlichen Butjadingen ein und schuf eine Verbindung zur Weser. Jadebusen und Weser verband zeitweilig der Meeresdurchbruch der Heete, so dass das nördliche Butjadingen eine Insel wurde. Nachdem sich der Jadebusen im 16. Jahrhundert infolge weiterer Sturmfluten weiter vergrößert hatte, erfolgten erste Wiederbedeichungen. Die Form des Jadebusens ist eine Folge des Naturraums: Die Fluten durchbrachen als erstes den Uferwall zwischen den Seemarschen im Stadtgebiet von Wilhelmshaven und Butjadingen und drangen dann weit in das Landesinnere vor und überfluteten hier die tiefer gelegene vermoorte Marsch. Reste der im Bereich des Jadebusens untergegangenen Marschen blieben als kleine Inseln noch bis an den Anfang des 17. Jahrhunderts bestehen. Die Ausprägung der Jadebucht veränderte die hydrologischen Verhältnisse. Von nun an floss das aus Ostfriesland kommende Binnenwasser nicht mehr durch die Maadebucht in die Nordsee, da der Meeresvorstoß den Oberlauf der Maade abgetrennt hatte. Durch die Entstehung der Jadebucht verringerten sich die Spülkräfte in der Maade-Bucht, was deren Verlandung begünstigte[283].

DIE GROSSE MANDRÄNKE VON 1362

Für das 14. Jahrhundert verzeichnen die Chroniken besonders viele schwere Sturmfluten. In der Clemensflut vom 23. November 1334 brachen die Deiche entlang der englischen Kanalküste und an der Themse, ebenso wie in Flandern, Zeeland, Holland und Friesland. Infolge der Katastrophe von 1334 werden die Ostfriesischen Inseln erstmals in Dokumenten genannt[284]. Der Friesischen Geschichte des ersten Rektors der Universität Groningen, Ubbo Emmius (1542–1625), zufolge kam am 9. Oktober 1374 die bis dahin größte Flut über die Menschen[285]. Das Wasser überströmte weite Teile Frieslands und riss das blühende Dorf Westela südlich von Nordenhamm mit sich in die Tiefe. Infolge dieser Flutkatastrophen wanderten viele Menschen aus den betroffenen Gebieten ab. Daher wurden die zerstörten Deiche vielerorts nicht sogleich wieder repariert, und die Felder blieben öde zurück. Die Spuren der Zerstörung sollen noch 60 Jahre nach der Sturmflut sichtbar gewesen sein. Auch Kirchen verfielen, da Geistliche ihre Gemeinden verließen. So war die zerstörte Kirche von Wiefels zwischen Wittmund und Jever noch 1420 nicht neu errichtet worden. Wie bereits geschildert, vergrößerten sich 1362 Dollart und Jadebusen.

Weitere Marschflächen gingen im 14. Jahrhundert auf der nördlichen Elbuferseite mit dem Kirchort Uthaven, dem Vorgängerort von Brunsbüttel, unter, und die vor der Norderdithmarscher Küste liegende Insel Büsum *(Buisne)* verkleinerte sich. Der 1578 seine Tätigkeit in Büsum aufnehmende Dithmarscher Chronist Neocorus (1550–1630) erwähnt Landverluste im Süden der Insel. Diese trennte im Norden und Nordosten der Wardstrom von der Festlandsmarsch. Neocorus gibt an, dass das *olde Büsen* sich sehr weit nach Süden erstreckte und an der Stelle des letzten Kirchdorfs *ehrmalß der rechte Wardestrom* gelegen hat[286]. Dafür sprachen seiner Meinung nach die Fischreusen, die beim Aushub von Brunnen wiederholt gefunden wurden. Später seien im Süden der Insel Landverluste eingetreten, während – was auch die Andeichungen zeigen – im Nordosten neue Marschen aufwuchsen. Der Kern der Insel mit dem heutigen Büsum bildete ein Dünengebiet, an das sich Marschen anschlossen. Neocorus erwähnt ferner drei Kirchen. Die am weitesten im Süden gelegene Kirche in Süderdorp soll etwa dort gelegen haben, wo in seiner Zeit der *Hudum, der rechte Seestrohm* verlief. Die zweite Kirche in Middeldorp hätte seiner Meinung nach da gelegen, wo um 1500 das vor dem Deich gelegene Vorland *de olde Kerkhoff* genannt wurde. Zum Nachweis der Besiedlung Middeldorps führt Neocorus noch gegen Ende des 15. Jahrhunderts *en old Belating Bock* (Belassungsbuch) an, das außerhalb der Dorfwurt Büsum einzelne auf „Warfen" errichtete Häuser erwähnt[287]. Das spätere, im Jahre 1496 begonnene Belassungsbuch führt dann keine Bewohner von Middeldorp mehr auf, jedoch noch bis 1520 Ländereien[288]. Diese dürften nach dem Untergang des Kirchortes bereits außendeichs gelegen haben. Reste alter Inseldeiche mit vielen Bruchstellen (Wehlen) haben sich nur im Nordwesten von Büsum erhalten. Die spätmittelalterlichen Katastrophenfluten führten im Süden zu einer völligen Ausräumung der alten Insel. Mittelalterliche Kulturspuren im Watt vor Büsum sind daher nicht mehr vorhanden, da die Oberfläche des heutigen Watts etwa 15 bis 30 cm unterhalb der mittelalterlichen Landoberfläche liegt.

Im Norden der Halbinsel Eiderstedt verursachten die spätmittelalterlichen Sturmfluten ebenfalls Landverluste[289]. In der nach 1362 von ihren Rändern her wiederbedeichten Offenbüller Bucht zwischen Poppenbüll im Westen und Uelvesbüll im Osten fehlen

Ringdeiche ebenso wie das kleinräumige Siedlungsgefüge aus verstreut liegenden Einzelwarften und Blockfluren. Die langgezogenen Seedeiche in der Bucht und die regelmäßigen Streifenfluren mit in Reihen angelegten Hofwarften prägen hier das Siedlungsbild der seit dem 15. Jahrhundert entstandenen Köge.

Besonders katastrophal wirkte sich diese erste Mandränke in den nordfriesischen Uthlanden aus. Dem Erdbuch Waldemars II. von 1231 lassen sich indirekt Hinweise auf bedeichte Marschen in den Uthlanden entnehmen. Ferner ist das Schleswiger Domkapitelregister von 1352 zu nennen, das in einer Abschrift von 1407 in der Königlichen Bibliothek von Kopenhagen vorliegt. Über die untergegangenen und verlorenen Kirchspiele legte der von 1350/51 bis 1369 amtierende Bischof von Schleswig, Nicolaus Brun, eine Liste an, die Adolph Cypraeus und Anton Heimreich überlieferten[290]. Vergleicht man diesen *Catalogus vetustus* mit jüngeren Quellen, lässt sich der Verlust von Marschland in den Katastrophenfluten der zweiten Hälfte des 14. Jahrhunderts in etwa erkennen. Das *Chronicon Eiderostadense vulgare* ist in zwei Abschriften bewahrt, die auf die seit 1550 angelegte Materialsammlung des Johann Russe zurückgehen[291]. Die ältesten Teile des Chronicons stammen aus der zweiten Hälfte des 15. Jahrhunderts.

Aus phantasievoller späterer Rückschau berichtet der Kirchenschreiber Russe über diese Sturmflut: *1362 war ene grote Flot, genahmet de grote Mandränke*. Er beschreibt ferner, dass die Flut am 15. Januar 1362 begann, am darauf folgenden Marcellustag ihren Höhepunkt erreichte und einen Tag später endete. Russe spricht übertrieben von 100 000 Toten. Nach dem Pastor M. Antonius Heimreich (1626–1685) soll die stürmische Westsee vier Ellen (etwa 2,4 m) über die höchsten Deiche gegangen sein und die Flut 21 Deichbrüche auf der Insel Strand verursacht haben. In der Edomsharde sollen sieben Kirchspiele mit 7600 Menschen untergegangen sein, darunter das sagenhafte Rungholt[292]. Sieht man diese Angabe als realistisch an und geht man von den archäologisch nachgewiesenen Deichhöhen von NN +2 m als Mittelmaß der Deiche vor 1362 in Nordfriesland aus, so hat die Flut eine durchschnittliche Höhe von NN +4,4 m erreicht[293].

Viel später fasste Matthias Boetius aus Koldenbüttel in Eiderstedt bei seiner Schilderung der großen Flut von 1362, bei der er sich mehrfach im Datum irrte, angebliche Erzählungen Einheimischer zusammen. Es soll *die größte aller Fluten gewesen sein, welche Mandränkelse genannt wird*[294]. Für Johannes Petreus war die Flut eine Strafe für die sündigen Einwohner der Uthlande, die Gott nicht mehr erkennen wollten. Aber auch die mangelhaften Deiche seien an dem Unglück Schuld gewesen. Die von ihm beschriebenen Stackdeiche gab es aber 1362 noch nicht. Keiner der Chronisten verfügte über authentische Berichte.

Besonders gefährdet waren im späten Mittelalter die äußeren Seemarschen im Bereich des heutigen Pellworm, in den historischen Quellen urkundlich 1231 *Pellwaermheret* genannt, während das gesamte Gebiet 1198 als *de Strand* erwähnt wird[295]. In dieser Zeit erstreckten sich westlich von Pellworm – wohl angelehnt an Reste einer alten Nehrung mit aufgewehten Dünen – von Prielen zergliederte Seemarschen, deren Ausdehnung nicht bekannt ist. Hier lagen vielleicht einige der im Erdbuch Waldemars II. von 1231 genannten Orte. Im Osten wies der Strand vor 1362 mit der Lundenbergharde noch eine Landverbindung mit Eiderstedt auf.

Auf der ersten bekannte Karte der Herzogtümer Holstein und Schleswig von Marcus Jordanus aus dem Jahre 1559 erscheint der Strand als große, langrechteckige Insel. Auch die Seekarte von Lucas Janszoon Waghenaer im Spiegel der Seefahrt zeigt den Strand noch in annähernd rechteckigen Ausmaßen, somit in der etwa vor 1362 vorhandenen Form. Nördlich von Strand liegen neben den Inseln *Ameren* (Amrum), *Silt* (Sylt) und *Fux* (Föhr) mehrere Halligen. Mit der endgültigen Zerstörung der Strandwallreste im Westen und dem Vorstoß der Norderhever, *Fallsdeep* genannt, lagen die Seemarschen des Strandes nun viel exponierter zur See. So bestätigt Iven Knutzen 1581, *dass de Water nicht so hoch gelopen, und an alle Örde kamen können, dewyle domals vor der Hever grote Sanddühnen gelegen hebben; do sind hir man kleine Ouwen gewesen, dar nu leyder de groten deepen sind ... na solcker tydt hebben die Lüde angefangen Sommerdyke tho maken*[296].

Dass die 1362 untergegangenen Gebiete des alten Strandes bedeicht waren, geht auch aus der von Heimreich 1666 mitgeteilten Liste des Bischofs Brun hervor. Danach überschwemmte das Meer 1362 nach Deichbrüchen jene Küsten, die sonst durch die Wohltaten der Deiche das Meer abhielten[297]. Den großen Koog Pellworms umgab der im späten 12. Jahrhundert errichtete Schardeich. Für eine Datierung des Deiches in diese Zeit spricht nach den archäologischen Grabungen die niedrige Kronenhöhe von NN +1,40 m. Der Deich, der 1362 den Koog schützte, wies eine Höhe von NN +2 m auf und besaß eine mit 1:6 geneigte Innenseite; von der Seeseite ist nur der

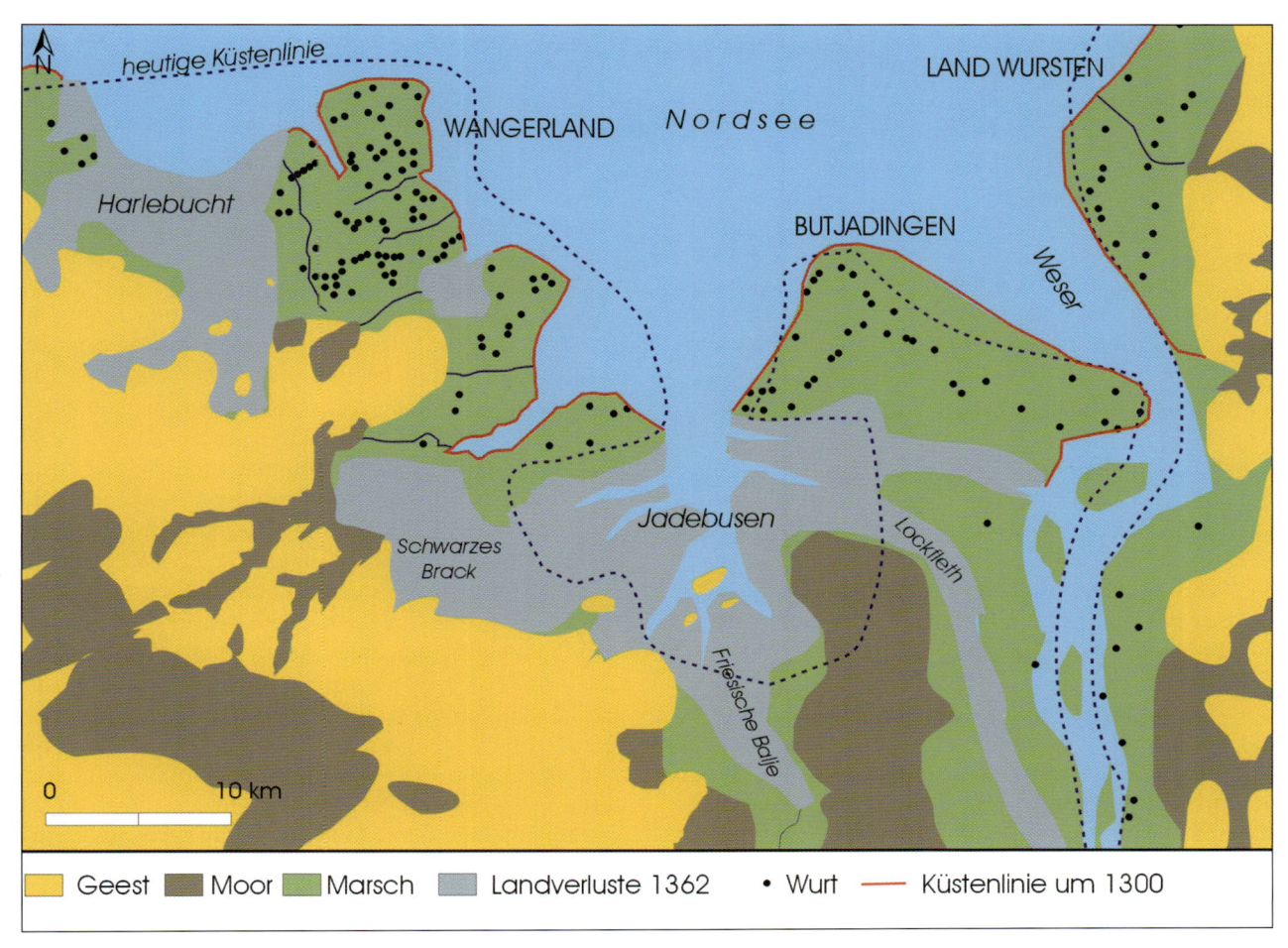

| Geest | Moor | Marsch | Landverluste 1362 | • Wurt | — Küstenlinie um 1300 |

Zu den großen spätmittelalterlichen Mereseinbrüchen an der niedersächsischen Küste gehört auch der weit bis in das Landesinnere reichende Jadebusen. Ähnlich wie am Dollart durchbrach auch hier das Meer einen hohen Uferwall und zerriss das niedrige vermoorte Sietland. Grafik: Dirk Meier.

obere, 1:4 geböschte Teil erhalten geblieben[298]. Nach dem Deichbau höhte die eingedeichte Marsch kaum noch Sediment auf. Der Kern der heutigen Insel Pellworm überdauerte somit die Marcellusflut von 1362, wenn im Westen auch Marschen untergingen. Nach 1362 werden im Gebiet Pellworms zehn Kirchen als verloren *(submersa)* angeführt[299].

Als Seitenarm der Hever drang die nach Nordosten vorstoßende Norderhever nach Deichbrüchen in die Edomsharde ein, vernichtete das niedrige Kulturland zwischen den heutigen Inseln Pellworm und Nordstrand. Nach 1362 bildete sich hier eine Meresbucht und die Insel Strand erhielt ihre bis 1634 bestehende hufeisenförmige Gestalt. Die Flut von 1362 trennte Pellworm vorübergehend vom Rest des Strands. In der Dagebüller Bucht südlich der damals noch als Insel bestehenden Wiedingharde zerschnit-

ten tiefe Wattrinnen die alte Marsch. In der Folgezeit entstanden hier Halligen.

Die zwischen den heutigen Halligen Hooge und Habel liegenden 1362 untergegangenen Kirchspiele der Probstei des alten Strand gehörten zum Bereich der Pellworm-, Wirichs- und Beltringharde. Diese bildeten wohl einzelne Inseln. Der schon vor 1362 erfolgte Vorstoß des Meeres in das Gebiet der heutigen nördlichen Halligen hatte hier zu einer sehr starken Zerschneidung der Landschaft geführt. Die ersten Überflutungen erfolgten wohl aus nordwestlicher und nördlicher Richtung durch die Norderaue, während die Süderaue sich erst 1362 stark vertiefte und weiter vordrang. Das Meer bedeckte das Moor mit Sedimenten, auf denen Salzmarschen aufwuchsen, die nur kleinräumig bedeicht werden konnten[300]. Nördlich der Norderaue hatten sich die einst

RUNGHOLT

Als der Pellwormer Hardesvogt Detlef Lilienchron mit einem Dampfer entlang des Rungholts-Watts fuhr, dachte er an die spätmittelalterliche Katastrophe dieser untergegangenen reichen Marschensiedlung und beschrieb sie 1882 in seinem Gedicht „Trutz, Blanke Hans":

Heute bin ich über Rungholt gefahren,
Die Stadt ging unter vor fünfhundert Jahren,
Noch schlagen die Wellen da wild und empört,
wie damals, als sie die Marschen zerstört,
Die Maschine des Dampfers schütterte, stöhnte,
aus den Wassern rief es unheimlich und höhnte:
Trutz, Blanke Hans.

Folgt man den frühneuzeitlichen Chronisten, war es weniger das Wetter als vielmehr Gott, der die sündigen Menschen bestrafen wollte, die ihn vor allem in der reichen Marschsiedlung Rungholt in der Edomsharde verhöhnt hatten[301]. Erstmals schrieben der Oldesloer Rektor Matz Paysen, geboren 1622 in Hattstedt, und Anton Heimreich in seiner Nordfriesischen Chronik die Sage von Rungholt auf. Die Andeutungen in Hinsicht auf eine gottgewollte Sintflut sind dabei nicht zu übersehen.
Später stellte man die Existenz Rungholts ganz in Frage, bis der Name auf der Rückseite eines Hamburger Testaments von 1345 auftauchte: *Edemizherde parrochia Rungeholte judices consiliarij iurati Thedo bonisß cum heredibus* heißt es da, in der Übersetzung: *Edomsharde Kirchspiel Rungholt Richter, Ratleute, Geschworene Thedo Bonisson samt Erben*[302]. Rungholt gehörte somit zur Edomsharde als dem übergeordneten weltlichen Verwaltungsbezirk. Mehrere Urkunden des 13. und 14. Jahrhunderts belegen den Handelsverkehr zwischen Flandern, Bremen, Hamburg und der Edomsharde mit einem dazugehörigen Hafen, der in dem Schriftstück vom 13. Januar 1355 ausdrücklich genannt wird[303]. Aus einer Urkunde vom 1. Mai 1362 lässt sich indirekt entnehmen, dass der Hafen der Edomsharde noch bestand, von dem aus der maritime Seeverkehr abgewickelt wurde[304]. So sollten die Ratsmänner und die Gemeinschaft der Edomsharde allen Hamburger Einwohnern Handelssicherheit gewähren, da die verschiedenen nordfriesischen Harden öfter im Streit miteinander lagen, in den sich die holsteinischen Grafen nicht hineinziehen lassen wollten[305].

Da Händler von Flandern über Bremen bis Hamburg die Edomsharde kannten, verwundert es nicht, dass der Untergang dieser reichen Marschlandschaft in Erinnerung blieb – wenn auch bald nur noch als Legende. Das ältere Schleswiger Stadtbuch gibt ebenso wie die Liste des Schleswiger Bischofs Brun einen indirekten Hinweis auf den Umfang der Katastrophe, bei der im Bistum Schleswig über 60 Kirchen – davon in Nordfriesland 51, in der Propstei Strand 25 und auf Nordstrand 28 – untergingen. Als bedeutender Ort in der Edomsharde besaß Rungholt sicher eine Hauptkirche mit angegliederten Kirchen. Zwei weitere Verzeichnisse, die von Johannes Mejer im 17. Jahrhundert für seine Historische Karte der nordfriesischen Uthlande erfundene *Designatio* und der *Catalogus Vetustus* nennen ebenfalls untergegangene Kirchorte[306]. Letzteres Verzeichnis führt unter den Kirchspielen, Kirchen und Kapellen des Herzogtums Schleswig auch die 1362 in der Edomsharde als „verloren" an. Diese verschiedenen, nicht nachprüfbaren Listen geben allenfalls eine ungefähre Vorstellung der Landverluste. Da aber nur ein Jahrzehnt vorher, in den Jahren 1347–1352, ein großer Teil der Bevölkerung der Pest zum Opfer fiel, waren die Menschenverluste sicherlich niedriger als in den späteren Quellen angegeben.

Der letzte Tag Rungholts war der 13. Januar 1362. Angstvoll kauerten sich die Menschen in den Häusern auf ihren Warften zusammen, sahen die über den Deich schlagende Gischt, sahen die Deiche brechen, die Marsch voller Wasser laufen und erlebten, wie die Wellen an den Rand der Warft schlugen, höher und höher aufliefen und in die Häuser drangen. Man kann sich vorstellen, wie diese typische Sturmwetterlage am 16. und 17. Januar 1362 aussah: Über den Azoren befand sich ein bis Spanien und zur Biscaya reichendes Hoch. Gleichzeitig stieß von Grön-

Im südlichen nordfriesischen Meer schuf die Lundenbergharde bis 1362 eine Landverbindung mit der großen Insel Strand. Nördlich des Strandes existierten kleinere Marscheninseln. Infolge der Großen Mandränke von 1362 (Marcellusflut) gingen Marschgebiete der nordfriesischen Uthlande unter. Die Küstenlinien vor 1362 lassen sich nicht mehr genau rekonstruieren. Grafik: Dirk Meier.

N
Lister Tief
Sylt
Wiedingharde
Horsbüllharde
Föhr Wester Harde
Föhr Oster Harde
UTHLANDE
NORDFRIESLAND
Pellwormharde
Beltringharde
STRAND
Edomsharde
Lundenbergharde
Hever
-30m
-20m
-10m
Nordsee
Everschop
Tönning Harde
Holm
Eider
Wesselburen
Wöhrden
Buisne
Meldorf
DITHMARSCHEN
Elbe
Marne
Heutige Küstenlinie
NIEDERSACHSEN
0
10 km
Geest
Sand, Nehrung
Moor
alte Marsch
Watt
große Dorfwurt
große Dorfwurt mit Kirche
Deich des Mittelalters
Deich, unsicher

land und Island her ein Tief in die Nordsee vor. Aus dem Hoch strömte die Luft im Uhrzeigersinn vom östlichen Mittelmeer über die Biskaya und die Britischen Inseln, das aus dem Norden kommende Tief bewegte sich gegen den Uhrzeigersinn, also vom Europäischen Nordmeer kommend über Norddeutschland und die Ostsee. Ein Hoch weist einen höheren Luftdruck als ein Tief auf. Der Druckausgleich vom Hoch zum Tief erfolgt dann durch einen gewaltigen Sturm. Zwischen diesen beiden unterschiedlichen Druckgebieten strömte die Luft am stärksten in der Nordseeregion. Da die beiden unterschiedlichen Luftdruckgebiete sich kaum bewegten, hielt der Orkan tagelang an. Auf ein Hochwasser folgte das nächste, ohne dass bei Ebbe ein größerer Abfluss des Wassers erfolgte, da der Sturm aus Westen gegen den Ebbstrom blies[307].

Von jeher hat die Menschen das Ende Rungholts bewegt und viele Forscher suchten nach dessen Spuren. Der Nordstrander Bauer Andreas Busch besuchte auf Grund ihm 1921 gemeldeter Funde das Watt nahe der Hallig Südfall im südlichen nordfriesischen Wattenmeer und kartierte in den folgenden Jahren Reste von Hofwarften, einer Kirchwarft, Deichen, Wegen, Feldern, Sielen, Sodenbrunnen und archäologische Funde und deutete diese als Reste des 1362 untergegangenen Rungholt[308]. An dem südlich der heutigen Hallig verlaufenden mittelalterlichen Niedamdeich lagen mehrere Hofwarften mit anschließenden streifenförmigen Äckern und geradlinigen Sielzügen. Weitere, unregelmäßig verteilte Warften entdeckte er nordwestlich der Hallig. Dort befand sich vermutlich auch die alte Kirchwarft.

Im Niedamdeich existierten zwei Siele (von Busch Schleusen genannt). Das größere und jüngere der beiden Siele wies eine 23,50 m lange und 5,36 m breite Kammer mit unterteilten Bohlenwänden und drei Durchlässen von je 1,47 m Breite auf[309]. Ob die Siele Holzklappen besaßen, die vom ausströmenden Binnenwasser automatisch geöffnet wurden, oder ob sie sich auf der Seeseite verschließen ließen, ließ sich nicht mehr nachweisen. Die Höhe des Kammerbodens befand sich mit NN -1,30 m nur etwa 45 cm tiefer als das durch den Siel entwässerte Kulturland. Das Mittlere Tidehochwasser nahm Andreas Busch um 1362 aufgrund des Sielbodens mit NN –0,44 m an, während des MThw 1962 bei Strucklahnungshörn mit NN +1,36 m sehr viel höher auflief.

Der niedrige Wert vor 1362 belegt, wie stark das MThw abgesunken war. Aufgrund des geringen Niveauunterschiedes funktionierte die Entwässerung im Mittelalter nur mangelhaft. War der Seedeich erst mal zerstört, breitete sich die Flut rasch aus. Dort, wo die Landoberfläche tiefer als das MThw lag, strömte das Wasser auch bei Ebbe in den Koog. Dies scheint 1362 im Rungholtgebiet der Fall gewesen zu sein.

Da es keine zeitgenössischen Karten gibt, steht nicht sicher fest, ob es sich bei der von Busch kartierten Warftengruppe bei Südfall um das sagenhafte Rungholt handelte. Die von Johannes Mejer 1636 gezeichnete und von Peter Sax ergänzte historisierende Karte bezeichnet das Gebiet als *clades Rungholtina*[310]. Die Meyersche Karte lässt im Rungholt-Gebiet einen Deich mit einem Siel *(Emißarius Rungholtinus)*, einem großem Sielzug *(Agger Ripanus)* und dem Niedamdeich *(Niedanum)* erkennen. Auch andere von Busch kartierte Kulturspuren gibt die Karte wieder. Möglicherweise lag der Ort Rungholt auch unter der heutigen, nach 1362 aufgewachsenen Hallig Südfall.

Infolge der schweren Verwüstungen konnte jedenfalls an einen Wiederaufbau der Häuser oder an eine Weiternutzung weiter Gebiete der Edomsharde nicht mehr gedacht werden. Trotzdem unternahmen einige Wagemutige diesen Versuch. Erstmals und das einzige Mal bezeichnet der im Jahre 1551 verfasste *Codex manuscriptus historiae* Grote und Lüttke Rungholt als Orte, die durch Versäumnisse der Vorfahren untergegangen seien[311]. Offenbar erfolgten nach 1362 Versuche einer Wiederbesiedlung des Rungholtgebietes. Noch nach 1398 und vielleicht bis spätestens in die Mitte des 16. Jahrhunderts baute man Salztorf in der Rungholtbucht ab, obwohl die damit verbundenen Gefahren bekannt gewesen sein dürften[312]. Die wirtschaftlichen Schäden der Mandränke ließen jedoch alle Vorsicht vergessen.

Ursachen der Katastrophe

Die Marcellusflut von 1362 prägte weitgehend die heutige Gestalt der nordwestdeutschen Küste. Wa-

Diese Karte lässt die Veränderungen nach der Flut von 1362 erkennen. Im südlichen Teil des nordfriesischen Wattenmeeres wies die Insel Strand nun eine hufeisenförmige Gestalt auf, die Landverbindung mit Eiderstedt war verloren gegangen. Nördlich des Strandes wuchsen mehrere Halligen auf. Auch in der ehemaligen Dagebüller Bucht existierten Halligen. Grafik: Dirk Meier.

Legende

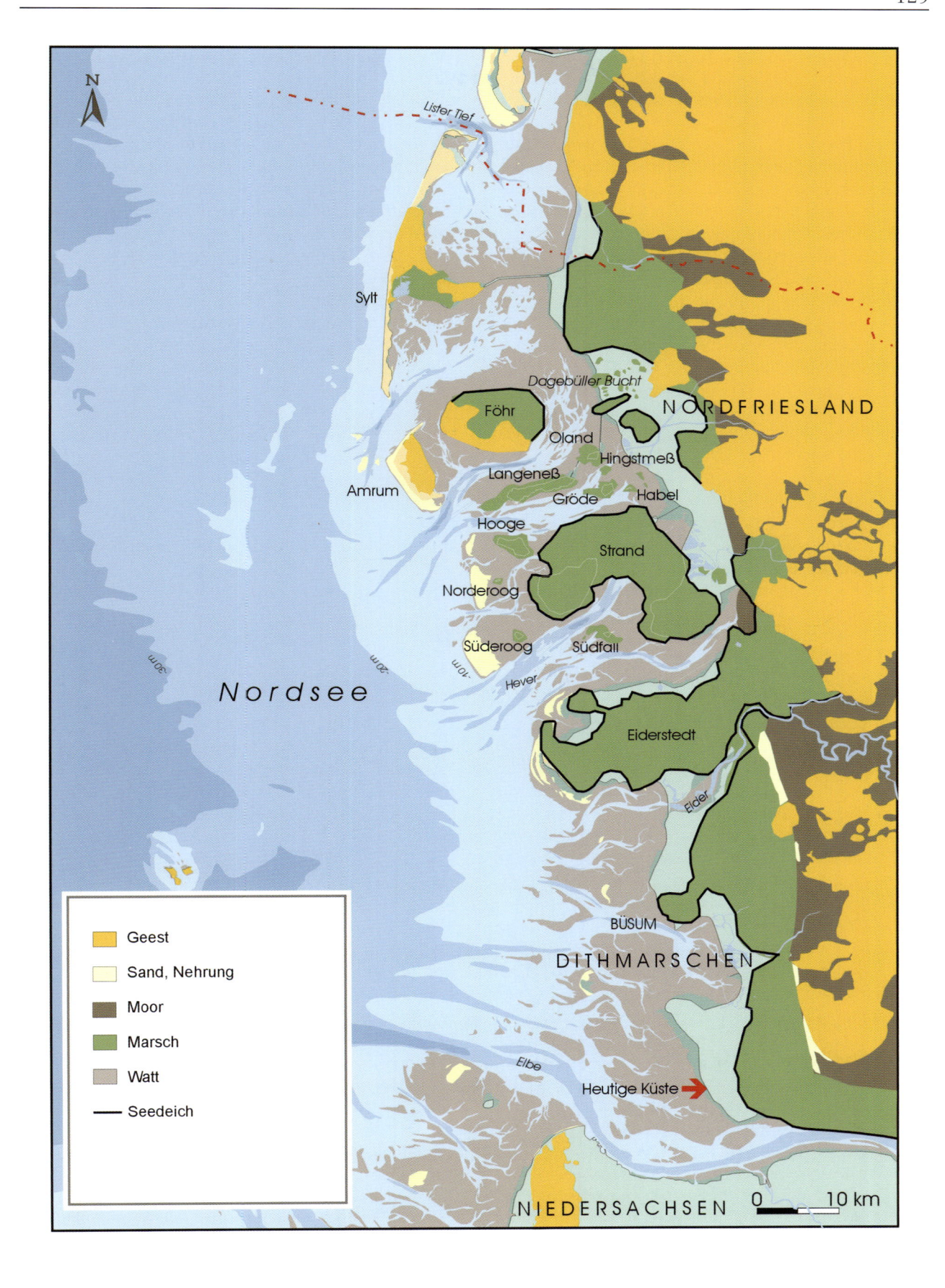

	Geest
	Sand, Nehrung
	Moor
	Marsch
	Watt
——	Seedeich

Nordsee — NORDFRIESLAND — DITHMARSCHEN — NIEDERSACHSEN

Lister Tief, Sylt, Föhr, Amrum, Oland, Langeneß, Hingstmeß, Gröde, Habel, Hooge, Strand, Norderoog, Süderoog, Südfall, Hever, Eiderstedt, Eider, Dagebüller Bucht, BÜSUM, Elbe

Heutige Küste

rum wirkte sich die Sturmflut von 1362 in Nordfriesland so katastrophal aus, während in anderen Küstenabschnitten – wie in Dithmarschen – mit Ausnahme von Teilen der Insel Büsum und der Marschen an der Elbmündung keine Landverluste zu verzeichnen waren? Entwässerung des Sietlandes und Salztorfabbau hatten zu einer Tieferlegung der Landoberflächen in den Uthlanden geführt. War es somit der Mensch mit seinen Eingriffen in den Küstenraum, der diese Folgen verursachte?

Der Abbau von Salztorf hatte große Ausmaße angenommen. Erfolgte dieser innerhalb der bedeichten Gebiete, gerieten die Flächen sehr schnell unter das Niveau des Mittleren Tidehochwassers; auch die Oberflächenentwässerung trug zur Absenkung der Landoberflächen bei. Die Menschen hatten dadurch eine verhängnisvolle Entwicklung eingeleitet, denn in den nordfriesischen Uthlanden lagen viele Gebiete 1362 tiefer als das MThw. Dies bestätigen indirekt spätere Augenzeugenberichte, die erwähnen, wie das Wasser auch nach dem Abklingen der Sturmfluten bei normaler Tide durch die Deichbrüche in die Ländereien strömte. Deichbrüche wirkten sich daher katastrophal aus und führten zu einem raschen Verlust des kultivierten Landes. Die Oberflächen des anmoorigen, gepflügten Landes trug das überströmende Wasser fort. Einen derartigen Vorgang beschreibt Matthias Boetius in seinem Bericht über die Zerstörung der Orte Stintebüll und Brunock auf Alt-Nordstrand im Jahre 1615 mit folgenden Worten: *So wurde nach dem Einsturz der Wohnungen und Gebäude von Stintebüll und Brunock alles weggerissene Material und alles Hausgerät hierher getrieben* [in Moorlöcher]. *Es folgten ganze Mooräcker, die einst ausgelegt waren zum Kornbau oder zum Rasenstechen ... Dieses Gemenge der verschiedenen Dinge hatte die ungezähmte Gewalt des Meeres so durcheinander geworfen, dass man nie etwas Wüsteres und Traurigeres gesehen hat [...].*

Diese Schilderungen beziehen sich jedoch nicht auf die Edomsharde, wo Rungholt lag, denn hier wurde weniger Salztorf abgebaut als etwa im Gebiet der nördlichen Halligen. Die gewaltigen Landverluste mussten somit auf andere Ursachen zurückzuführen sein. Geologische Untersuchungen haben diese ergründen erkönnen. Danach war die ursprüngliche Oberfläche des Untergrundes viel entscheidender für die Auswirkungen der Katastrophenfluten[313]. So verlaufen im Untergrund Nordfrieslands vom ehemaligen Eisrand der Weichselvereisung von Osten nach Westen Schmelzwassertäler. Im Zuge des nacheiszeitlichen Meeresspiegelanstiegs war die Nordsee bis an die Festlandsgeest, den Rand der vorletzten Vereisung (Saaleeiszeit) vorgedrungen und hatte die Täler ebenso wie die höher gelegenen Gebiete der eiszeitlichen Oberfläche mit Sanden und Tonen aufgefüllt. Wegen der instabilen, tonigen, zu Sackungen neigenden Sedimente drangen die spätmittelalterlichen Sturmfluten mit der Ausbildung breiter Prielströme vor allem in diese Bereiche ein. Im Gebiet der Norderhever befindet sich die Sohle der eiszeitlichen Schmelzwasserströme zwischen NN −15 m und −18 m. Die heutigen Prielströme der Norderhever, Norder- und Süderaue folgen diesen ursprünglichen Tälern, während die Inseln Pellworm und Nordstrand auf sandigen, weniger zur Sackung neigenden Sedimenten oberhalb der hier höheren, bis NN −12 m ansteigenden eiszeitlichen Oberfläche liegen. Waren die niedrigen Deiche erst einmal zerstört, drang das Meer schnell in die niedrigen Marschen ein und zerriss das Kulturland. Somit war es die Natur, die hier den Menschen bezwang. Nach 1362 war nur noch die große hufeisenförmige Insel Strand übriggeblieben. Nicht der Mensch und seine Wirtschaftsweise, sondern vor allem die Natur verursachte in den Uthlanden die Auswirkungen der Katastrophenflut von 1362.

DIE VERKLEINERUNG DER LUNDENBERGHARDE UND DIE ENTSTEHUNG HUSUMS

Die von Westen nach Osten vordringende Hever war vermutlich schon im 13. Jahrhundert nördlich von Uelvesbüll vorgestoßen, durchtrennte den nördlichen Teil der Witzworter Nehrung, zerriss die Lundenbergharde in zwei Teile und zerstörte somit die Landverbindung Strands mit Eiderstedt. Die nördlichen Kirchspiele der alten Lundenbergharde, Morsum, Hamm und Lith, waren nun von südlichen – Simonsberg, Lundenberg, Ivelek und Padelek – getrennt. Die Hever drang weiter bis an den Geestrand bei Husum vor, und ein Seitenarm erreichte im Süden Treene und Eider, so dass Eiderstedt vorübergehend eine Insel war. Die Änderung der Küstenlinie infolge der spätmittelalterlichen Sturmfluten hatte für das Aufblühen Husums als Hafenort weitreichende Bedeutung.

Die ehemalige Ausdehnung der Lundenbergharde vor 1362 lässt sich nicht mehr genau erschließen, da deren erste Beschreibung erst 1637 durch Peter Sax erfolgte. Vor der Großen Mandränke von 1362 umfasste die Lundenbergharde die o.g. Kirchspiele[314]. Als 1465 das Landgeld des Schleswiger Bischofs verzeichnet wurde, trug man im *Liber censualis* ein,

Die zweite Große Mandränke von 1634 zerschnitt mit dem Vorstoß der Norderhever die Insel Strand in die Inseln Pellworm und Nordstrand. Mehrere Kirchspiele, viele Warften und Wirtschaftsfluren zerstörte das Meer. Das zurückgebliebene ehemalige Hochmoor der Insel überschlickte später, so dass die Hallig Nordstrandischmoor entstand. Grafik: Dirk Meier.

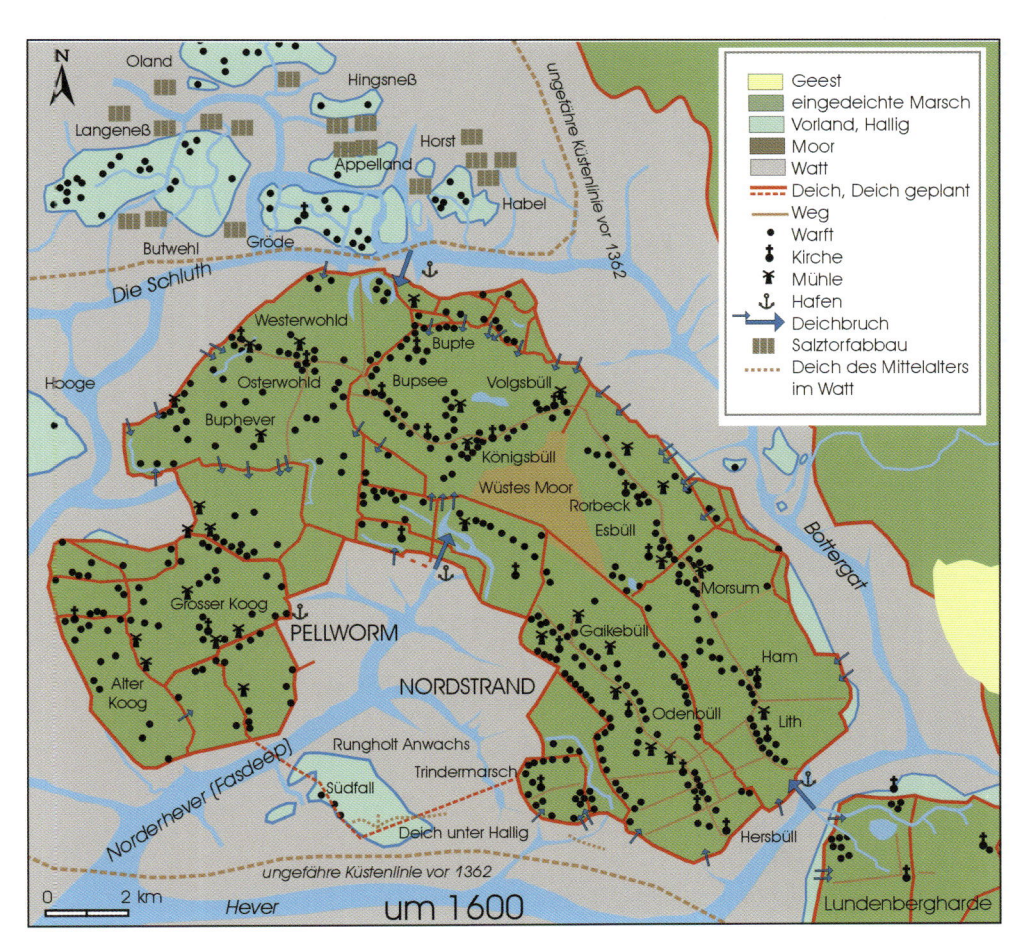

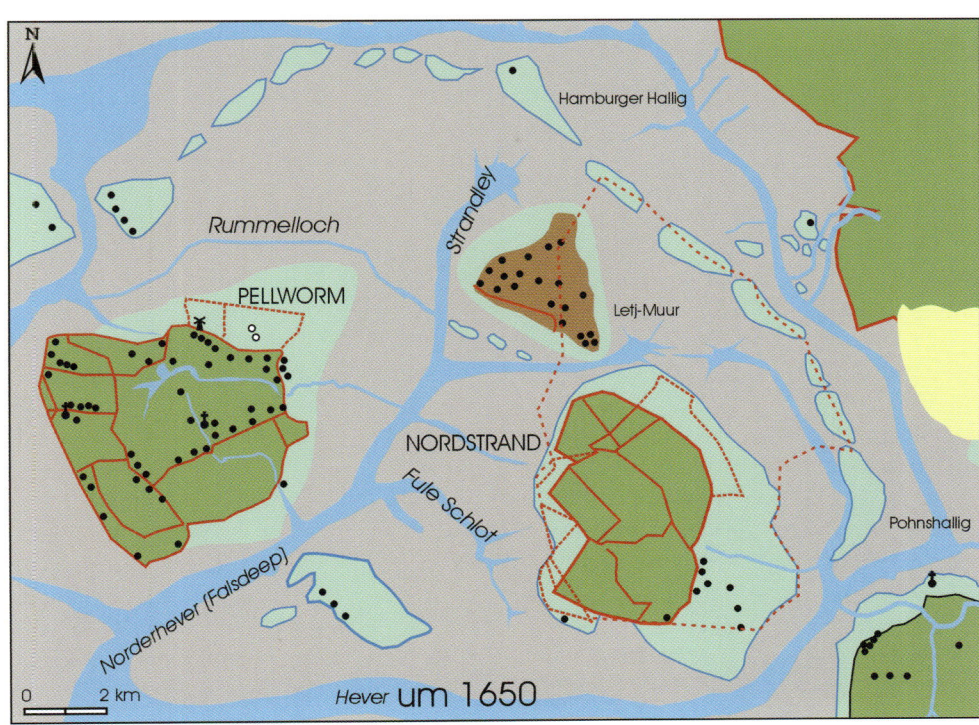

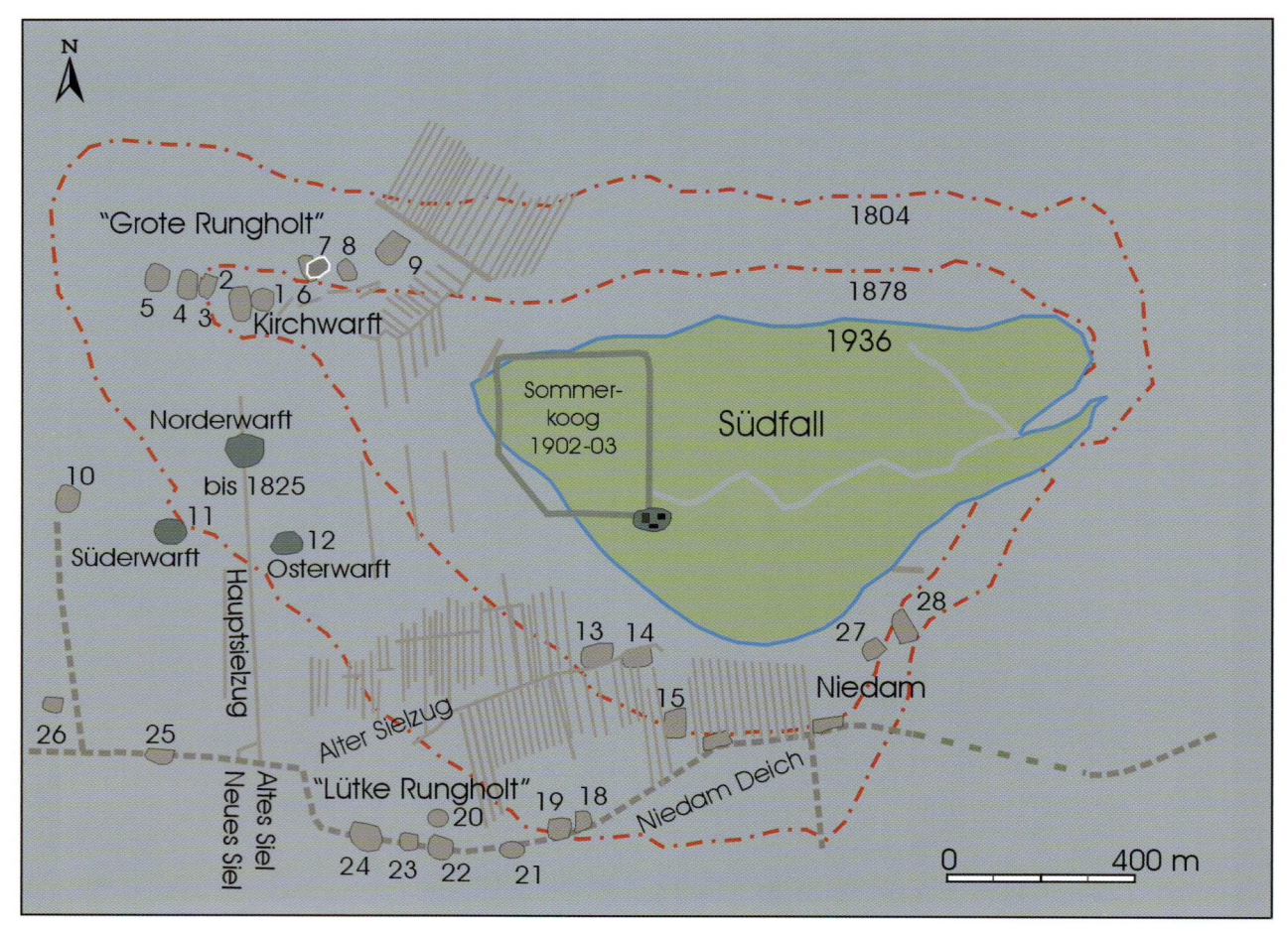

Im Bereich der nach 1362 aufgewachsenen Hallig Südfall liegen zahlreiche mittelalterliche Kulturspuren in Form von Warften, Fluren, Sielen und Deichen, die der Nordstrander Bauer Andreas Busch in den 1920er Jahren als Überreste von „Rungholt" deutete. Grafik: Dirk Meier.

dass die damals noch vorhandenen Kirchspiele der südlichen Lundenbergharde, Simonsberg und Lundenberg, kein Landgeld entrichtet hätten. Die nördlich gelegenen Kirchspiele, wie Iveleck und Padeleck, existierten zu dieser Zeit schon nicht mehr. Als Begründung für die Zahlungsverweigerung führten die Kirchspiele Simonsberg und Lundenberg Wiederbedeichungen an. Der Schleswiger Herzog Friedrich trennte nach dieser Katastrophe auch verwaltungsmäßig Simonsberg und Lundenberg von Nordstrand und legte sie zum Amt Gottorf. In der entsprechenden Urkunde vom 16. Juni 1495 heißt es (Auszug)[315]:

Wir Friedrich von Gotts Gnaden, erfgename tho Norwegen, Herthoch tho Schleßwigh Holstein Stormarn vnd Dithmarschen [...] bekennen vnd betrugen [...] de beiden Carspel Simensberge vnd Lundenberge midt allen vnd Iglichen Inwanern [...] midt aller gerechtcheidt [...] tho Gottorff gelecht [...].

Mit den teilweise erfolgten Bedeichungsmaßnahmen des im 14. Jahrhundert untergegangen Kulturlandes am Ende des 15. Jahrhunderts ist dem weiteren Eindringen der Prielströme von Westen her zunächst Einhalt geboten worden. Die restliche Lundenbergharde bildete vorübergehend eine Insel, die dann nach 1525 an Eiderstedt angedeicht wurde. In der frühen Neuzeit wusste man noch, dass die Lundenbergharde einst mit Nordstrand (dem Strand) verbunden und durch eine Sturmflut getrennt worden war. So trug Peter Uetermark 1638 auf seiner Karte der Lundenbergharde ein[316]:

2. [...] sind diese Kirchspiele Lundenberg, Simensberg und Padelek von Altersher mit Nordstrand landfest und also ein Stück dehs Nordstrande gewest, welches daraus erhellet, dass die Kirchspiele in den Strand zu Dinge, anfangs zu Fuß über einen Steg oder Brücke, da die Friederich der Erste Juno 1489 davon abgesondert hat. [gemeint ist die Urkunde von 1495].

3. Disse Fiftharden sind vor 200 Jahren uth Söven harden averbleven, dewile de twe Hard buten diekes von Simensberg und Lundenberg, von Lundbollbhard affgekamen sind und dort een schwar Depe und Strom, so itzge Tid, wenn de Ebbe schon verlopen, aber 10 Klafter ingerethen is, und von ander gescheden.

STURMFLUTEN DES 15. UND 16. JAHRHUNDERTS

Auch nach 1362 brachten Sturmfluten Tod und Verderben über die Nordseeküste. Am 19. November 1404, dem Tag der heiligen Elisabeth, brachen an der Küste Hollands, Zeelands und Flanderns die Deiche[317]. Auf der ostfriesischen Insel Wangerooge stürzte 1595 infolge einer Sturmflut der Kirchturm ein. Das lückenhafte historische Quellenmaterial des 15./16. Jahrhunderts deutet ferner auf Landverluste auf der Nordseite der Elbmündung hin. Der Dithmarscher Chronist Neocorus erwähnt nur allgemein, dass in der wohl schwersten Flut des 16. Jahrhunderts, der vom 2. November 1532, zweifellos größte Schäden eingetreten sind: *In Summa alle Marschländer an der Elve und Eider sin averlopen und jämmerlich verdorven*[318]. Einige Dörfer an Elbe und Eider wurden ausgedeicht. Der Elbdeich bei Brunsbüttel erhielt seinen neuen, bogenförmigen Verlauf. Ursache für die Landverluste war neben den Sturmfluten auch die Verlagerung der Elbestromrinnen nach Norden.

Die östlich von Brunsbüttel auf Moor errichteten Deiche besaßen nur eine geringe Standfestigkeit, zumal aus dem niedrigen Binnenland auch nicht ablaufendes Binnenwasser gegen die Deiche drücken konnte. Im anschließenden Grenzgebiet zwischen Dithmarschen und der östlich anschließenden Wilstermarsch nahe der Elbe existierte keine geschlossene Deichlinie, sondern hier grenzte ein Hochmoor direkt an den Fluss. Entlang der Dithmarscher und Wilstermarsch führten landeinwärts lediglich schwache Flügeldeiche. Sturmfluten überschwemmten wiederholt das Hochmoor, durchbrachen diese Flügeldeiche und bedrohten so die Elbdeiche von der Binnenseite her. Die Beibehaltung des unpassierbaren Grenzstreifens zur Wilstermarsch hatte zur Aufrechterhaltung der Selbständigkeit Dithmarschens eine strategische Rolle gespielt, erst nach der Eroberung Dithmarschens 1559 errichtete man einen durchlaufenden Elbdeich.

Besonders gefährdet war der ohne Vorland direkt an die Elbe grenzende Deich bei Nordhusen, zu dessen Unterhaltung sich mehrere Kirchspiele verpflichten. Um die große Deichlast zu erleichtern, erhob die „Bauerschaft" Behmhusen im Dithmarscher Kirchspiel Eddelak im Frühjahr 1561 Klage gegen die übrigen vier Bauerschaften des Kirchspiels[319]. Ein Urteil der königlich-dänischen und schleswigschen Räte wies im Juli 1561 die Beklagten zur Instandsetzung des *bösen Teiches* an. Näheres über den Zustand des strittigen Deiches lässt sich einem Gesuch des Kirchspiels Eddelak vom Jahre 1562 entnehmen, das die Notwendigkeit der Rückverlegung begründet[320]. Danach ist die Bauerschaft Behmhusen bereits vor 16 Jahren mit der Unterhaltung eines „schweren Elbdeiches" bei Nordhusen belastet worden, wodurch sie ihren Wohlstand eingebüßte. Weil jede höhere Tide den Deich angriff, hatten die Bewohner der Bauerschaft mit Wagen und „Slepen" daran gearbeitet. Die Deichgeschworenen verlangten dabei die Sicherung der Außenböschung des Deiches mit Pfählen und *Strohkorven*, d.h. einer Strohbestickung. Trotzdem war der Nutzen dieser Maßnahmen nur gering, weil außendeichs kein Vorland den Deichfuß schützte. Im Jahre 1563 wurde dann dem Gesuch der Kirchspiele entsprochen und die Rückverlegung des Elbdeiches genehmigt.

Nicht nur Dithmarschen, sondern auch Eiderstedt und Nordfriesland suchten die Sturmfluten des 15./16. Jahrhunderts heim. Die zeitgenössischen Berichte, wie etwa das *Chronicon Eiderostadense vulgare*, berichten zwar verschiedentlich von schweren Sturmfluten, geben aber keine Hinweise über deren Höhe oder deren genaues Ausmaß[321]. In dem exponiert zwischen den Prielströmen des Fallstiefs im Westen, der Hever im Norden und der Offenbüller Bucht im Osten liegenden Kirchspiel Osterhever in Eiderstedt verursachten die Allerheiligenflut von 1436, die Flut von 1470 und die Martiniflut von 1559 derartige Deichschäden, dass hier nach vergeblichen Ausbesserungsarbeiten die Deiche im Norden zurückgenommen werden mussten[322]. Auch die neu errichteten Deiche am Fallstief erlitten Schaden.

Für das Jahr 1501 berichtet das *Chronicon Eiderostadense* nur von einem schweren Unwetter, das durch Hagelschlag erhebliche Flurschäden anrichtete, während es unter dem Jahr 1508 heißt: *Es ginck de Vloet aver Eiderstede und brack in tho Kating*[323]. Dieser Durchbruch erfolge offensichtlich in dem vorspringenden Deich zwischen Olversum und Kating an der nördlichen Eidermündung. In der schon von Neocorus für Dithmarschen erwähnten Flut vom 2. November 1532 (am Tage nach Allerheiligen) wurde auch Nordfriesland schwer in Mitleidenschaft gezogen. In Nordfriesland lag die Höhe dieser Flut – wie Höhen der Flutmarken in der Kirche von Klixbüll belegen – nur wenig unterhalb der von 1634. Für Eiderstedt berichtet das Chronicon, dass mehr als 1000 Menschen und dazu viel Vieh ertranken. *De Lüde dreven van hoge Werve mit Huse und Gude*, also die Menschen trieben von den hohen Warften mitsamt Häusern und Gütern[324].

Die zweite Grosse Mandränke von 1634

Besonders folgenreich war die zweite Große Mandränke in Nordfriesland. Bereits 1483 hatte ein Meereseinbruch Pellworm von dem Rest der Insel Strand getrennt, doch konnte dieser bedeicht werden. Der Einbruch von 1483 hatte in der 1362 entstandenen Waldhusener Bucht nordwestlich der heutigen Insel begonnen und sich bis zum heutigen Tammensiel an der Ostküste Pellworms erweitert. Das untergegangene südliche Buphever wurde 1551 wieder bedeicht[325]. Als Folge der schweren Fluten verloren die Kirchspiele Stintebüll, Brunok und Ilgrof zwischen 50 und 60 Prozent ihrer Flächen. Die schwer angeschlagenen Deiche der Kirchspiele Ilgrof, Brunok und Stintebüll wurden auf Initiative des holländischen Deichbaumeisters Rollwagen Anfang des 17. Jahrhunderts zurückverlegt, und bis 1628 erfolgte eine ganze Reihe von Neubedeichungen. Die Deiche erhielten nun ein Profil mit flacherer Seeseite im Neigungswinkel von 1:4. Ferner bestanden Pläne, die Rungholtbucht von der Trendermarsch über die große Hallig Südfall bis hin zur Südküste Pellworms 1633 wieder zu bedeichen.

Da brach am 11. Oktober des Jahres 1634 die zweite Große Mandränke über die nordfriesischen Uthlande herein. Hören wir, wie der holländische Ingenieur Jan Andriaanz Leeghwater diese Katastrophe erlebte:

Im Jahre 1634 [...] als ich im Ostland an der Bottschlotter Bedeichung [südwestlich von Niebüll in Nordfriesland] *als Ingenieur und Landmesser angestellt war, hat sich dort am Tag nach Allerheiligen gegen den Abend ein großer Sturm und Unwetter von Südwest her aus der See erhoben. Ich war um 7 oder 8 Uhr abends ungefähr zwei Bogenschuß weit von meiner Wohnung zu einem Meister Zimmermann mit Namen Pieter Janß gegangen, der [...] dort eine neue große Schleuse am Deichwerk machte, bei dem ich die Bauleitung und Aufsicht hatte. Als aber der Wind so heftig aufzukommen begann, dass ich geneigt war, in meine Wohnung zu gehen, sagte Peter Janß zu mir: Meister, bleibt hier zu Nacht in unserem Hauß ... Nein, Peter Janß, sagte ich, wenn ein Hochwasser käme. Euer Haus steht nur 5 oder 6 Fuß über dem Maifeld, und meine Wohnung steht auf dem hohen Deich, der 11 Fuß über Maifeld ist. [...]*

Als ich dann in meine Wohnung zu meinem Sohn Adriaan Leeghwater kam, sind wir in unseren Kleidern ins Bett gegangen. Da begann der Wind aus dem Westen so heftig zu werden, dass kein Schlaf in unsere Augen kam. Als wir ungefähr eine Stunde auf dem Bett gelegen hatten, sagte mein Sohn zu mir: Vater, ich fühle das Wasser auf mein Gesicht tropfen. Die Meereswogen sprangen also am Seedeich in die Höhe auf das Dach des Hauses ... und wir wandten uns nach dem Herrenhaus [...] Als wir so unter großer Mühe und Gefahr am Deich entlang gingen, zum Herrenhause, war das Wasser so hoch wie der Kamm des Deiches. Als wir dann ins Herrenhaus kamen, sind dort noch 20 Flüchtlinge. [...]

Der Wind drehte sich ein wenig nach Nordwesten und wehte platt gegen das Herrenhaus. [...] An einer starken Tür, die an der Westseite stand, sprangen die Riegel aus den Pfosten von den Meereswogen, so dass das Wasser das Feuer auslöschte und so hoch auf den Flur kam, dass es über meine Kniestiefel hinweg lief, ungefähr 13 Fuß höher als das Maifeld des alten Landes. Ein Zimmermann unter uns nahm ein Beil und schlug ein großes Loch an der niedrigen Seite des Hauses, damit das Wasser durch dasselbe ablaufen könnte. [...]

Am Nordende des Hauses, welches dicht am Seetief stand, spülte die Erde unter dem Haus weg [...] Infolgedessen barst das Haus, die Diele und der Boden auseinander ... Es schien nicht anders als solle das Herrenhaus mit allen, was die darin waren, vom Deich abspülen. Des Morgens als es Tag geworden war, als wir hörten und vernahmen, wie die Sachen standen, da waren alle Zelte

Noch heute lassen sich aus der Luft um die Hallig Südfall Kulturspuren in Form von Warften und Wirtschaftsfluren ausmachen, die 1362 untergingen. Foto: Walter Raabe.

und Hütten weggespült, die auf dem ganzen Werk waren, sechs- oder siebenunddreißig an der Zahl, mit allen Menschen, die darin waren. [...]
Da liegt ein trefflich Eiland [die Insel Strand oder Alt-Nordstrand] *ungefähr anderthalb Meilen südwestlich von Bottschlott, auf dem drei- oder vierundzwanzig Kirchspiele stehen. Das ist alles vom Hochwasser verwüstet, so dass dort nicht mehr als vier oder fünf Kirchen trocken blieben, und wenn ich recht berichtet bin, so sind dort ungefähr sieben oder achttausend Menschen ertrunken [...] Am ersten Tag nach der Sturmflut, als das Wasser etwas gefallen war, bin ich über das Seetief* [Kleiseer Tief] *gefahren, das wir hatten stopfen wollen [...] Als ich dann zum Dörfchen Dagebüll gegangen war, bin ich auch in der Kir-*

Nördlich von Pellworm gibt das Meer die Spuren der 1634 untergegangenen Marschen mit Warften, Sielzügen und Wirtschaftsfluren bei Ebbe wieder frei. Foto: Walter Raabe.

che gewesen, wo der Küster mir zeigte, dass das Wasser viertehalb Fuß hoch in der Kirche gestanden hat. [...]
Die Wohnung von Pieter Janß Zimmermann [...] wohin ich des Abends, um etwas zu schnacken, gegangen war, war auch wegespült, Peter Janß mit allen Gesinde, Frauen und Kindern [...] die waren des Morgens alle ertrunken [...] Meine Wohnung, aus der ich des Nachts mit meinem Sohn flüchten musste, war des Morgens auch vom Deich abgespült. Der Keller des Herrenhauses war auch gänzlich zertrümmert.

Im Schutz des 1633 fertig gestellten Fahrtorfer Mariendeiches überlebte Jans Adriaansz Leeghwater die Sturmflut.

In Klixbüll am Geestrand erreichte die Flut eine Höhe von NN +4,3 m. Der maximale Wasserstand erreichte etwa 4 m über MThw. Die Deiche waren oft nicht mehr als zehn Fuß (etwa 3 m) höher als das MThw und konnten daher diesen Wassermassen nicht standhalten.

Die Sturmflut riss die etwa 22 000 ha große hufeisenförmige Marschinsel Strand auseinander, und mehr als 6000 Menschen – etwa zwei Drittel der Inselbevölkerung – verloren in einer Sturmnacht ihr Leben. Besonders gravierend waren die Schäden bei Lith, Brunock-Stintebüll, in der Balumer Bucht und in Bupte. Die Deichbrüche bei Brunok-Stintebüll bahnten der späteren Norderhever ihren Weg mitten durch die alte Insel. Diese Rinne hatte sich als nördlicher Seitenarm der Hever in der nach 1362 enstandenen hufeisenförmigen Bucht der Insel Strand vertieft. Nördlich von Pellworm drang aus westlicher Richtung das Rummelloch in das Gebiet des Kirchspiels Buphever vor. Auf die Zerstörung der Deiche und des ehemaligen Kulturlandes folgte eine schnelle Zerschneidung des Marschlandes durch Gezeitenrinnen und dessen Umwandlung in Wattflächen. Auch von der Nordküste der alten Insel werden für 1634 schwere Deichzerstörungen gemeldet. Das Tief der Süderau stieß jedoch nicht in den Bereich der alten Insel, sondern nach Nordosten in das Halligland der ehemaligen mittelalterlichen Wierichs-Harde vor.

Die Karte Inderveldens von 1659 belegt, dass 25 Jahre nach der Katastrophe nur noch Pellworm und Nordstrand, das Gebiet des Wüsten Moores – das bis 1634 unbesiedelt im zentralen Teil der großen Insel lag – sowie eine Reihe kleiner Marscheninseln übrig geblieben waren. Letztere hatten einst die nördliche Küstenlinie gebildet[326]. Die aus dem ehemaligen nördlichen und östlichen Außenrand der Insel Strand nach 1634 entstandenen Halligen sind mit Ausnahme der 1923 an Nordstrand angedeichten Pohnshallig und Hamburger Hallig durch spätere Sturmfluten zerstört worden[327]. Die niedrigeren Teile der alten Marschinsel Strand mit Feldern, Wegen, Warften und Kirchen bedeckte das Meer mit jüngeren Sedimenten.

Der Pastor der Kirche von Gaikebüll auf Nordstrand hielt kurz nach der Burchardi-Flut eine Predigt, die er anschließend veröffentlichte und in der er die Auswirkungen der Flut auf Nordstrand beschrieb. Neben der üblichen Bußpredigt gab er den Überlebenden auch Ratschläge, wie sie sich nach dem Verlust ihrer Lebensgrundlagen verhalten sollten[328]:

Ihr lieben Leute, die Ihr in diesen Marschländereien wohnt, müßt Euch entweder zur herzlichen Buße und bußfertigem Gebet anschicken, oder es ist aus mit Euch und verloren mit dem Nordstrand. [...] Ei, so wird denn uns und unseren Mitbewohnern hiesigen Landes kein rechtschaffender Christ verargen, dass wir unseren bekümmerlichen Herzen das Seufzen und Klagen eine Weile gestatten und mit denen weinen, die sich mit uns über unser Elend besprechen. [...] Es sind aber erhebliche Ursachen, weshalb ich ein Spezialverzeichnis der Schäden hierbei anfüge, wie ich es zum Teil selbst erkundet, zum Teil durch des Landes Gevollmächtigte mir Kunde gebracht wurde.

Es folgt dann eine realistische Aufzählung der Schäden für jedes Kirchspiel mit insgesamt 6123 angegebenen Toten und 1336 Häusern. Ferner erwähnt er sechs angeschlagene Kirchen, sechs zerstörte Glockentürme und 28 umgefallene Mühlen. Weiter heißt es:

Dass der größte Teil des schönen reichen Landsegens vernichtet und weggeschlagen, ist nimmer genug zu beklagen, wie dann derselbe nicht nur zugleich mit den ertrunkenen Hauswirten ganz weggegangen, besonders auch die Nachlebenden haben von ihren Feldfrüchten viel gemistet, das freilich der Schaden hierin wie desgleichen an allerhand Mobilien und Viktualien somit verloren, ist wohl unaestimierlich. [...] Der Verlust von Pferden, an Ochsen und Kühen, jungen Stieren und Schafen und Schweinen ist gleichfalls gar zu groß und ein Jammer anzusehen gewesen, denn man schätzt wohl 50.000 Stück derselben als verloren. Der Schaden an Torf- und Moorland geschehen ist auch übergroß, weil nicht nur ganze Äcker weggetrieben, sondern das übrige viel voneinander gerissen und sehr verdorben ist. [...] Wieviele Menschen jetzt noch am Leben sind, weiß ich nicht eigentlich zu berichten, doch habe ich nicht ohne Bestürzung gelesen, dass in offenem Druck verlautet, es sollten nur 400 übrig geblieben sein. Ich vermute, dass wohl über anderthalb tausend erhalten geblieben sind.

Der überwiegende Teil der Bevölkerung war umgekommen. Dann beschreibt er ausführlich seine persönlichen Eindrücke der Sturmnacht:

Es war am Sonnabend, der 11. des Monats Oktober, als sich das Wetter, welches eine Zeit schön und still gewesen, begann sich zu ändern, und früh am Tag begann es zu regnen. Doch der Morgen klärte sich wieder auf und es gab einen lieb-

lichen Sonnenschein bis etwa 10. Dann wurde es wolkig und mittags regnerisch, dabei erhob sich der Wind, der gegen Abend ziemlich stark blies. Doch gab es wohl niemanden, der sich wegen einiger Gefahr und Schaden vorsah, obwohl sich das Brausen verstärkte, denn die Dämme und Deiche waren stattlich verfestigt, und man war einen solchen Sturm hier gewohnt. Um 9 wurde der Wind stärker und sehr böig, der wie ein ergrimmter Feind gleichsam mit bloßem Rapier das Meerwasser jagte und seine Wellen trieb, dass sie (wie viele mit eigenen Augen gesehen haben) wie große dicke Bäume einer über den anderen sich wälzend in geschwinder Eile etliche Ellen hoch und sehr ungestüm Dämme und Deiche hinanstiegen, auch der armen Leute kleinen Häuser unten am Deich niederschlugen. Um 10 alsbald ist wohl der erste Einbruch des salzigen Seewassers zu Stintebull geschehen, wenig vor 11 aber vermerkte man hier zu Gaikebull, dass dann die Schlöte und Graben mit großer Hast vollliefen und also im Lande dann anstieg, dass sich dann über und über ergoss und viel Vieh und Feldfrüchte bei den Häusern wegriss.

Mit eben der Ebbe war dieser Ort um 2 nach Mitternacht, als vermutlich die hohen Kämme unserer Deiche abgeschlagen waren, ja dieselben an gar vielen Orten bis auf den Fuß auch eines Teils tief in der Erde abgestürzt, da sah man das Wasser unglaublich hoch sich schwellend zu uns in unsere Häuer kommen und so geschwind wachsen, dass, wo wir forttraten, es auf dem Fuß uns folgte, und trieb zu ergreifen was wir konnten und damit dem Boden zueilen. [...]

Allein ich muss sagen, dass unsere Herzensangst sehr sehr groß und mannigfaltig, als wir das Wasser halben bekümmert, darin wir mochten ertrinken, auch des Feuers mussten uns sorgen, welches etwa auf den Boden genommen bei so strengem Winde leicht hätte verwahrlost werden. Inmaßen leider! an etlichen Orten geschehen ist. [...]

... wie sie miteinander eine gute Weile, bis auch an die Knie im Wasser gewatet, sich so lange drunten im Hause aufgehalten, bis hier die Tür, dort die Wand eingeschlagen, als dann habe die Mutter ihr säugendes Kindlein aus der Wiege gehoben, die anderen auch bei der Hand ergriffen, und sind nach dem Boden mit Weinen und Klagen gestiegen. Der Vater aber nebst seinen Dienstboten haben noch etwas Kleider und Bettgewandt zusammengeraspelt, und sind bald nachgestiegen. Doch soviel Tritt, so vielmal sei ihnen eine neue Angst ins Herz gestiegen, weil sie auf dem Boden empfunden, wie gottesgreulich die Winde aufs Dach gestürmt, dasselbe durchlöchert und bald ein, bald das andere Haus abgerissen.

Auch für Lobedantz war die Katastrophe von 1634 eine göttliche Strafaktion, ausgelöst durch das verderbte Leben der Bewohner, verbunden mit der eindringlichen Mahnung zu Beichte, Gebet und sittlichem Lebenswandel.

Sollte nicht wohl mancher mit seinen Gedanken zur Hölle hinabsteigen und dem Satan oder seinen Unholden Schuld geben, dass sie solche Landesverwüstung mit Zauberwerken angerichtet haben? Unter den Christennamen führt man ein schier heidnisches Leben. Man spürt eine schändliche Leichtfertigkeit im Schwören und Fluchen, ein trutziger Ungehorsam wieder die liebe löbliche Obrigkeit. Das säuische Fressen und Saufen wird ohne Scheu getrieben, mit Hurerei und Ehebruch werden fast alle Winkel gefüllt. Gar viele besudeln ihr Herz und Zorn und Rachgier und ihre Hände mit Blutvergießen. Lasset uns beichten und beten.

Eindrucksvolles Zeugnis dieser über die Menschen hereingebrochenen Katastrophe legen vor allem die Kulturspuren der untergegangenen Kirchspiele im Watt ab. So legte im Bereich des Rummelloches der Prielstrom Teile von Buphever mit ehemaligen Wohnplätzen und Entwässerungsgräben frei. Die Füllung der jüngeren Gräben besteht aus Schlamm und Wattablagerungen mit Schilfresten als Teil der ehemaligen Vegetation. Älter als diese waren mit Torfbrocken verfüllte Gräben in der ehemaligen vermoorten Landoberfläche. Nördlich des Rummellochs befinden sich weitere Kulturspuren der ehemaligen Kirchspiele von Bupte, Osterwohld und Westerwohld[329].

Auch das Gebiet von Morsum war – wie der übrige Ostteil Alt-Nordstrands – durch Entwässerung kultiviert worden[330]. Wie mächtig die Torfbedeckung war, belegen bis zu ein Meter mächtige Moorsockel unter den reihenförmig angelegten Warften der Insel. Seit dem ausgehenden Mittelalter gehörte zu diesem Marschhufendorf ein wichtiger Hafen. Nach einer zeitgenössischen Quelle sollen im Kirchspiel Morsum 396 Menschen ertrunken sein, 84 Häuser und drei Mühlen wurden ein Raub der Fluten. Nur 16 Häuser überstanden die Katastrophe. Drei Jahre nach der Flut stürzte der Kirchturm ein, und das

Regelmäßige Fluren und Sielzüge sowie links im Bild zwei Warften sind stumme Zeugen des 1634 untergegangenen Kirchspiels Westerwohld. Foto: Walter Raabe.

Gebäude wurde abgebrochen. Die noch verbleibenden Marschen der Insel waren infolge der zerstörten Deiche regelmäßigen Salzwasserüberflutungen ausgesetzt. Meeressedimente bedeckten die Siedlungsreste.

Durch einen Priel wurden hier 1966 mehrere Kulturspuren freigespült. Sichtbar war ein in Nord-Süd-Richtung verlaufender aufgehöhter Weg, der mindestens zehn rechteckige, durch Gräben eingefasste streifenförmige Parzellen begrenzte. Da die alte Oberfläche bereits durch das Meer abgetragen worden war, ließ sich das Wohnniveau der Häuser vor 1634 nicht mehr ermitteln. Die Hofwarften waren jedoch nicht sehr hoch, da sie gegen das Binnenwasser errichtet worden waren und man dem Schutz der Seedeiche vertraute. Aus zahlreichen mit Soden ausgekleideten Brunnen und Fassbrunnen stammen vor allem Funde des 16. und 17. Jahrhunderts, seltener solche des Mittelalters.

Einigen der Einwohner des Strands war die Flucht auf das Hochmoor der Insel gelungen. Hier blieben sie die nächsten Jahre, um ihr Leben zu fristen, wie Anton Heimreich beschreibt[331]:

Es seyen aber gleichwohl ein Theil der übrig gebliebenen Leute annoch in ihren nachstehenden Häusern bewohnen geblieben, und haben dieselben bestermaßen durch Aufführung der Werfte, darauf sie wohnen, vor dem Wasser beschützet. Ein Theil aber derselben hat sich auf dem hohen

Im Watt am Rummelloch bezeugt die Basis dieses Deiches die vergeblichen Versuche der Menschen, ihre Kulturlandschaft vor dem Meer zu schützen. Die zweite Große Mandränke von 1634 zerstörte diesen Deich und das Land. Foto: Dietrich Hoffmann. Grafik: Dirk Meier.

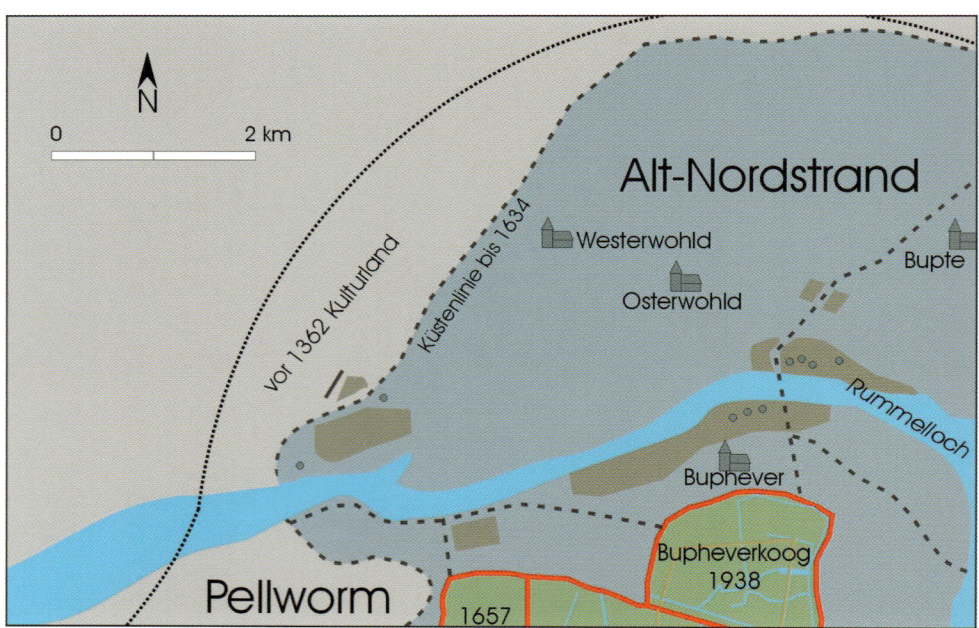

Moor (darauf vormals niemand gewohnet, und welches auch vormals weder Gras noch Korn getragen) niedergelassen, und haben sie sich an den beiden Örtchen von dem herrlichen Fischsegen, welcher der grundgütige Gott nach ergangener Fluth zum Unterhalt der armen Leute mildiglich bescheret, und den salzigen Gräsungen zu kümmerlichen Zeiten erhalten, worüber die Einwohner auf dem Moor ihre Nahrung mit Torfgraben gesuchet ...

Mit Fischfang, Torfabbau und etwas Viehhaltung versuchten die bedauernswerten Menschen zu überleben. Während die ersten behelfsmäßigen Behausungen noch direkt auf dem Hochmoor entstanden, mussten infolge höherer Sturmfluten bald Warften aufgeworfen werden. Das Hochmoor bedeckten Meeresablagerungen, auf denen Salzwiesen aufwuchsen.

Wiederbedeichungsversuche im Gebiet des alten Strandes waren nach 1634 nur im Bereich der Pellwormharde von schnellem und nachhaltigem Erfolg gekrönt. Hier gelang in den Jahren 1635 bis 1637 die Wiederbedeichung einiger Köge, darunter die des Großen Koogs. Die westlichen Seedeiche lagen jedoch viel weiter im Osten als die vor der Flut. Nach einer Unterbrechung von zwanzig Jahren wurden die Bedeichungen erfolgreich fortgesetzt. Die direkt ohne Vorland an die See grenzenden Deiche im Westen, Süden und teilweise auch im Osten der Insel waren aber kaum zu halten. Im 18. Jahrhundert mussten erhebliche Flächen ausgedeicht werden. Neuland wuchs im Lauf der Zeit im Nordosten der Insel an, wo 1938 der Buphever Koog entstand, während die Seedeichlinie von 1794 bis 1804 im Westen und Süden mit der heutigen Küstenlinie übereinstimmt.

Auf Nordstrand waren anders als auf Pellworm alle Versuche der Bevölkerung gescheitert, die niedrige Inselmarsch wieder zu bedeichen. Erst nach zwanzig Jahren konnte auf Initiative des Schleswiger Herzogs unter großem Kapitaleinsatz landfremder Geldgeber – Holländer und Flamen, später auch Franzosen – Wiederbedeichungen erfolgen. Die neu eingedeichten Flächen erhielten vier reiche „Partizipanten". Ihrem Vorbild folgten weitere kapitalkräftige Interessenten, so dass 1657 der Marie-Elisabeth-Koog und 1663 der Trindermarschkoog entstanden. Die alten Landbesitzer Nordstrands wurden durch diese Maßnahmen weitgehend rechtlos – sie waren durch das Unglück der Sturmflut doppelt gestraft. Sie hatten alles verloren, und die Neueindeichungen kamen ihnen nicht zugute. Die neuen Deiche auf Nordstrand folgen nicht dem Verlauf der mittelalterlichen, denn anders als auf Pellworm wurde hier Neuland dazu gewonnen.

Ein weiterer Augenzeuge der Flut war der Chronist Peter Sax in Koldenbüttel, der 1638 ausführlich die Schäden in Eiderstedt auflistet[332]:

In diesem Jahre zwischen dem 11. October in der Nacht, ist die erschrecklich grimmige und in aller Welt bekannte hohe Wasserflut über Eiderstedt, Everschop und Utholm und alle insgemein in diesem tractu boreali [nördlichen Landstrich] *gelegenen Marschländereien und Städte gegangen, um 6 Uhr auf Abend fing Gott der Herr aus dem Südosten* [dies ist wohl ein Irrtum, denn dann wäre die Flut weniger bedrohlich gewesen] *mit Wind und Regen zu wettern, um 7 Uhr wendete der Wind nach Südwesten, und ließ so stark wehen, dass fast kein Mensch gehen oder stehen konnte, um 8 oder 9 Uhr waren die Deiche schon zerschlagen, eingerissen und abgeworfen, die Luft war voller Feuer, der ganze Himmel brannte und Gott der Herr ließ donnern, regnen, blitzen und den Wind so kräftig wehen, dass die Grundfeste der Erde sich bewegte, und man nichts anderes wissen konnte, dass Himmel und Erde auseinander fallen sollte, und der jüngste Tag abhanden wäre. Um 10 Uhr war alles geschehen.*

Im Folgenden beschreibt Sax den Zustand der Straßen, auf denen Heu, Stroh, allerlei Hausrat und totes Vieh antrieb. Auf herumtreibende Hausteile, auf Bretter, Latten, Bäume und sogar totes Vieh hätten sich einige Leute gerettet und seien – nach den Worten des Chronisten – von einem Ort zum anderen getrieben worden. Schiffe hätte die Sturmflut über den Deich getragen. Überall gab es großes Elend, und an etlichen Stellen stand das Wasser über sechs Wochen, ehe es durch Schleusen (Siele) abgeleitet wurde. Die verzagten Menschen konnten nicht zu Reparaturarbeiten überredet werden, und viele hätten das „Mausen" begonnen und mitgenommen, was nicht verloren war. Manche hätten aber diese Beute mit ihrem Leben oder Unfällen bezahlen müssen. Nicht zu beschreiben wäre der Schaden an Deichen und Dämmen, Sielen und Schleusen, an Winterfrüchten; wieviel Land verloren und Häuser und Gärten vernichtet seien, könne nicht berechnet und noch weniger beschrieben werden.

Die Flut von 1634 zerstörte auch den Stackdeich der Lundenbergharde, deren Reste heute im Watt liegen[333]. Vor 1362 war die Lundbergharde noch mit Nordstrand verbunden, wo die Kirchorte Lith und (Alt) Morsum zu dieser Verwaltungseinheit gehörten. Die Marcellusflut trennte dann – wie beschrieben – die südliche Lundbergharde von der Edomsharde in Nordstrand[334]. Nach 1362 wurden die Nordstrander Kirchorte Bestandteile der Edomsharde. Schwere Sturmfluten leiteten dann trotz aller Sicherungsmaßnahmen seit 1625 den endgültigen Untergang der Lundenbergharde ein. Die Kraft der Naturgewalten unterstreicht eindrucksvoll der im Watt zu Tage getretene Rest des als Stackdeich ausgeführten alten Seedeiches der Lundenbergharde, den die Sturmflut von 1634 zerstörte. Nur ein Teil der überfluteten Marsch ließ sich erneut sichern, wobei die Kirche von Lundenberg ausgedeicht werden musste; von ihr sind nur Findlinge im Watt übriggeblieben.

Während mit der Lundenbergharde und den nordfriesischen Uthlanden wiederum große Landflächen verlorengingen, traten diese im Dithmarscher Küstengebiet nicht ein. Dennoch waren auch hier nach Anton Heimreich *die Deiche auf das kläglichste zugerichtet und an vielen Stellen ganz weggeworfen worden* und *das Land* [war] *so verdorben, dass es in vielen Jahren nicht wieder in den vorigen Stand kommen möge [...]*[335].

DIE WEIHNACHTSFLUT VON 1717

Neben der Allerheiligenflut von 1570 und der Marcellusflut von 1634 war die Sturmflut in der Nacht vom 24. auf den 25. Dezember 1717 die größte Flutkatastrophe der Neuzeit. Der Scheitel der Weihnachtsflut von 1717 lag in Husum noch 60 bis 90 cm über dem von 1634[336]. Eine erneute Sturmflut in der Nacht vom 25. auf den 26. Februar 1718 verschlimmerte die Lage in den Marschländern noch, da das Wasser infolge der vielen Deichbruchstellen weit in das Landesinnere strömte. Die Eisflut erreichte zwar nicht die Wasserstände vom Dezember 1717, aber durch das Zusammenwirken von hohem Wasserstand und Eisschollen, die die Deiche rammten, entstanden schwere Schäden. Die bei der Weihnachtsflut teilweise schon zerstörten Deiche wurden ganz weggerissen, Grundbrüche und Ausspülungen (Kolke) verbreiterten und vertieften sich. Erschwerend wirkte sich auch der Nordische Krieg auf die Wiederherstellung der Deiche aus.

An allen Küstenregionen von den Niederlanden bis nach Dänemark kam es zu zahlreichen Deichbrüchen und Überschwemmungen. Zwischen Emden und Tondern ertranken 1717 etwa 9000 Menschen, in den Niederlanden über 2500[337]. Am schlimmsten betroffen war die zwischen Jadebusen und Wesermündung exponiert liegende Halbinsel Butjadingen. Hier war ein Bevölkerungsverlust von nahezu dreißig Prozent zu verzeichnen. Groß waren auch die Verluste an Vieh. Unbeschreiblich waren die Schäden an Deichen und Sielen. In Norderdithmarschen waren 1781 von 23 510 Ruten Deich etwa 2785 Ruten ganz weggerissen[338].

In seiner Eiderstedter Chronik beschreibt Rosien 1740, dass *am Heiligen Christ Abend* [des Jahres 1717] *die Flut 4 Fuß über die Haffteiche* gegangen ist. *In Osterhever ist das Wasser ... eingebrochen ... die Häuser sind sonsten diesen Teich fast alle ruiniret oder niedergeschlagen*[339]. Der jüngere Heimreich, der 1661 auf Lüttmoor als Sohn des großen Chronisten Anton Heimreich geboren wurde und seinem Vater 1685 als Pastor auf der Hallig nachfolgte, hat uns in seinem Tagebuch einen weiteren erschütternden Augenzeugenbericht über die Weihnachtsflut hinterlassen. Der mit den anderen Hausbewohnern auf den Dachboden Geflüchtete berichtet, wie die tobenden Wellen die Wände des Pastorats einstürzen ließen und *die furchtbare See durch das Haus ging*. Unter fürchterlichem Brüllen ersoff das Vieh, die Einrichtungsgegenstände des Hauses, darunter die Bibliothek mit fast 400 Büchern, schwammen davon[340].

Von der *erschrecklichen Wasserflut* des Jahres 1717 fasste J. A. Bolten 1781/88 die wesentlichen amtlichen Einzelangaben zusammen: Danach wurde die ganze Marsch Dithmarschens überschwemmt, und vielerorts stand das Wasser 2,1 m hoch. Weil die stürmische Witterung bis in das Jahr 1718 anhielt, *glich die ganze Marsch einer offenbahren See*[341]. Nur für die Bewohner der bis NN +6,20 m hohen Dorfwurt Wöhrden bestand *wegen der hohen Lage des Fleckens* keine Lebensgefahr, wie überhaupt in diesem Kirchspiel keine Toten zu beklagen waren. Hingegen waren die Eider-, See- und Elbdeiche *größtenteils weggespület oder sehr ruiniret*[342].

Auch die Neujahrsflut vom 31. Dezember 1720 auf den 1. Januar 1721 richtete schwere Schäden an[343]. Erneut brachen vielerorts die Deiche. In manchen Marschregionen lief das Wasser entsprechend der Tide ständig ein und aus. Aufwendige und teure Reparaturen verschlangen viel Geld. Die Auswirkungen der Sturmfluten zwischen 1717 und 1720 waren für viele Küstenregionen verheerend. Manche Orte hatten ihre ganze Ernte und sämtliche Vorräte verloren, auch Frischwasser war kaum noch vorhanden.

Nach den eingeleiteten ersten Rettungsmaßnahmen musste die Bevölkerung mit Lebensmitteln versorgt werden. Örtliche Obrigkeiten und Pastoren versuchten vielerorts, Getreide aufzukaufen und zu verteilen. Die von den Ämtern eingeleiteten Maßnahmen reichten schon bald nicht mehr aus. So war 1718 in den betroffenen Gebieten – vor allem der Grafschaft Oldenburg – eine große Hungersnot zu verzeichnen. Da die Klagen kein Ende nahmen, übernahm hier die vom dänischen König zur Untersuchung der Verhältnisse in den betroffenen Gebieten eingesetzte Deichkommission die weitere Hilfe. Die Kommission unterstützte in Butjadingen 1717/18 ein Viertel der Bevölkerung mit Lebensmitteln[344].

Obrigkeitliche Maßnahmen konnten zwar die Folgen der Fluten von 1718 bis 1720/21 lindern, aber nicht ganz beseitigen. Die schon vor der Flut armen Bewohner der Marschländer wie Kätner und Tagelöhner gerieten in große Not. Ihre kleinen, oft auf oder am Deich oder auch im Koog zu ebener Erde errichteten Häuser hatte das hereinströmende Wasser

Deutlich sieht man im Watt noch die alten Pflugspuren der einst fruchtbaren Äcker. Foto: Dietrich Hoffmann.

völlig zerstört. So wurden in dem ostfriesischen Dorf Osteel die Häuser von 27 Arbeitern, zwei Schneidern und einem Krämer weggerissen. Aber auch reiche Bauern blieben von den Sturmfluten nicht verschont. Mancher, der vorher wohlhabend gewesen war, habe – wie Pastor Closter aus Abbehausen an den dänischen König schrieb – nicht mehr so viel Vermögen, um seinen Hunger und seinen Durst zu stillen, um sich zu kleiden und vor Kälte zu schützen[345].

Die für die Küstenregion so wichtige Landwirtschaft geriet in eine große Krise. Die hohe Schuldenlast, der versalzte Boden infolge des ständig ein- und ablaufenden Wassers und die Zerstörungen trieben viele Bauernfamilien in den wirtschaftlichen Ruin. Konkurse waren die Folge. Ganze Bauernfamilien starben aus. Versteigerungen vieler aufgegebener Höfe führten zu niedrigen Immobilienpreisen. Die noch zahlungsfähigen Anteile der Bevölkerung mussten um so mehr zahlen, da das Geld für den Deichbau benötigt wurde. In ihrer Verzweiflung verließen viele Marschbewohner ihre Heimat und suchten ihr Glück in der Fremde. Die Abwanderungen erwiesen sich für die Regierungen als sehr misslich, da mit diesen auch die Arbeitskraft für die Wiederherstellung der Deiche fehlte. Erst zwei Jahrzehnte nach den Katastrophen begannen sich die Marschländer von deren Auswirkungen zu erholen. Kapitalkräftige Besitzer übernahmen die Höfe und erzielten auf den fruchtbaren Böden nach der Neubedeichung überdurchschnittliche Erträge. Höhere Preise für Agrarerzeugnisse und eine ansteigende Konjunktur leiteten einen erneuten Aufschwung ein.

Auch die Ostfriesischen Inseln waren von der Sturmflut 1717 stark betroffen. War der schützende Dünenwall erst einmal durchbrochen, zerstörte das Meer die dahinterliegenden Dörfer sehr schnell. Die Bewohner wussten sich den Gefahren anzupassen. So gab es in der frühen Neuzeit als Schutz gegen Sturmfluten Häuser mit Schwimmdächern, von denen noch eines auf der Insel Spiekeroog steht[346]. Bei diesem Drift-Huus (Treibhaus) diente das Schwimmdach nach einer schweren Flut als Rettungsfloß. Bei Gefahr – wie der Weihnachtsflut 1717 – flüchteten die Menschen auf den Dachboden, warfen zur Sicherung der Tragfähigkeit des Schwimmdaches die Dachziegel herab, stürzten den Schornstein heraus und lösten die Verankerungen (Aufschieblinge). Manchmal schaffte man es noch, Kleinvieh mitzunehmen. Stürzten infolge der Wassermassen die Wände ein, löste sich das Schwimmdach von den Giebeln, und wie auf einem Rettungsfloß trieben die Menschen dem Festland zu. Fand sich keine geschützte Lage für die Anlage eines neuen Dorfes, verließen die Bewohner sogar die Inseln, wie Quellen dies für Langeoog und Spiekeroog im 18. Jahrhundert und Wangerooge im 19. Jahrhundert überliefern. Deren Wiederbesiedlung erfolgte erst mit Hilfe des Oldenburger Herzogs als Landesherr.

Die Februarflut von 1825

Seit der zweiten Hälfte des 19. Jahrhunderts entstanden an der Nordseeküste zahlreiche neue Köge. Hinter den höheren und breiteren Deichen fühlten sich die Menschen sicherer. Auf der Basis des Lehrbuchs von Albert Brahms von 1767/73 begannen sich geschulte Ingenieure des Deichbaus anzunehmen. Allerdings hatte man den Anstieg des Meeresspiegels im 19. Jahrhundert noch nicht erkannt. Um so schlimmer wirkte sich die Februarflut vom 3./4. Februar 1825 aus, die mit +4 m oberhalb des Mittleren Tidehochwassers in Husum (NN +5,09 m) alle bis dahin bekannten Höhen überschritt [347]. Alle nach dem Maß der vorhergehenden höchsten Flut von 1717 verstärkten Deiche überströmte die tobende See. Die 1799 auf Pellworm neu erbauten Deiche wurden um bis zu 1,20 m überlaufen und brachen an neun Stellen. Weite Gebiete Ostfrieslands, Dithmarschens und Nordfrieslands standen oft bis an den Geestrand unter Wasser. Es ertranken 800 Menschen und rund 50 000 Tiere.

Besonders die über mittelalterlichem Kulturland aufgewachsenen nordfriesischen Halligen waren betroffen. Besonders dramatisch verlief die Flut auf Hallig Südfall. Die vor 1634 noch etwa 4 km lange und 2 km breite Hallig hatte sich schon bei der Sturmflut von 1804 wegen ihrer exponierten Lage zwischen den Wattströmen Hever und Norderhever stark verkleinert[348]. Im Jahre 1804 waren noch drei Warften vorhanden. Während die Süderwarft in dieser Zeit schon unbewohnt an der Abbruchkante lag, befanden sich auf der Norder- und der Osterwarft insgesamt sieben Häuser. In der Sturmflut von 1825 ertranken alle Menschen, nur der Halligbauer Peter Christiansen mit seiner Familie entging diesem Schicksal, da sein Haus 1824 durch eine Sturmflut zerstört worden war und alle mit einem Boot aufs Festland flüchteten. Nach der Sturmkatastrophe von 1825 kehrte Peter Christiansen zurück.

Auch die Süder- und die Norderwarft auf Hallig Habel wurden ein Opfer der Sturmfluten am Beginn des 19. Jahrhunderts. Der *Catalogus Vetustus* führt das erstmals genannte und zur Beltringharde gehörende Habeld als untergegangen auf. Der in der ersten Hälfte des 17. Jahrhunderts wirkende Chronist Heimreich nahm an, dass die Marsch um Hallig Habel 1362 unterging[349]. Die überlebenden Bewohner sollen nach 1362 in das Kirchspiel Bupte auf der Insel Strand eingepfarrt worden sein. Nach dem Untergang Buptes 1634 gehörten die Bewohner der Hallig Habel zur Kirche auf Gröde. Um 1600 erwähnt Petreus noch *drei oder vier Häuser* auf Habel, mit denen der Chronist wohl Warften meinte[350]. Im Jahre 1770 fanden noch sieben Familien ihr Auskommen; 1805 bestanden mit der Süder- und Norderwarft nur noch zwei Warften. Die Oberfläche der heutigen Hallig liegt drei Meter oberhalb des kultivierten Landes der Zeit vor 1362 und ist somit nicht der Rest der mittelalterlichen Marsch. Das sumpfige, von Schilfdickichten bedeckte Land nahmen im hohen Mittelalter die ersten Siedler in Besitz und entwässerten es. Siedlungsreste, Sodenbrunnen, Entwässerungsgräben, Deichreste und Spuren des Salztorfabbaus sind nördlich der Hallig auf einer Höhenlage von NN -1 m nachgewiesen. Einen Teil des niedrigen Kulturlandes und die Salztorfabbaufelder umgaben im hohen Mittelalter niedrige Deiche. Heute ist Habel mit Ausnahme eines Vogelwärters des Vereins Jordsand unbewohnt und wird bis 60 mal im Jahr überflutet.

Auch die nordwestlich von Habel liegende Hallig Gröde musste in der Vergangenheit eine starke Verkleinerung hinnehmen, wuchs aber nach der Verlandung des trennenden Priels mit der benachbarten Hallig Appelland zusammen. Zwischen den Halligen Gröde-Appelland und Oland lag noch im 19. Jahrhundert die kleine Hallig Hingstneß. Wie bei allen anderen Halligen im nördlichen nordfriesischen Wattenmeer sind auch um Langeneß und Gröde zahlreiche Spuren des mittelalterlichen Salztorfabbaus belegt. Hallig Gröde weist mit der Kirch- und der Schufwarft noch zwei Warften auf. Auf der Knudswarf stehen die Wohnhäuser um den Fething herum. Die in den Jahren 1759/60 erbauten Häuser wichen nach 1962 Neu- oder Umbauten. Außen lagen ursprünglich die Kleinviehställe. Bis 1936 existierten noch zwei Getreidemühlen.

Von Dagebüll aus erreicht man mit einer Lorenbahn Oland und Langeneß. Oland hat heute nur noch eine einzige Warft. Der starke Abbruch der Hallig, der an der Westseite von 1804 bis 1899 etwa 240 m betrug, war die Ursache für den 1896 erfolgten Bau einer Dammverbindung mit dem Festland, die seit 1898 weiter nach Langeneß führt. Nach deren Zerstörung entstand 1914–1919 der heutige Damm. Langeneß existiert in seiner heutigen Geschlossenheit erst seit dem 19. Jahrhundert und ist aus den Eilanden Nordmarsch im Westen, Langeneß im Osten und Butwehl im Süden zusammen gewachsen[351]. Nach Angaben des *Catalogus Vetustus* waren sowohl Nordmarsch als auch Langeneß Kirchspiele der Wirichsharde, die 1362 untergingen. Auf der über dem mittelalterlichen Kulturland aufgewachsenen Hallig wurde unmittelbar westlich der heutigen Kirchwarft im Jahre 1599 eine Kirche errich-

Infolge der Flut von 1634 gingen auch Warften unter. Als letzte Spuren haben sich oft noch die bis in den Untergrund eingetieften Sodenbrunnen erhalten. Foto: Dietrich Hoffmann.

tet. Kirche und Friedhof mussten aufgrund des fortschreitenden Landabbruchs 1732 an ihre heutige Stelle verlegt werden. Die neu errichtete Kirche wurde 1838 abgebrochen. Erst 1894 entstand eine neue Kirchwarft. Das Verschwinden von nicht weniger als fünf der insgesamt zwölf Nordermarscher Warften im Laufe des 19. Jahrhunderts belegt das Ausmaß der Zerstörungen durch das Meer[352].

Auf den Halligen ertranken 1825 insgesamt 74 Menschen, 2603 Stück Vieh kamen um und 88 Häuser wurden zerstört. Die übrigen ihrer Häuser und Habe beraubten Menschen brachten Segelboote zur benachbarten Insel Föhr, wo sie wie Schiffbrüchige Aufnahme bei Familien fanden[353]. Vom Hafenort Wyk auf Föhr fuhren Schiffe auch das erste Trinkwasser auf die Halligen, deren Fethinge versalzt waren. Der Husumer Hilfsverein spendete reichlich. Als nach der verheerenden Flut vom 4. Februar 1825 der dänische König Friedrich VI. die Nordfriesischen Inseln bereiste, kam er am 2. Juli auch nach Hallig

Im Watt bei Hallig Gröde zerstörte das Meer im späten Mittelalter einen kleinen Wald, wie die Baumstümpfe zeigen. Foto: Dietrich Hoffmann.

Hooge. Da ungünstige Winde seine Weiterfahrt verhinderten, übernachtete er im Wandbett des seitdem Königspesel genannten Raumes. Zwar sah er sich die Schäden an und ließ die gröbste Not lindern, die staatliche Verwaltung aber half den Geschädigten kaum. Trotz der hohen Schäden befürwortete man die Erhaltung der Hallig, und Vorschläge für ihren Schutz wurden unterbreitet.

Heute sind die Abbruchkanten der Halligen durch Steindecken befestigt und die mittlerweile zu niedrigen Warften an ihren Rändern durch einen Ringdeich erhöht. Eine der Spuren der Tragödie konnte man noch in den dreißiger Jahren des 19. Jahrhunderts bei Ebbe südlich von Hallig Hooge erkennen: den Rest des Fethings der alten Fedder-Bandix-Warft. Die beiden Häuser, die 1825 noch auf der

Im Watt vor Hallig Langeneß liegen alte Gräben (Pütten), aus denen man vor 1362 Klei zum Bau von Deichen entnahm. Foto: Dietrich Hoffmann. Grafik: Dirk Meier.

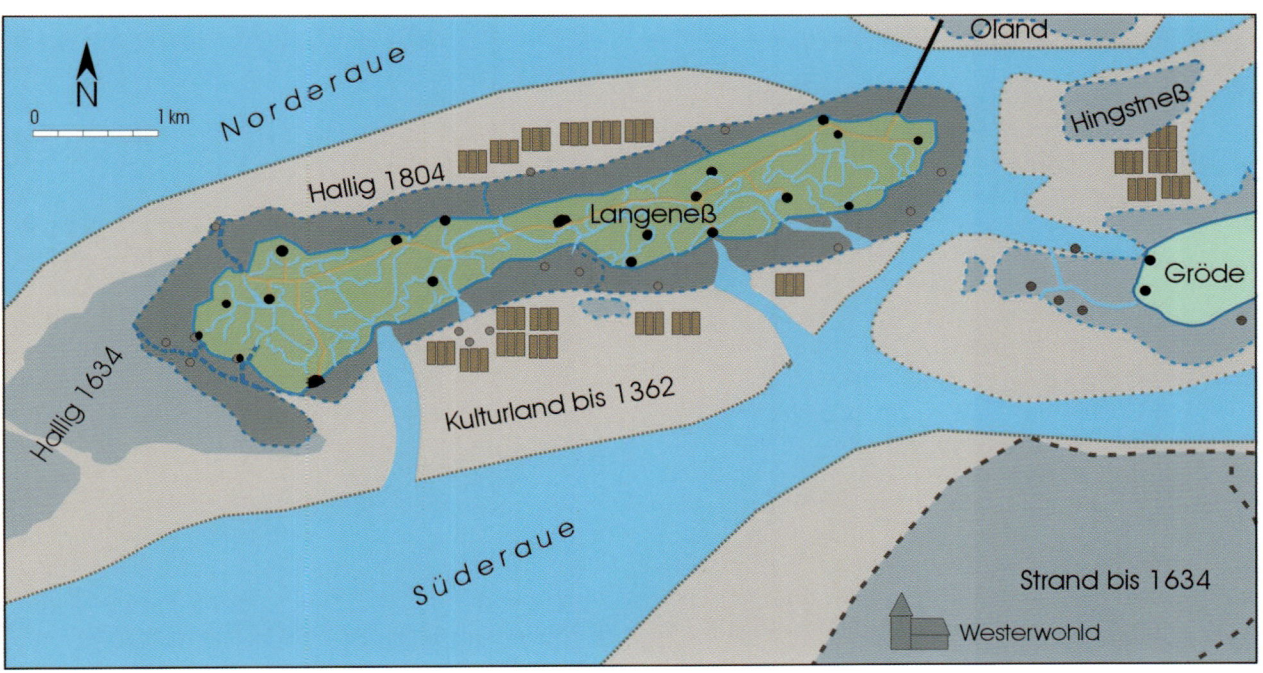

Warft standen, hatte die Flut zerstört, und ihre Bewohner fanden den Tod. Infolge älteren Landabbruchs hatte die Warft 1825 schon ganz am Rande der Hallig gelegen; heute befinden sich deren Reste 150 m südlich der Uferkante.

Auf der Kirchwarft von Hallig Nordstrandischmoor versuchte sich ein Schullehrer mit seiner Frau und seinem zehn bis elf Jahre alten Sohn auf den Boden des als Schule und Kirche dienenden Hauses zu retten. Als das Haus zu knacken begann, flüchteten sie durch das schon armtiefe Wasser zur benachbarten Warft der Familie Levesen. Dabei vergaßen sie ihren Sohn im Heuhaufen. Zur gleichen Zeit stürzte die Kirche ein und der Sohn trieb auf dem Heuhaufen auf die Levesen-Warft zu, wo er gerettet wurde[354]. In Wyk auf Föhr trieb nach der Flut eine Wiege mit zwei gut verschnürten Kindern an, wo sie vom Hafenmeister aufgezogen wurden und die Namen Hinrich und Carsten Lorenzen erhielten. Wer ihre Eltern waren, konnte nie ermittelt werden[355]. Das Totenregister von Hallig Hooge berichtet von drei durch die Flut aus den Gräbern fortgerissenen Särgen, die auf Pellworm antrieben und dort bei der alten Kirche wieder bestattet wurden[356].

Mit Ausnahme der Flut vom 4. Januar 1855, die insbesondere auf Wangerooge schwere Zerstörungen anrichtete, blieben die Marschen in der zweiten Hälfte des 19. Jahrhunderts von Katastrophen verschont. Den höheren Wasserständen in den Tagen vom 5. bis 8. Dezember 1895 konnten die Deiche trotz anhaltenden Weststurmes standhalten.

DIE HAMBURG-STURMFLUT VON 1962

Nachdem die schwere Sturmflut von 1953 in Holland große Schäden verursacht hatte, während das nordwestdeutsche Küstengebiet noch mal davongekommen war, waren die Behörden auch hier gewarnt. Viele der Deiche waren nach 1825 mehrfach erhöht worden. In Hamburg sollten 1963 weitere Erhöhungen bis NN +6,5 m erfolgen. Zu spät, wie die Hamburg-Sturmflut von 1962 zeigte – die Deichkronen von NN +5,7 m erwiesen sich als zu niedrig[357].

Die Entwicklung des Orkans vom 16./17. Februar begann bereits am 12. Februar mit einem kräftigen Sturmtief, dessen Kern nach Skandinavien zog und Orkanböen über die deutsche Nordseeküste brachte[358]. Da der Wind wieder abflaute, kam es zu keiner größeren Sturmflut. Erst am 13. Februar setzte wieder ein stürmischer Nordwest- bis Nordwind ein, der bis zum folgenden Tag anhielt. Am 13. Februar begann bei Neufundland die Entwicklung von Zyklonen, die über den Nordatlantik entlang eines Azorenhochs in die Nordsee zogen. Um 20 Uhr meldeten die Nordsee-Feuerschiffe Borkumriff und P 8 Südweststurm in einer Stärke von 8 Beaufort (Bft), am nächsten Vormittag war es schon eine Sturmstärke mehr. Um 22 Uhr bliesen 9 bis 10 Bft, in Böen sogar bis 12 Bft. In der mittleren und nördlichen Nordsee tobte der Sturm am heftigsten. In der Nacht vom 16. auf den 17. Februar rollte dann aus nordwestlicher Richtung eine sehr hohe Flutwelle auf die deutsche Nordseeküste zu.

Diese Nacht ist bei vielen Menschen unvergessen. Die Sturmtide wurde dabei von einer Fernwelle aus dem Atlantik – ausgelöst von tektonischen Vorgänge – verstärkt, so dass nie gesehene Scheitelwasserstände von NN +5,70 in Hamburg, +4,94 m in Büsum, +5,21 m in Tönning und +5,61 m in Husum eintraten. Das Wasser beschädigte die Deiche auf einer Länge von etwa 400 km. An den Flussmündungen der Ems, Oste und Elbe traten zahlreiche Deichbrüche ein, ebenso am Jadebusen[359]. Hoher Wasserstand, starke Brandung, hoher Wellenauflauf und Wellenüberschlag gefährdeten alle Deiche. Besonders stark war Hamburg betroffen[360]. Dort brachen die Deiche an 60 Stellen, und 12 500 Hektar des Stadtgebiets – rund ein Sechstel – wurden überflutet. Es blieb kaum eine Vorwarnzeit, da die Flutwelle in Hamburg vierzig Minuten vor der berechneten Zeit eintraf[361]. Im Gegensatz zu Schleswig-Holstein, wo die Sturmflut keine Menschenleben forderte, ertranken in Hamburg 315 Menschen, 1255 Wohnungen wurden zerstört und rund 27 000 Wohnungen beschädigt. Hinzu kamen die Verluste an in den Häfen lagernden Gütern. Der gesamte materielle Schaden belief sich etwa auf 5 Milliarden DM.

An der schleswig-holsteinischen Nordseeküste brach der Deich des Uelvesbüller Koogs in Eiderstedt; der Christianskoog in Dithmarschen wurde vorsorglich evakuiert[362]. In Nordfriesland flaute der Wind kurz vor dem höchsten Wasserstand ab. Zu diesem Zeitpunkt war die Nordsee in viele der Häuser auf den Halligen bereits eingedrungen. Dung und Jauche aus den Ställen trieben in die Wohnungen. Auf Langeneß reichten die Brecher zwischen den Häusern auf der Warft Hilligenley bis auf Dachhöhe. Fontänen von bis zu 15 m Höhe stürzten auf die Warft. Als auf der Warft Süderhörn eine Bauersfrau telefonieren wollte, brach die Holzwand mitsamt dem daran befestigten Telefon ein. Mit knapper Not konnte sich die Frau auf den Dachboden retten. Auf der Neu-Peterswarft flüchtete ein junges Ehepaar mit einem wenige Monate alten Kind auf einen Heudiemen. Ein Haus der Hanswarft auf Hallig Hooge wurde durch die Sturmflut völlig zerstört. Gegen 23 Uhr drang das Wasser von allen Seiten in ein Haus auf Hallig Gröde ein. Von der gegenüberliegenden Knutswarft sahen die Bewohner nur noch die Dächer aus den Wellen herausragen. Sie überstanden die Sturmflut auf einem Bettgestell, da das Wasser einen halben Meter hoch in der Wohnstube stand. Die meisten Halligbewohner überlebten die Sturmflut in den Dachgeschossen ihrer Häuser oder auf den Dächern. Nach Ablaufen der Flut bestand akuter Trinkwassermangel, da die Fethinge versalzt waren. Von 150 Häusern blieben nur 34 unbeschädigt. Nach der Katastrophe brachten Schiffe Frischwasser zu den Halligen, später erhielten die Warften erstmals in ihrer Geschichte Trinkwasseranschluss vom Festland.

Im Gebiet der nördlichen Halligen wurden im Mittelalter Salztorfe zur Gewinnung von Salz abgebaut. Spuren in Form alter Gräben finden sich hier noch heute im Watt. Foto: Dietrich Hoffmann.

Die Auswertung dieser Sturmflut mit ihrer Auswirkungen einschließlich ergänzender Untersuchungen führte zu neuen Küstenschutzmaßnahmen[363].

Der Cappella-Orkan von 1976

Nach 1962 wurden die Deiche begradigt und verstärkt; neue Speicherbecken gewährleisteten die Binnenentwässerung. Die Eidermündung schließt seit 1973 ein Sperrwerk ab. Die Bewährung dieser Maßnahmen zeigte sich in der „Jahrhundertflut" vom 3. Januar 1976[364]. Der auslösende „Capella-Orkan" war einer der stärksten der zurückliegenden dreißig Jahre. Er erreichte in Büsum Windstärken von 10 bis 12 Beaufort mit Spitzenböen von bis zu 145 km/h. Der ungeheure Winddruck staute die Wassermassen der Nordsee fünf Stunden an den Deichen der Elbe und an der Westküste Schleswig-Holsteins auf eine bis dahin nicht erreichte Höhe über NN an: In Hamburg +6,45 m, in Büsum +5,16 m und in Husum +5,66 m. In der Haseldorfer Marsch und im Christianskoog brachen die noch nicht verstärkten Deiche; die neuen Seedeiche und das Eidersperrwerk hielten jedoch. Einer der höchsten bis dahin in Nordfriesland gemessenen Wasserstände trat infolge eines heftigen Orkanwirbels in Dagebüll mit NN +4,71 m am 24. November 1981 ein.

Bedrohlich war auch die Orkankette vom 26. bis 28. Februar 1990 mit einer dichten Folge schwerer Sturmfluten. Größere Schäden blieben jedoch auf den Seedeich bei Dagebüll und den Westrand der Insel Sylt beschränkt.

Nach dem Generalplan Deichverstärkung, Deichverkürzung und Küstenschutz des Landes Schleswig-Holstein von 1986 und seinen Fortschreibungen darf die seeseitige Deich-Außenböschung in der Höhe des maßgeblichen Sturmflutwasserstandes nicht steiler als 1:8 geneigt sein, darunter 1:10 bis 1:12, darüber die Deichkrone 1:4[365]. Bei direkt an die See grenzenden Deichen sichert eine Steindossierung den Fuß, ansonsten das Vorland. Die heute neu errichteten Seedeiche bestehen im Gegensatz zu den historischen aus einem aufgespülten Sandkern mit abdeckenden Kleilagen. Darüber werden heute keine Soden mehr ausgelegt, sondern es wird Rasen angesät.

Die Höhe der Deiche richtet sich nach den höchsten bekannten Sturmfluthöhen und berücksichtigt darüber hinaus den Wellenschlag infolge des Windstaus, ein daraus errechnetes Sicherheitsmaß sowie den Anstieg der Wasserstände[366]. Maßgeblich für die gegenwärtige Bemessung der Deichhöhen ist in Schleswig-Holstein der Sturmtidewasserstand, der statistisch einmal in 100 Jahren erreicht oder überschritten wird (Verfahren des maßgebenden Sturmflutwasserstandes). An der niedersächsischen Küste richten sich die Deichhöhen nach dem höchstmöglichen Springtidehochwasser, dem dazugerechneten maximalen Wasserstau sowie dem erwarteten Anstieg des Mittleren Tidehochwassers (Einzelwertverfahren). Der Seedeich von Büsum hat mit einer Höhe von NN +8,70 m das an der schleswig-holsteinischen Nordseeküste übliche Maß.

Zukunft in Gefahr: Steigt der Meeresspiegel?

Klimaänderungen und Meeresspiegelanstieg

Der Blick in die Vergangenheit zeigt, welch enorme Veränderungen in den letzten 2000 Jahren an der Küste stattgefunden haben. Zukünftige Küstenveränderungen sind somit wahrscheinlich. An der Flachmeerküste der Nordsee suchten die Menschen seit 2500 Jahren Schutz auf Warften und begannen vor etwa 1000 Jahren mit dem Bau von Deichen. Obwohl sich Perioden vermehrter Sturmfluten mit Perioden geringerer Überflutungsgefahr ablösten, war der Schutz vor der Gewalt des Meeres seit dem Mittelalter für die Menschen an der Küste überlebensnotwendig. Wie die Küste sich weiterentwickeln wird, ist daher eine wichtige Frage. Lückenlose Wasserstandsaufzeichnungen liegen an der Nordseeküste erst seit 1850 vor, davor lassen sich – wie wir gesehen haben – archäologische Untersuchungen und historische Berichte heranziehen. Diesen verschiedenen Daten zufolge steigen seit 1500 das Mittlere Tidehochwasser ebenso wie die Hochwasserstände zwischen 20 und 25 cm im Jahrhundert an[367].

In einigen hundert Jahren wird man sich vielleicht beim Anblick überfluteter Kulturlandschaften fragen, warum trotz umfassender Kenntnisse nicht auf eine Klimaerwärmung mit daraus resultierendem Meeresspiegelanstieg reagiert wurde. Allerdings leben wir heute in einer Warmzeit, hohe weltweite Wasserstände sind deren Folge. Ein erdgeschichtliches Extrembeispiel stellt die Anstiegsrate von etwa vier Metern im Jahrhundert zu Beginn der letzten Warmzeit (Eem Warmzeit 126 000–115 000 Jahren vor heute) dar[368]. Für das Verständnis der rezent ablaufenden Prozesse im Klimasystem ist der Vergleich mit dieser Warmzeit hilfreich, da sich nicht nur der Beginn und der Verlauf, sondern auch das Ende dieser Warmzeit mit seinen natürlichen Klimaveränderungen komplett erfassen lässt.

Die jetzige Warmzeit begann vor 11 560 Jahren und erreichte vor etwa 6000 Jahren ihren Höhepunkt[369]. Danach wurde das Klima wieder etwas kühler. Kleinere Klimaschwankungen erfolgten dabei in historischer Zeit mit dem mittelalterlichen Klimaoptimum zwischen 1100 und ca. 1450 n. Chr. und der Kleinen Eiszeit zwischen ca. 1450 und 1850 n. Chr. Erst nach 1850 hat der Mensch durch die Industrialisierung in die natürliche Klimaentwicklung eingegriffen. Ein wärmeres Klima wird dabei wahrscheinlich zu einem weiteren Anstieg des Meersspiegels führen. Die ermittelte Anstiegsrate des MThw von 20 bis 25 cm im Jahrhundert gleicht den mit geologischen Methoden ermittelten Daten für warmzeitliche Wasserhochstände. Also ist der heutige Anstieg des MThw noch kein Warnsignal. Gemäß geologischen Erkenntnissen ist eine natürliche Abkühlung des Klimas und eine damit einhergehende Meeresspiegelabsenkung innerhalb der nächsten 5000 Jahre zu erwarten. Astronomische Modellrechnungen sprechen hingegen für eine Abkühlung erst in 50 000 Jahren.

Wie die Küsten künftig aussehen werden, lässt sich nur vermuten[370]. Ein globaler Meeresspiegelanstieg scheint sich abzuzeichnen. Auch die Stürme an der Nordseeküste haben sich in den letzten Jahren gehäuft, wenn daraus auch noch kein Trend abzulesen ist. Inwieweit der Küstenschutz bei einem weiteren Meeresspiegelanstieg noch finanzierbar sein wird, bleibt eine zu diskutierende Frage – neu ist sie nicht, denn seit Beginn des Deichbaus hat es immer wieder Streit um die Lastenverteilung gegeben. Wir können heute noch nicht absehen, welchen Stellenwert das Zulassen dynamischer Prozesse an der Küste für nachfolgende Generationen haben wird.

Wie zuverlässig sind Klimaszenarien?

Aktuelle Klimamodelle sind weit entfernt davon, das Klimasystem in all seinen Komponenten und Teilprozessen realistisch abzubilden[371]. Diese beschreiben das Klimasystem der Erde in physikalisch-mathematischen Gleichungen, die vom Rechner numerisch gelöst werden können. Aus den Ergebnissen errechnet der Computer das Klima für einen größeren Bereich oder eine Region. Jedes Klimamodell berücksichtigt die Wechselwirkungen zwischen Atmosphäre, Hydrosphäre (Ozean und Wasserkreislauf), Kryosphäre (Eis und Schnee), Biosphäre (Pflanzen und Tiere), Pedosphäre (Boden) und Lithosphäre (Erdkruste). Die Schwankungen der Atmosphäre bezeichnen wir als Wetter. In einer kürzlich am Hamburger Max-Planck-Institut für Meteorologie und des Forschungszentrums in Geesthacht durchgeführten Klimasimulation wurden die letzten 450 Jahre am Computer nachgerechnet, während die davor liegenden Klimaänderungen völlig unberücksichtigt blieben.

Pegelmessungen halten seit der Mitte des 19. Jahrhunderts die Höhe der Tidenwasserstände an der nordwestdeutschen Küste fest. Die Höhe der älteren Fluten der frühen Neuzeit lassen sich nur anhand von Flutmarken bestimmen. Die Höhe der verschiedenen Fluten sind auf diesem Poller angegeben. Foto: Dirk Meier.

Vor etwa 450 Jahren war der globale Einfluss des Menschen auf das Klima noch gering. Änderungen der Sonnenaktivität, Vulkanismus und natürliche Treibhausgase bildeten die wesentlichen Einflussfaktoren auf das Großklima der Erde. Deutlich zeichnen sich in dieser Simulation zwischen 1675 und 1715 sowie 1810 und 1830 zwei ausgeprägte kühle Phasen der Kleinen Eiszeit ab, danach wurde das Klima wieder wärmer. Zwischen 1900 und 2000 stieg die Temperaturkurve trotz einiger kurzer Schwankungen um 0,5 bis 1 Grad Celsius an[372]. Bisher sind das noch relativ kleine Verschiebungen, wohl aber leichte Erhöhungen der global gemittelten Temperatur und des Meeresspiegels. Ob die bisherigen Veränderungen Vorboten von weitaus schlimmeren Abweichungen von unserem „Normalzustand" sind, lässt sich aus diesen Werten nicht ableiten.

Die vom Menschen verursachte Klimaerwärmung wird von unserem zukünftigen Verhalten abhängen. Die Szenarien des International Panel on Climate Change (IPCC) gehen von verschiedenen Modellen aus, je nachdem, ob das wirtschaftliche Wachstum der Welt weiterhin fast ungebremst ansteigt und fossile Brennstoffe weiterhin Vorrang haben oder ob der technologische Wandel regional gesehen langsamer voranschreitet. Das dritte und vierte Szenario räumen einer nachhaltigen Entwicklung bei verantwortungsbewusstem Umgang mit den Ressourcen jeweils unterschiedlich große Chancen ein[373]. Die bisherigen Analysen sprechen für das 21. Jahrhundert von höheren Maximaltemperaturen, höheren Minimaltemperaturen, einer Zunahme von Hitze, Trockenheit und Starkregen sowie Wirbelstürmen mit höheren Windgeschwindigkeitsspitzen und Niederschlagsmengen. Stürme können aber auch ihre Zugbahnen geändert haben und müssen daher nicht zwangsläufig häufiger geworden sein.

Auch natürliche Katastrophen beeinflussen das Klimageschehen. Der Ausbruch des Vulkans Pinatubo auf den Philippinen im Juni 1991 gehörte zu den stärksten Vulkanausbrüchen des 20. Jahrhunderts. Der Ausstoß riesiger Staub- und Gasmengen in Höhen von über 20 km reduzierte die Einstrahlung der Sonne auf die Erde für mehrere Jahre merklich und führte zu einem vorübergehenden globalen Sinken der Mitteltemperatur um einige Zehntel Grad[374].

Die Wetterextreme der letzten Jahre sind aber noch kein Beweis für einen vom Menschen verursachten Klimawandel[375]. Die Temperaturunterschiede zwischen 1891 und 1990 ergeben in ihrer räumlichen Differenzierung kein klares Bild[376]. Schätzungen berechnen den Anteil der anthropogenen Treibhausgase auf etwa 1 Grad Celsius der Erwärmung, anthropogen verursachte Kühleffekte durch Sulfatpartikel vermindern diese um 0,4 Grad[377]. Die Erwärmung zeigt sich am deutlichsten bei den Alpengletschern, die seit der Mitte des 19. Jahrhunderts bis zu einem Drittel ihrer Fläche und ihres Volumens verloren haben, wie man an alten Ansichtskarten sehen kann[378]. Allerdings gab es in der Nacheiszeit Phasen, wo die Gletscher noch weiter zurückgewichen waren als heute.

Prognosen und Küstenschutzmassnahmen

Im Jahre 1683 traf der Amsterdamer Bürgermeister Hude eine weise Entscheidung für die Zukunft, indem er in acht Schleusen Marmorsteine in Höhe des

Das Eidersperrwerk sichert seit 1973 die breite Eidermündung vor Sturmfluten. Die Generalpläne für den Küstenschutz werden den Erfordernissen ständig angepasst. Mit dem Bau von Deichen hat der Mensch seit dem Mittelalter massiv in die natürliche Küstenentwicklung eingegriffen. Eindeichungen für die Landwirtschaft gibt es heute nicht mehr. Foto: Walter Raabe.

damaligen Mittleren Tidehochwassers einmauern ließ. Seitdem verfügt man mit dem Amsterdamer Pegel (AP) über eine Bezugsgröße für Wasserstandsmessungen. Diese Messungen sind heute besonders notwendig, denn für die Niederlande sind die Folgen eines relativen Meeresspiegelanstieges, die Zunahme von Stürmen und eine Erhöhung der Abflussmengen der Flüsse infolge einer Klimaerwärmung, besonders bedrohlich. Von 1700 bis zur Abdämmung der Zuidersee 1932 hat man stündlich den Wasserstand und die Windgeschwindigkeit festgehalten. In den Niederlanden liegt somit die weltweit älteste Reihe von Wasserstandsdaten vor. Etwa seit 1850 wird der Wasserstand an der gesamten niederländischen Küste systematisch gemessen, seit 1932 auf den Neu-Amsterdamer Pegel (NAP) bezogen.

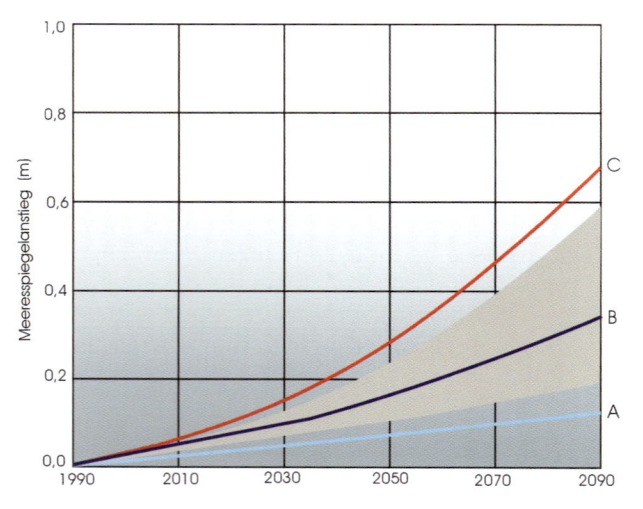

Die Szenarien des global gemittelten Wasserstandes gehen je nach dem Grad der Klimaerwärmung von verschiedenen Schätzungen aus. Die mittlere Kurve B dürfte am wahrscheinlichsten sein, wobei auch hier ein größerer Schwankungsbereich (grau unterlegt) anzunehmen ist. Werte nach Houghton, J.T. u.a. 2001: Climate Change 2001. The Scientific Basis (Cambridge 2001). Grafik: Dirk Meier.

Aus den Messwerten zwischen 1865 und 1965 lässt sich auf einen mittleren relativen Meeresspiegelanstieg von durchschnittlich 20 cm pro Jahrhundert bei den südlichen und von 13 cm bei den nördlichen Stationen schließen. Die verschiedenen Höhen sind eine Folge der verschiedenen meteorologischen Bedingungen. Das mittlere Hochwasser steigt dabei anderthalbmal so schnell wie der mittlere Meeresspiegel an den jeweiligen Stellen. Somit verändern sich auch die Gezeiten.

Eine Steigerung des Meeresspiegelanstiegs in Szenarien um 60 cm im Jahrhundert würde aufgrund neuer Küstenschutzmaßnahmen geschätzte Kosten von 8000 Millionen Gulden verursachen[379]. Der Rijkswaterstaat erstellte daher 1991 eine erste Studie, die den Klimaszenarien verschiedene Maßnahmen gegenüberstellt[380]. In der Studie wird von verschiedenen Szenarien ausgegangen, die von einem Meeresspiegelanstieg von 20 (A), 60 (B), 85 (C) und 100 cm (D) in den nächsten hundert Jahren ausgehen. Wie auch immer die Zukunft der Nordseeregion aussehen wird – mit dem landschaftlichen und kulturellen Erbe sollten wir verantwortungsbewusst umgehen.

Werden die Seedeiche auch in Zeiten eines weiteren Meeresspiegelanstiegs standhalten? Der Seedeich von Westerhever stand 1976 kurz vor dem Bruch. Foto: unbekannt.

Kulturelles Erbe: Spuren in der Landschaft

Landschaftliches und Kulturelles Erbe

Landschaften sind Räume, in denen sich Natur und Mensch begegnen. Die heutige Landschaft der Nordseeküste ist daher das Ergebnis umweltgeschichtlicher Vorgänge ebenso wie der langen Auseinandersetzung des Menschen mit der Küste – sie gehört zu den einmaligen Natur- und Kulturregionen Europas. Watten, Sände, Nehrungen, Marschen und Geest formen die unterschiedlichen Landschaftstypen. Warften, Deiche und Entwässerungssysteme sind Bestandteile der Kulturgeschichte. Die dynamische Gewalt des Meeres trifft an der Nordseeküste auf die flache Marsch, die Wellen brechen sich an den Deichen, die Land und Meer voneinander scheiden. Das Verhältnis zwischen Natur- und Kulturlandschaft ist gleichsam der Spannungsbogen einer langen Auseinandersetzung, der Mensch im historischen Prozess Landschaft gestaltend, eine eigene Welt formend.

Bereits Johann Heinrich Kohl, der vor 250 Jahren die Marschen der Herzogtümer Schleswig und Holstein bereiste, bezeichnete die Küstenlandschaft als eine Welt für sich. Diese Welt steht heute im Spannungsfeld zwischen Natur- und Küstenschutz, den Interessen von Landwirtschaft, Tourismus, Windenergie und Industrie. Hoben sich einst die Warften mit ihren Häusern oder die Kirchen als markante Punkte vor dem Horizont ab, prägen heute vielerorts die zahlreichen Windkraftkonverter das Landschaftsbild, durchschneiden breite Straßen die Marschen, weichen alte Bauernhäuser agrarindustriellen Zweckbauten.

Deus mare, Friso litora fecit – Gott schuf das Meer, der Friese die Küste. Diese mittelalterliche Volksweisheit verdeutlicht aber auch, wie stolz die Friesen darauf waren, dieses Land aus dem Meer durch Deichbau zu gewinnen. Diese Leistung stand gleichsam neben Gottes Schöpfung – und diese ist einmalig, gehört doch das an die Marschen grenzende Wattenmeer zu den wichtigsten ökologischen Lungen unserer Erde, bietet Heimat für Zehntausende von Zugvögeln.

Als die ersten Menschen im Küstenraum siedelten, fanden sie noch eine unberührte Natur vor, sie blieben aber auch in einer extremen Abhängigkeit von deren Gewalten. Nur lokal griffen sie in die Natur ein, in den Flussmarschen rodeten sie die Auewälder und die extensive Viehhaltung im Umkreis der Warften veränderte erstmals die Pflanzengesellschaften. Aber erst der seit dem hohen Mittelalter einsetzende Deichbau und die damit mögliche künstliche Entwässerung formte in ihren Grundzügen die heutige Kulturlandschaft. Lange Zeit nahm der Mensch nur wenig Rücksicht auf die Natur, immer neue Köge entstanden. Erst in den 1970er Jahren setzte ein Umdenken ein und heute schützen Nationalparke das Wattenmeer vor immer weiteren Eingriffen.

Aber Natur ist nicht nur Idylle. Das zeigen die landzerstörerischen Sturmfluten, die immer wieder die Küstengebiete heimsuchten. Bis in die frühe Neuzeit verstanden die Menschen die Gewalt des „Blanken Hans" als Gottes Allgewalt, sahen darin ein Strafgericht für verderbliches Tun. Einst besiedeltes und kultiviertes Land versank im Meer, wurde zu Watt. Bis heute hat der Küstenschutz daher Vorrang, reine Landgewinnung aus wirtschaftlichen Gründen aber ist Vergangenheit. Trotz aller neuen Eingriffe in die Landschaft erinnern bis heute Warften, Deiche, ländliche Bauten und Flurformen ebenso wie Siedlungsmuster an diese eng mit der Umweltentwicklung verbundene Siedlungsgeschichte, Wirtschaftsweise und Kultur des Nordseeküstengebietes. Neben den historischen Küstenstädten sind Dorfstrukturen, Häuser und Sielhäfen ein wesentliches Erbe dieses Prozesses.

Die Kulturdenkmäler als Geschichtszeugnisse prägen unser Bild der Küstenlandschaft ebenso wie Kunst und Literatur. Dramatisch lässt Theodor Storm 1888 in seiner Novelle des „Schimmelreiters" Mensch und Natur aufeinander treffen. Gegen den Widerstand der Bauern führt der Deichgraf seinen Kampf um den neuen Deich, mit dem er die Natur bezwingen will. So spricht er in der Deichbevollmächtigen-Versammlung im Dorfkrug die folgenden Worte:

Vor dreißig Jahren ist der alte Deich gebrochen; dann rückwärts vor fünfunddreißig und wiederum vor fünfundvierzig Jahren. Seitdem aber, obgleich er noch immer steil und unvernünftig dasteht, haben die höchsten Fluten uns verschont. Der neue Deich aber soll trotz solcher hundert und aberhundert Jahre stehen; denn er wird nicht durchbrochen werden, weil der milde Abfall nach der Seeseite den Wellen keinen Angriffspunkt entgegenstellt, und so werdet ihr für

Die Ostfriesischen Inseln erstrecken sich in einer langen Linie von Westen nach Osten vor der Festlandsküste und wirken so als Wellenbrecher. Natur und Kultur begegnen sich hier wie so oft an der Nordseeküste. Foto: Walter Raabe.

euch und eure Kinder ein sicheres Land gewinnen, und das ist es, weshalb die Herrschaft und der Oberdeichgraf mir den Daumen halten. Das ist es auch, was ihr zu eurem eigenen Vorteil einsehen solltet!

Dieser Deich war nicht als defensiver Küstenschutz gedacht, denn Hauke Haien baute seinen neuen Deich in den gefährlichen Prielstrom hinein[381]. In der folgenden Sturmflut sieht er den Wagen mit seiner Frau und seinem Kind in die Bruchstelle des alten Deiches stürzen. Hauke Haien richtete sich auf seinem Schimmel hoch auf, gab ihm die Sporen und mit den Worten: *Herr Gott, nimm mich; verschon die anderen!* stürzte er sich in die tobenden Fluten. Schon Johann Nicolaus Tetens berichtete von seinen Reisen an die Nordseeküste, dass die Marschbewohner die Sturmfluten immer noch als göttliche Strafen ansähen[382].

Neben der Literatur formt auch die seit dem 17. Jahrhundert in den Niederlanden aufkommene Landschaftsmalerei unsere Vorstellung der Marschlandschaft. Vor dem Hintergrund eines hohen Himmels mit einer dramatischen Wolkeninszenierung erscheinen beispielsweise als überbetonte Vertikalen Kirchtürme am Horizont. In der bildenden Kunst dieser Zeit versinnbildlichen die Marschen gemalte Wahrnehmung von Unendlichkeit, betont durch tief liegende Horizontallinien.

Diese Bilder wirken – damals wie heute. Schon die den „Kontinent" bereisenden Engländer bezogen im 18. Jahrhundert Holland bei einer „Grand Tour" mit ein. Die Reisebeschreibungen der Niederlande enthalten stereotyp immer wieder Schilderungen über die Sauberkeit der Städte und Dörfer, die Pracht der Gebäude, den gepflegten Zustand der Straßen und die planmäßige Nutzung der Agrarlandschaft. Zwar charakterisierte 1795 Friedrich Karl Volckmar die Marschen Eiderstedts als eintönig, nicht jedoch, ohne auch deren Ästhetik zu betonen[383].

Auch die Menschen der Küstenregion versuchten durchaus ihre Landschaft ästhetisch zu verschönern. Auf den reichen Einzelhöfen Eiderstedts umgaben die Bewohner der Haubarge diese im 18. Jahrhundert mit Bäumen. Diese dienten nicht nur dem Windschutz, sondern waren ebenso wie die Häuser selber auch Repräsentationssymbole. Aus der Ferne betrachtet zeigte sich die Landschaft von Westerhever 1860 nahezu noch baumlos, heute weist das Ortsbild nahezu eine geschlossene Baumkulisse auf.

Bildnerische und gestalterische Kunst bilden ebenso wie archäologische und landschaftsgeschichtliche Denkmälergruppen unersetzbare Geschichtszeugnisse. Diese eng mit der wirtschaftlichen und gesellschaftlichen Entwicklung der Küstenzone verbundenen geschaffenen kulturhistorischen und landschaftlichen Werte sind im internationalen Vergleich einmalig, wie die Stader Erklärung von 1997 betont[384]. Die kulturgeschichtlichen Werte kommen nach Auffassung der Umweltminister Deutschlands, Dänemarks und der Niederlande den Naturwerten des Gebietes gleich. Das Kulturelle Erbe und dessen regionale Vielfalt bewahrt die Geschichte der Landschaft. Die Identität der Küstenlandschaft, deren Vielfalt und Geschichte sind einmalige Werte, die es zu entdecken und zu bewahren gilt. Das vom Verfasser mitinitiierte EU-Projekt „Landschaft und Kulturelles Erbe des Wattenmeeres" erfasste und bewertete erstmals auf digitaler Grundlage die Kulturdenkmäler der Nordseerregion nach einem gemeinsamen Standard für die drei Küstenländer Deutschland, Dänemark und der Niederlande[385]. Die Erklärung von Esbjerg 2001 hat nochmals das Kulturelle Erbe des Wattenmeeres gewürdigt[386]. Das Kulturelle Erbe der Region eröffnet zugleich Chancen für eine nachhaltige Regionalentwicklung. Dessen Vielfältigkeit zeigt eine kurze Betrachtung der Einzelregionen.

REGIONEN DER NORDSEEKÜSTE

Auf Spuren der eng mit der Landschaftsentwicklung verbundenen Geschichte stoßen wir überall entlang der Nordseeküste, in den festländischen Nordsee-

Die Tuffsteinkirchen gehören zum kulturellen Erbe der friesischen Marschen. Diese Kirche steht in Arle (Ostfriesland). Foto: W.-Hajo Zimmermann, Niedersächsisches Institut für historische Küstenforschung.

Die Kirche von Marienhafe im Brookmerland, Landkreis Aurich, besteht seit dem 13. Jahrhundert. Ursprünglich diente die große Kirche auch als Seezeichen, bevor man den einst prachtvollen Bau 1829 aus Kostengründen verkleinerte. Foto: Hans-Jörg Streif.

Seit dem 16./17. Jahrhundert entstanden in den Niederlanden die Gulfhäuser, eine Bauernhausform, die sich dann weiter bis Ostfriesland und bis nach Schleswig-Holstein ausdehnte. Das Foto zeigt den „Gulf", in dem das Erntegut gelagert wird. Foto: Dirk Meier.

marschen ebenso wie auf den Inseln und Halligen. Die kurze, abschließende Charakterisierung der einzelnen Küstenregionen möge das Interesse für individuelle Entdeckungsreisen in die Landschaft und ihrer Geschichte wecken, ohne dabei einen Reiseführer zu ersetzen. Die beigefügten Internetadressen vermitteln Unterkünfte und geben ergänzende Informationen.

Internet: www.nordwestreisemagazin.de

Rheiderland

Südwestlich von Leer erstreckt sich bis zum Dollart das Rheiderland. Die Unterems begrenzt die Region im Osten und Norden. Entlang des südlichen Ufers der Ems ist stellenweise noch ein erhöhter Uferwall erkennbar. Zwischen Jemgum und Ditzum befinden sich mehrere alte Wurten aus den ersten nachchristlichen Jahrhunderten oder dem frühen Mittelalter. Diese liegen ebenso wie die seit dem 7. Jahrhundert

Die große, prachtvoll ausgestattete Kirche von Tettens wurde im 12./13. Jahrhundert auf einer Wurt im Wangerland erbaut. Foto: W.-Hajo Zimmermann, Niedersächsisches Institut für historische Küstenforschung.

v. Chr. angelegten und im 4./3. Jahrhundert überschwemmten Flachsiedlungen – wie Jemgum und Hatzum – auf dem Emsuferwall. Das niedrigere Binnenland nahmen bis zur hochmittelalterlichen Kultivierung ausgedehnte Moore ein, deren Kultivierung erst im hohen und späten Mittelalter erfolgte. Regelmäßige Sielzüge mit langgezogenen Siedlungsreihen unterscheiden diese Regionen – wie bei Hatzumfeen – von den unregelmäßigen Flurformen nahe der Ems, die noch an das alte Prielsystem erinnern. Im 1. Jahrhundert n. Chr. und erneut im frühen Mittelalter erfolgte eine Neubesiedlung des Uferwalles. Jemgum und Ditzum entwickelten sich in der frühen Neuzeit zu kleinen Hafen- und Fischerorten.

Im hohen und späten Mittelalter entstanden entlang der Emsmündung die ersten Deiche. Seit dem Ende des 13. Jahrhunderts, im 14. Jahrhundert und erneut in der Cosmas- und Damian-Flut von 1509 drang das Meer weit in das vermoorte Hinterland bis zum fingerförmigen Geestrand bei Bunde vor und formte den Dollart. Dieser wurde seit dem 17. Jahrhundert von den Rändern her wiederbedeicht. In der ehemaligen Bucht erstrecken sich Köge des 16. bis 20. Jahrhunderts. Die Wiederbedeichung begann im Südwesten mit der Scheemdabucht und im Südosten mit der Winschoten-Bucht. Auf der deutschen Seite wurde 1605 das Bunderneuland eingedeicht, 1707/08 entstand der Norder- und Süder-Christian-Eberts-Polder, der Landschaftspolder (1752), der Heinitzpolder (1796) und der Kanalpolder (1885). Charakteristisch für die jungen Köge sind geradlinige, geplante Entwässerungssysteme und regelmäßig angelegte Hofstellen. Nordöstlich von Bunde sind noch viele der charakteristischen Gulfhäuser erhalten.

Im Jahre 1595 entstand auf der Insel Wangerooge der Westturm als Kirchturm und Seezeichen. Dieser lag 1793 noch in der Mitte der Insel. Der ständige Landabbruch führte dazu, dass der Turm sich vor 1914 im Watt befand. Nach dem Ersten Weltkrieg gesprengt, wurde ein neuer Westturm erbaut. Foto: Hans-Jörg Streif.

Die wichtigsten mittelalterlichen Orte befinden sich am Rande der Geest. Bekannt ist das im 10. Jahrhundert an der Ems liegende, urkundlich erwähnte Weener, das sich mit Kirche, Markt und Herrensitz seit dem 13. Jahrhundert zum Zentrum des Rheiderlandes entwickelte. Der Ort profitierte von der günstigen Verkehrslage zwischen den Niederlanden und Emden. Von Groningen und Münster in Westfalen endeten die Straßen in Weener. Nordwestlich von Weener und nördlich von Bunde befindet sich in Bunderhee ein altes Steinhaus als Sitz eines friesischen Häuptlings, das bis in das 15. Jahrhundert zurückreicht. Dieser Ziegelbau weist 1,5 m mächtige Mauern auf. Während der Häuptlingszeit besaß das 11,40 mal 7,50 m große und 15 m hohe Gebäude Schießscharten. Über dem hochgelegenen Keller befanden sich zwei nicht weiter unterteilte Geschosse. Im Jahre 1712 wurde ein Wohnhaus im Barockstil angebaut. In der Nähe liegen Gulfhäuser des 17. Jahrhunderts. Andere feste Häuser dienen heute als Pfarrhäuser. Gut erhalten ist das von Stapelmoor, das infolge einer Bauinschrift in das Jahr 1429 datiert werden kann.

In dem kultivierten Hochmoor bei Weenermoor und südwestlich von Bunde erstrecken sich Moordörfer mit regelmäßig angelegten Hofreihen und anschließenden Streifenfluren.

Internet: www.rheiderland.de

Emden und Leer

Die heutige Altstadt von Emden liegt auf einer Langwurt des frühen Mittelalters, deren Aufbau teilweise mehrere kleine Ausgrabungen erschlossen. Seit dem 8./9. Jahrhundert erstreckte sich eine kleinzeilige Bebauung mit kleinen Häusern beiderseits einer langgezogenen Straße. Die Bewohner der Wurt profitierten von dem über See gehenden fränkisch-friesischen Fernhandel. Die über einen Priel zur Wurt gelangten Schiffe zog man zunächst auf einem Schiffslände an Land. Erst im Laufe des hohen Mittelalters entstand ein Hafen mit Kaianlagen für die größeren Koggen. In dieser Zeit erweiterten die Bewohner auch die Wurt zu den Seiten hin und erhöhten sie mehrfach.

Ostfriesland. Detailausschnitt der Karte mit der Krummhörn und dem Rheiderland auf Seite 163. Grafik: Dirk Meier.

Da die Altstadt von Emden im Zweiten Weltkrieg durch Luftangriffe zerstört wurde, sind nur Reste der ehemaligen Bebauung erhalten. Die mittelalterliche Große Kirche wurde ebenso wie viele andere Bauten neu aufgebaut. Die alten Winkel und engen Gassen der Altstadt sind verschwunden, Häuser aus der Renaissance befinden sich noch in der Pelzer Straße. Anziehend ist vor allem der Hafen mit dem wiederaufgebauten Hafentor, dem mittelalterlichen Hafenbecken des Ratsdelftes und den Museumsschiffen. In Emden befinden sich mehrere Museen, darunter das Ostfriesische Landesmuseum im alten Rathaus in der Nähe des Hafens.

Das südlich von Emden an der Ems gelegene Leer mit seiner reizvollen Altstadt, erwähnt erstmals 850 und erneut 930 n. Chr., ein Urbar des Klosters Werden. Seit 1250 Mittelpunkt einer Probstei, wurde Leer Flecken und erhielt 1508 Marktrecht. In Leer befinden sich mehrere Museen sowie ein Museumshafen. Die Harderwykenburg in Leer gleicht in ihrer Bauweise dem festen Haus von Bunderhee.

Internet: www.emden.de, www.stadt-leer.de

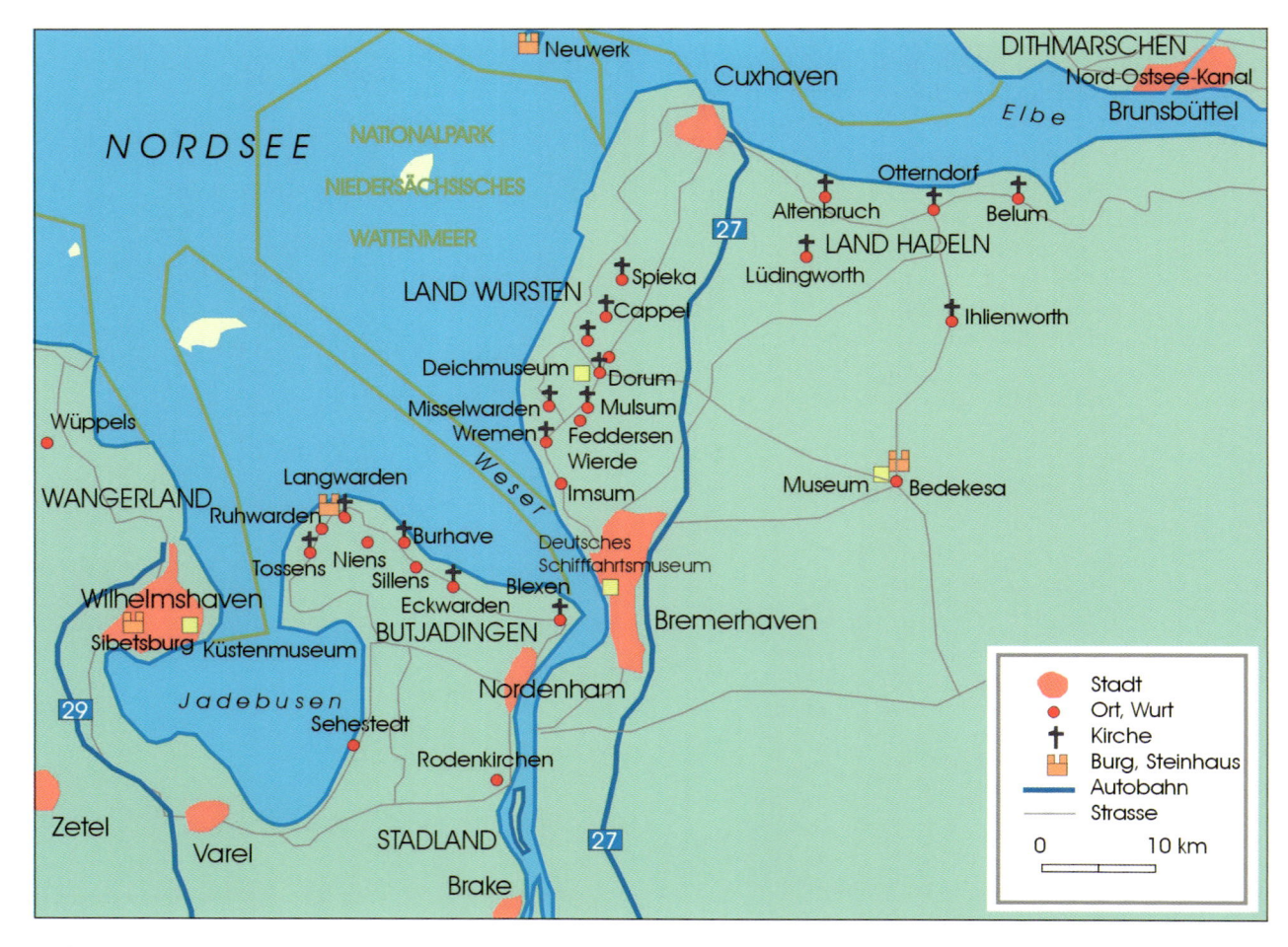

Jadebusen, Butjadingen und Land Wursten. Grafik: Dirk Meier.

Sielhäfen

Die Sielhäfen an der niedersächsischen Küste wie Greetsiel, Dornumersiel, Neuharlingersiel, Harlesiel, Hooksiel und Carolinensiel waren in der frühen Neuzeit wichtige Stützpunkte der See- und Wattenmeerfahrt. Ihre Bebauung weist einen städtischen Charakter auf. In Carolinensiel erläutert ein Museum die Geschichte dieser Kleinhäfen. Mit dem Ende der Segelschifffahrt verloren die kleinen tideabhängigen Sielhäfen ihre Bedeutung, da sie von den großen Dampfschiffen nicht mehr angelaufen werden konnten; zudem übernahm die Eisenbahn mehr und mehr den Waren- und Transportverkehr.

Krummhörn

Westlich von Emden erstreckt sich die Krummhörn. Im Süden begrenzen die Ems, im Westen die Nordsee, im Norden die ehemalige Leybucht und im Osten die Geestrandmoore des Brookmerlandes diese alte Marschlandschaft mit ihren Dorfwurten. Die Dorfwurt Rysum hat ihre alte Siedlungsstruktur noch vollkommen bewahrt. Um die Kirche liegen kreisförmig die Bauernhäuser. Eine Ringstraße umgibt die Wurt. Die heutige Kirche inmitten der 400 m großen und bis 6 m hohen Dorfwurt wurde im 15. Jahrhundert an den Turm aus dem 14. Jahrhundert angebaut. Die Burgstelle der Wurt liegt heute verlassen dar. Die aus dem Jahre 1457 stammende Orgel ist die älteste bespielbare Nordeuropas. Nördlich von Rysum passiert man auf dem Weg nach Norden die Dorfwurten Loquard, Campen, Upleward und Groothusen. In Upleward kamen bei Ausgrabungen u. a. die Überreste zweier frühmittelalterlicher Häuser zutage.

Groothusen ist eine im 8. Jahrhundert gegründete Lang- und Handelswurt auf der Südseite der im hohen Mittelalter abgedeichten Sielmönkener Bucht, die einst weit in das Landesinnere der Krummhörn reichte. Charakteristisch für die Anlage der Handelsniederlassung ist die lange, über die Wurt verlaufende Straße, zu deren Seiten im frühen Mittelalter kleine Häuser lagen. Anfang des 15. Jahrhunderts wurde die aus dem 12. Jahrhundert stammende Kirche im Westen abgebrochen und unter Verwendung alter Back- und Tuffsteine durch einen Neubau ersetzt. An der Ostseite der Handelsniederlassung entstand im späten Mittelalter eine von einer Graft umgebene Burg (Osterburg), die im 15. Jahrhundert als Herrenhaus wieder aufgebaut wurde. Von ehemals drei Burgen hat sie etwa ihre Gestalt behalten, wenn auch die Schießscharten durch Fenster ersetzt wurden. Der alte Hauptbau des 15. Jahrhunderts bildet heute den Mittelpunkt einer dreiflügeligen Anlage. In Groothusen wurden die Produkte des fränkisch-friesischen Fernhandels gegen einheimische Agrarerzeugnisse des Hinterlandes eingetauscht. Nach der Abdämmung eines Priels nahe der Langwurt und der Abdeichung der Bucht verlor Groothusen seine Handelsfunktion. Im Ort stehen noch einige kleine unter Denkmalschutz stehende Friesenhäuser.

Wie Groothusen liegen auch die Dorfwurten von Woquard, Pewsum, Frewsum und Midlum auf einem Uferwall an der südlichen Seite der einst bis Westerhusen reichenden Bucht. In Pewsum steht die Manningaburg, die historischen Quellen zufolge auf das Jahr 1458 zurückgeht. Die heutige Manningaburg erfuhr im 16. Jahrhundert eine Umgestaltung im Stil der niederländischen Renaissance. In der Burg befindet sich das ostfriesische Burgengeschichtsmuseum. Nebeneinander gelegene Burg und Pfarrkirche in Hinte bezeugen den Zusammenhang von Probstei und Häuptlingsmacht im Mittelalter. Die Burg, einst Häuptlingssitz der Allena, ist seit 1567 im Besitz der Familie von Freese. Das sich südlich dieser Dorfwurtenkette erstreckende vermoorte Sietland wurde erst nach der Bedeichung kultiviert. Nachdem zunächst ein erster Deich parallel der Dorfwurtenkette entlang der Bucht führte, gelang deren Abdeichung durch quer verlaufende Abriegelungsdeiche. Die von Groothusen nach Norden bis Manslagt führende Straße folgt dem Verlauf des Theener genannten Abriegelungsdeiches, mit dem die Grafen von Ravensberg ihre Wirtschaftsflächen schon vor 1252 eindeichten. In die verlandete Bucht erfolgte ein Ausbau mit Einzelhofwurten. Viele der seit dem 9. Jahrhundert entstandenen Ausbaudörfer weisen Ortsnamen auf -wehr und -husen auf. Das nördliche Ufer des ehemaligen Meereseinbruchs markiert die Dorfwurtenreihe von Manslagt bis Hinte.

Ostfriesland mit Rheiderland, Krummhörn und Brookmerland. Größere Übersichtskarte siehe Seite 161. Grafik: Dirk Meier.

Manslagt weist anders als die runden, älteren Dorfwurten eine rechteckige Siedlungsstruktur auf und entstand wohl erst im Hochmittelalter. Nördlich von Manslagt liegt am westlichen Rand der Krummhörn Pilsum, dessen romanische Kirche noch einen Wehrturm besitzt. Dieser als Vierungsturm ausgeführte Bau diente den Schiffern als Seezeichen. Die östlich von Pilsum zwischen 1230 und 1260 auf der Dorfwurt Eilsum erbaute Kirche gehört zu den größten der Krummhörn. Nördlich von Pilsum passiert man die Sietlandsmarsch, um dann wieder die Seemarsch und das an der Küste gelegene Greetsiel zu erreichen. Nordwestlich schließt sich die ehemalige Leybucht mit ihren jüngeren Poldern an.

Internet: www.ostfriesland.de

NORDERLAND UND HARLINGERLAND

Nördlich der Geest bei Norden liegt das Norderland. In der höher aufgelandeten Seemarsch entstanden die ersten Wurten – wie Westeraccum und Dornum –

in den ersten Jahrhunderten n. Chr. Östlich des Norderlandes erstreckt sich das Harlingerland. Bis zu deren Abdeichung schnitten die seit dem 9. Jahrhundert eingebrochene Dornumerbucht und Harlebucht in das Landesinnere ein. Insgesamt wurden durch die archäologische Denkmalpflege und die Ostfriesische Landschaft über 300 Wurten im Harlinger Land erfasst, darunter 33 Dorfwurten. Die Siedellandschaft in den seit dem Mittelalter eingedeichten Buchten prägen hingegen Hofwurten. Im hohen und späten Mittelalter ebenso wie in der frühen Neuzeit entstanden im Norder- und Harlingerland feste Steinhäuser, darunter das gut erhaltene Steinhaus in Nesse. Im späten Mittelalter erfolgte die Gründung der Klöster von Marienkamp (1 km südwestlich von Esens) und Schoo. Das Gelände von Marienkamp wird heute landwirtschaftlich genutzt. Im heutigen Seedeich liegen die Sielorte Harlesiel und Neuharlingersiel, letzteres befindet sich nördlich des älteren Carolinensiels.

BROOKMERLAND UND FEHNKOLONIEN

Einen Kontrast zu den Seemarschen bilden die ehemaligen Hochmoorgebiete in Ostfriesland. Ihre Kultivierung vermittelt sehr anschaulich das Moormuseum in Moordorf im Südbrookmerland östlich von Emden. Seit dem Mittelalter begann die Kultivierung der Hochmoore vom Geestrand aus. Erste Siedler zogen im 10. und 11. Jahrhundert von den Seemarschen der Krummhörn sowie den Regionen von Loppersum und der Hinte in das Brookmerland. In das Ödland erstreckten sich langschmale Fluren mit Entwässerungsgräben (Aufstreckfluren). Im 12. und 13. Jahrhundert wurden immer weitere ehemalige Moorgebiete in landwirtschaftliches Nutzland umgewandelt. Typisch für diese Zeit sind die Reihensiedlungen von Bunderhee, Boen und Wymeer, die an ähnliche Siedlungsmuster in Groningen, Westfriesland und Holland erinnern.

Zwischen Emden und Aurich liegen noch zahlreiche der alten Fehnkolonien mit ihren charakteristischen langgezogenen Siedlungsreihen entlang der Kanäle. Die älteste Fehnsiedlung in Ostfriesland entstand 1633 mit Großefehn. Der Abbau des Torfes erfolgte nach niederländischem Muster. Das Große Meer, ein mit Wasser gefüllter Binnensee, entstand in einem ehemaligen abgetorften Gebiet. Die dem Oldenburger Herzog gehörenden Hochmoore wurden von den Kolonisten auf Erbpacht erworben und erschlossen. In das Moor gegrabene Kanäle übernahmen den Transport des Torfes. In Großefehn wurde der Torf auf Segelschiffe verladen und nach Emden oder in die Krummhörn getreidelt, d. h. gezogen. Bis 1879 entstanden in Ostfriesland 23 weitere Fehnkolonien.

Zu den sehenswerten Kirchen des Brookmerlandes gehören Ostseel und Marienhafe, die bis zu ihrem teilweisen Zusammenbruch von 1829 der größte ländliche Kirchenbau Ostfrieslands war. Die Pastorei in Engerhafe ist ein ehemaliges Steinhaus. In Upgant-Schott, Gem. Brookmerland, wurde ein ehemaliges Steinhaus zum Wohnteil eines Bauernhofes. Westlich von Aurich informiert das Moormuseum mit Freilichtmuseum über die Moorkultivierung.
Internet: www.moormuseum-moordorf.de

WANGERLAND

Nordwestlich von Wilhelmshaven erstreckt sich zwischen der eingedeichten Harlebucht im Westen, und der Maadebucht im Südosten, der Nordsee und dem Jadebusen, das Wangerland, Teil des friesischen Gaus Wanga. Tief in das Wangerland schnitt von Osten her die um 1300 abgedämmte Crildumer Bucht ein, an deren südlichem und nördlichem Rand mehrere Dorfwurten (Gottels, Wiarden, Haddien) auf alten Uferwällen liegen. Auf einer Halbinsel in der ehemaligen Crildumer Bucht entstand 4 km nördlich des heutigen Jever das bin in das 7. Jahrhundert zurückreichende, mehrfach mit Mist und Klei erhöhte Wurtendorf Oldorf sowie die jüngere, längliche Ausbauwurt Neuwarfen. Die altbesiedelten Seemarschen weisen unregelmäßige Fluren aus, deren Gewässernetz noch an die alten Priele erinnert. Bereits in der verlandeten Crildumer Bucht liegt die langgestreckte mittelalterliche Ausbauwurt Wüppels.

Sehenswert ist die 1246 erbaute Kirche von Waddewarden, die an Stelle einer älteren Holzkirche auf der hohen Wurt errichtet wurde. Im Mittelalter umgab eine Mauer und ein Graben die Kirche, in der sich die Bevölkerung verschanzen konnte. Wie Waddewarden bildeten auch Tettens, Sillenstede, Sengwarden und Federwarden wichtige Kirchspiele des Wangerlandes.

Vom 11. bis zum 13. Jahrhundert wurde die Crildumer Bucht mit mehreren quer verlaufenden Deichen abgedämmt. Vom Südwesten des Wangerlands führte ein erster Deich entlang der Harlebucht westlich von Tettens (Tettenser Altendeich) bis Minsen und Horum sowie dann weiter bis nach Hooksiel. Im Nordwesten des Wangerlandes erstrecken sich mehrere jüngere Köge. Das Hornumertief, Hohenstief und Crildumer Tief erhielten 1542 Siele.
Internet: www.wangerland.de

Jever, Oldenburg und Wilhelmshaven

Mittelpunkt der kleinen Stadt Jever ist das Schloss, das auf eine Wehranlage des 15. Jahrhunderts zurückgeht. Der 1428 von Häuptling Hayo Harlda in Jever errichtete Schlossturm war ursprünglich ein Wehrturm. Dieser besteht im unteren Teil aus Granitsteinen und hatte im späten Mittelalter eine Höhe von 24 m. Seine runde Form sollte den Geschossen besser widerstehen. Im Schloss befindet sich das Kulturhistorische Museum des Jeverlandes.

Als ältestes Bauwerk im Jeverland östlich von Wilhelmshaven gilt die aus Granitquadern und Tuffstein errichtete Kirche von Schortens, das die Einwohner des friesischen Östringens 1158 nach einem Sieg gegen die Grafen von Oldenburg und Herzog Heinrich den Löwen errichteten.

In dem 1108 erwähnten Oldenburg ist im Landesmuseum für Natur und Mensch seit 2006 eine neu gestaltete Dauerausstellung zur Natur- und Kulturgeschichte der Region und der Küste zu sehen. Oldenburg erhielt 1345 durch Graf Kondrad I. von Oldenburg Stadtrecht, war Sitz der Oldenburger Herzöge und wurde 1815 auch zum herrschaftlichen Mittelpunkt des gegründeten Fürstentums.

Wilhelmshaven ist als Marinestadt mit seinen Hafenanlagen erst 1869 in einer seit Chr. Geb. besiedelten Seemarsch entstanden. Die von Ebo Wiemken d. Ä. 1383 erbaute, später Sibetsburg genannte Wehranlage bildet das eindrucksvollste archäologische Denkmal Wilhelmshavens. Den ehemaligen Burghügel fassten doppelte Gräben und Wälle ein. Burg und Vorburg umschlossen einen dritten Graben. Die archäologischen Ausgrabungen legten die Fundamente eines ehedem etwa 22 m hohen Wehrturms mit Backsteinmauern frei. Eine Wehrmauer umschloss die viereckige Hauptburg. Ähnliche erhaltene Burgen befinden sich in Ritzebüttel und auf der Insel Neuwerk bei Cuxhaven.

Internet: www.stadt-jever.de; www.oldenburg.de; www.naturundmensch.de; www.wilhelmshaven.de

Butjadingen

Die Küstenlinien der heutigen Halbinsel Butjadingen zwischen Jadebusen und Weser sind eine Folge der spätmittelalterlichen Sturmfluten und der damit verbundenen Meereseinbrüche des Jadebusens, der Heete und des Ahne-Lockfleths. Den Kern der Altsiedellandschaft im Norden der Halbinsel bilden zwei Uferwälle mit mehreren, teilweise bis in das 1. Jahrhundert n. Chr. zurückreichenden Dorfwurten, wie Ruhwarden, Sillens und Eckwarden. Zwischen beiden Uferwällen entstand im 9. Jahrhundert die Wurt Niens. Langwarden bildet ein gut erhaltenes Beispiel einer in mehreren Etappen ausgebauten länglichen Handelswurt, die im frühen Mittelalter über Priele einen Anschluss an den über See gehenden Handel besaß. An einem Ende der Langwurt befindet sich die etwa 850 Jahre alte St.-Laurentius-Kirche, am anderen die ehemalige Burg. Im Mittelalter gehörte Butjadingen zu dem 787 erwähnten friesischen Gau von Rüstingen. Die politische Gewalt lag in den Händen friesischer Häuptlinge und den größeren Kirchspielen (Samtgemeinden) von Blexen, Burhave, Waddens, Langwarden, Tossens und Eckwarden mit teilweise großen Kirchbauten.

Den südlichen Teil der Halbinsel, das 1367 urkundlich erwähnte Stadland *(terra Stedingorum)*, prägen ehemals vermoorte Sietländer, die seit dem 12. Jahrhundert urbar gemacht wurden. Das typische Siedlungsbild besteht hier aus reihenförmigen Wurtenketten und Moorrandreihensiedlungen. Die Flussmarschen an der Weser gehören zu den ältesten der deutschen Nordseeküste, wie Ausgrabungen einer der bronzezeitlichen Marschsiedlungen bei Rodenkirchen gezeigt haben. Hier befindet sich ein Nachbau eines bronzezeitlichen Hauses. Das 14. und 15. Jahrhundert prägen Auseinandersetzungen zwischen den Bauern und friesischen Häuptlingen auf der einen Seite und einer Koalition von Bremen und den Grafen von Oldenburg auf der anderen Seite. Im Jahre 1514 unterlagen die Bauern in einer Schlacht bei Langwarden schließlich dem Graf von Oldenburg.

Ein Naturschutzgebiet besonderer Art ist das Sehestedter Außendeichsmoor am Jadebusen. Wenn Sturmfluten die Küste erreichen, schwimmt das Moor auf. Dieses Moor ist der Rest eines großen Hochmoores, durch das 1725 der Seedeich entlang des Jadeeinbruchs erbaut wurde. Sturmfluten, wie die Weihnachtsflut von 1717, trafen Butjadingen wiederholt schwer.

Internet: www.butjadingen.de

Land Wursten

Nördlich der Wesermündung erstreckt sich westlich der Geest der Hohen Lieth die Seemarsch des Landes Wursten, deren Küstenlinie sich im Lauf der Zeit westwärts verlagerte. Die älteste, um Chr. Geb. angelegte Dorfwurtenreihe verläuft von Imsum im Süden bis Dorum im Norden. Östlich befindet sich ein vermoortes Sietland. Der Aufbau eines der nahe der damaligen Küste angelegten Wurtendörfer haben umfangreiche Ausgrabungen auf der Feddersen-Wierde dokumentiert. Aus einer im 1. Jahrhundert v. Chr. angelegten Flachsiedlung mehrerer Wohnstallhäuser entstand durch Erhöhung der Hofplätze allmählich eine Dorfwurt, die bis in das 5. Jahrhundert besiedelt blieb. Der Ort lohnt nur für Interessierte einen Besuch, da die Wurt schwer zu finden ist und Erläuterungen fehlen. Auf der südlich gelegenen Dorfwurt Fallward kam ein Gräberfeld zu Tage, deren herausragende Funde ebenso wie die der Feddersen-Wierde im Museum Burg Bederkesa ausgestellt sind.

Westlich der eisenzeitlichen, im 7. Jahrhundert wieder besiedelten Wurtenreihe erfolgte im frühen Mittelalter eine Erschließung der jung aufgelandeten Marschflächen durch friesische Siedler, wo mit Imsum, Wremen und Misselwarden eine zweite Wurtenreihe entstand. Jenseits der dann folgenden mittelalterlichen Seedeichlinie (Altendeich, Oberstrich) schließen sich seit dem 14. Jahrhundert jüngere Vordeichungen (Niederstrich) an. Im Jahre 1618 entstand der heutige Seedeich, der in den folgen Jahrhunderten immer wieder erhöht und teilweise neu errichtet wurde.

Die auf den Dorfwurten Wremen, Misselwarden, Mulsum, Dorum, Paddingbüttel, Cappel und Spieka aus Granit, Wesersandstein, Backstein und rheinischem Tuffstein errichteten Kirchen zeugen von dem Reichtum dieser Landschaft. Dorum übertraf 1510 alle anderen Orte mit dem Bau der größten Kirche des Landes Wursten. Das Niedersächsische Deichmuseum in Dorum, das Heimatmuseum in Midlum und das Museum für Wattenfischerei in Wremen dokumentieren die Geschichte der Region.

Internet: www.landwursten.de;
www.burg-bederkesa.de

Land Hadeln

Entlang der südlichen Elbmündung liegt östlich von Cuxhaven das Land Hadeln. Nördlich der Geest der Hohen Lieth erstrecken sich Marschen und ehemalige Sietlandsmoore. In letzteren finden sich die typischen Siedlungsmuster der Marschhufensiedlungen mit langgezogenen Siedlungsreihen wie bei Kehdingbruch oder Bülkau. Die Entstehung dieser Kulturlandschaft ist eine Folge der im 12. Jahrhundert einsetzenden Bedeichung. Der Name des Landes Hadeln geht zurück auf den alten sächsischen Gau Haduloha. Die älteste Besiedlung setzte an der Medem im 4./3. Jahrhundert v. Chr. zunächst mit Hofstellen zur ebenen Erde ein, später entstanden Wurten wie Lüdingworth. Seit dem Mittelalter kamen weitere Wurtendörfer (Altenbruch, Otterndorf, Belum) hinzu. Mit der Kultivierung des Sietlandes infolge der Bedeichung wuchs auch die Bevölkerung. Seit dem 12. Jahrhundert entstanden auch zahlreiche Feldsteinkirchen (Altenbruch, Belum, Ihlienworth, Lüdingworth) mit später angebauten Türmen oder getrennt errichteten Glockentürmen aus Holz. Ebenfalls im Mittelalter wurden Wehrbauten aus Stein errichtet.

Die Ostfriesischen Inseln

Zwischen den Flussmündungen von Ems und Jade liegen von West nach Ost die heutigen sieben ostfriesischen Düneninseln Borkum, Juist, Norderoog, Baltrum, Spiekeroog und Wangerooge[387]. Diese gehören zu den Barriereinseln der Nordsee, die sich infolge der Einwirkung der Tiden bilden. Tiefe Tiderinnen (Seegatten) trennen die Inseln voneinander. Durch die Seegaten zwischen den Inseln strömt das Wasser in das dahinter liegende Gebiet und bedeckt es mit Sedimenten. Aufgrund des steigenden Tidenhubs im Bereich der Flussmündungen von Weser und Ems gehen die Ostfriesische Inseln in Sände mit und ohne Vegetation über (Memmert Sand).

Die Inseln sind nicht etwa der Rest eines alten, vom Meer zerstörten Dünenwalls, sondern entstanden durch bis zu 20 m hohe Dünenanwehungen auf hochwasserfreien Sänden (Platen) oberhalb des Watts. Die Form der Inseln ist somit das Ergebnis des natürlichen Kräftespiels der Nordsee, den Wasserkräften von Seegang, Brandung und Tideströmung sowie des Tidenhubs. Flutstrom und Stürme aus Westen und Brandung wirken sich dabei vor allem auf die Form der Küste aus, in dem sie ostwärts gerichtete Brandungsströmungen erzeugen. Täglich zweimal fließen während der Ebbe durch das schmale Seegatt zwischen Norderney und Juist etwa 180 Millionen Kubikmeter Wasser. Tideströmungen, Wind und Bewuchs bewirken so eine Vermehrung der Sandvorräte und tragen diese wieder ab. Zwischen Mittlerem Tideniedrigwasser und Mittlerem Tidehochwasser verläuft der nasse Strand, dem oberhalb der trockene Strand folgt. Daran schließt sich der Dünengürtel an. Auf allen Ostfriesischen Inseln entstand südlich der Dünen ein früher unbedeichtes und heute teilweise bedeichtes Marschland.

Die Ostfriesischen Inseln veränderten sich in der Vergangenheit in ihrer Lage, Form und Anzahl bis heute[388]. Älteste Vorläufer der heutigen Inseln lassen sich im Gebiet von Langeoog im 1. Jahrtausend v. Chr. erkennen, andere entstanden erst später. Im Laufe der Zeit verlagerten sich die Inseln von Nordnordwest nach Südsüdost. Langeoog und Wangerooge wanderten dabei in den vergangenen 2000 Jahren mindestens 2 km über ehemalige Wattflächen; das Westende von Juist in den letzten 800 Jahren etwa 1,2 km[389]. Paläobotanische Untersuchungen der Salzwiesen zeigen, dass die ersten Salzwiesen auf Juist um etwa 100 v. Chr. entstanden, während andere Salzwiesen der Insel 400 bis 500 Jahre jünger sind[390]. Im 13. Jahrhundert existierten Borkum, Juist, Buise, Baltrum und Langeoog. Die Sturmfluten des 14. Jahrhunderts verkleinerten Buise und Baltrum. Um 1700 war die Insel Buise völlig verschwunden und aus dem früher abgetrennten Ostende formte sich Norderney. Die Insel Juist verlängerte sich im Laufe der Zeit. Durch den Bau von Inselschutzwerken seit der Mitte des 19. Jahrhunderts wurden die Westenden der meisten Inseln festgelegt, der Sandstrom von Westen nach Osten unterblieb jedoch. Neben Langeoog ist Juist die einzige Ostfriesische Insel, die keine Uferbefestigungen mit Buhnen und Strandmauern besitzt.

Die älteste Kartendarstellung der Inseln geht auf die Seekarte des L. J. Wagehenaer von 1575 zurück[391]. Eine Urkunde von 1398 erwähnt erstmals alle heute bestehenden Inseln sowie die bereits im 16. Jahrhundert untergegangene Insel Buise zwischen Juist und Baltrum[392]. Wangerooge wird bereits in einer Nachricht von 1327 genannt[393]. In dieser Zeit müssen die Inseln also bereits bewohnt gewesen sein. Die Erwerbsmöglichkeiten der Bewohner auf den unfruchtbaren Düneninseln waren ursprünglich sehr gering. Fischfang und Watt sowie etwas Landwirtschaft boten die Erwerbsgrundlage.

Sturmfluten trafen ebenso wie Wangerooge auch die anderen Ostfriesischen Inseln teilweise schwer. War der schützende Dünenwall erst einmal durchbrochen zerstörte das Meer die dahinter liegenden Dörfer schnell. Die Bewohner wussten sich aber diesen Gefahren anzupassen. So gab es in der frühen Neuzeit als Schutz gegen Sturmfluten Häuser mit Schwimmdächern, von denen noch eines auf der Insel Spiekeroog steht[394].

Fand sich keine geschützte Lage für die Anlage eines neuen Dorfes verließen die Bewohner sogar die Inseln, wie es für Langeoog und Spiekeroog im 18. Jahrhundert und Wangerooge im 19. Jahrhundert überliefert ist. Die Auswanderer versuchten ihr Glück auf Walfängerschiffen. Als weitere Erwerbsquelle diente bis an den Anfang des 19. Jahrhunderts der Strandraub. Da Strandungen von Handelsschiffen in der Zeit der Segelschifffahrt an der gefährlichen Flachmeerküste nicht selten waren, war dies ein einträgliches Geschäft. Das gestrandete Schiff gehörte mit seiner Ladung nach damaligem Brauch den Einheimischen, die Besatzung konnte froh sein, wenn sie mit dem Leben davon kam.

Wie die anderen Ostfriesischen Inseln war auch Borkum den Kräften der Natur ausgesetzt. Während sich die Insel im Osten infolge der Sandabspülungen verkleinert, wächst sie im Nordosten. Das Hauptfahrwasser der Ems war im 16. Jahrhundert die östlich an der Insel vorbeifließende Osterems. Nach ihrer weitgehenden Verlandung übernahm deren Funktion die westlich von Borkum liegende Westerems. Heute weisen das Randzelgat und die Ostfriesische Gatje die größten Wassertiefen auf. Im Süden der Insel befindet sich mit dem Greune Stee ein kleiner Inselwald mit Feuchtwiesen, offenen Wasser- und Feuchtflächen, das als Naturschutzgebiet nur auf bestimmten Wegen betreten werden darf. In der frühen Neuzeit beteiligten sich Borkumer Kapitäne auf niederländischen Schiffen erfolgreich am Walfang. Roelof Geeritz Mejer, der seinen Hausgarten mit Walkinnknochen umgab, soll bei 42 Fahrten 270 Wale erlegt haben. Der Krieg zwischen England und den Niederlanden beendete dann diese Gewinn bringenden Fahrten und nach 1780 verarmten die Inselbewohner. Infolge der französische Besatzung von 1810 bis 1813, der Sturmflut von 1825 und Sandflug ging die Bevölkerung um 50 Prozent zurück. Ab 1830 begann mit Emdener Kaufmannsfamilien, die dort ihren Jahresurlaub verbrachten, der Aufstieg zur Tourismus-Insel.

Die 17 km lange und nur 500 m schmale Insel Juist konnte mit dem damals tiefen Fahrwasser der Billdüne von größeren Schiffen angelaufen werden. Nach Emden entwickelte sich Billdorf auf Juist zum zweitgrößten Hafen Ostfrieslands in dieser Zeit. Die Weihnachtsflut von 1717 zerstörte das Dorf. Die im Nordwesten von Juist liegenden Sandbänke verlagerten sich in Richtung auf die Insel und verlandeten das Fahrwasser. Sturmfluten, wie die Petriflut von 1651, hatten zuvor die Insel fast in zwei Teile zerrissen und die markante Bucht des Hammersees geformt.

Mit Dünenkern, Inselgroden und Ostplate weist Spiekeroog die alte charakteristische Gliederung der Ostfriesischen Inseln auf. Spiekeroog dehnte sich in den letzten einhundert Jahren 4 km nach östlicher Richtung aus und weist heute eine Länge von 10 km und eine Breite von 2 km auf. Die südlich und südöstlich von Spiekeroog liegenden kleinen Inseln Lütgeoog und Oldeoog verschmolzen bis 1750 mit der

Dithmarschen und Eiderstedt. Grafik: Dirk Meier.

größeren Düneninsel. Die Dünen umgeben dabei bogenförmig das alte Dorf der Insel. Die 1696 erbaute Kirche weist eines der typischen Schwimmdächer auf, wie sie für die Ostfriesischen Inseln charakteristisch sind.

Die östlichste bewohnte Ostfriesische Insel ist Wangerooge. Die 8,3 km lange und 1 km breite Insel erstreckt sich vom Seegatt der Harle im Westen bis zur Blauen Balje. Wangerooge ist heute eine reine Düneninsel und unterliegt einer starken Ostdriftung. Seit dem späten Mittelalter verlor Wangerooge durch die Ostverlagerung des Harle-Seegats seinen alten Inselkern. Der Kirchturm des ältesten Dorfes stürzte 1595 infolge einer Sturmflut ein. Im gleichen Jahr 1595 wurde der heutige Westturm als Seezeichen für die Weserfahrt neu erbaut. Dieser lag 1793 noch innerhalb des in der Inselmitte gegründeten Dorfes, das 1854/55 die Silvesterflut zerstörte. Ständiger Landabbruch im Westen sowie Flugsand aus den vom Meer aufgerissenen Dünen verlagerten die Insel nach Osten. Vor dem Ersten Weltkrieg befand sich der Turm bereits im Watt westlich der Insel. Nachdem er 300 Jahre als Seezeichen gedient hatte, wurde er zu Beginn des Ersten Weltkrieges gesprengt, um nicht als Orientierung für die englische Flotte zu dienen. Etwas weiter westlich entstand 1933 der neue Westturm. Nach 1854 verließen zwei Drittel der Bevölkerung Wangerooge, der Rest siedelte sich um den neu erbauten Leuchtturm im Osten der Insel wieder an. Im Schutz der Deiche und Buhnen entstand in der Neuzeit ein drittes Dorf. Die heutige Form der Insel, seit 1804 Seebad, ist im wesentlichen das Ergebnis dieser Inselsicherung. Die im Osten an Wangerooge angrenzende künstliche Insel Minsener Oldoog war ursprünglich ebenfalls eine hochwasserfreie Sandplate.

Auch vor der Küste Ostfrieslands gab es einst kleinere unbedeichte Marscheneilande. Vor der heutigen Leybucht lag bis 1780 die Hallig Bant, Rest einer noch um Chr. Geb. recht ausgedehnten Marscheninsel, die dann infolge der Sturmfluten völlig verschwand[395].

Internet: www.ostfriesland.de

DITHMARSCHEN

Das Küstengebiet Dithmarschens erstreckt sich von der Elbmündung im Süden bis zur Eidermündung im Norden. Charakteristisch für die durch die Meldorfer Bucht getrennte Süder- und Nordermarsch sind große, bis in das frühe Mittelalter zurückreichende Wurtendörfer im Westen nahe des mittelalterlichen Deichverlaufes. Westlich der mittelalterlichen Deichlinie erstrecken sich die seit dem 16. Jahrhundert vorgenommenen Eindeichungen. Mittelalterliche Deiche und zahlreiche Deichbruchstellen (Wehlen) befinden sich zwischen Büsum und Westerdeichstrich. Mit Ausnahme der Insel Büsum, die im 16. Jahrhundert an das Festland angedeicht wurde, sowie der Marschen entlang der Eider- und Elbmündung bei Brunsbüttel hatte Dithmarschen anders als Nordfriesland keine Landverluste zu verzeichnen.

Sehenswert sind die 1281 urkundlich erwähnten Dorfwurten Wesselburen und Wöhrden, die ihre alte Bebauungsstruktur kreisförmig um die Kirche angelegter Häuser noch erhalten haben. Die inmitten der Dorfwurt Wesselburen errichtete große Backsteinkirche weist noch den Stumpf des alten Rundturms aus dem 12. Jahrhundert auf. Die im romanischen Stil erbaute und in gotischer Zeit erweiterte Kirche brannte 1736 ab und wurde 1737 mit reicher barocker Ausstattung durch den Herzog wieder aufgebaut.

Die inneren Marschen des Sietlandes bilden langgezogene Marschhufensiedlungen der Geschlechter, zu denen Barlt in Süderdithmarschen oder weitere im Umkreis von Neuenkirchen in Norderdithmarschen gehören. Bei Tiebensee und Haferwisch finden sich auch eisenzeitliche Wurten, die etwas größer als die flachen mittelalterlichen Hofwurten sind.

Am Geestrand liegt Meldorf mit der aufgrund seiner Ausmaße Dom genannten Kirche, die in ihren ältesten Teilen bis in die Mitte des 13. Jahrhunderts zurückreicht. Die Kirchengründung selbst geht nach Adam von Bremen auf das Jahr 820 zurück. Der zweite Hauptort des Landes, die Kreisstadt Heide, ist um einen großen Markt herum entstanden, der bis 1559 als Treffpunkt der Landesversammlung des unabhängigen, nur nominell dem Erzbistum Bremen unterstehenden Bauernlandes diente. Im frühen Mittelalter sicherten Burgen das Land. Noch gut erhalten sind die Ringwälle der Stellerburg bei Weddingstedt und der Bökelnburg bei Burg. Ein Touristisches Leitsystem führt zu den einzelnen Kulturdenkmälern der Region. Das Museum für Archäologie und Ökologie in Albersdorf erläutert die Vor- und Frühgeschichte, das Landesmuseum mit Landwirtschaftlichem Museum in Meldorf die Kultur- und Agrargeschichte der Region. In Büsum befinden sich die Sturmfluterlebniswelt „Blanker Hans", ein Deichfreilichtmuseum sowie das „Museum am Meer" mit einem Fischereilehrpfad.

Internet: www.dithmarschen.de

Eiderstedt

Die etwa 30 km weit nach Westen reichende Halbinsel Eiderstedt trennt das Küstengebiet Dithmarschens vom nordfriesischen Wattenmeer. Entlang der Eidermündung befinden sich auf hohen Ufermarschen bis in die ersten nachchristlichen Jahrhunderte oder das frühe Mittelalter zurückreichende Dorfwarften von Welt, Olversum, Elisenhof, Tönning und Tofting. Durch die Halbinsel zieht sich eine lange Nehrung, die zwischen Garding und Tating durch den Meereseinbruch der Süderhever getrennt ist. Die auf der Nehrung errichteten Kirchen von Tating, Garding und Katharinenheerd sind wie viele der Eiderstedter Kirchen sehenswert. Westlich der alten Süderhever erstreckt sich die nach 1231 an das übrige Eiderstedt angedeichte Insel Utholm mit ihren Kirchspielen Tating, St. Peter und Ording.

Durch Holm- und Heverkoog wurde in der Mitte des 15. Jahrhunderts auch die ehemalige Insel Westerhever an Eiderstedt angedeicht. Auf Westerhever ebenso wie in den nördlichen Marschgebieten Everschops im Bereich von Poppenbüll und Osterhever prägen verstreut liegende Großwarften (Sieversbüll und Stufhusen auf Westerhever, Helmfleth und Hundorf bei Poppenbüll, Osterhever Warft) und einzelne Hofwarften das Landschaftsbild. Zahlreiche Prielströme durchschnitten hier um 1000 die amphibische Landschaft, deren Bedeichung kleinräumig durch Ringdeiche, wie dem St.-Johannis-Koog mit dem Kirchort Poppenbüll, erfolgte. Die zu Beginn des 12. Jahrhunderts urkundlich erwähnten Kirchen von Westerhever, Osterhever und Poppenbüll liegen innerhalb der kleinen Lokalbedeichungen. Aus deren Zusammenschluss entstanden geschlossen bedeichte Gebiete.

Östlich von Poppenbüll und nördlich von Tetenbüll erstreckte sich die Offenbüller Bucht, deren Bedeichung von den Rändern her mit dem Marschkoog, den Tetenbüller- und Offenbüller Kögen im späten Mittelalter einsetzte und bis 1610 mit dem Sieversflether und Altneukoog abgeschlossen war.

Der Ort Tetenbüll mit seiner sehenswerten Kirche und dem als Museum eingerichteten alten Krämerladen „Haus Peters" liegt auf einem alten Deich.

Seit dem 16. Jahrhundert erfuhr die Landwirtschaft – unterbrochen durch den 30-jährigen Krieg (1618–1648) und Nordischen Krieg (1700–1721) – einen starken Aufschwung, wie sich am Bau der Haubarge erkennen lässt. Diese für Eiderstedt charakteristischen Bauernhäuser, wie sie seit dem 16./17. Jahrhundert nachgewiesen sind, bilden mit Bergeraum für das Heu und umliegenden Ställe sowie Wohnbereich das typische Haus des Getreidebauern. Im 19. Jahrhundert wurde dann die Mastviehzucht bedeutender. Der Export des Viehs erfolgte von den Sielhäfen Tönning (Stadtrecht 1599) und Katingsiel aus, von denen aus künstliche Bootfahrten in das Landesinnere führten. Das Kirchdorf Tetenbüll liegt mit seiner Kirche auf dem hochmittelalterlichen Deichverlauf.

Den mittleren Teil des ehemals vermoorten Sietlandes nehmen im Gebiet von Oldenswort, Uelvesbüll und Witzwort langgezogene Marschhufensiedlungen

Eiderstedt gehört zu den vielfältigsten Marschregionen der Nordseeküste Schleswig-Holsteins. Der Blick reicht vom 1613 fertig gestellten Kanal der Süderbootfahrt bis zur langgestreckten Nehrung von Garding, dessen Kirchturm als altes Seezeichen am Horizont zu sehen ist. Foto: Dirk Meier.

Zu den charakteristischen frühneuzeitlichen Bauernhausformen in Eiderstedt gehören die Haubarge. Der Haubarg ist mit dem Gulfhaus verwandt. In der Mitte wird die Ernte gelagert. So wurde in Eiderstedt im 16./17. Jahrhundert viel Getreide angebaut, während im 19. Jahrhundert die Ochsenmast bedeutender wurde. Dieser Haubarg steht auf der Warft Stufhusen in Westerhever. Foto: Dirk Meier.

mit kleinen Hofwurten ein. In das ehemals vermoorte Gebiet der östlich der Witzworter Nehrung anschließende Südermarsch stieß nach 1362 ein Seitenarm der Hever nach Süden bis zu Eider und Treene vor.

Vom Schleswiger Herzog Johann Adolph erhielt der Hauptort der Harde Eiderstedt, Tönning, 1590 das Stadtrecht. Eine älteste Kirche wird hier schon 1186 erwähnt. In einer Fehde zwischen den Eiderstedtern und Dithmarschern brannte der Ort 1414 fast vollständig ab. Charakteristisch für die heutige, auf der alten Dorfwarft gelegene Altstadt sind Giebelhäuser des 16./17. Jahrhunderts. Ab 1644 als schleswigsche Festung ausgebaut, wurde diese 1700 vergeblich von den Dänen belagert. Während des Nordischen Krieges zogen sich schwedische Truppen als Verbündete des Schleswiger Herzogs in die Festung zurück, mussten sich hier jedoch 1713 nach einer Beschießung durch ein dänisches Heer ergeben. Die Festungsanlagen ließ der dänische König Friedrich IV. schleifen. Das im Jahr 1580 erbaute Schloss verfiel und wurde 1735 abgebrochen. Im 19. Jahrhundert entwickelte sich Tönning zu einem wichtigen Hafenort. Aus dieser Zeit stammt noch das große Packhaus im alten Sielhafen.

Einen Einblick in die Geschichte der Halbinsel Eiderstedt bietet das Eiderstedter Heimatmuseum in St. Peter-Ording; ein Raum zeigt Funde der Warftengrabungen von Tofting und Elisenhof. Das Multimar Wattforum in Tönning informiert über die Natur des Wattenmeeres und versteht sich als das Tor zum Nationalpark Schleswig-Holsteinisches Wattenmeer.

Internet: www.eiderstedt.de

Nordfriesisches Festland

Entlang der Geest des nordfriesischen Festlandes lagerte sich nach 1362 junger Klei ab, welcher die mittelalterlichen Marschflächen überlagerte. In dem Gebiet der Arlau liegen diese Meeresablagerungen im inneren Bereich der ehemaligen Bucht über Moor, seewärts über dem alten Klei. Spätestens 1478 wurde die Arlau-Bucht abgedämmt und der Hattstedter Alte Koog gewonnen, zwischen 1496 und 1512 erfolgte die Eindeichung des Hattstedter Neuen Kooges[396]. In dem neuen, exponiert liegenden Stackdeich des Hattstedter Neuen Kooges kam es infolge fehlenden Vorlandes im 17. Jahrhundert immer wieder zu Deichbrüchen. Der Deich an der Westseite des Kooges musste in den Jahren 1791/94 und 1799/1801 teilweise zurückverlegt werden. Der neue Deich blieb dann bis zur Abdämmung der Nordstrander Bucht 1987 Seedeich.

Die Marschen vor dem Bredstedter Geestvorsprung, zwischen den Hattstedter Kögen im Süden und dem Ockholmer Koog im Norden hatten die spätmittelalterlichen Sturmfluten zerstört. Vor der Bredstedter Geest gelang mit mehreren Kögen im 16. Jahrhundert die Eindeichung eines schmalen Marschstrei-

Von den Dünen bei St. Peter-Ording reicht der Blick auf die im Winter teilweise vom Meer überschwemmte große Sandbank. Foto: Dirk Meier.

Nordfriesische Inseln und Halligen. Grafik: Dirk Meier.

In Friedrichstadt siedelte der Schleswiger-Herzog Friedrich III. (1616–1639) niederländische Glaubensflüchtlinge an, die der Stadt mit ihren Grachten und alten Bürgerhäusern das Gepräge gaben. Der Blick zeigt die Gracht des Mittelburgwalles. Foto: Dirk Meier.

fens, denen Köge des 18. bis 20. Jahrhunderts vorgelagert sind, darunter der 1923–1925 durch eine Genossenschaft eingedeichte Sönke-Nissen-Koog. Sönke Nissen war als Eisenbahningenieur durch Diamantenfunde in dem damaligen Deutsch-Südwest-Afrika zu Reichtum gelangt und finanzierte mit seinem Kapital maßgeblich die Eindeichung des Kooges. Die Fertigstellung des Kooges erlebte er selbst nicht mehr. Charakteristisch für die Bebauung sind weiße Bauernhäuser mit grünen Dächern, die den Namen von Bahnstationen aus Südwestafrika erhielten.

Zwischen dem Bredstedter Geestkern im Süden bis zur Geest bei Tondern erstreckte sich seit dem späten Mittelalter eine Meeresbucht mit einigen Halligen und der größeren, vorgelagerten Marscheninsel, der Wiedingharde, mit den großen Warften von Emmelsbüll, Horsbüll und Klanxbüll. Daneben finden sich kleinere wie Toftum. Die bereits kurz n. Chr. Geb. besiedelte Wiedingharde schützte seit etwa 1436 ein umlaufender großer Ringdeich[397]. Anders als die Wiedingharde wurde die vor dem Geestrand bei Tondern aufgewachsene, zu Dänemark gehörende Seemarsch erst im hohen Mittelalter besiedelt[398].

Nach 1362 lagerte das Meer über den Randmooren östlich der Wiedingharde jungen Klei ab. Die aufgewachsene Marsch schuf dann die Voraussetzung für die Bedeichung des Gotteskooges, der 1566 den Wiedingharder Alten Koog mit dem Festland verband. Die Abdämmung der südlich der Wiedinghar-de liegenden Dagebüller Bucht mit ihren Halligen von Dagebüll, Gamsbüll und Fahretoft der Bökingharde gelang erst seit dem 17./18. Jahrhundert, nachdem die Mandränke von 1634 alle bis dahin errichteten Köge bis an den Geestrand überflutet hatte[399]. Das Marscheneiland Fahretoft schützte vor dessen Andeichung an die Festlandsmarsch der sog. „Holländerdeich".

Für die Bauernhauslandschaft der nordfriesischen Festlandsmarschen ist das uthlandfriesische Haus charakteristisch, für die anschließenden Geestgebiete das Geesthardenhaus.

Internet: www.nordfriesland.de

HUSUM UND FRIEDRICHSTADT

An der Mündung der 1569/71 abgedämmten Treene in die Eider liegt Friedrichstadt. Die Treene wurde hier durch den Wester- und Ostersielzug mit mehreren erbauten Schleusen in die Eider abgeleitet. Durch den Bodenaushub entstand eine kleine Marscheninsel, auf der das heutige Friedrichstadt errichtet wurde. Der Herzog Friedrich III. (1616–1659) siedelte hier 1621 niederländische Glaubensflüchtlinge an, die der Stadt, ihren Bauten und Grachten, das Gepräge gaben. Ziel des Herzogs war, an dem von Holländern dominierten Getreidehandel zwischen Ost- und Nordsee mitzuverdienen. Zudem hatte der dänische König Christian IV. (1596–1648) erst kurz zuvor an der Elbe Glückstadt errichtet, was eine wirtschaftliche Konkurrenz für das Herzogtum Schleswig bedeutete. Der Transithandel durch Schleswig-Holstein, mit dem man den Sundzoll der dänischen Belte umgehen wollte, erfüllte jedoch nicht die Erwartungen. Am Mittelburgwall befindet sich das Stadtmuseum.

Husums Aufstieg zur Hafenstadt ist eine Folge der Sturmflut von 1362 und dem damit verbundenen Vorstoß der Hever nach Osten. Über den vertieften Prielstrom konnten die Schiffe bis in die Mündung der Husumau gelangen. An diesem kleinen Flüsschen entwickelte sich im späten Mittelalter zwischen den Dörfern Wester-, Oster- und Nordhusum ein schnell wachsender Handelsplatz. Die Bewohner, zunächst noch im Kirchspiel Mildstedt eingepfarrt, konnten nach 1431 eine eigene Kirche errichten. Zwischen heutigem Marktplatz und der Schiffbrücke entwickelte sich die Handelsniederlassung schnell weiter. Im Jahre 1448 erweiterte man die Kapelle zur Marienkirche, die um 1507 als ein stattlicher gotischer Bau vollendet war. Durch den Mangel an geeigneten Häfen an der Westküste der jütischen Halbinsel begründete sich die besondere Bedeutung des Ortes. Der dänische König Christian I. stattete Husum mit der Fleckengerechtigkeit aus. Hätten sich die Husumer nicht sieben Jahre später an einer Rebellion gegen den dänischen König beteiligt, wäre die Stadterhebung sicher bald erfolgt. Als Strafe verlor der Ort seine Fleckengerechtigkeit und die Bürger mussten eine hohe Kontribution bezahlen. Diese Rebellensteuer blieb bis in das 19. Jahrhundert erhalten. Erst 1603 erhielt der in seiner Entwicklung über viele Jahrzehnte gebremste Ort dann das Stadtrecht, nachdem der Herzog von Schleswig bereits 1558 eine Marktordnung für Husum erlassen hatte.

Husum wurde zum Umschlagplatz der ländlichen Produkte des agrarischen Hinterlandes. Im Gegenzug importierte man Waren, die man nicht vor Ort herstellen konnte. Das Weserbergland lieferte Holz und Keramik, das Rheinland Tonwaren, Steinzeug, Eisen, Metall und Wein, somit alles Güter, die nicht aus der Region kamen. Um den Markt herum und am Hafen stehen noch einige der seit dem 16. Jahrhundert errichteten prachtvollen Bürgerhäuser, das Rathaus wurde 1601 errichtet. Der 1817 in Husum geborene Theodor Storm hat seine „grauen Stadt am Meer" weit über die örtlichen Grenzen hinaus bekannt gemacht. Das Geburtshaus des Dichters ist heute Museum.

Das Schifffahrtsmuseum am Hafen dokumentiert die Seefahrtsgeschichte der Region. Das Nissenhaus/ Nordfriesisches Museum sowie das Schloss vor Husum widmen sich vor allem der Kunst- und Kulturgeschichte Nordfrieslands.

Internet: www.husum.de,
www.friedrichstadt.com

DIE NORDFRIESISCHEN INSELN

Die Nordfriesischen Inseln Amrum, Föhr und Sylt bestehen anders als die Marscheninseln Pellworm und Nordstrand in ihren Kernen aus Ablagerungen der Saaleeiszeit, an die sich in der Nacheiszeit Sandhaken, Sandplaten und Marschen anlagerten. Die Watten zwischen den Inseln zerschneiden Prielströme, in denen das Wasser entsprechend der Gezeiten ein- oder ausströmt. Das Vortraptief und Hörnumtief trennt Sylt von Amrum und Föhr, Rutegat, Norder- und Süderaue Amrum von Föhr und Pellworm.

Internet: www.insel-museum.de

Sylt

Der Name Sylt wird erstmals im Erdbuch des dänischen Königs Waldemar II. von 1231 genannt. Ob der Name *Sild* auf das dänische Wort für Hering oder Seeland (von *Silendi*) zurückzuführen ist, bleibt unklar. Die Insel erstreckt sich als 40 km langer, aber nur 0,4 bis 13,3 km breiter Wellenbrecher am Westrand des Wattenmeeres. Seit Jahrtausenden prägt das Meer die Gestalt der Insel. Die kuppigen, teilweise noch mit Heide bedeckten Geestkerne mit Westerland, Keitum, Morsum und Archsum bestehen aus dem Sand und Gesteinsschutt einer Grundmoräne der Saaleeiszeit. Am Ende der letzten Eiszeit ragte Sylt ebenso wie Föhr und Amrum als Erhebungen aus der Tundrenlandschaft empor. Im Verlauf des nacheiszeitlichen Meeresspiegelanstiegs geriet der Sylter Geestkern vor 5000 Jahren in den Brandungsbereich des Meeres. Die ursprünglich weiter nach Westen reichenden Moränen zerstörte die Nordsee und die Küstenlinie verlagerte sich nach Osten. Die zerstörerische Kraft des Meeres zeigt sich besonders am Roten Kliff bei Kampen, dass vor 5000 Jahren noch mehrere Kilometer weiter westlich lag.

In den Abendstunden im Sommer erscheint das 4,5 km lange Kliff zwischen Wenningstedt und Kampen rötlich, was der Steilküste den Namen gab. Das Kliff fällt bis zu 30 m zum Strand ab; nur wenige hundert Meter vom Kliff entfernt ragt die 52,5 m hohe Uwe-Düne auf, die höchste natürliche Erhebung der Insel. Infolge der Brandung wird trotz aller Küstenschutzversuche das Kliff jährlich um bis zu 5 m zurückverlegt. An der Sohle des Kliffs liegt der 2–3 Millionen Jahre alte weiße Kaolinensand, darüber befindet sich Geschiebemergel und Geschiebelehm der saaleeiszeitlichen Grundmoräne, die heller Sand der Kaltzeit bedeckt. Darüber folgen durch den Gletscherwind geschliffene Steine, die humoser Heidesand und Dünen überlagern.

Im Osten der Insel erstreckt sich das seit 1923 unter Naturschutz stehende Morsum Kliff. Immer wenn das Kliff nach einer Sturmflut von der Brandung angeschnitten wurde, erkennt man die Schichten des Glimmertons, des Limonitsandsteins und des Kaolinsandes besonders gut. Diese lagen ursprünglich horizontal übereinander, bevor sie im Laufe der Erdgeschichte gestaucht und verkippt wurden. Der schlammige Sand des Glimmertons mit seinen Fossilien befand sich vor mehr als sieben Millionen Jahren am Grund eines 30 bis 60 m tiefen Meeres. Später hob sich das Land und Flüsse schütteten eisenhaltige Sande auf. Im Verlauf der Erdgeschichte verfestigte sich dieser unter dem Druck der darüber liegenden Schichten zum Limonitsandstein. Noch später lagerten Flüsse aus Skandinavien den hellen Kaolinsand ab. Unter dem ungeheuren Druck der Gletschermassen der Saaleeiszeit zerbrachen die Erdschichten, wurden gestaucht und schoben sich schuppenartig übereinander. Zeugen der Eiszeiten sind noch heute die großen Findlinge, die im Wattenmeer vor dem Kliff zutage treten.

Neben den saaleeiszeitlichen Moränenkernen besteht fast 40 Prozent der Insel aus jungen Nehrungen, Dünen und Sänden. Nördlich und südlich an den Westerländer-Kampener Geestkern häufte das Meer aus dem abgebauten Schuttmaterial und Sänden Nehrungen auf, auf denen bis 50 m hohe Dünen aufwuchsen. Diese verlängerten sich im Laufe der Zeit und verlagerten sich wie der Geestkern auch immer weiter nach Osten, so dass sich allmählich die Form der heutigen Insel herausbildete. Die ältesten Dünen des Listlandes entstanden vor etwa 600 Jahren. Im Schutz der Nehrungen und Geestkerne bildete sich vor etwa 4000 Jahren ein Wattenmeer und später Marschen, die infolge von Sturmfluten bis auf kleine Reste bei Archsum wieder abgetragen wurden. Ein Teil der Marschen überwehten Wanderdünen, die Dörfer wie Alt-Rantrum unter sich begruben. An der Westseite der Insel kommen gelegentlich noch alte Pflugspuren auf der ehemaligen Marsch zutage.

Zu den eindrucksvollsten Naturdenkmälern gehört die 400 m breite und 1300 m lange, bis heute nach Osten vorrückende Wanderdüne im Norden der Insel. Der Sand dieser Wanderdünen bedeckte den 1292 erwähnten Ort List, der neu aufgebaut werden musste. Nördlich der Wanderdünen des Listlandes erstreckt sich als nördlichster Punkt der Insel der Ellenbogen, dessen Dünenküste in der Vergangenheit einer ständigen Veränderung unterlag. Mit Beginn der Festlegung der Dünen gegen Ende des 18. Jahrhunderts wurde der Sandflug eingedämmt und mit der Ausnahme der Lister Wanderdüne die weitere Ostwanderung der Dünen verhindert.

Ähnlich wie der Ellenbogen im Norden befindet sich auch bei Hörnum im Süden der Insel ein Nehrungshaken. Im 15. Jahrhundert ließen sich hier Flüchtlinge aus Dörfern nieder, die ein Raub der Sturmfluten geworden waren. Mit Heringsfang vor Helgoland suchten die Bewohner nach einem Auskommen, bevor Hörnum eine Wanderdüne Anfang des 17. Jahrhunderts unter sich begrub. Als 1825 die hohe Budersand-Düne nach Osten wanderte, kamen etwa 100 Wohnplätze dieser alten Fischersiedlung wieder ans Licht. Zwischen 1850 und heute verlagerte sich der Westrand des Hörnums um bis zu 200 m nach Osten, bei Hörnum Odde beträgt der Abbruch bis zu 2,5 m im Jahr. Der Grund dafür ist in der sich bei Westerland teilenden Meeresströmung zu suchen. Die nördliche Küstenströmung baut den Lister, die südliche den Hörnumer Nehrungshaken auf. Sturmfluten der letzten Jahrzehnte, so vor allem von 1989, führten zu einer stetigen Rückverlagerung der Hörnum Odde. Der Südzipfel der Hörnum Odde wurde 1989 ganz weggespült und blieb als Sandbank übrig.

Zu den eindrucksvollsten Zeugnissen der Siedlungsgeschichte der Insel gehören die zahlreichen Megalithgräber und der Ringwall der wikingerzeitlichen Tinumburg. Der Denghoog bei Wenningstedt, ein Erdhügel, unter dem sich ein Megalithgrab befindet, lässt sich über einen Einstieg besichtigen.

Während der Völkerwanderung blieben wohl Menschen auf der Insel, bevor dann im 8. Jahrhundert Friesen und dänische Wikinger einwanderten. Die Möglichkeiten der Landwirtschaft auf der Insel waren von jeher begrenzt. Während vor 2500 Jahren noch die ausgedehnten Marschen im Süden der Insel genutzt werden konnten, standen seit etwa Chr. Geb. infolge zunehmenden Landabbruchs fast nur noch die Geestkerne zur Verfügung, deren Böden durch das Aufbringen von Plaggen verbessert wurden.

Zur Zeit des Königs Waldemar in der ersten Hälfte des 13. Jahrhunderts bestanden bereits mehrere Kirchspiele auf der Insel. Von den ursprünglich elf romanischen Kirchen auf Sylt sind bis auf St. Martin in Morsum und St. Severin in Keitum alle anderen durch das Meer oder die Wanderdünen zerstört worden. Auf dem nördlichen Punkt des Sylter Geestkerns liegt die urkundlich 1240 erwähnte St.-Severin-Kirche, deren Turm bis heute ein wichtiges Seezeichen bildet.

Seit dem Mittelalter sicherte die Restmarsch im Süden der Insel der Stinum-Deich, den die Sturmflut von 1362 zerstörte. Danach scheiterten bis in die Neuzeit alle Versuche, den Ostteil der Insel wieder zu bedeichen. Im Westen der Insel ging das Dorf Eidum 1436 unter. Die Überlebenden gründeten Westerland, das 1450 erstmals in den Urkunden erscheint[400].

Die Dörfer auf Sylt sind ebenso wie auf Amrum seit dem späten Mittelalter Streusiedlungen mit weiträumig auseinander liegenden Einzelhöfen. Infolge des durch den Walfang gestiegenen Wohlstandes und der damit verbundenen Bevölkerungszunahme entstanden infolge der Neubauten Haufendörfer. Die heute noch erhaltenen ältesten Bauernhäuser auf den Nordfriesischen Inseln und Halligen gehören zum Typ des uthländischen Einheitshauses mit Wohnung und Wirtschaft unter einem Dach. Dabei trennte eine quer zur Längsachse des Hauses verlaufende Diele auf der Wohnseite Küche, Kammer, Pesel und Wohnteil von der Dreschtenne, dem Heuraum und dem Stall auf der Wirtschaftsseite. Entsprechend der vorherrschenden Winde sind die Häuser wie schon zur Eisenzeit in West-Ost-Richtung erbaut. Die Wände der Häuser bestanden nach den Angaben von Petreus und Heimreich im 16. und 17. Jahrhundert noch aus Erdsoden (Wasen), Reet oder Brettern. Das im Jahre 1617 in Alkersum auf Föhr errichtete Haus Olesen – heute im Freilichtmuseum in Wyk auf Föhr – weist noch eine Sodenwand auf der Stallseite auf. Später ersetzten Ziegelsteine als Füllungen zwischen dem Fachwerk diese Bauweise, wie sie bei den reicheren Bauern schon früher üblich war. Die Backsteinwände wurden bei zahlreichen Bauten weiß übertüncht. Nach 1800 erhielten einige der ländlichen Bauten aufgrund des gesteigerten Stall- und Scheunenbedarfs Anbauten, so dass wie auf dem Festland Winkelbauten entstanden.

Die Landwirtschaft betrieben im 17. und 18. Jahrhundert fast ausschließlich Frauen und Männer, die nicht zur See fahren konnten. Das seit dem 17. Jahrhundert eingeführte Brotgetreide galt als Luxusgut, die Masse der Bevölkerung lebte von gesalzenen und luftgetrockneten Fischen. Erst mit der Zusammenlegung von Feldern und Loslösung des Flurzwanges im Rahmen der Verkoppelung am Ende des 18. Jahrhunderts besserte sich die Lage der Agrarwirtschaft. Neben der seit dem 14. Jahrhundert betriebenen Heringsfischerei trat seit dem 17. Jahrhundert der Walfang und die Jagd auf Robben und Seehunde hinzu. Wegen ihres Trangehaltes waren vor allem die Wale eine wertvolle Beute und die Sylter beteiligten sich vor allem auf niederländischen Walfangschiffen an diesem einträglichen Geschäft.

Viele der wohlhabenden Kapitäne ließen sich in Keitum nieder, das bis zum Ende des 19. Jahrhunderts Hauptort der Insel war. Die St.-Severin-Kirche von Keitum entstand bereits am Ende des 12. Jahrhunderts, wenn der Ort auch erst 1440 urkundlich genannt wird. Neben einem Friesenhaus von 1759 befindet sich das Sylter Heimatmuseum. Das in einem uthlandfriesischen Haus von 1739 eingerichtete Museum mit seinen Schauräumen (Pesel, Wohnzimmer, Küche u. a.) war im 19. Jahrhundert Wohnsitz des Sylter Chronisten Hansen.

Das älteste Haus Sylts steht mit der 1649 erbauten alten Landvogtei in Tinum. Der im 12. Jahrhundert gegründete Ort war stets ein Dorf der größeren Bauern; 1613 gab es dort 34 Landbesitzer, mehrere Mühlen und große Bestände an Schafen. Neben der Landwirtschaft spielte auch der Strandraub eine Rolle, obwohl die Landesherren seit 1240 versuchten, sich den Strand als Eigentum zu sichern. Der Strandraub war durchaus ein einträgliches Geschäft, da vor der gefährlichen Flachküste bei auflandigen Winden viele Segelschiffe strandeten.

In den Auseinandersetzungen zwischen den dänischen Königen, die seit dem hohen Mittelalter die

Das Sylter Listland mit seiner großen Wanderdüne ist ein einmaliges Naturdenkmal. Foto: Walter Raabe.

Die langgestreckte Insel Sylt mit der Hörnum Odde im Süden ist der Kraft der Wellen ausgesetzt. Foto: Walter Raabe.

Oberhoheit über Sylt besaßen, und den holsteinischen Grafen fiel Sylt 1435 als Lehen an die Gottorfer Herzöge, die 1721 auf ihren Schleswiger Anteil verzichten mussten. Das Listland blieb hingegen reichsdänische Enklave und wurde vom Amt Ripen aus verwaltet, nach 1864 bildete Sylt dann einen Teil der preußischen Provinz Schleswig-Holstein. Als die Insel 1854 zum Seebad wurde, konnte wohl keiner die Menschenströme voraussehen, die bis heute die Insel besuchen. Zahlreiche Neubauten haben die Schönheit der ursprünglichen Insellandschaft stark beeinträchtigt.

Internet: www.sylt.de, www.insel-museum.de

Amrum
Im Süden von Sylt liegt, getrennt durch das breite Vortrapp-Tief, die 10 km lange und 3 km breite Insel Amrum. Von dem im Süden gelegenen Leuchtturm bietet sich ein guter Ausblick über die Insel, die von Westen nach Osten die Landschaftszonen des bis 1 km breiten Kniepsandes, der Dünen, der Heide und des Acker- sowie Marschlandes erkennen lässt. Die höchste Satteldüne auf Amrum erreicht mit

Der große Kniepsand legt sich schützend vor die kleine Insel Amrum. Deutlich erkennt man im Westen die Dünen, im Osten den Geestkern der alten Insel. Foto: Walter Raabe.

27,7 m allerdings nicht das Ausmaß der hohen Dünen auf Sylt. Anders als auf Sylt sind die Dünen auf Amrum stärker bewachsen, Wanderdünen gibt es dort nicht. Die Koniferenwälder auf dem alten Heideboden der Insel wurden nach 1880 angepflanzt. Wie die Geestkerne auf Sylt gehört auch Amrum zu den altbesiedelten Gebieten der schleswig-holsteinischen Nordseeküste. So sind u. a. Siedlungen der Eisenzeit und des frühen Mittelalters nachweisbar. Bei Steenodde befindet sich ein großes Grabhügelfeld der Wikingerzeit. Eingebettet in die Dünenlandschaft liegen die drei Orte Süddorf, Nebel und Norddorf. In der Windmühle von Nebel, einem Erdholländer von 1771, ist das Heimatmuseum eingerichtet. Im Ort steht auch das zu besichtigende Öömrang-Haus, ein Friesenhaus von 1736. Im äußersten Süden befindet sich mit Wittdün der Hafen- und Badeort der Insel. Den ganzen westlichen Teil der Insel nimmt der breite Dünengürtel ein. Ein älterer, heute versandeter Hafen befand sich früher zwischen dem nördlichen Haken des Kniepsandes und der Inselküste. Noch 1879 legten dort gleichzeitig zwanzig Amrumer und Sylter Austernfischer an.

Internet: www.amrum.de, www.insel-museum.de

Föhr
Im Schutz von Sylt und Amrum hat Föhr eine ruhige Wattenmeerlage, wenn auch der Südweststurm über den Prielstrom der Süderaue eine größere Wirkung auf die Südküste ausüben kann. Von Tiefs umgeben weist die etwa 82 km² große Insel Föhr eine rundliche Form auf. Der Südteil der Insel Föhr besteht aus einem saaleeiszeitlichen Moränenkern mit den Orten Wyk, Wrixum, Alkersum, Nieblum, Goting, Witsum, Hedehusum, Uetersum, Dunsum, Oldsum und Toftum. Die meisten dieser Dörfer mit ihren gut erhaltenen uhtlandländischen Häusern liegen in Übergangslage zur Marsch, die den nördlichen Teil der Insel einnimmt. Traditionell bewirtschafteten die Bauern Geest- und Marschflächen. Aufgrund der um die Dörfer stehenden Bäume machen die reihenförmig angelegten Höfe aus der Ferne den Eindruck kleiner Wälder. Nur in kleinen Restflächen findet sich im Westen und Norden des Geestkerns noch Heide, die einst den gesamten Geestkern bedeckte. Ebenso wie Amrum zwischen Nebel und Steenodde weist auch Föhr mit dem Kiff von Goting nur ein wenige Meter hohes Kliff auf. Zu den beeindruckensten archäologischen Denkmälern gehören frühmittelalterliche Gräberfelder, wie Hedehusum und Goting sowie der Ringwall der Lembecksburg. In Wyk auf Föhr befindet sich das Dr.-Carl-Haeberlin-Friesen-Museum. In dem 1908 eingerichteten Museum werden Geologie, Naturkunde sowie Vor- und Frühgeschichte der Insel gezeigt. Im Außengelände des Museums ist das 1617 errichtete Haus Olesen als typisches uthlandfriesisches Haus wiederaufgebaut.

Internet: www.foehr.de, www.insel-museum.de

Pellworm und Nordstrand
Pellworm und Nordstrand bilden die Überreste der 1634 durch die zweite Mandränke zerstörten großen Marscheninsel Strand. Auf Pellworm prägen verstreut liegende hohe Warften das Landschaftsbild, die seit dem hohen Mittelalter auf einer von Prielen durchzogenen Seemarsch entstanden. Kern der Insel bildet der Große Koog, den der mittelalterliche Schardeich umgibt. Im Westen Pellworms liegt die Alte Kirche, deren eingestürzter Kirchturm ein weithin sichtbares Seezeichen bildet. Die Geschichte Pellworms zeigt das Inselmuseum in Tammensiel, das im Dachgeschoss der Kurverwaltung untergebracht ist. Am Hafen befindet sich in einem alten Dampferschuppen ein kleines Museum zur Seefahrtsgeschichte. Nur zu bestimmten Zeiten ist das private Rungholtmuseum von H. und R. Bahnsen (Westerschütting 2) geöffnet.

Anders als auf Pellworm prägen auf Nordstrand reihenförmige Hofketten das Siedlungsbild. Diese sind ein Abbild des hochmittelalterlichen Landesausbaus in einer ehemals vermoorten Sietlands-

Aus der Luft lassen sich die vielen unregelmäßig in der Marsch liegenden Warften Pellworms gut erkennen. Foto: Walter Raabe.

Ganz im Westen liegt die alte Kirche Pellworms, dessen eingestürzter Turm ein weithin sichtbares Seezeichen bildet. Foto: Dirk Meier.

marsch und der planmäßigen Neubesiedlung der Insel nach deren weitgehender Zerstörung von 1634. So ist die Gestalt beider Inseln das Ergebnis der Sturmflut von 1634 und der danach erfolgten Wiederbedeichungen. Da die Kräfte der Einheimischen dazu nach der Katastrophe von 1634 nicht ausgereicht hatten, ließ Herzog Friedrich III. Partizipanten aus Holland kommen, denen er die Bedeichung und Nutzung des Landes übertrug.

Internet: www.pellworm.de, www.nordstrand.de, www.insel-museum.de

Die Halligen

Am Horizont erscheinen die Halligen des nordfriesischen Wattenmeeres vor dem hohen Himmel als kleine aufragende Punkte in der Weite des Wattenmeeres. An warmen Sommertagen, wenn die Luft über dem Wasserspiegel des Wattenmeeres flimmert, wird das nur etwa 1 m über dem Wasser liegende Halligland unsichtbar und die Warften scheinen oberhalb der Wasserfläche in der Luft zu schweben. Die Häuser spiegeln sich dann in der Luftschicht. Bis heute bilden die Warften wie in den Zeiten vor der Bedeichung der Marschen im hohen Mittelalter Schutz vor Sturmfluten. Wie die Geschichte zeigt, sind die heutigen Halligen durch natürliche Auflandung von Meeresablagerungen oberhalb des mittelalterlichen Kulturlandes aufgewachsen. Auf der Seekarte von Waghenaer von 1586 sind dabei von den heute noch bestehenden Halligen Norderoog, Hoge (Hooge), Langeneß, Gröde, Oelandt (Oland), Habel eingezeichnet.

Seit jeher war auf den Halligen die Wasserversorgung für Mensch und Vieh voneinander getrennt. Die ursprüngliche zentrale Wasserversorgung für das Vieh bildet der Fething[401]. Für den Menschen diente das von den Dächern bei Regen herabfließende Regenwasser, das durch gepflasterte Rinnen in Zisternen geleitet wurde. Diese flaschenförmig aufgebauten, bis in das 12. Jahrhundert auf den mittelalterlichen Warften der Seemarschen nachweisbaren Sode waren mit Soden, seit der frühen Neuzeit mit Backsteinen verkleidet. Die kleine Öffnung ließ sich mit einem Deckel verschließen, um bei einer Überschwemmung der Hallig das Eindringen von Salzwasser zu verhindern. Aus diesen Zisternen schöpften die Bewohner das Wasser mit Eimern, die an Brunnenbäumen hingen oder an langen Stangen befestigt waren. Neben den Soden waren seit der frühen Neuzeit auch steinerne Noste, ehemalige Särge, als Trinkwasserreservoire in Gebrauch. Am Rande mancher Warften befindet sich als Speicherbecken für Regenwasser ein Scheetels (Skedels), von dem das Wasser durch ein Rohr zum Fething geleitet wurde. Durch ein verzweigtes Rohrsystem gelangte das Tränkwasser in Brunnen, die sich meist an den Stallenden befanden.

Fething, Leitungen, Zisternen und Brunnen wurden beim Neubau einer Warft mitgeplant. Erst dann erfolgte die Aufschüttung der Warft mit Klei, die dann mit Grassoden abgedeckt wurde. Die auf den Warften errichteten Häuser besaßen noch in der Neuzeit tief in den Warftkörper eingelassene Pfosten, die bei Sturmfluten das Dach stützten, auf das sich die Bewohner flüchten konnten, wenn die Sturmflut die Warft überschwemmte und die Wellen an die Wände der Häuser schlugen. In den neuen Hallighäusern sind heute spezielle Schutzräume vorhanden.

Internet: www.halligen.de;
www.hallig-hooge.de/home.html; www.hooge.de
www.hallig-groede.de; www.hallig-langeness.de;
www.suedfall.de, www.insel-museum.de.

Südfall
Innerhalb der vor 1634 halbkreisförmig nach Norden reichenden Bucht vor der hufeisenförmigen Küstenlinie Strands lag die Hallig Südfall, die nach 1362 über dem mittelalterlichen Kulturland des untergegangenen Rungholt auflandete. Die vor 1634 etwa 4 km lange und 2 km breite Hallig verkleinerte sich in der Folgezeit. Den fortschreitenden Uferabbruch im Westen, dem mehrere Warften zum Opfer

Die kleine Hallig Habel hat heute nur noch eine Warft. Foto: Walter Raabe.

fielen, konnte der Landanwachs im Osten nicht ausgleichen. Von 1804 bis 1936 verkleinerte sich die zwischen Hever und Norderhever exponiert liegende Hallig zusehends, bevor Küstenschutzmaßnahmen dem Einhalt geboten[402].

Nordstrandischmoor
Die Hallig Nordstrandischmoor entstand aus jüngeren Meeresablagerungen oberhalb des alten Wüsten Moores, eines Hochmoores der Insel Strand. Auf dieses Hochmoor hatten sich 1634 einige Überlebende der Flut geflüchtet und blieben hier die nächsten Jahre, um hier ihr Leben zu fristen, wie Anton Heimreich beschreibt[403]:

Es seyen aber gleichwohl ein Theil der übrig gebliebenen Leute annoch in ihren nachstehenden Häusern bewohnen geblieben, und haben dieselben bestermaßen durch Aufführung der Werfte, darauf sie wohnen, vor dem Wasser beschützet. Ein Theil aber derselben hat sich auf dem hohen Moor (darauf vormals niemand gewohnet), und welches auch vormals weder Gras noch Korn getragen) niedergelassen, und haben sie sich an den beiden Örtchen von dem herrlichen Fischsegen, welcher der grundgütige Gott nach ergangener Fluth zum Unterhalt der armen Leute mildiglich bescheret, und den salzigen Gräsungen zu kümmerlichen Zeiten erhalten, worüber die Einwohner auf dem Moor ihre Nahrung mit Torfgraben gesuchet ..."

Mit Fischfang, Torfabbau und etwas Viehhaltung versuchten die bedauernswerten Menschen zu überleben. Während die ersten behelfsmäßigen Behausungen noch auf dem Hochmoor entstanden, mussten infolge höherer Sturmfluten bald Warften aufgeworfen und weiter erhöht werden. Das Hochmoor bedeckten Meeresablagerungen, auf denen Salzwiesen aufwuchsen.

Hamburger Hallig
Die aus dem ehemaligen nördlichen und östlichen Außenrand der Insel Strand nach 1634 entstandenen Halligen sind mit Ausnahme der 1923 an Nordstrand angedeichten Pohnshallig und Hamburger Hallig alle verschwunden[404]. Der Halligname geht auf die Hamburger Kaufleute Rudolph und Arnold Amsinck zurück, die das sog. Bullingland, ein aufgelandetes Vorland vor der Alt-Nordstrander Inselküste erwarben, es bedeichten und hier 1625 eine große Warft mit Häusern errichteten. Die Warft überstand die Flut von 1634 und Amsinck beteiligte sich an den Wiederbedeichungsmaßnahmen. Nach seinem Tode 1658 auf seinem Besitz begann der Prozess der endgültigen Deichzerstörung und eine Hallig entstand. Im Westen ihrer Anbindung an die ehemalige Insel beraubt, im Osten durch den Priel-

Am Horizont erscheinen die Warften der Halligen als kleine Punkte vor dem hohen Himmel in der unendlichen Weite des Wattenmeeres. Foto: Dirk Meier

Noch heute liegen – wie auf Hallig Oland – die Bauernhäuser dicht gedrängt auf der aus Klei aufgeschütteten Warft um den Fething herum. Dieser bildet die zentrale Wasserversorgung für das Vieh. Erst nach der Sturmflut von 1962 erhielten die Halligen Trinkwasseranschluss vom Land her. Foto: Walter Raabe.

strom Bottergatt bedroht, verkleinerte sich diese in der Folgezeit. Die Bildung junger Marschen vor dem Festlandsdeich erlaubte 1874/1875 die Verbindung der Hallig mit einem Damm. Wie die Hamburger Hallig wurden auch die ehemaligen, schon vor 1300 besiedelten Halligen Gamsbüll, Fahretoft, Ockholm und Dagebüll am Westrand der ehemaligen Dagebüller Bucht vom 17. bis 18. Jahrhundert nach Gewinnung neuer Köge an das Festland angedeicht[405].

Hallig Hooge, Süder- und Norderoog
Hooge ist höher als die anderen Halligen aufgewachsen und wird daher seltener überflutet. Zudem wirken die weiter westlich gelegenen Sände Japsand und Norderoogsand als Barrieren. Frühmittelalter-

Landunter – Infolge des Sturmes hat die Nordsee den kleinen Ringdeich und die Marschen der Hallig überschwemmt. Nur die Warft bildet noch die letzte Zufluchtsmöglichkeit für Menschen und Tiere. Das Foto zeigt die Hanswarft auf Hallig Hooge. Foto: Walter Raabe.

liche Funde im Gebiet von Hallig Hooge zeigen, dass hier bereits vor über 1000 Jahren Flächen einer besiedelten Seemarsch bestanden. Die heutige Hallig ist oberhalb dieses frühmittelalterlichen Kulturlandes aufgewachsen. Mehrere größere und kleinere Priele durchziehen das Halligland. Neben einer infolge der Sturmflut von 1825 endgültig aufgelassenen Warft befinden sich heute auf Hooge noch zehn unterschiedlich große bewohnte Warften, ferner die Kirchwarft. Die 1637 errichtete heutige Kirche steht vermutlich über einer älteren[406]. Die größte, bis NN +4,20 m hohe Hanswarft umfasste 1804 noch 26 Wohnungen und vier Fethinge[407]. Die Pohnswarft am nordwestlichen Halligrand ist heute nicht mehr besiedelt. Nahe der Hanswarft und Ockenswarft befinden sich die Reste kleiner Umwallungen von Sommerkögen[408]. Da die Ackerfurchen in den kleinen Kögen ihre direkte Fortsetzung in richtungsgleichen Gräben im Watt finden, deren Oberfläche 2 m unter der des heutigen Halliglandes liegt, müssen sie ein erhebliches Alter aufweisen.

Dafür spricht auch der in einem archäologischen Grabungsschnitt dokumentierte, von jüngeren Meeresablagerungen bedeckte Deich des kleinen Ockenswarftkooges. Dieser weist aufgrund seiner geringen Ausmaße von 6 m Breite, seiner Höhe von 1,20 und seiner mit 1:3 geneigten Seeseite bzw. 1:2 geböschten Innenseite auf ein hohes Alter hin[409]. Der Deich entstand auf einer Marsch, die in dieser Höhenlage von NN +0,50 m bereits im frühen Mittelalter besiedelt war, wie die Kulturspuren im Raum von Hallig Hooge zeigen. Ihre Nutzung als Kornköge nahm bereits 1794 der Hooger Pastor Kruse an[410].

Während der letzten beiden Jahrhunderte der Grönlandfahrt, von 1600 bis 1800, war Hooge die Heimat vieler Seefahrer. Viele der Kapitäne brachten nach erfolgreicher Fahrt zahlreiche Kulturgüter aus den Niederlanden mit. So statteten der Kapitän Tade Hans Bandix und dessen Frau Stienke Tadens ihr Haus 1776 mit einem reichen Pesel aus. Als nach der verheerenden Flut vom 4. Februar 1825 der dänische König Friedrich VI. die Nordfriesischen Inseln bereiste, kam er am 2. Juli nach Hooge. Da ungünstige Winde seine Weiterfahrt verhinderten, übernachtete er im Wandbett des danach Königspesel genannten Raumes. Neben dem Königspesel kann auf der Hanswarft das Heimatmuseum des ehemaligen Halligpostbooten Hans von Holdt besichtigt werden. Ferner gibt es eine kleine Vorführung zu Sturmfluten.

Die ehemals im Raum zwischen Hooge und Habel liegenden, 1362 untergegangenen Kirchspiele gehörten zum Bereich der Pellworm-, Wirichs- und Beltringharde und somit zur Probstei des alten Strandes. Diese lagen jedoch auch vor der spätmittelalterlichen Katastrophe außerhalb der größeren geschlossenen bedeichten Gebiete im Süden. Anders als weiter im Süden hatte der schon vor 1362 erfolgte Vorstoß des Meeres in das Gebiet der heutigen nördlichen Halligen zu einer sehr starken Zerschneidung der Landschaft geführt. Die ersten Überflutungen erfolgten wohl aus nordwestlicher und nördlicher Richtung durch die Norderaue, während die Süderaue sich erst 1362 stark vertiefte und weiter vordrang. Das Meer bedeckte das Moor mit Sedimenten, auf denen Salzmarschen aufwuchsen[411].

Südlich von Hooge und östlich des Nordoogsandes liegt die kleine Hallig Norderoog. Nach 1825 wurde die Hallig nur saisonal bewirtschaftet und das letzte Haus brach 1865 zusammen. Das Eiland kaufte 1909 der Verein Jordsand, der dort ein Vogelschutzgebiet einrichtete. Auf der kleinen Hallig Süderoog besteht heute nur noch ein Hof.

Hallig Habel, Gröde-Appelland, Oland und Langeneß

Um 1600 erwähnt Petreus noch *drei oder vier Häuser* auf Habel, bei denen der Chronist wohl Warften meinte[412]. Im Jahre 1770 fanden noch sieben Familien ihr Auskommen, 1805 bestanden mit der Süder- und Norderwarft nur noch zwei Warften. Das Meer zerstörte zu Beginn des 19. Jahrhunderts die Süderwarft und die Norderwarft wurde noch bis 1923 von der Halligfamilie bewohnt, die dann ihr Land an den Staat verkaufte. Archäologische Untersuchungen im Wattgebiet zeigen, dass die heutige Hallig nicht der klägliche Rest des mittelalterlichen *Habeld* ist, sondern vielmehr über mittelalterlichem Kulturland aufwuchs. Die Oberfläche der heutigen Hallig liegt 3 m oberhalb des kultivierten Landes von vor 1362. Das sumpfige, von Schilfdickichten bedeckte Land nahmen im hohen Mittelalter die ersten Siedler in Besitz und entwässerten es. Siedlungsreste, Sodenbrunnen, Entwässerungsgräben, Deichreste und Spuren des Salztorfabbaus sind nördlich der Hallig auf einer Höhenlage von NN –1 m nachgewiesen. Ein Teil des niedrigen Kulturlandes ebenso wie die Salztorfabbaufelder umgaben im hohen Mittelalter niedrige Deiche. Heute ist Habel mit Ausnahme eines Vogelwärters des Vereins Jordsand unbewohnt und wird bis zu sechzigmal im Jahr überflutet.

Auch die nordwestlich von Habel liegende Hallig Gröde verkleinerte sich im Laufe der Zeit, wuchs aber nach der Verlandung des trennenden Priels mit der benachbarten Hallig Appelland zusammen. Zwischen den Halligen Gröde-Appelland und Oland lag noch im 19. Jahrhundert die kleine Hallig Hingstneß. Wie bei allen anderen Halligen im nördlichen nordfriesischen Wattenmeer sind auch um Langeneß und Gröde zahlreiche mittelalterliche Spuren des Salztorfabbaus belegt. Hallig Gröde weist mit der Kirch- und Schulwarft noch zwei Warften auf. Auf der Knudswarft stehen die Wohnhäuser um den Fething herum. Die in den Jahren 1759/60 erbauten Häusern wichen nach 1962 Neu- und Umbauten. Darum lagen ursprünglich die Kleinviehställe. Bis 1936 existierten noch zwei Getreidemühlen auf der Warft.

Von Dagebüll aus führt eine Lorenbahn auf einem 1899 errichteten Damm nach Oland und Langeneß. Oland hat heute nur noch eine einzige Warft. Der starke Abbruch der Hallig, der an der Westseite von 1804 bis 1899 etwa 240 m betrug, war die Ursache für den 1896 erfolgten Bau einer Dammverbindung mit dem Festland. Nach dessen Zerstörung entstand in den Jahren 1914 bis 1919 der heutige Damm, der seit 1898 weiter nach Langeneß führt. Die Hallig existiert in ihrer heutigen Geschlossenheit erst seit dem 19. Jahrhundert und ist aus den Eilanden Nordmarsch im Westen, Langeneß im Osten sowie Butwehl im Süden zusammengewachsen[413].

Nach Angaben des *Catalogus Vetustus* waren sowohl Nordmarsch als auch Langeneß Kirchspiele der Wirichsharde, die dann 1362 untergingen. Auf der über dem mittelalterlichen Kulturland aufgewachsenen Hallig wurde unmittelbar westlich der heutigen Kirchwarft im Jahre 1599 eine Kirche errichtet. Eine Verlegung von Kirche und Friedhof erfolgte aufgrund des fortschreitenden Landabbruchs 1732 an ihre heutige Stelle. Die neu errichtete Kirche wurde 1838 abgebrochen. Erst 1894 entstand eine neue Kirchwarft. Das Ausmaß der Zerstörungen durch das Meer belegt das Verschwinden von nicht weniger als fünf der insgesamt zwölf Nordermarscher Warften im Laufe des 19. Jahrhunderts. Heute befinden sich auf Langeneß 21 bebaute und vier aufgelassene Warften[414]. Zu den größeren Warften gehört Hilligenley, wo 1749 Lorenzen 16 Wohnhäuser mit 65 Bewohnern zählte[415]. Weitere Warften auf den Halligen Langeneß, Nordmarsch und Butwehl wurden in den Sturmfluten des 17. bis 19. Jahrhunderts ein Raub des Meeres.

Das Kapitän-Tadsen-Museum mit seinen alten Räumen (Döns, Pesel, Speisekammer, Küche, Keller) auf Langeneß befindet sich in einem uthlandfriesischen Haus von 1741 auf der Ketelswarft. Auch das „Friesenhaus" mit „alter Friesenstube" der Familie Johannsen auf der Honkenswarft sollte man besuchen.

NEUWERK

Vor der Elbmündung westlich von Cuxhaven befindet sich das urkundlich als *Nige Oge* 1286 erwähnte Neuwerk. Der heutige Steinturm wurde zur Sicherung der Elbmündung und als Seezeichen zwischen 1376 und 1379 auf einer Wurt errichtet, nachdem Hamburg 1299 dazu eine Erlaubnis der Grafen von Sachsen-Lauenburg als Landeigner erhalten hatte. Die erbohrten Mistschichten dieser Wurt weisen mit ihrer Radiokarbondatierung in die Bauzeit des Turms[416]. Zu dieser Zeit war die Insel weit größer als heute und verkleinerte sich infolge der spätmittelalterlichen Sturmfluten. Der heutige Deich entstand in den Jahren 1556 bis 1559. Spätere Sturmfluten führten wiederholt zu Deichbrüchen. Das Land bewirtschafteten drei Butjadinger Bauern. Der Osthof, Mittelhof und Westhof wurden ebenso wie die Häuser zweier Fischer 1579 errichtet. Der Ringdeich (Turmdeich) um den Steinturm entstand nach der Flut von 1718.

Internet: www.insel-neuwerk.de.

HELGOLAND

Rot ist der Fels, weiß ist der Sand und grün ist das Land – das sind die Farben von Helgoland, lautet treffend ein Gedicht. Neben dem 55 m hohen Buntsandsteinfelsen in der Deutschen Bucht erstreckt sich die nur wenige Meter über dem Mittleren Tidehochwasser liegende Düne. Die Felseninsel mit ihrem Wahrzeichen, der Langen Anna, besteht aus dem Ober- und Unterland. Das Unterland ist weitgehend künstlich angelegt. In der Sturmflut von 1720 ging die Landverbindung (Woal) zwischen der Düne mit dem Weißen Kalkfelsen (Witte Kliff) und dem Buntsandsteinfelsen verloren.

Die geologische Geschichte Helgolands reicht bis in das Erdmittelalter zurück. Im Mesozoikum begannen im Untergrund des Nordseebeckens Salzschichten aufzusteigen und drückten die darüber liegenden Schichten beulenförmig nach oben. Im Tertiär zerrissen die Schichten an ihrer höchsten Stelle. Während die Buntsandsteinschichten auf der Westseite wieder in den Untergrund sanken, blieben sie auf der Ostseite erhalten. Bei dem Aufwölbungsvorgang bildeten sich senkrechte Spalten im Gestein, welche die Widerstandsfähigkeit des Felsens beeinträchtigen.

Die ältesten Kulturspuren der Insel stammen aus der späten Altsteinzeit, als der Felsen noch aus der Sanderebene des Nordseebeckens herausragte. Durch den nacheiszeitlichen Meeresspiegelanstieg wurde Helgoland mit dem Felsen und daran anschließenden Dünengebieten zur Insel. Diese war erheblich größer als heute und verkleinerte sich im Laufe der Zeit. Im Mittelalter, vielleicht auch schon in der Bronzezeit, wurde auf Helgoland Kupfererz aus dem Buntsandstein gewonnen. Von größerer Bedeutung im Mittelalter war aber der Abbau von Muschelkalk und Gips am Weißen Kliff, der den Steilfelsen so unterhöhlte, dass diesen 1721 eine Sturmflut zerstörte.

Die erste schriftliche Erwähnung Helgolands geht auf die Antike zurück. Pytheas von Massilia spricht 325 v. Chr. von einer Insel *Abalus* (auch *Basileia*), an die Bernstein getrieben wird, welches die Bewohner

Die Lange Anna ist das Wahrzeichen der Buntsandsteininsel Helgoland. Foto: Hans-Jörg Streif.

an die Teutonen verkauften. In der Heiligenlegende des Willibrod aus der Zeit um 700 wird berichtet, dass Friesen auf der Insel wohnten. Deren Christianisierung gelang aber erst etwa einhundert Jahre später durch Luidger. Adam von Bremen spricht 1076 in seiner *res gestae* von einem Heiligland und auch das Erdbuch des dänischen Königs Waldemar II. von 1231 nennt die Insel. Aufgrund seiner idealen Lage bot Helgoland im späten Mittelalter einen wichtigen Stützpunkt für die Seeräuber (Vitalienbrüder), die hier von Hamburgern im Jahre 1400 besiegt und auf Schiffen nach Hamburg gebracht wurden.

Im Jahre 1500 kam es wegen des bei Helgoland betriebenen Heringfangs zum Streit zwischen Dithmarschen, dem Gottorfer Herzog und Dänemark. Die strategische Bedeutung der Insel geriet nun mehr und mehr ins Blickfeld der Gottorfer Herzöge, die ab 1539 Helgoland befestigten und 1630 das erste Leuchtfeuer, Blüse genannt, errichteten. Dieses bestand aus einem offenen Kohlefeuer. Die Dänen erstürmten 1714 die Insel, bevor sie 1807 von den englischen Truppen besetzt wurde, die hier ein Zwischenlager für ihren Handel mit dem Kontinent einrichteten und durch Schmuggel die Kontinentalsperre Napoleons zu umgehen versuchten. 1890 kam die Insel im Tausch gegen Sansibar an das Deutsche Reich. Im Zweiten Weltkrieg wurde die Insel aufgrund des U-Boot-Stützpunktes stark bombardiert und danach von Großbritannien besetzt. Nach zahlreichen Protesten gab die englische Regierung die bereits eingeleiteten Sprengversuche der Insel auf und Helgoland an die Bundesrepublik Deutschland zurück. Das heutige Unter- und Oberdorf entstand mit seinen Häusern 1960, nachdem die Insel bereits seit 1826 Seebad geworden war.

Internet: www.helgoland.de;
www.museum-helgoland.de.

Epilog

Watten, Priele, Sände, Nehrungen, Dünen, Seemarschen, Halligen und Geest formen die Landschaft der Nordseeküstenregion. Wie diese Landschaft entstand, welche Kräfte sie schufen und veränderten, war Thema dieses Buches. Der Blick auf die heutige Ökologie der Nordseeküste darf nicht den Blick davor verstellen, dass neben Wind, Strömungen und Gezeiten als den treibenden Kräften der Veränderlichkeit des Wattenmeeres der Mensch durch Deichbau und Entwässerung diese Landschaft mitgestaltet hat. Infolge dieser Kulturmaßnahmen verschwanden die ausgedehnten, regelmäßig bei höheren Tiden überschwemmten Salzwiesen ebenso wie die ausgedehnten Schilfsümpfe und Moore. Aus dem Naturraum entstand im Mittelalter in den Grundzügen die Kulturlandschaft, die bis heute das Bild der Nordseeküste prägt.

Das Wattenmeer als eine einmalige, naturnahe Landschaft ist keine Wildnis, waren doch weite Bereiche des nordfriesischen Wattenmeeres bewirtschaftetes Agrarland, bevor dieses im späten Mittelalter und der frühen Neuzeit ein Raub des Meeres wurde. Der Blick in die zeitliche Tiefe der Landschaft vermittelt aber auch, wie der Naturraum vor den Eingriffen des Menschen aussah. Immer wieder mussten sich die Menschen mit ihrer Umwelt, den Gewalten der Stürme und Überschwemmungen auseinander setzen. Vom Zeitpunkt der ersten Landnahme in den nordwestdeutschen Nordseemarschen vor 2000 Jahren bis zum Mittelalter reagierten die Menschen nur passiv auf die Gewalt des Meeres, indem sie Wurten (Warften) errichteten, bevor im 11./12. Jahrhundert mit dem Deichbau die Marschen erstmals den regelmäßig bei höherer Tide auftretenden Überflutungen entzogen wurden.

Dieses Buch hat exemplarisch anhand geologischer, umweltgeschichtlicher und archäologischer Untersuchungen die vielfältigen Zusammenhänge zwischen Mensch und Umwelt aufgezeigt. Im Laufe der Zeit entstanden immer weitere Köge, auf die Natur wurde dabei keine Rücksicht genommen. So förderten die Landesherren seit dem 16. Jahrhundert den Deichbau, da sie sich von dem neu eingedeichten und verpachteten Land Steuern versprachen. Infolge des Deichbaus stiegen aber auch die Fluthöhen, da das Wasser sich nicht mehr ungehindert ausbreiten konnte. Zudem beeinflusste auch in historischen Zeiten das Klimageschehen die Höhe der Wasserstände.

Die Natur zu schützen, wäre den Menschen früherer Zeiten kaum in den Sinn gekommen, zu hart war oft der Kampf um das tägliche Dasein. Erst unsere technisierte Zeit erlaubt den Schutz des Wattenmeeres durch Nationalparke und Naturschutzgebiete. Der natürliche Artenreichtum und die ökologischen Potentiale der Nordseeküstenlandschaft sind ebenso einmalig wie das Kulturerbe. Deiche, Warften, Kulturspuren im Watt, Bauernhäuser oder Kirchen ebenso wie Siedlungs- und Flurformen, alte Priele und Wegenetze formen regionale Kulturlandschaften mit hohem Erlebniswert. Ökologie und Kultur sind untrennbar miteinander verbunden, denn jede Landschaft hat Geschichte, Geschichte aber vollzieht sich auch vor dem Hintergrund des Landschaftswandels. Wie und in welchem Maße ein steigender Meeresspiegel dieses Küstengebiet erneut formen wird, können wir nicht absehen; wie die Entwicklung war, vermögen wir exemplarisch zu rekonstruieren. Das Wesen der Wattenmeerlandschaft aber ist Veränderlichkeit.

GLOSSAR

Anwachs	Schlickiger Sedimentations- und Wuchsbereich erster Salzpflanzen wie Queller und Andel zwischen Watt und geschlossenem Vorland.
Beaufort-Skala	Windstärkenskala in 13 verschiedene Stärkegrade (Bft). Die Skala wurde 1896 durch den englischen Admiral Sir Francis Beaufort eingeführt und 1949 um fünf Stärkegrade erhöht.
Brackwasser	Mischung von Süßwasser (Flusswasser) und Salzwasser (Meerwasser) im Mündungsbereich von Tideflüssen oder im Grundwasserbereich der Marsch.
Brandung	Überstürzen von Brechern (Branden) der auf das Festland zulaufenden Meereswellen in der Brandungszone.
Deich	Dammartiger Erdwall entlang der Küstenlinie zum Schutz des Landes:
Seedeich:	Deich an der heutigen Küstenlinie (direkt an die See grenzende Deiche ohne Vorland werden Schardeiche genannt)
Schlafdeich:	alte Deichlinie im Binnenland
Sommerdeich:	Deich, der nur gegen sommerliche Sturmfluten schützt
Winterdeich:	ganzjährig schützender Deich
Deichgraf	Vorsteher eines Deich- oder Deich- und Sielverbandes, in dem die am Küstenschutz interessierten Küstenbewohner (meist Landwirte) zusammengeschlossen sind.
Deichkrone	Oberer Abschluss des Deiches.
Deichfuß	Unterer Abschluss des Deiches.
Doggerbank	Ausgedehnte Sandbank inmitten der Nordsee. Ihr höchster Punkt liegt bei NN –13 m.
Ebbe	Das Fallen des Wasserspiegels im Gezeitenmeer vom Tidehochwasserstand zum nachfolgenden Tideniedrigwasserstand.
Fernwelle	Meteorologisch bedingte oder durch Erdbeben (Seebeben) ausgelöste Meereswelle.
Fething, Feting	Mit Klei abgedichtetes, bis in den Untergrund reichendes großes Wasserloch in der Mitte der Warft zur zentralen Wasserversorgung für das Vieh. Vom Fething führen Rohre zu Soden als Wasserzisternen. Ferner besteht eine Zuleitung zu einem großen Wasserauffangbecken am Rande der Warft, dem Scheetels.
Flachsiedlung	hier: zu ebener Erde in der unbedeichten Marsch angelegte Wohnplätze.
Flut	Steigen des Wasserspiegels im Gezeitenmeer vom Tideniedrigwasserstand zum nachfolgenden Tidehochwasserstand.
Geest	Höher liegendes Gebiet eiszeitlicher Ablagerungen (Mergel, Sande, Kiese).
Gezeiten, Tiden	Schwingungen des Wassers der Ozeane und Randmeere der Erde unter Einwirkung der Anziehungskräfte und der Bewegung der Gestirne Sonne, Mond und Erde.
Hallig	Kleine unbedeichte Marscheninsel im Wattenmeer, die bei Sturmfluten überflutet wird. Die Halligen sind heute von niedrigen Sommerdeichen umgeben.
Haubarg	Bauernhausform in Holland und Eiderstedt, die im 16. Jahrhundert entstand. In der Mitte des Haubargs befindet sich im Vierkant der Heubarg.

Hochwasser	siehe unter: Flut.	Moräne	[französisch] vom Gletscher mitgeführter Gesteinsschutt. Je nach der Lage zum Gletscher unterscheidet man Grund-, Seiten- und Endmoränen.
Hydrologie	Wissenschaft vom Wasser und seinen Eigenschaften (Gewässerkunde).		
Klei	Kleiboden oder Marschboden aus Ablagerungen (Sanden, Tonen) des Meeres.	Nehrung	Von der küstenparallelen Tideströmung und Brandungsströmung aufgeschütteter langgestreckter, schmaler Sand- oder Kieswall, auf dem Dünen aufwachsen können.
Kliff	Durch Abbruch infolge von Wellenschlag, Brandung und Strömung entstandenes Steilufer am Geestrand.		
Klima	Mittlerer Zustand des Gesamtablaufs der meteorologischen Erscheinungen während eines langen Beobachtungszeitraums.	Normalnull (NN)	Amtlich im Jahre 1879 festgelegte Bezugsebene für alle Höhenmessungen in Deutschland, die dem damaligen Meeres-Mittelwasserspiegel am Amsterdamer Pegel entspricht.
Koog, Polder	Durch einen Deich geschützte Marsch.		
Küste	Übergangsgebiet vom Land zum Meer, an der Nordseeküste Grenze des landwärts reichenden Tideeinflusses.	Niedrigwasser	siehe unter: Ebbe.
		Orkan	Außergewöhnlich starke Luftbewegung der Stärke 12 Beaufort (siehe dort).
Küstenlinie	Berührungslinie zwischen Land und Meer.	Pegel	Ortsfeste Wasserstandsmessanlage. An der deutschen Nordseeküste wurde 1935 das Pegelnull als Nullstand aller Pegel eingeführt, der auf einer Tiefe von NN –5 m liegt.
Küstenschutz	Technische Maßnahmen zum Schutz der Küste durch den Bau von Deichen, Speerwerken, Lahnungen oder Sandvorspülungen.		
		Priel	Wasserrinne im Watt, die auch bei Tideniedrigwasser noch Wasser führt.
Kulturspuren	hier: Zeugnisse menschlicher Spuren im Wattenmeer, wie Warften, Deiche, Flurformen, Entwässerungsgräben oder Siele.		
		Queller	Salzwasserpflanze *(Salicornia herbaca)*; Pionierpflanze im Watt, die bereits 40 cm unter dem Mittleren Tidehochwasserspiegel wächst.
Lee und Luv	Die vom Meer abgewandte Seite bzw. die dem Meer zugewandte Seite.		
Marsch	Boden aus Ablagerungen des Gezeitenmeeres (Seemarsch) und der Tideflüsse (Brackmarsch).	Regression	Weitflächiger Rückzug des Meeres.
		Sandbank	Durch Brandung und Strömung aufgehöhte Sandablagerung, bis über dem Mittleren Tidehochwasser aufragend.
Meeresspiegelanstieg	Säkularer Meeresspiegelanstieg: allmähliches Anheben des Meeresspiegels gegenüber dem Festlandsniveau.		
		Schardeich	Direkt an das Meer grenzender Seedeich ohne Vorland.
Mittleres Tidehochwasser	MThw, Mittlerer Tidehochwasserstand als Mittelwert der Tidehochwasserstände.	Schlick	Schluffig-tonige Ablagerungen (Sedimente) des Meeres.

Sedimente	An der Nordsee Ablagerungen des Meeres in Form von Sanden, Schluffen und Tonen.	Tidenhub (Thb)	Mittlerer Höhenunterschied zwischen Tidehochwasser und den beiden folgenden Tideniedrigwasserständen.
Seegat	Enge Öffnung zwischen zwei Inseln oder Sänden am seeseitigen Rand des Wattenmeeres, durch die ein Wattenstrom (Prielstrom) in das offene Meer mündet.	Tidehochwasser	Oberer Grenzwert des Tidewasserstandes zum Ende der Flut.
		Transgression	Weitflächiger Vorstoß des Meeres.
Siel	Durchlasswerk im Seedeich für ein Gewässer oder einen Sielzug, schließt sich bei Flut durch den Wasserdruck und öffnet sich bei Ebbe. Siele entwässern die eingedeichte Marsch.	Uferwall	Durch Meeres- oder Flussablagerungen im Gezeitenbereich aufgehöhter Marschrücken.
		Vorland	Außendeichsland zwischen dem Seedeich und der Küstenlinie, auch Heller oder Außengroden genannt.
Sperrwerk	Bauwerk in einem Tidefluss mit Verschlussvorrichtungen zum Absperren bestimmter Tiden, dient dem Sturmflutschutz.	Vulkan	Stelle der Eroberfläche, wo Magma austritt. Die Eruptionen schütten allmählich einen Berg auf.
Springflut	Springtidehochwasser: bei Voll- und Neumond auftretende Flut mit hohen Wasserständen.	Warft (Warf), Wurt, Wierde, Terp	Durch künstliche Aufträge aus Klei, auch aus Mist aufgehöhter Siedlungshügel in der Marsch, in Nord- und Ostfriesland Warften oder Warfen, in Dithmarschen Wurten, in der Groninger Seemarsch Wierden und in den niederländischen Friesland Terpen genannt. Hinsichtlich der Größe lassen sich Hof-, Groß- und Dorfwarften unterscheiden.
Späthing, Pütte	Erdentnahmestelle für den Deich- oder Warftbau.		
Stackdeich	In der frühen Neuzeit errichteter Deich mit einer Holzbohlenwand zur See hin. Stackdeiche entstanden in der frühen Neuzeit überall da, wo es kein Vorland gab.		
Strand	Flacher Küstenstreifen aus Sand, Kies oder Geröll im Wirkungsbereich der Gezeiten und Wellen.	Warmzeit	Langandauernde Warmphase der Erdgeschichte zwischen den Eiszeiten.
Strandwall	Durch Brandung aufgeworfener, grobsandig-kiesiger Wall im Übergang vom trockenen zum nassen Strand.	Watt	Flaches Übergangsgebiet zwischen Festland und Meer an einer Gezeitenküste, das im Ablauf der Gezeitenbewegung abwechselnd mit Wasser überdeckt wird oder trocken fällt. Das Bodenmaterial besteht aus Tonen, Sanden oder Schuffen.
Sturmflut	Durch Windkräfte ausgelöster Sturm mit hohen Wasserständen und Wellen an der Küste.		
Tidedauer	Zeitspanne zwischen Tideniedrigwasser und Tidehochwasser.		
Tide	Zeitraum, der vom ablaufenden zum auflaufenden Wasser, von Ebbe und Flut vergeht.	Wattstrom	Hauptwasserlauf im Watt, siehe auch Priel.

Wehle	Tiefes Wasserloch infolge eines Deichbruchs, das durch einströmendes Meerwasser entstand.	Wind	Durch die unterschiedlichen Temperaturen der Erdoberfläche und der Luftschichten ausgelöster Vorgang der Luftströmung.
Welle	Schwingung der Wasseroberfläche (Seegang) infolge der Einwirkungen des Windes.	Wölbäcker	Durch kreisförmiges Pflügen in Längsrichtung aufgehöhte Äcker.
Wetter	Augenblickliches Verhältnis der Atmosphäre für eine gewisse Region.		

Literaturverzeichnis

Edierte Quellen

Adam von Bremen: Adami Gesta Hammaburgensis ecclesiae pontificum. Ex recensione Lappenbergii. Waitz, G. (Hrsg.): MGH – Scriptores rerum Germanicarum 8 (Hannover 1876).

Aakjaer, S.: Kong Valdemars Jordebog (København 1926–1943).

Annales Bertiani: Annales Bertiani auctore Prudentio Trecensi episcopo (835–861). MGH – Scriptores rerum Germanicarum 4 (Hannover 1883).

Annales Egmundani: Annales Egmundani. Pertz, G. H. (Hrsg.): MGH – Scriptores rerum Germanicarum 16 (Hannover 1859).

Annales Floreffienses: Annales Floreffienses. Pertz, G. H. (Hrsg.): MGH – Scriptores rerum Germanicarum 7 (Hannover 1891).

Annales Fuldenses: Annales Fuldenses sive Annales regni Francorum orientalis. Kurze, F. (Hrsg.): MGH – Scriptores rerum Germanicarum 16 (Hannover 1859).

Annales Magdeburgenses: Annales Magdeburgenses. Pertz, G. H. (Hrsg.): MGH – Scriptores rerum Germanicarum 16 (Hannover 1859).

Annales monasterii de Walverleia: Annales monasterii de Walverleia. Rerum Britannicarum medii aevi scriptores. Rolls Series 36, II (London 1865).

Annales Palidenses: Annales Palidenses. Pertz, G. H. (Hrsg.): MGH – Scriptores rerum Germanicarum 16 (Hannover 1859).

Annales Quedlinburgenses: Annales Qudelinburgenses. Pertz, G. H. (Hrsg.); MGH – Scriptores rerum Germanicarum 3 (Hannover 1839).

Annales regni Francorum: Annales regni Francorum. Kurtze, F. (Hrsg.); MGH – Scriptores rerum Germanicarum 6 (Hannover 1895).

Annales Xantenses: Annales Xantenses. MGH – Scriptores rerum Germanicarum 9 (Hannover – Leipzig 1909).

Anselmi Gemblacensis contiunatio: Anselmi Gemblacensis contiunatio. MGH – Scriptores rerum Germanicarum 4 (Hannover 1882).

Balduini Ninovensis chronicon: Balduini Ninovensis chronicon. MGH – Scriptores rerum Germanicarum 25 (Hannover 1889).

Beda: Beda Venerabilis, Kirchengeschichte des englischen Volkes. Historica ecclesiastica gentis Anglorum (Darmstadt 1997).

Boetius, M.: Matthias Boetius, De catalysmo Nordstrandico. Hrsg. von O. Hartz (Neumünster 1940).

Brahms, A.: Anfangs-Gründe der Deich- und Wasser-Baukunst (Aurich 1767/73), Nachdruck (Leer 2. Aufl. 1989).

Capelle, T. 1998: Die Sachsen des frühen Mittelalters (Stuttgart 1998).

Catalogus vetustus: Verteknis Aller Propositurn, Stede vnd Caspell Kercken vnd Capellen, so wannerdags dem Bischopps Stifft Schleßwich, incorporrirt gewesen sin, Vetusto Catalogo hrsg. von Anton Heimreich, Schleßwigische Kirchen Historie (Schleswig 1683). Hansen, R.: Zeitschrift für Schleswig-Holsteinische Geschichte 24, 1894, 77–82.

Chronica Alberici: Chronica Alberici Monachi trium fontium a monacho novi monasterii Hoisenses. MGH – Scriptores rerum Germanicarum 23 (Hannover 1887).

Chronica magistri Rogeri: Chronica magistri Rogeri de Houedene. In: Stubbs, W. (Hrsg.): Rerum Britannicarum medii aevi scriptores. Rolls Series 51 (London 1868–1871).

Chronicon Guillelmi: Chronicon Guillelmi de Nangiaco. Géraud, H.; Chronique latine de Guillelmi de Nangris de 113 à 1300 avec les contiuations de cette chronique de 1300 à 1368. In: Sociéte d'histoire de France 33 (Paris 1868).

Danckwerth, C.: Caspar Danckwerth, Newe Landesbeschreibung der zwey Herzogthümer Schleßwich und Holstein (Husum 1652).

Dio: Cassius Dio, Histoire romaine. Traduit et annoté par M.-L. Freyburger (Paris 1991–2002).

Emonis Chronicon: Emonis Chronicon. In: Weiland, H. (Hrsg.): MGH – Scriptores 22 (Hannover 1892).

Eutrop: Eutropii Brevarium ab urbe condita = Eutropius, Kurze Geschichte Roms seit Gründung der Stadt (753 v. Chr. – 364 n. Chr.) hrsg. von F. L. Müller (Stuttgart 1995).

Florus: Florus Lugdvnensis Opera omnia. Corpus Christianorum Contiuatio mediaevalis (Brepols 2002).

Greogor von Tours: Historia Francorum – Heinzelmann, M.: Zehn Bücher Geschichte. Historiographie und Gesellschaftskonzept im 6. Jahrhundert (Darmstadt 1994).

Hansisches Urkundenbuch: Hansisches Urkundenbuch. Staatsbibliothek Hamburg. Bde. III und IV.

Helmold von Bosau: Helmold. Chronik der Slawen. Übersetzt von J. M. Laurent u. W. Wattenbach, A. Heine (Hrsg.) Historiker des Deutschen Altertums (Stuttgart – Essen 1986).

Heimreich, A. 1668: Anton Heimreich, Ernewerte Nordfresische Chronick. Neu hrsg. von N. Falck (Schleswig 1668).

Hunrichs 1771: J. W. A. Hunrichs, Practische Anleitung zum Deich-, Siel und Schlengenbau Bau. II. Teil. Von Schlengen, Höftern und anderen Schutzwerken (Bremen 1771).

MGH Leges: MGH Leges I (Hannover 1835).

Kruse 1794: E. C. Kruse, Beschreibung der Insel Hoge. Schleswig-Holsteinische Provinzialberichte 8, Bd. 1, Heft 1–3, 1794, 214–232.

Livius: Titus Livius, Römische Geschichte. Sammlung Tusculum. Hrsg. von H. J. Hillen (Darmstadt 2000).

Neocorus: Johann Adolfi's, genannt Neocorus, Chronik des Landes Dithmarschen. Unveränderter Nachdruck der Ausgabe Kiel 1827 (Leer 1978).

Ovid: Metamorphoses. Gregory, H. (Trans.) (New York 1958).

Plinius: C. Plinius Secundus d. Ä., Naturkunde. Lateinisch – Deutsch. Sammlung Tusculum. Hrsg. von R. König, J. Hopp u. W. Glöckner (München 2004).

Ptolemäus: Clavdii Ptolemaei Geographicae. Codices et Vaticanes selecti 19, 2, 2 (1932).

Radulphis des Diceto Ymagines Historiarum; Radulphis des Diceto Ymagines Historiarum. Stubbs, H. W. (Hrsg.): Rerum Britannicarum medii aevi scriptores 13 (London 1876).

Rosien, P. H. 1740; Die Eiderstedtische Chronik von 1712 bis 1740. In: Reeder, N.: Die Eiderstetische Chronik des Peter Hinrich Rosien. Nordfriesisches Jahrbuch N.F. 25, 1989, 123–165.

Sax 1610: Peter Sax, Nova, totius Frisae septentrionalis, Descriptio (Beschreibungen von Helgoland und Eiderstedt). Nach der Handschrift von 1610. Werke zur Geschichte Nordfrieslands und Dithmarschens. Bd. 1. (Hrsg. Panten, A.) (St. Peter-Ording 1986).

Sax 1636: Peter Sax, Frisia Minor, hoc est, Tabulae, Insularum et Peninsularum, tam Maiorum, qyam Minorum, juxta Ducatum, Slesvicensem, in Oceane Britannico, sive Cimbrico, starum ... (76 Tafeln zur Topographie Nordfrieslands). Werke zur Geschichte Nordfrieslands u. Dithmarschens. Bd. 2. Hrsg. von A. Panten (St. Peter-Ording 1985).

Sax 1637: Peter Sax, Descriptio, Insulae Nordstrandiae der Insvl, vnd des Landes Nordstrand (Beschreibung der Inseln Nordstrand, Föhr, Amrum, Sylt sowie der Harden des nordfriesischen Festlandes). Nach der Handschrift von 1637. Werke zur Geschichte Nordfrieslands u. Dithmarschens. Bd. 3. Hrsg. von A. Panten (St. Peter-Ording 1984).

Sax 1638: Peter Sax, Descriptio, Annales Eyderstadiensium (Eine historische Beschreibung der Landen Eiderstedt, Everschop und Utholm). Nach der Handschrift von 1636. Werke zur Geschichte Nordfrieslands u. Dithmarschens. Bd. 2. Hrsg. von A. Panten (St. Peter-Ording 1985).

Saxo Grammaticus: Saxo Grammaticus, Danorum Regum Heroumque Historia. The text of the first edition with translation and commentary in three volumes. Hrsg. von E. Chrisitansen, BAR International Series 118 (Oxford 1981).

Sigiberti chronographiae: Sigiberti chronographiae auctarium Laudunense. In: MGH – Scriptores 6 (Hannover 1882).

Strabo: Strabos Geographika. Übersetzung u. Kommentar von S. Radt (Göttingen 2002).

Suetonius: Gaius Suetonius, The flavian emperors. Jones, W. u. Milns, R. D. (Ed.) (Bristol 2002).

Tacitus, Cornelius: Sämtliche erhaltene Werke. Unter Zugrundelegung der Übertragung von Wilhelm Bötticher neu bearbeitet von Andreas Schaefer (Essen o. J.).

Tacitus, Cornelius: Germania. Übersetzung, Erläuterungen von Manfred Fuhrmann (Stuttgart 1971).

Tetens, J. N.: Reisen in die Marschländer an der Nordsee zur Beobachtung des Deichbaus in Briefen. Bd. 1 (Leipzig 1788).

Ubbo Emmius: Rerum Frisicarum historiae libri X. Decas I–VI (Franeker 1596–1616).

Vita Sancti Bonifatii: Vita Sancti Bonifatii Archiepiscopi Monguntiani. Levinson, W. (Hrsg.): MGH – Scriptores rerum Germanicarum 47 (Hannover – Leipzig 1905).

Literatur

Arnold, V. 2000: Ur- und Frühgeschichte. In: Verein für Dithmarscher Landeskunde (Hg.): Geschichte Dithmarschens (Heide 2000), 17–70.

Aschenberg, H. 1992: Deichschutz und Binnenentwässerung im Stromspaltungsgebiet zwischen Weser und Elbe. In: Kramer, J. u. Rhode, H. 1992: Historischer Küstenschutz. Deichbau, Inselschutz und Binnenentwässerung an Nord- und Ostsee (Stuttgart 1992), 255–288.

Backhaus, H. 1943: Die ostfriesischen Inseln und ihre Entwicklung. Ein Beitrag zu den Problemen der Küstenbildung im südlichen Nordseegebiet. Schriften der Wirtschaftswissenschaftlichen Gesellschaft zum Studium Niedersachsens A 12 (Hannover – Göttingen 1943).

Bantelmann, A. 1955: Tofting, eine vorgeschichtliche Warft an der Eidermündung. Offa-Bücher 12 (Neumünster 1955).

Bantelmann, A. 1966: Die Landschaftsentwicklung an der schleswig-holsteinischen Westküste – dargestellt am Beispiel Nordfriesland. Eine Funktionschronik durch fünf Jahrtausende. Die Küste, Heft 2, 1966, 5–99.

Bantelmann, A. 1967: Die Landschaftsentwicklung an der schleswig-holsteinischen Westküste – dargestellt am Beispiel Nordfriesland. Eine Funktionschronik durch fünf Jahrtausende. Offa-Bücher 21 (Neumünster 1967).

Bantelmann, A. 1975: Die frühgeschichtliche Marschsiedlung beim Elisenhof in Eiderstedt. Landschaftsgeschichte und Baubefunde. Studien Küstenarchäologie Schleswig-Holstein Ser. A, Elisenhof 1 (Bern – Frankfurt 1975).

Bantelmann, A. 1977/1978: Alt-Nordstrand um 1634. Karte von Fritz Fischer mit Erläuterungen von Albert Bantelmann. Zeitschrift für Schleswig-Holsteinische Geschichte Bd. 102/103, 1977/1978, 97–110.

Bantelmann, A. 1992: Landschaft und Besiedlung Nordfrieslands in vorgeschichtlicher Zeit. Hrsg. von der Stiftung Nordfriesland und dem Museumsverein der Insel Föhr e.V. (Husum 1992). Neuauflage durchgesehen und ergänzt von M. Segschneider. Schriftenreihe (N.F.) des Dr.-Carl-Haeberlin-Museums Wyk auf Föhr, 2. Aufl. Nr. 9 mit Ergänzungen (Husum 2003).

Bärenfänger, R. 2005: Neue Ausgrabungen in der ostfriesischen Marsch. In: Fansa, M. (Hg.): Kulturlandschaft Marsch. Natur – Geschichte – Gegenwart. Vorträge anlässlich des Symposiums in Oldenburg. Schriftenreihe des Landesmuseums für Natur und Mensch 33 (Oldenburg 2005), 85–94.

Barckhausen, J. 1969: Entstehung und Entwicklung der Insel Langeoog. Beiträge zur Quartärgeologie und Paläontologie eines ostfriesischen Küstenabschnittes. Oldenburger Jahrbuch 68, 1969, 239–281.

Beenakker, J. J. J. M. 1988: Van Rentersluze tot strijkmolen. De watergeschiedenis en landschapsontwikkeling van de Schager- en Niedorperkoggen tot 1653 (Alphen aan den Rijn 1988).

Behre, K. E. 1976: Die Pflanzenreste aus der frühgeschichtlichen Warft Elisenhof. Stud. Küstenarch. Schleswig-Holstein, Ser. A, Elisenhof 2 (Bern-Frankfurt 1976).

Behre, K. E. 1988: Die Umwelt prähistorischer und mittelalterlicher Siedlungen. Siedlungsforschung 6, 1988, 57–80.

Behre, K. E. 1995: Kleine historische Landeskunde des Elbe-Weser-Raumes. In: Dannenberg, H. E. u. Schulze, H. J. (Hrsg.): Die Geschichte des Landes zwischen Elbe und Weser, Bd. 1 (Stade 1995), 1–59.

Behre, K. E. 1999: Die Veränderung der niedersächsischen Küstenlinien in den letzten 3000 Jahren und ihre Ursachen. Probleme der Küstenforschung im südlichen Nordseegebiet 26, 1999, 9–33.

Behre, K. E. 2003: Eine neue Meeresspiegelkurve für die südliche Nordseeküste. Transgressionen und Regressionen in den letzten 10000 Jahren. Probleme der Küstenforschung im südlichen Nordseegebiet 28, 2003, 9–63.

Bericht des Landesamtes für Wasserwirtschaft Schleswig-Holstein 1962: Ministerium für Ernährung, Landwirtschaft und Forsten – Landesamt für Wasserwirtschaft Schleswig-Holstein: Die Sturmflut vom 16./17. Februar 1962 an der Schleswig-Holsteinischen Westküste. Die Küste, Heft 1, 1962, 55–80.

Bericht Niedersächsische Ingenieur-Kommission 1962: Die vom Minister für Ernährung, Landwirtschaft und Forsten eingesetzte Ingenieur-Kommission: Die Sturmflut vom 16./17. Februar 1962 im niedersächsischen Küstengebiet. Die Küste, Heft 1, 1962, 17–54.

Berz, G. 2003: Naturkatastrophen und Klimawandel: Vorsorge ist das Gebot der Stunde. In: Hauser, W. (Hrsg.): Klima. Das Experiment mit dem Planeten Erde (Stuttgart 2003), 292–317.

Bloemers, J. H. F., Louwe Koijmans, L. P. u. Sarfatij, H. 1981: Verleden land. Archaeologische opgravningen in Nederland (Amsterdam 1981).

Blok, D. P. 1984: Wie alt sind die niederländischen Deiche? Die Aussagen der frühesten schriftlichen Quellen. Probleme der Küstenforschung im südlichen Nordseegebiet 15, 1984, 1–7.

Borger, G. J. u. Bruines, S. 1994: Binnewaters gewelt. 450 jaar boezembeheer in Hollands Noorderkwartier. Uitgeven ter gelegenheid van het jubileumjaar 1994 door het Hoogheemraadschap van Uitwaterende Sluizen in Hollands Noorderkwartier, in samenwerking met Stichting Uitgeverij Noord-Holland, Wormerveer (Edam 1994).

Brandt, K. E. 1984a: Der Fund eines mittelalterlichen Siels bei Stollhammer Altendeich, Gem. Butjadingen, Kr. Wesermarsch, und seine Bedeutung für die Landschaftsentwicklung zwischen Jadebusen und Weser. Probleme der Küstenforschung im südlichen Nordseegebiet 16, 1984, 51–64.

Brandt, K. E. 1984b: Die mittelalterliche Siedlungsentwicklung in der Marsch von Butjadingen, Siedlungsforschung. Archäologie – Geschichte – Geographie 2, 1984, 155–185.

Brandt, K. E. 1986: Archäologische Untersuchungen in einem mittelalterlichen Marktort an der Nordseeküste. Ergebnisse der Ausgrabungen in Langwarden (Landkreis Wesermarsch). Probleme der Küstenforschung im südlichen Nordseegebiet 16, 1986, 127–129.

Brandt, K. E. 1991: Die mittelalterlichen Wurten Niens und Sievertsborch (Kreis Wesermarsch). Probleme der Küstenforschung im südlichen Nordseegebiet 16, 1991, 89–140.

Brandt, K. E. 1992: Besiedlungsgeschichte der Nord- und Ostseeküste bis zum Beginn des Deichbaues. In: Kramer, J. u. Rhode, H. (Hg.): Historischer Küstenschutz. Deichbau, Inselschutz und Binnenentwässerung an Nord- und Ostsee (Stuttgart 1992), 17–38.

Braren, J. 1935: Die vorgeschichtlichen Altertümer der Insel Föhr (Witsum 1935).

Bouwmeester, E. C. 1993: Küstenschutz in den Niederlanden bei einer Beschleunigung des Meeresspiegelanstiegs. In: Schellnhuber, H.-J. u. Sterr, H. (Hrsg.): Klimaänderung und Küste. Einblick ins Treibhaus (Berlin – Heidelberg 1993), 174–188.

Busch, A. 1963a: Alte und neue Deichprofile von Strucklahnungshörn (Nordstrand) und der Anstieg des Meeresspiegels. Sonderdruck Die Heimat, Heft 70, 1963, 4–10.

Busch, A. 1963b: Zur Rekonstruktion der Rungholter Schleusen. Sonderdruck Die Heimat, Heft 70, 1963, 11–16.

Busch, A. 1963c: Über die Kirchwarft im Rungholtwatt. Sonderdruck Die Heimat, Heft 70, 1963, 16–18.

Busch, A. 1963d: Viele neue Siedlungsspuren im Rungholtwatt. Sonderdruck Die Heimat, Heft 70, 1963, 19–25.

Capelle, T. 1985: Geschlagen in Stein. Skandinavische Felsbilder der Bronzezeit (Hannover 1985).

Capelle, T. 1998: Die Sachsen des frühen Mittelalters (Stuttgart 1998).

Carstensen, J. 1985: Torf. Gewinnung, Geschichte und Bedeutung in Schleswig-Holstein (Osnabrück 1985).

Clausen, I. 1997: Neue Untersuchungen an späteiszeitlichen Fundplätzen der Hamburger Kultur bei Ahrenshöft, Kr. Nordfriesland. Archäologische Nachrichten aus Schleswig-Holstein 8, 1997, 8–49.

Cubasch, U. 2003: Perspektiven der Klimaforschung. In: Hauser, W.: Klima. Das Experiment mit dem Planeten Erde (München 2003), 151–159.

Constantinou, G. 1999: Der Kupferbergbau auf Zypern im Altertum. In: Busch, R. (Hg.): Kupfer für Europa. Bergbau und Handel auf Zypern. Veröffentlichungen des Helms-Museums 83 (Neumünster 1999), 34–53.

Ehlers, J. 1988: The Morphydynamics of the Wadden Sea (Rotterdam-Brookfield 1988).

Erlenkeuser, H. 1998: Keramik und Kleinfunde der früh- bis hochmittelalterlichen Marschsiedlungen Wellinghusen und Hassenbüttel, Kr. Dithmarschen (Grabungen 1994–1996). Unveröffentl. Magisterarbeit (Kiel 1998).

Esbjerg Declaration 2001: Man and Wadden Sea. Ministerial Declaration of the 9th Trilateral Governmental Conference on the Protection of the Wadden Sea. Common Wadden Sea Secretariat (Esbjerg 2001).

Ethelberg, P. 2003: Gården og landsbyen i jernalder og vikingetid (500 f.Kr. –1000 e.Kr.). In: Ethelberg, P., Hardt, N., Poulsen, B. u. Sørensen, A. B.: Det Sønderjyske Landbrugs Historie. Jernalder, Vikingetid og Middelalder. Haderslev Museum og Srkifter uidgivet af Historisk Samfund for Sønderjylland 82 (Harderslev 2003), 123–374.

Ey, J. 1991: Hochmittelalterlicher und frühneuzeitlicher Landesausbau zwischen Jadebusen und Weser. Probleme der Küstenforschung im südlichen Nordseegebiet 18, 1991, 1–88.

Ey, J. 1995: Die mittelalterliche Wurt Neuwarfen, Gde. Wangerland, Ldkr. Friesland – Die Ergebnisse der Grabungen 1991 und 1992. Probleme der Küstenforschung im südlichen Nordseegebiet 23, 1995, 265–317.

Ey, J. 1997: Deicherlauf. In: Lindgren, U. (Hg.): Europäische Technik im Mittelalter 800–1400. Tradition und Innovation. Ein Handbuch (Berlin ²1997), 101–104.

Freistadt, H. 1962: Die Sturmflut vom 16./17. Februar 1962 in Hamburg. Die Küste, Heft 1, 1962, 81–92.

Fischer, L. (Hg.) 1997: Kulturlandschaft Nordseemarschen (Bredstedt 1997).

Freund, H. u. Streif, H. 2000: Natürliche Pegelmarken für Meeresspiegelschwankungen der letzten 2000 Jahre im Bereich der Insel Juist. Petermanns Geographische Mitteilungen 143, 2000, 34–45.

Gallé, P.-H. 1963: Beveiligd Bestaan (Dissertation Universität Leiden 1963).

Glaser, P.-H. 2001: Klimageschichte Mitteleuropas. 1000 Jahre Wetter, Klima, Katastrophen (Darmstadt 2001).

Gottschalk, M. K. E. 1971: Stormvloeden en rivieroverstromingen in Nederland. Bd. 1. De periode vóór 1400 (Assen 1971).

Gottschalk, M. K. E. 1984: De Vier Ambachten en het Land van Saaftinge tijdens de Middeleeuwen (Assen 1984).

Gottschalk, M. K. E. 1985: Früher mittelalterlicher Deich- und Wasserbau im Nordseeküstenbereich der Niederlande. Siedlungsforschung. Archäologie – Geschichte – Geographie 3, 1985, 101–110.

Haarnagel, W. 1969: Die Ergebnisse der Grabung auf der ältereisenzeitlichen Siedlung Boomborg/Hatzum, Kreis Leer, in den Jahren 1965 bis 1967. Neue Ausgrabungen und Forschungen in Niedersachsen 4, 1969, 58–97.

Haarnagel, W. 1979: Die Grabung Feddersen Wierde. Methode, Hausbau, Siedlungs- und Wirtschaftsformen sowie Sozialstruktur (Wiesbaden 1979).

Habermann, B. 1995: Kulturgeschichte der Bronzezeit. In: Dannenberg, H.-E. u. Schulze, H.-J. (Hg.): Geschichte des Landes zwischen Elbe und Weser. Bd. I Vor- und Frühgeschichte (Stade 1995), 95–120.

Hagemeister, J. 1991: Rungholt. Sage und Wirklichkeit (Hamburg 6. Aufl. 1991).

Halbertsma, H. 1963: Terpen tussen Vlie en Ems (Groningen 1963).

Hallewas, D. P. u. van Regteren Altena, J. F. 1980: Bewoningsgeschiedenis en landschapsontwikkeling rond de Maasmond. In: Verhulst, A. u. Gottschalk, M.K.E. (Hrsg.): Transgressies en occupatiegeschiedenis in de kustgebieden van Nederland en Belgie. ROB overdrukken 156 (Gent 1980), 155–207.

Hansen, R. 1974 (Hrsg.): Johannes Petreus' Schriften über Nordstrand (Kiel 1901; Walluf-Nendeln 1984).

Hansen, W. 1984: Die nordfriesische Sintflut, Untergang der Insel Nordstrand Anno 1634 (Husum 1984).

Hansen, R. u. Jessen, W. 1904: Quellen zur Geschichte des Bistums Schleswig (Kiel 1904; Nachdruck 1974).

Harck, O. 1980: Landschaftsgeschichte und Archäologie an der Westküste der jütischen Halbinsel. In: Kossack, G., Harck, O., Newig, J., Hoffmann, D., Willkomm, H., Averdieck, F.-R. u. Reichstein, J.: Archsum auf Sylt. 1 Einführung in Forschungsverlauf und Landschaftsgeschichte. Studien Küstenarchäologie Schleswig-Holstein Serie B, 1 Römisch-Germanische Forschungen 39 (Mainz 1980), 32–63.

Harck, O. 1990: Die Ausgrabungen in den römerzeitlichen Erdwerken Archsumburg, Tinumburg und Trælbanken an der Westküste Schleswigs. Studien Küstenarchäolo-

*gie in Schleswig-Holstein Serie B, Archsum 3 = Römisch-Germanische Forschungen 50 (Mainz 1990).

Harck, O., Kossack, G. u. Reichstein, J. 1992: Frühe Bauern auf Sylt. Ausgrabungen in Archsum. In: Müller-Wille, M. u. Hoffmann, D. (Hrsg.): Der Vergangenheit auf der Spur. Archäologische Siedlungsforschung in Schleswig-Holstein (Neumünster 1992), 11–38.

Hausigk, O. F. 1995: Mittelalterlicher und frühneuzeitlicher Landesausbau in Norderdithmarschen am Beispiel zweier Siedlungen in der Marsch. Historisch-geographische Untersuchungen in der Seemarsch und im Sietland. Ungedr. Diplomarbeit (Kiel 1995).

Heiduck, H. 1997: Mittelalterlicher Kirchenbau in Friesland. In: Sander-Berke, A. (Hrsg.): Fromme Friesen. Mittelalterliche Kirchengeschichte Frieslands (Oldenburg 1997), 51–82.

Henningsen, H.-H. 1998: Rungholt. Der Weg in die Katastrophe. Aufstieg, Blütezeit und Untergang eines bedeutenden mittelalterlichen Ortes in Nordfriesland. Bd. I: Die Entstehungsgeschichte Rungholts, seine Ortslage, heutige Kulturspuren im Wattenmeer und die Geschichte und Bedeutung der Hallig Südfall (Husum 1998).

Henningsen, H.-H. 2000: Rungholt. Der Weg in die Katastrophe. Aufstieg, Blütezeit und Untergang eines bedeutenden mittelalterlichen Ortes in Nordfriesland. Bd. II: Das Leben der Bewohner und ihre Einrichtungen, die Landschaft, der Aufstieg zu einem Handelsplatz, Rungholts Untergang, der heutige Zustand von Kulturspuren, der Mythos von Rungholt und ein Epilog: Die Geschichte im Zeitraffer (Husum 2000).

Hinrichs, B., Panten A. u. Riecken, G. 1991: Flutkatastrophe 1634. Natur – Geschichte – Dichtung (Neumünster 1991).

Hoffmann, D. 1981: War das Gebiet der nordfriesischen Marscheninseln und Halligen in der römischen Kaiserzeit zur Besiedlung geeignet? Offa 38, 1981, 211–217.

Hoffmann, D. 1988: Das Küstenholozän im Einzugsgebiet der Norderhever. In: Müller-Wille, M., Higelke, B., Hoffmann, D., Menke, B., Brande, A., Bokelmann, K., Saggau, H.-E. u. Kühn, H.-J: Norderhever-Projekt 1. Landschaftsentwicklung und Siedlungsgeschichte im Einzugsgebiet der Norderhever (Nordfriesland). Offa-Bücher 66. Studien zur Küstenarchäologie Schleswig-Holsteins, Ser. C (Neumünster 1988), 51–111.

Hoffmann, D. 1992: Warum ging Rungholt unter? In: Müller-Wille, M. u. Hoffmann, D. (Hrsg.): Der Vergangenheit auf der Spur. Archäologische Siedlungsforschung in Schleswig-Holstein (Neumünster 1992), 39–62.

Kroll, H. 2001: Archäobotanische Analysen. In: Meier, D. 2001a: Landschaftsentwicklung und Siedlungsgeschichte des Eiderstedter und Dithmarscher Küstengebietes als Teilregionen des Nordseeküstenraumes. Untersuchungen der AG Küstenarchäologie des FTZ Westküste, Teil 1: Die Siedlungen. Universitätsforschungen zur Prähistorischen Archäologie 79 (Bonn 2001), 227–226.

IPCC 2001: Climate Change 2001. The Scientific Basis. Hrsg. von Houghton, J.T. u.a. (Cambridge University Press – Cambridge 2001).

Jankrift, P. 2003: Brände, Stürme, Hungersnöte. Katastrophen der mittelalterlichen Lebenswelt (Ostfildern 2003).

Jakubowski-Thiessen 1991: Hunger, Armut und Ruin – Folgen der Sturmflut von 1717. In: Steensen, Th. (Hrsg.): Deichbau und Sturmfluten in den Frieslanden. 2. Historiker-Treffen des Nordfriisk Instituut (Bredstedt 1992), 73–82.

Kersten, K. 1939: Die vor- und frühgeschichtlichen Denkmäler und Funde in Schleswig-Holstein. Bd. I: Kreis Steinburg. Vor- und frühgeschichtliche Untersuchungen. Museum Vorgeschichtlicher Altertümer Kiel N.F. 5 (Neumünster 1939).

Kramer, J. 1989: Kein Deich, Kein Land, Kein Leben. Geschichte des Küstenschutzes an der Nordsee (Leer 1989).

Kramer, J. 1992: Entwicklung der Deichbautechnik an der Nordseeküste. In: Kramer, J. u. Rhode, H. (Hg.): Historischer Küstenschutz. Deichbau, Inselschutz und Binnenentwässerung an Nord- und Ostsee (Stuttgart 1992), 63–111.

Krämer, R. 1984: Landesausbau und früher Deichbau in der hohen Marsch von Butjadingen. Ergebnisse historisch-geographischer Untersuchungen. Siedlungsforschung 2, 1984, 124–147.

Koehn, H. 1954: Die Nordfriesischen Inseln. Die Entwicklung der Landschaft und die Geschichte ihres Volkstums (Hamburg ²1954).

Kühn, H. J. 1988: Archäologische und siedlungshistorische Landesaufnahme im nordfriesischen Marschen- und Wattengebiet und in Eiderstedt. In: Müller-Wille, M., Higelke, B., Hoffmann, D., Menke, B., Brande, A., Bokelmann, K., Saggau, H.-E. u. Kühn, H.-J., Norderhever-Projekt 1. Landschaftsentwicklung und Siedlungsgeschichte im Einzugsgebiet der Norderhever (Nordfriesland). Offa-Bücher 66, Studien Küstenarchäologie Schleswig-Holsteins, Ser. C. (Neumünster 1988), 195–232.

Kühn, H. J. 1989: Deiche des frühen Mittelalters und der frühen Neuzeit. In: Kühn, H. J. u. Panten, A.: Der frühe Deichbau in Nordfriesland. Archäologisch-historische Untersuchungen (Bredstedt 1989), 11–62.

Kühn, H. J. 1998: Morsum – ein Marschhufendorf Alt-Nordstrands. In: Landesamt für den Nationalpark Schleswig-Holsteinisches Wattenmeer und Umweltbundesamt (Hrsg.). Bd. I. Nordfriesisches und Dithmarscher Wattenmeer (Stuttgart 1998), 30.

Kühn, H. J. u. Müller-Wille, M. 1988: Siedlungsarchäologische Untersuchungen im nordfriesischen Marschen- und Wattengebiet und in Eiderstedt. In: Müller-Wille, M., Higelke, B., Hoffmann, D., Menke, B., Brande, A., Bokelmann, K., Saggau, H.-E. u. Kühn, H.-J., Norderhever-Projekt 1. Landschaftsentwicklung und Siedlungsgeschichte im Einzugsgebiet der Norderhever (Nordfriesland). Offa-Bücher 66, Studien Küstenarchäologie Schleswig-Holsteins, Ser. C. (Neumünster 1988), 181–194.

La Baume, P. 1952/1953: Die Wikingerzeit auf den Nordfriesischen Inseln. Jahrbuch Nordfriesischer Verein f. Heimatkunde u. Heimatliebe 29, 1952/53, 5–185.

Laggin, D. 1985: Die Stellerburg in Dithmarschen. Magisterarbeit (Hamburg 1985).

Lammers, W.: 1953: Die Schlacht von Hemmingstedt. Freies Bauerntum und Fürstenmacht im Nordseeraum. Eine Studie zur Sozial-, Verfassungs- und Wehrgeschichte des Spätmittelalters (Heide 1953).

Laux, F. 1995: Bauern und Viehzüchter: das Neolithikum. In: Dannenberg, H.-E. u. Schulze, H.-J. (Hg.): Geschichte des Landes zwischen Elbe und Weser. Bd. I Vor- und Frühgeschichte (Stade 1995), 71–94.

Lübke, H. 1991: Fedderingen-Wurth. Ein Fundplatz der Ertebølle/Ellerbek-Kultur. In: Arnold, V., Drenkhan, U. u. Meier, D.: Frühe Siedler an der Küste. Küstenarchäologie in Dithmarschen und Steinburg (Heide 1991), 38–46.

Marschalleck, K. H. 1973: Die Salzgewinnung an der friesischen Nordseeküste. Probleme der Küstenforschung im südlichen Nordseeküstengebiet 10, 127–150.

Meier, D. 1996: Landschaftsgeschichte und Siedlungsmuster von der römischen Kaiserzeit bis in das Mittelalter in den Küstengebieten Eiderstedts und Dithmarschens. Siedlungsforschung. Archäologie – Geschichte – Geographie 14, 1996, 245–276.

Meier, D. 1997: Welt, eine frühmittelalterliche Dorfwurt im Mündungsgebiet der Eider. Archäologisches Korrespondenzblatt 27, Heft 1, 1997, 171–184.

Meier, D. 1998: Trutz, Blanke Hans. Mittelalterlicher Deichbau und Existenzkampf an der schleswig-holsteinischen Nordseeküste. In: Spindler, K. (Hrsg.): Mensch und Natur im mittelalterlichen Europa. Archäologische, historische und naturwissenschaftliche Befunde. Schriftenreihe Akademie Friesach, Kärnten (Hrsg. Hödel, G. u. Maier, B.) Bd. 4 (Klagenfurt 1998), 129–168.

Meier, D. 1999: Zwischen Vidå und Kongeå. Küstenhistorische Untersuchungen in den dänischen Marschen. Offa 56, 1999, 121–134.

Meier, D. 2000: Landschaftsgeschichte, Siedlungs- und Wirtschaftsweise der Marsch. In: Verein für Dithmarscher Landeskunde (Hrsg.): Geschichte Dithmarschens (Heide 2000), 71–92.

Meier, D. 2001a: Landschaftsentwicklung und Siedlungsgeschichte des Eiderstedter und Dithmarscher Küstengebietes als Teilregionen des Nordseeküstenraumes. Untersuchungen der AG Küstenarchäologie des FTZ-Westküste. Universitätsforschungen zur Prähistorischen Archäologie 79, Teil 1: Die Siedlungen (Bonn 2001).

Meier, D. 2001b: Ebd., Teil 2: Der Siedlungsraum (Bonn 2001b).

Meier, D. 2002: Entstehung, Nutzung und Kultivierung der Marsch- und Geestrandmoore in Dithmarschen. Dithmarschen. Landeskunde – Kultur – Natur, Heft 1, 2002, 4–13.

Meier, D. 2003: Siedeln und Leben am Rande der Welt zwischen Steinzeit und Mittelalter. Sonderband Archäologie in Deutschland (Stuttgart 2003).

Meier, D. 2004: Seefahrer, Händler und Piraten im Mittelalter (Ostfildern 2004).

Meier, D. 2005: Land unter. Die Geschichte der Flutkatastrophen (Ostfildern 2005).

Menke, M. 1988: Die holozäne Nordseeküstentrangsression im Küstenbereich der südöstlichen Deutschen Bucht. In: Müller-Wille, M., Higelke, B., Hoffmann, D., Menke, B., Brande, A., Bokelmann, K., Saggau, H.-E. u. Kühn, H.-J., Norderhever-Projekt 1. Landschaftsentwicklung und Siedlungsgeschichte im Einzugsgebiet der Norderhever (Nordfriesland). Offa-Bücher 66, Studien Küstenarchäologie Schleswig-Holsteins, Ser. C. (Neumünster 1988), 117–137.

Ministerium für *Ernährung, Landwirtschaft und Forsten 1962:* Die Sturmflut vom 16./17. Februar 1962 an der Schleswig-Holsteinischen Westküste. Die Küste, Jg. 10, Heft 1, 1962, 55–80.

Ministerium für ländliche Räume 1998: Küstenschutz in Schleswig-Holstein. Leitbild und Ziele für ein integriertes Küstenschutzmanagement (Kiel 1998).

Mißfeldt, J. 2000: Die Republik in Dithmarschen. In: Verein für Dithmarscher Landeskunde (Hg.): Geschichte Dithmarschens (Heide 2000), 121–166.

Müller-Wille, M. 1977: Krieger und Reiter im Spiegel früh- und hochmittelalterlicher Funde Schleswig-Holsteins. Offa 34, 1977, 40–74.

Müller-Wille, M. 1986: Frühgeschichtliche Fundplätze in Eiderstedt. Offa 43, 1986, 175–179.

Müller-Wille, M. 1987: Frühgeschichtliche Fundplätze in Eiderstedt. Ein Nachtrag. Offa 44, 1987, 175–179.

Nitz, H. J. 1984: Die mittelalterliche und frühneuzeitliche Besiedlung von Marsch und Moor zwischen Ems und Weser. Siedlungsforschung. Archäologie – Geschichte – Geographie 2, 1984, 43–77.

Panten, A. 1981: Entwurf zur Besiedlungsgeschichte der südlichen Lundenbergharde (1350–1500). Die Heimat 88, 1981, 39–42.

Panten, A. 1983: Entwurf zur Besiedlungsgeschichte der Pellwormharde (1200–1551). Die Heimat, Heft 6, 1983, 160–164.

Panten, A. 1989: 1000 Jahre Deichbau in Nordfriesland? In: Kühn, H. J. u. Panten, A.: Der frühe Deichbau in Nordfriesland. Archäologisch-historische Untersuchungen (Bredstedt 1989), 63–127.

Panten, A. 1991: Einleitung. In: Hagemeister, J.: Rungholt. Sage und Wirklichkeit (Husum 6. Aufl. 1991), 7–9.

Peters, K.-H. 1992: Entwicklung des Deich- und Wasserrechts im Nordseeküstengebiet. In: Kramer, J. u. Rhode, H. (Hrsg.): Historischer Küstenschutz. Deichbau, Inselschutz und Binnenentwässerung an Nord- und Ostsee (Stuttgart 1992), 183–206.

Pilon, A. D. L. 1988: Natur- und Landschaft in einem veränderten Delta. In: ADL Jahrestagung 1988: Natur- und Landschaft in einem veränderten Delta. Referate und Vorträge (Manuskript, Goredee 1988), 3–32.

Prange, W. 1982: Eine Berechnung der mittelalterlichen Salzproduktion in Nordfriesland. Die Heimat, Heft 9, 1982, 296–302.

Prange, W. 1986: Die Bedeichungsgeschichte der Marschen in Schleswig-Holstein. Probleme der Küstenforschung im südlichen Nordseegebiet 16, 1986, 1–53.

Puhle, M. 1994: Die Vitalienbrüder. Klaus Störtebecker und die Seeräuber der Hansezeit (Frankfurt – New York 1994).

Reinhardt, W. 1965: Studien zur Entwicklung des ländlichen Siedlungsbildes in den Seemarschen der ostfriesischen Westküste. Probleme der Küstenforschung im südlichen Nordseegebiet 8, 1965, 73–148.

Ridder, T. de 2005: Wassermanagement in römischer Zeit: Die ältesten Deltawerke in Westeuropa. In: Fansa, M.: Kulturlandschaft Marsch. Natur – Geschichte – Gegenwart. Schriftenreihe des Landesmuseums Natur und Mensch, Heft 33, 2005, 60–67.

Roediger, G. 1962: Entwicklung und Verlauf der Wetterlage vom 16./17. Februar 1962. Die Küste, Heft 1, 1962, 5–16.

Rohde, H. 1992: Entwicklung der hydrologischen Verhältnisse im deutschen Küstengebiet. In: Kramer, J. u. Rohde, H. (Hg.): Historischer Küstenschutz. Deichbau, Inselschutz und Binnenentwässerung an Nord- und Ostsee (Stuttgart 1992), 39–62.

Scherenberg, R. 1992: Küstenschutz und Binnenentwässerung in den Marschen Nordfrieslands und Eiderstedts. In: Kramer, J. u. Rhode, H. (Hrsg.): Historischer Küstenschutz. Deichbau, Inselschutz und Binnenentwässerung an Nord- und Ostsee (Stuttgart 1992), 403–462.

Schlachter, H. u. Reinhardt, W. 1997: Burgen und Schlösser in Ostfriesland, Oldenburg und im nördlichen Emsland (Norden 1997).

Schmid, P. 1988: Die mittelalterliche Neubesiedlung der niedersächsischen Marsch. In: Waterbolk, H. T. (Hrsg.): Archeologie en landschap. Bijdragen aan het gelijknamige symposium (Groningen 1988), 133–164.

Schmid, P. 1991: Die mittelalterliche Besiedlung, Deich- und Landesausbau im niedersächsischen Küstengebiet. In: Böhme, H. W. (Hrsg.): Siedlungen und Landesausbau zur Salierzeit. 1 In den nördlichen Landschaften des Reiches (Sigmaringen 1991), 9–36.

Schmid, P. 1994: Oldorf – eine frühmittelalterliche friesische Wurtsiedlung. Germania 72, 1994, 231–267.

Schmid, P. 1997: Friesische Grabfunde im Zeichen früher Christianisierung. In: Sander-Berke, A. (Hrsg.): Fromme Friesen. Mittelalterliche Kirchengeschichte Frieslands (Oldenburg 1997), 26–50.

Schmidt, H. 1987: Landesgemeinde und Häuptlingsherrschaft im mittelalterlichen Friesland zwischen Ems und Weser. Nordwestdeutsche Universitätsgesellschaft (Hrsg.): Ländliche und städtische Küstensiedlungen im 1. und 2. Jahrtausend. Wilhelmshavener Tage 2, 1987, 59–65.

Schmidt, J.-P. 1993: Studien zur jüngeren Bronzezeit in Schleswig-Holstein und dem nordelbischen Hamburg. Universitätsforschungen zur Prähistorischen Archäologie. 2 Teile (Bonn 1993).

Schön, M. 1995: Der Thron aus der Marsch. Ausgrabungen an der Fallward bei Wremen im Landkreis Cuxhaven I (Bederkesa 1995).

Schönwiese, C. D. 2003: Das Klima ändert sich. Die Fakten. In: Hauser, W.: Klima. Das Experiment mit dem Planeten Erde (Stuttgart 2003), 186–217.

Schoorl, H. 1999: De convexe Kustboog. Texel – Vlieland – Terschelling. Beijdragen tot de kennis van het westelijk Waddengebied en de eilanden Texel, Vlieland en Terschelling. Deel 1. Het westelijk Waddengebied en het eiland Texel tot ca. 1550 (Schoorl/Texel 1999).

Schröder, H. 1999: Sturmflut. 1000 Jahre Katastrophen an der ostfriesischen Küste (Leer 1999).

Schulz, H. 1962: Verlauf der Sturmfluten vom Februar 1962 im deutschen Küsten- und Tidengebiet der Nordsee. Die Küste, Heft 1, 1962, 5–16.

Schwadedissen, H. 1951: Zur Besiedlung des Nordseeraumes in der älteren und mittleren Steinzeit. Festschr. Gustav Schwantes (Neumünster 1951), 59–77.

Segschneider, M. 2000: Hünengrab und Brunnenring – Archäologie Nordfrieslands. In: Steensen, Th. (Hrsg.): Das große Nordfriesland-Buch (Hamburg 2000), 108–121.

Segschneider, M. 2002: Fränkisches Glas im Dünensand. In: Archäologisches Korrespondenzblatt 32, 2002, 117–136.

Stade-Deklaration 1997: Erklärung von Stade. Trilateraler Wattenmeerplan. Ministererklärung der Achten Trilateralen Regierungskonferenz zum Schutz des Wattenmeeres. Common Wadden Sea Secreariat (Stade 1997).

Stoob, H. 1951: Die dithmarsischen Geschlechterverbände. Grundfragen der Siedlungs- und Rechtsgeschichte in den Nordseemarschen (Heide 1951).

Storm, Th.: Der Schimmelreiter. In: Storm, Th.: Werke in einem Band (München o.J.), 889–973.

Strahl, E. 2000a: Erste Bauern in der deutschen Marsch – Die jungbronzezeitliche Siedlung Rodenkirchen-Hahnenknooper Mühle, Ldkr. Wesermarsch. Berichte zur Denkmalpflege in Niedersachsen 22, 2000a, 79–82.

Strahl, E. 2005: Die jungbronzezeitliche Siedlung Rodenkirchen-Hahnenknooper Mühle, Ldkr. Wesermarsch – Erste Bauern in der deutschen Marsch. In: Fansa, M.

(Hrsg.): Kulturlandschaft Marsch. Natur – Geschichte – Gegenwart. Vorträge anlässlich des Symposiums in Oldenburg. Schriftenreihe des Landesmuseums für Natur und Mensch 33 (Oldenburg 2005), 52–59.

Streif, H. J. 1986: Zur Altersstellung und Entwicklung der Ostfriesischen Inseln. Offa 43, 1986, 29–44.

Streif, H. J. 1993: Geologische Aspekte der Klimawirkungsforschung im Küstenraum der südlichen Nordsee. In: Schellngruber, H.-J. u. Sterr, H. (Hrsg.): Klimaänderung und Küste. Einblicke ins Treibhaus (Berlin–Heidelberg 1993), 77–96.

Streif, H. J. 2004: Sedimentary record of Pleistocene and Holocene marine inundations along the North Sea coast of Lower Saxony, Germany. Quarternary International 112, 2004, 3–28.

Streif, J. u. Köster, R. 1978: Zur Geologie der deutschen Nordseeküste. Die Küste, Heft 32, 1978, 30–49.

Timpe, D.: Der Triumph des Germanicus. Untersuchungen zu den Feldzügen der Jahre 14–16 n. Chr. in Germanien (Bonn 1968).

Thrane, H. 1993: Guld, guder og godtfolk – et magtcentrum fra jernalderen ved Gudme og Lundeborg (Odensee 1993).

Touristikzentrale Dithmarschen u. Verein für Dithmarscher Landeskunde (Hrsg.): Histour. Der historisch-touristische Führer zu Natur- und Kulturdenkmalen in Dithmarschen (Heide 2003).

Vollmer, M., Guldberg, M., Maluck, M., Marrewijk, D. van u. Schlicksbier, G. 2001: LANCEWAD. Landscape and Cultural Heritage in the Wadden Sea Region. Final report. Common Wadden Sea Secretariat (Wilhelmshaven 2001).

Vreugdenhill, V. 1996: „Wie niet dijken will, moet wijken." Een historisch-geografisch onderzoek naar de bewonings- en bedijkingsgeschiedenis van de kwelder van Norderithmarschen, Sleeswijk-Holstein, Duitsland. Diplom Arbeit Vrie Universiteit van Amsterdam (Amsterdam 1996).

Wassermann, E.: Reihensiedlungen in Aufstreck-Breitstreifenfluren im westlichen Osfriesland. Zur Rekonstruktion der Primärformen der mittelalterlichen Binnenkolonisation im vermoorten Grenzbereich zwischen Marsch und Geest. Siedlungsforschung. Archäologie – Geschichte – Geographie 2, 1984, 111–122.

Wiechmann, R. 1996: Edelmetalldepots der Wikingerzeit in Schleswig-Holstein: Vom „Ringbecher" zur Münzwirtschaft. Offa-Bücher 77 (Neumünster 1996).

Wieland, P. 1990: Küstenfibel. Ein Abc der Nordseeküste. (Heide 1990).

Witt, R. 2002: Untersuchungen an kaiserzeitlichen und mittelalterlichen Tierknochen aus Wurtensiedlungen der schleswig-holsteinischen Westküstenregion (Dissertation Kiel 2002).

Wohlenberg, E. 1969: Die Halligen Nordfrieslands (Heide 1969).

Wohlenberg, E. 1989: Die Lundenbergharde. Eine historische küsten- und deichbaugeschichtliche Monographie aufgrund neuer Grabungen im nordfriesischen Wattenmeer (1962 bis 1977) nebst Freilegung eines doppelten Stackdeiches und Öffnung eines historischen Nüstersieles, beides vor Ort beim „Halbmond" im Seedeich Südermarsch–Lundenberg bei Husum. Die Küste, Heft 48, 1989, 1–119.

Wohlenberg, E. 1991: Der Seedeich Porrenkoog bei Husum, eine deichbaugeschichtliche Dokumentation vor Ort vom Mittelalter bis in die Gegenwart. Die Küste, Heft 52, 1991, 33–83.

Zimmermann, H.-J. 2000: Die trichterbecherzeitlichen Häuser von Flögeln-Eekhöltjen im nördlichen Elbe-Weser Gebiet. In: Kelm, R. (Hrsg.): Vom Pfostenloch zum Steinzeithaus. Archäologische Forschung und Rekonstruktion jungsteinzeitlicher Haus- und Siedlungsbefunde im nordwestlichen Mitteleuropa. Albersdorfer Forschungen zur Archäologie und Umweltgeschichte. Erstes u. zweites Kolloquium 1999 und 2000 (Heide 2000), 111–115.

Anmerkungen

[1] Streif u. Köster 1978; Streif 2004, 3 ff.; Ehlers 1988; Meier 2001b, 10 ff.
[2] Streif u. Köster 1978.
[3] Arnold 2000, 24 ff.
[4] Behre 1999; 2001.
[5] Streif 2004, 3 ff.
[6] Behre 2003, 41.
[7] Behre 2003, 40.
[8] Behre 2003, 21 ff.
[9] Behre 2003, 29
[10] Behre 1995, 15 ff.
[11] Behre 2003, 30 ff.
[12] Strahl 2002, 79 ff.; Behre 2003, 30 f.
[13] Strahl 2005, 52 ff.
[14] Haarnagel 1969; Brandt 1980; Behre 2003, 31.
[15] Behre 2003, 32.
[16] Behre 2003, 33.
[17] Brandt 1980; Behre 2003, 33.
[18] Behre 2003, 35 ff.; Meier 2001b.
[19] Behre 2003, 38; Meier 2001b.
[20] Behre 2003, 39; Meier 2001b.
[21] Streif 1993, 85 ff.
[22] Meier 2001b, 15.
[23] Dittmer 1952; Meier 2001b, 22.
[24] Meier 2001b, 17 ff.
[25] Meier 2001b, 16 ff.
[26] Hoffmann 1992, 8 ff.
[27] Menke 1988, 120 ff.; Meier 2001b, 16 ff.
[28] Hoffmann 1988.
[29] Meier 2001b, 16.
[30] Behre 1994, 20 ff.
[31] Clausen 1997.
[32] Bloemers, Louwe Kooijmans u. Sarfatij 1981, 44, 56 ff.; Meier 2001b, 31 ff.; Schwabdissen 1951.
[33] Lübke 1991, 38 ff.; Arnold 2000, 24 ff.
[34] Kersten 1939, 234.
[35] Arnold 1991; 2000.
[36] Harck 1980 Abb. 30 u. 31; Meier 2001b, 32.
[37] Bantelmann 1992, 10.
[38] Laux 1995, 71 ff.
[39] Behre 1995, 25 ff.
[40] Zimmermann 2000, 111 ff.
[41] Arnold 2000, 27 ff.
[42] Arnold 2000, 32 ff.
[43] Arnold 2000, 34 ff.
[44] Bantelmann 1992, 12 ff.; Kersten 1939.
[45] Bantelmann 1992, 13; Kersten 1939.
[46] Constantinou 1999, 34 ff.
[47] Bantelmann 1992, 20 ff.
[48] Capelle 1985; Meier 2004, 9 ff.
[49] Habermann 1995, 95 ff.
[50] Schmidt 1993.
[51] Ethelberg 2003. 248 ff.
[52] Ethelberg 2003, 133 ff.; Meier 1999.
[53] Harck u.a. 1992, 11 ff.
[54] Harck u.a. 1992, 22 ff.
[55] Harck 1990; Harck u.a. 1992, 26 ff.
[56] Bantelmann 1992, 28.
[57] Haarnagel 1969; Meier 2001b, 37 ff.
[58] Plinius, Hist. Nat. XXXVII 35, 29.
[59] Florus I 38, 22.
[60] Strabo VII 293, 21.
[61] Tacitus, Germania 35, 437.
[62] Claudius I, 90.
[63] Dio 54, 32, 92.
[64] Tacitus, Annales I, 421.
[65] Timpe 1968.
[66] Tacitus, Annales I, 70, 124.
[67] Tacitus, Annales I, 70, 124.
[68] Tacitus, Annales II 8, 127.
[69] Tacitus, Annales I, 70.
[70] Tacitus, Annales II, 5, 126.
[71] Tacitus, Annales II, 23, 134.
[72] Tacitus, Annales II, 23, 24.
[73] Tacitus, Germania 2, 422.
[74] Plinius, Historia Naturae XI, 2 f., 405 f.
[75] Strahl 2005, 52 ff.
[76] Haarnagel 1969; Behre 1988, 57 ff. 1995, 20 ff.; Brand 1992.
[77] Brandt 1992, 26; Meier 2001b, 48.
[78] Haarnagel 1937, 31 ff.
[79] Bantelmann 1957/58, 53 ff.
[80] Reinhardt 1965, 92; Meier 2001b, 40 ff.
[81] Bärenfänger 2005, 88.
[82] Haarnagel 1979.
[83] Behre 2003, 18.
[84] Schön 1995.
[85] Witt 2002, 58 ff.
[86] Meier 2001a, 16 ff.
[87] Kroll 2001, 227 ff.
[88] Kroll 2001, 227 ff.
[89] Witt 2002, 25 ff.
[90] Meier 2001a, 43 ff.
[91] Bantelmann 1955; Meier 2001b, 42 ff.
[92] Meier 2001b, 42 ff.
[93] Segschneider 2002, 117 ff.
[94] Thrane 1993.
[95] Bärenfänger 2005, 86 ff.
[96] Müller-Wille 1986, 296 ff.; Meier 2001b, 58.
[97] Beda, Angelsächsische Kirchengeschichte, 1, 15.
[98] Ptlolemäus, Geographica, 2, 11, 7.31; Eutrop 9, 21.
[99] allgemein zu den Sachsen des frühen Mittelalters siehe: Capelle 1998.
[100] Gregor von Tours, Frankengeschichte, 4, 16 f.; 4, 42.
[101] Meier 2004, 55 ff.; 58 ff.
[102] Meier 2004.
[103] Schmid 1994.
[104] Schmidt 1997, 9 ff.; Schmid 1997, 26 ff.
[105] Schmidt 1997, 10.
[106] Schmidt 1997, 11.
[107] Schmid 1997, 31 ff.
[108] Schmid 1997, 39 ff.
[109] Schmid 1997, 11.
[110] Schmid 1997, 16.
[111] Schmid 1997, 22.
[112] Heiduck 1997, 51 ff.
[113] Haiduck 1997, 51 ff.
[114] Haiduck 1997, 52 ff.

[115] Meier 2001b, 59 ff.
[116] Schmid 1988; 1991.
[117] Schmid 1994, 231 ff.
[118] Ey 1995, 265 ff.
[119] Brandt 1984a; Schmid 1988, 151 ff.; Meier 2001b, 77 ff.
[120] Brandt 1991.
[121] Brandt 1986; Krämer 1984.
[122] Adam v. Bremen, Kirchengeschiche II 17 [15].
[123] Meier 2001b, 67 ff.
[124] Laggin 1985; Arnold 2000.
[125] Arnold 2000; Meier 2001b, 67.
[126] Annales regni Francorum 798, 802, 804.
[127] Helmold von Bosau, Chronica Slavorum I, 19.
[128] Müller-Wille 1977, 41; Meier 2001b, 68.
[129] Meier 2000; 2001a, 70 ff.; 2001b 71 ff., 2003.
[130] Hausigk 1995; Meier 2001a, 99.
[131] Meier 2000; 2001a, 101.; 2001b, 74 ff.; 2003.
[132] Witt 2002, 228 ff.
[133] Erlenkeuser 1998, 64 ff.
[134] Meier 2001b, 61ff.
[135] Saxo Grammaticus, Danorum Regum Herumque Historia.
[136] La Baume 1952/193; Kersten 1939; Meier 2001, 61.
[137] Meier 1997; Meier 2001b, 62 ff.
[138] Bantelmann 1975.
[139] Behre 1976.
[140] Meier 2004.
[141] Bantelmann 1992, 37.
[142] Bantelmann 1992, 37.
[143] Müller-Wille 1986, 301 ff.; Wiechmann1996, 527.
[144] Bantelmann 1992, 37.
[145] Meier 2004, 92 ff.
[146] Bantelmann 1992, 38.
[147] Müller-Wille 1987, 175 ff.
[148] Müller-Wille 1986, 295.
[149] Bantelmann 1992, 39.
[150] Bantelmann 1992, 39 f.; Braren 1935, 90 ff.
[151] Kersten 1939.
[152] Harck u.a. 1992, 35 ff.
[153] Kühn 1988, 195 ff.
[154] Segschneider 2000, 108 ff.
[155] Schlachter u. Reinhardt 1997, 11.; Schmidt 1987, 59 ff.
[156] Schlachter u. Reinhardt 1997, 17.; Schmidt 1987, 59 ff.
[157] Meier 2004, 150 ff.
[158] Schlachter u. Reinhardt 1997, 20 ff.
[159] Schlachter u. Reinhardt 1997, 22 ff.
[160] Schlachter u. Reinhardt 1997, 32 ff.
[161] Meier 2001b, 127 ff.
[162] Mißfeldt 2000, 125.
[163] Lammers 1953; Mißfeldt 2000, 126 ff.
[164] Lammers 1953.
[165] Meier 2003, 86 ff.
[166] Panten 1980, 117 ff.
[167] Panten 1980, 122 ff.
[168] Panten 1980, 122 ff.
[169] Peters 1992, 185 f.
[170] Behre 1995.
[171] de Ridder 2005, 60 ff.
[172] Vita Sancti Bonifatii 58 ff.
[173] Blok 1984, 1 ff.
[174] MGH Leges, 229.
[175] Annales regni Francorum 143.
[176] Blok 1984, 1 ff.
[177] Blok 1984 1 ff..
[178] Halbertsma 1963; Kramer 1989, 56.
[179] Gottschalk 1985.
[180] Blok 1984, 1 ff.
[181] Gallé 1963; Kramer 1989, 66.
[182] Hallewas u. van Regteren Altena 1980, 193.
[183] Pilon 1988, 197.
[184] Beenakker 1988; Borger u. Bruines 1994, 22 ff.
[185] Schoorl 1999, 71 ff.
[186] Blok 1984, 1 ff.
[187] Borger u. Bruines 1994.
[188] Saxo Grammaticus, Gesta Danorum, XIV, 7
[189] Meier 2001b, 122 ff.; Schmid 1988, 138; 1991, 23.
[190] Behre 1999, 15.
[191] Behre 1999, 18; Meier 2001b, 123 ff.; Nitz 1984, 58 ff.
[192] Krämer 1984, 153 ff.; Schmid 1991, 32 ff.
[193] Meier 2001b, 147 ff.; Schmid 1988, 143.
[194] Behre 1999, 26.
[195] Meier 2001b, 134 ff.
[196] Meier 2000; 2001a/b.
[197] Meier 2001a, 128.
[198] Meier 2001b, 133 ff.
[199] Meier 2001b, 140 ff.
[200] Meier 2001a, 124 ff.; 2001b, 149 ff.
[201] Meier 2001b, 149 ff.
[202] Meier 2001a, 124; 2001b, 99 ff.
[203] Panten 1989, 112.
[204] Meier 2001b, 106 ff.
[205] Meier 2001a, 137; Kroll 2001, 227 ff.; 261 ff.
[206] Meier 2001a, 135 ff.
[207] Meier 2001a, 147 ff.
[208] Meier 2001b, 121.
[209] Meier 2001a, 151 ff.
[210] Kühn u. Müllter-Wille 1988.
[211] Kühn 1989, 29 ff.
[212] Bantelmann 1966, 76 ff.; Kühn 1988, 223 f., 226.
[213] Kühn 1989, 18 ff.
[214] Hoffmann 1981.
[215] Kühn 1989, 19 ff.
[216] Kühn 1989, 22 ff.
[217] Peters 1992, 188 f.
[218] Peters 1992, 188 f.
[219] Übersetzung nach Hirsch 1936.
[220] Peters 1992, 200.
[221] Braunschweigische-Lüneburgische Deichordnung von 1664, Punkt 13.
[222] Meier 2001b, 132.
[223] Panten 1989, 111 ff.
[224] Panten 1989, 111.
[225] Meier 2001b, 90.
[226] Peters 1992, 190.
[227] Krämer 1989, 65.
[228] Hansen 1974, 76; Kühn 1989, 44.
[229] Hunrichs 1771, 45.
[230] Wohlenberg 1989, 57 ff.
[231] Kühn 1989, 39 ff.; Wohlenberg 1991.
[232] Scherenberg 1992, 434.
[233] Kramer 1989, 63.
[234] Hunrichs 1770, 120 ff.
[235] Kramer 1989, 67 ff.

[236] Panten 1989, 113 ff.
[237] Kramer 1992, 79.
[238] Kühn 1989, 42.
[239] Kramer 1989, 160 ff.
[240] Brandt 1984a.
[241] Bärenfänger 2005, 89.
[242] Behre 2003, 39; Meier 2001b.
[243] Borger 1994.
[244] Borger 1986, 56.
[245] Kramer 1992, 117.
[246] Wassermann 1984, 111 ff.
[247] Stoob 1951.
[248] Schmid 1991; Nitz 1994, 248 ff.
[249] Reinhardt 1965, 99 ff., 137 ff.
[250] Hausigk 1995; Vreugdenhill 1996, 59 ff.
[251] Hausigk 1995, 62; Vreugdenhill 1996, 65.
[252] Meier 2002, 4 ff.
[253] Nitz 1984, 53 Abb. 5.
[254] Nitz 1984, 47 ff.
[255] Carstensen 1985, 21 ff.
[256] Prange 1982, 9 ff.
[257] Marschalleck 1973, 127 ff.
[258] Marschalleck 1973, 127 ff.
[259] Marschalleck 1973, 127 ff.; Krämer 1991, 99 ff.
[260] Marschalleck 1973, 127 ff.
[261] Jankrift 2003, 19 ff.; Meier 2005.
[262] Annales regni Francorum 143.
[263] Annales Bertiani auctore Prudentio, 18.
[264] Schoorl 1999.
[265] In Wellinghusen, Kr. Dithmarschen, wurden die Hofplätze der Flachsiedlung im frühen 9. Jahrhundert erstmalig mit größeren Aufträgen aus Mist und Klei um etwa 1 m von NN +2 auf +3 m erhöht.
[266] Glaser 2001, 61, 87.
[267] Annales Quedlinburgensis, 83.
[268] Anselmi Gemblacensis contitunatio, 384
[269] Annales Floreffienses, 624.
[270] Sigiberti chronographiae, 446; Chronicon Guillelmi, 26.
[271] Annales Palidenses, 92.
[272] Helmold von Bosau, Chronica Slavorum, 2. Buch, 1 (97)
[273] Schröder 1999, 21.
[274] Annales Egmundani, 467.
[275] Chronica magistri Rogeri Bd. 2, 148; Radulphis des Diceto Ymagines Historiarum Bd. 1, 424; Annales monasterii de Walverleia, 241.
[276] Schoorl 199, 27.
[277] Emonis Chronicon, 488 f.
[278] Chronica Alberici, 907.
[279] Landesarchiv Schleswig, Abt. A XVIII, Nr. 6134.
[280] Annales Floreffienses, 628; Balduini Ninovensis chronicon, 546; Gottschalk 1971, 348 ff.; 517 ff.
[281] Behre 1999, 14 f.
[282] Behre 1999, 19 ff.
[283] Behre 1999, 24.
[284] Behre 1999, 20 ff.
[285] Ubbo Emmius, Rerum Frisicarum, 212.
[286] Neocours 1594, I, 217 ff.; Meier 1993, 73 ff.
[287] Neocorus 1594, I, 217 ff.; Fischer 1957, 56 ff.; Meier 1993, 73 ff.
[288] Boysen 1888, 1 ff.
[289] Meier 1998, 147 ff.
[290] Hansen u. Jessen 1904, 175 f.; Henningsen 2000, 140.
[291] Panten 1989, 66 ff.
[292] Heimreich 1668, 136.
[293] Vgl. Kühn 1989, 15.
[294] Meier 1998, 156 ff.; Meier 2005.
[295] Meier 1998, 156; Panten 1981, 160 ff.
[296] Knutzen 1588; Meier 1998, 156.
[297] Meier 1998, 156.; Meier 2005.
[298] Kühn 1989, 29 ff.
[299] Panten 1983, 161.
[300] Bantelmann 1966, 89.
[301] Henningsen 1998, 14 ff.
[302] Panten 1991, 8; Hagemeister 1991.
[303] Henningsen 2000, 84; Hansisches Urkundenbuch III, Nr. 320, 239.
[304] Hansisches Urkundenbuch IV, Nr. 20, 10.
[305] Henningsen 2000, 84.
[306] Hansen u. Jessen 1904, 73 ff., Henningsen 2000, 140.
[307] Henningsen 2000, 142 ff.
[308] Busch 1963a–c; Henningsen 1998, 89 ff.
[309] Busch 1963a, 12 Abb. 2.
[310] Sax 1636; 1638; Henningsen 1998, 66.
[311] Henningsen 2000, 83 ff.
[312] Panten 1989.
[313] Hoffmann 1988; 1992, 9 ff.
[314] Panten 1981, 88.
[315] Abschrift Universitätsbibliothek Kiel, S. H., 497 BB, f. 71.
[316] Zitiert nach Wohlenberg 1989, 34.
[317] Weikinn 1958, 470 ff.
[318] Neocorus 1594.
[319] Reichsarchiv Kopenhagen, Hansburg Registrant Nr. 14.; Fischer 1957, 108 ff.
[320] Michelsen 1834, 1 ff.
[321] Fischer 1956, 87 ff.
[322] Meier 2001b, 119.
[323] Fischer 1956, 88.
[324] Fischer 1956, 89.
[325] Panten 1989.
[326] Bantelmann 1966, 49.
[327] Bantelmann 1966, 59 ff.
[328] Original in der Königlichen Universitätsbibliothek in Kopenhagen. Übers. von B. Hinrichs. In: Hinrichs u.a. 1991, 82 ff.
[329] Bantelmann 1966, 51 ff.; Bantelmann 1977/1978; Hansen 1984; Hinrichs u.a. 1991.
[330] Kühn 1998, 30.
[331] Heimreich 1668.
[332] wörtlich bei Hinrichs u.a. 1991, 32.
[333] Wohlenberg 1989, 48 ff.
[334] Wohlenberg 1989, 30 ff.
[335] Heimreich 1668.
[336] Scherenberg 1992, 437.
[337] Jakubowski-Thiessen 1991, 73 ff.; 1992; Kramer 1989, 40.
[338] Jakubowksi-Thiessen 1991, 75 ff.
[339] Rosien 1740.
[340] Wohlenberg 1969, 12.
[341] Bolten 1781/88: zitiert nach Fischer 1957, 181.
[342] Bolten 1781/88: zitiert nach Fischer 1957, 181.
[343] Jakubowski-Thiessen 1991, 77; Meier 2005.
[344] Jakubowksi-Thiessen 1991, 75 ff.
[345] Jakubowski-Thiessen 1991, 78 ff.

[346] Kramer 1989, 219 ff.
[347] Kramer 1989, 40 ff.; Scherenberg 1992, 441.
[348] Bantelmann 1966, 64 ff.
[349] Bantelmann 1966, 69.
[350] Bantelmann 1966, 69.
[351] Bantelmann 1966, 79 ff.
[352] Kühn 1988, 225 ff.
[353] Wohlenberg 1969, 25; Scherenberg 1992, 443.
[354] Koehn 1954, 25.
[355] Koehn 1954, 25.
[356] Koehn 1954, 25.
[357] Ministerium für Ernährung, Landwirtschaft u. Forsten 1962.
[358] Roediger 1962, 1 ff.; Schulz 1962, 5 ff.
[359] Bericht Niedersächsische Ingenieur-Kommission 1962, 17 ff.
[360] Freistadt 1962, 81 ff.
[361] Aschenberg 1992, 294.
[362] Bericht des Landesamtes für Wasserwirtschaft Schleswig-Holstein 1962, 56 ff.
[363] Scherenberg 1992, 455 ff.
[364] Wieland 1990.
[365] Wieland 1990, 68.
[366] Kramer 1992, 91 ff.; Wieland 1990, 69 ff.
[367] Rhode 1992, 51.
[368] Streif 1993, 77 ff.
[369] Streif 1993, 77 ff.
[370] Ministerium für Ländliche Räume 1998.
[371] Cubasch 2003, 151 ff.
[372] Cubasch 2003, 153; IPCC 2001.
[373] Cubasch 2003, 157.
[374] Schönwiese 2003, 197.
[375] Schönwiese 2003, 187 ff.
[376] Schönwiese 2003, 204.
[377] Schönwiese 2003, 203 f.
[378] Schönwiese 2003, 210 ff.
[379] Bouwmeester 1993, 174 ff.
[380] Bouwmeester 1993, 180.
[381] Segeberg 1997, 233 ff.
[382] Tetens 1788, 5, 109.
[383] Fischer 1997, 211.
[384] Stade Deklaration 1997, 29.
[385] Vollmer u.a. 2001.
[386] Esbjerg Deklaration 2001, 176.
[387] Kramer 1989, 214 ff.; Kramer 1992, 141 ff.
[388] Barckhausen 1969; Behre 1999, 30; Kramer 1992, 141 ff.
[389] Barckhausen 1969; Streif 1986.
[390] Behre 1999, 30; Streif 1986; Freund u. Streif 2000.
[391] Kramer 1989, 217.
[392] Backhaus 1943.
[393] Backhaus 1943.
[394] Kramer 1989, 219 ff.
[395] Behre 1999, 30.
[396] Prange 1986, 34 ff.
[397] Kühn 1989, 23 ff.
[398] Meier 1999, 121 ff.
[399] Bantelmann 1966, 90 ff.
[400] Koehn 1954, 126.
[401] Meier 2001a, 161.
[402] Bantelmann 1966, 64 ff.
[403] Heimreich, Nordfriesische Chronik.
[404] Bantelmann 1966, 59 ff.
[405] Bantelmann 1966, 89 ff.
[406] Kühn 1988, 221 ff.
[407] Kühn 1988, 222 Nr. 12.
[408] Bantelmann 1966, 78.
[409] Bantelmann 1966, 80; Kühn 1989, 25 ff.
[410] Kruse 1794, 223.
[411] Bantelmann 1966, 89.
[412] Bantelmann 1966, 69.
[413] Bantelmann 1966, 79 ff.
[414] Kühn 1988, 225 ff.
[415] Kühn 1988, 225; Lorenzen 1749.
[416] Behre 1999, 30.

ORTSREGISTER

A
Abbehausen, Ostfriesland: 143
Ärmelkanal: 17, 19, 28
Ahrenshöft, Nordfriesland: 34
Albersdorf, Dithmarschen: 36, 37, 39, 42, 93, 169
Alkersum, Föhr: 85, 172, 178
Almere, Holland: 47, 119
Alsum, Land Wursten: 162
Altaugustenkoog (Alt Augustenkoog), Eiderstedt: 106, 110, 117
Altenbruch, Land Hadeln: 162, 166
Altendeich, Land Wursten: 56, 57, 100, 166
Alter Teich, Krummhörn: 100, 101
Alt-Nordstrand: siehe unter Strand
Ammerland, Niedersachsen: 89
Ammerswurth, Dithmarschen: 100
Amrum, Nordfriesland: 13, 22, 24, 29, 35, 41, 49, 66, 67, 86, 88, 124, 172, 174, 177, 178
Amsterdam, Holland: 120, 152
Anegat, Holland: 122
Antarktis: 16
Archsum, Sylt: 39, 41, 42, 45, 46, 51 ff., 88, 172, 176
Arlau, Nordfriesland: 173
Arle, Ostfriesland: 157
Aurich, Ostfriesland: 161

B
Balumer Bucht, Nordfriesland: 137
Ballum Marsch, Dänemark: 46
Baltrum, Ostfriesland: 10, 161, 166
Bant, Wilhelmshaven: 90
Bant, Juister Watt: 118, 169
Barlt, Dithmarschen: 168, 169
Bederkesa, Kr. Cuxhaven: 162, 166
Behmhusen, Dithmarschen: 133
Beltringarde: 94, 125, 182
Belum, Land Hadeln: 162, 166
Bensersiel, Ostfriesland: 118
Bentumersiel, Rheiderland: 54 ff.
Biervliet, Niederlande: 118
Billdorf, Juist: 167
Blaue Balje, Ostfriesland: 169
Blexen, Butjadingen: 77, 162, 165
Böckinharde (Bökingharde), Nordfriesland: 94, 118, 172
Boehn, Brookmerland: 164
Bökelnburg, Dithmarschen: 78 ff., 81, 169
Boge, Gotland: 43
Boomborg/Hatzum, Rheiderland: 54
Borkum, Ostfriesland: 10, 28, 166 ff.
Bornhöved, Holstein: 91
Botschlott, Nordfriesland: 134
Bottergatt, Nordfriesland: 131, 181
Brabant, Belgien: 120
Bredstedt, Nordfriesland: 172, 173
Bredstedter Werk, Nordfriesland: 112
Bremen: 70, 71, 91, 117, 121, 122, 126
Brösum, Eiderstedt: 89
Broklandsau, Dithmarschen: 34, 35, 36
Brookmerland, Ostfriesland: 100, 158, 161, 164
Brügge, Belgien: 97
Brunock, Strand: 130, 134, 137
Brunsbüttel, Dithmarschen: 123, 133, 162
Büsum, Dithmarschen: 11, 102, 123, 126, 146, 149, 168, 169
Büsumer Deichhausen, Dithmarschen: 102
Bunde, Ostfriesland: 159, 160, 161
Bunderhee, Ostfriesland: 160, 161, 164
Bunderneuland, Ostfriesland: 159
Bunsoh, Dithmarschen: 37
Buphever, Strand: 131, 134, 138
Bupte, Strand: 131, 138, 144
Burg, Dithmarschen: 78, 81
Burger Au, Dithmarschen: 78, 81
Burhave, Butjadingen: 165
Butjadingen: 10, 70, 76 ff., 91, 100 ff., 122, 123, 125, 142, 162, 165 ff.

C
Campen, Krummhörn: 161, 162
Cappel, Land Wursten: 162, 166
Carolinensiel, Ostfriesland: 161, 162, 164
Christian-Ebers-Polder, Ostfriesland: 159
Christianskoog, Dithmarschen: 148, 149
Cornwall, England: 43
Crildumer Bucht, Wangerland: 20, 56, 74 ff., 101, 164

D
Dänemark: 42, 69, 92, 93, 185
Dagebüll, Nordfriesland: 135, 144, 149, 172, 173, 181, 183
Dagebüller Bucht: 125, 129, 182
Denghoog, Sylt: 39, 40, 41, 175
Detern, Friesland: 89
Deutsche Bucht: 26, 27, 183
Dingerdonn, Dithmarschen: 24, 25
Dithmarschen: 10, 12, 15, 22 ff., 33, 35 ff., 41, 42, 45, 58 ff., 70, 78 ff., 91 ff., 101 ff., 105, 109, 116, 126, 133, 141, 142, 168 ff., 185
Ditzum, Rheiderland: 158, 159, 161
Dörplemsee, Föhr: 88
Doggerbank: 16, 17, 19
Dollart, Ostfriesland: 10, 89, 100, 114, 118, 121, 122, 158, 159
Dokkum, Niederlande: 69
Dorestad, Niederlande: 69, 70, 85
Dornum, Norderland: 161, 163
Dornumerbucht: 164
Dornumersiel, Norderland: 161, 162
Dorum, Land Wursten: 162, 165, 166
Drelsdorf, Nordfriesland: 15
Dublin, Irland: 86
Dünkirchen, Flandern: 96
Dunsum, Föhr: 45, 178
Dunum, Kr. Wittmund: 71, 73

E
Eckwarden, Butjadingen: 162, 165
Eddelak, Dithmarschen: 133
Edemannswisch, Dithmarschen: 116

Edomsharde, Nordfriesland: 103, 125, 126, 141
Eider: 11, 12, 22 ff., 34, 63, 67, 85, 89, 91, 93, 101, 102, 105, 130, 133, 149, 153, 168, 173
Eiderstedt, Nordfriesland: 11, 12, 22, 24, 66, 67, 85 ff., 93 ff., 102 ff., 105, 109, 113, 123 ff., 133 ff., 141, 142, 156, 168 ff., 170 ff.
Eidum, Sylt: 176
Eidumdeich, Sylt: 107
Eilsum, Krummhörn: 161
Elbe: 10, 12, 15, 22, 34, 43, 53, 69, 78, 91, 101, 120, 133, 149, 174
Elisenhof/Tönning, Eiderstedt: 70, 78, 85 ff., 86, 171
Ellenbogen, Sylt: 175
Elpersbütteler Donn, Dithmarschen: 101
Emden, Ostfriesland: 10, 122, 142, 160 ff., 164, 167
Emmelsbüll, Nordfriesland: 172, 173
Ems: 9, 21, 34, 47 ff., 50 ff., 53, 55, 71, 73, 74, 75, 93, 100, 121, 122, 158, 159, 162
England: 27, 42, 68, 69, 167
Esesfleth, Itzehoe: 78
Esens, Harlingerland: 164
Esing, Eiderstedt: 24
Everschop, Eiderstedt: 94, 109

F
Färöer: 28
Fahretoft, Nordfriesland: 173
Fahrtorfer Mariendeich: 136
Fahrstedt, Dithmarschen: 79, 80
Fahrtofter Mariendeich, Nordfriesland: 136
Fallstief, Eiderstedt: 102, 103, 104, 105, 106, 133
Fallward, Land Wursten: 57, 58
Fanø, Dänemark: 13
Fedderingen, Dithmarschen: 22, 34, 35, 39
Feddersen-Wierde, Land Wursten: 56 ff., 59, 63, 162
Fedderwarden, Wangerland: 164
Fivelbucht, Ostfriesland: 100
Fockeburg, Ostfriesland: 91
Föhr, Nordfriesland: 12, 13, 20, 22, 35, 41, 45, 50, 66, 86, 87, 88, 94, 118, 124, 144, 172, 174, 178
Flandern, Belgien: 96 ff., 100, 117, 120 ff., 123, 126, 133
Flögeln, Landkreis Cuxhaven: 36, 37, 42
Frewsum, Krummhörn: 163
Friedrichshof, Dithmarschen: 36
Friedrichskoog, Dithmarschen: 10
Friedrichstadt, Nordfriesland: 168, 173, 174
Friesische Balje: 122, 125
Friesland: 69, 70, 84, 89, 93, 118, 119, 121 ff., 123

G
Gaikebüll (Gaikebull), Nordstrand: 137, 138
Gamsbüll, Nordfriesland: 118, 173
Garding, Eiderstedt: 24, 66, 103, 104, 168, 170
Glückstadt: 174
Goeree, Zeeland: 97, 98
Gooiland, Zeeland: 120
Goting, Föhr: 86, 178
Gottels, Wangerland: 164
Greetmersiel, Ostfriesland: 113
Greetsiel, Ostfriesland: 161, 162, 163
Gröde: siehe unter Hallig Gröde
Groningen, Niederlande: 70, 89, 123, 160, 164
Grönland: 15, 16
Groothusen, Krummhörn: 101, 161, 162 ff.
Großefehn, Ostfriesland: 161, 164
Großer Koog, Pellworm: 105
Großes Meer, Ostfriesland: 161
Gudme/Fünen, Dänemark: 66

H
Habel: siehe unter Hallig Habel
Haddien, Wangerland: 164
Land Hadeln, Niedersachsen: 95, 120, 166
Haferwisch, Dithmarschen: 60, 61, 62, 63, 65, 66, 168, 169
Haithabu, Schleswig: 69, 70, 85
Hallig Gröde(-Appelland): 11, 118, 129, 131, 144, 146, 148, 172, 181, 183
Hallig Habel: 125, 129, 131, 144, 172, 176, 180, 183
Hallig Hingstneß: 144
Hallig Hooge: 11, 88, 104, 105, 118, 125, 129, 146, 148, 172, 180, 181, 182
Hallig Langeneß: 11, 118, 129, 131, 144, 148, 172, 183, 184
Hallig Norderoog: 11, 129, 172, 181, 183
Hallig Nordstrandischmoor: 131, 147, 172, 181
Hallig Oland: 129, 131, 144, 172, 179, 181, 183
Hallig Süderoog: 11, 129, 172, 178, 182
Hallig Südfall: 8, 9, 128, 129, 131, 132, 135, 144, 176, 172, 179
Halligen, Nordfriesland: 11, 117, 118, 145, 179 ff.
Haringvliet, Zeeland: 98
Harlebucht, Ostfriesland: 74, 100, 118, 125, 164
Harlesiel, Ostfriesland: 161, 164
Harlingerland, Ostfriesland: 161, 163
Hamburg: 15, 78, 126, 148, 149, 185
Hamburger Hallig, Nordfriesland: 24, 137, 172, 180
Hannover: 33
Hanswarft, Hooge: 182
Harburg, Hamburg: 120
Haringvliet, Zeeland: 97, 98
Harle, Ostfriesland: 169
Harlebucht, Ostfriesland: 164
Harlesiel, Ostfriesland: 161, 162
Haseldorfer Marsch: 149
Hassenbüttel, Dithmarschen: 79, 80, 82 ff., 85, 168
Hattstedter Alter und Neuer Koog, Nordfriesland: 173
Hatzum, Rheiderland: 54, 55, 159
Hatzumfeen, Rheiderland: 159, 161
Hedehusum, Föhr: 86, 178
Heersdiep, Holland: 122
Heete, Butjadingen: 77, 123
Heide, Dithmarschen: 39, 59, 93
Helgoland: 43, 44, 71, 92, 168, 176, 184, 185
Helgoländer Rinne: 17
Helmfleth, Eiderstedt: 104, 106, 170
Hemmingstedt, Dithmarschen: 91 ff., 168
Hever, Nordfriesland: 11, 12, 78, 103, 125, 126, 130, 137, 144, 173
Heverkoog, Eiderstedt: 104, 106, 170
Hilligenley, Langeneß: 148, 184
Hinte, Krummhörn: 161, 163
Hjemsted, Dänemark: 45, 46, 48, 49, 50
Hodorf, Kr. Steinburg: 55
Hödienwisch, Dithmarschen: 102, 116
Hörnum, Sylt: 172, 175, 177

Hofe, Land Wursten: 100
Hohe Lieth: 100
Holland: 96 ff., 100, 109, 115, 119, 120, 121 ff., 123, 133, 148
Holmkoog, Eiderstedt: 104, 106, 170
Holstein: 78, 91
Holstenau, Dithmarschen: 78
Hooge: siehe unter Hallig Hooge
Hooksiel, Ostfriesland: 161, 162, 164
Honkenswarft, Langeneß: 183
Horsbüll, Nordfriesland: 172, 173
Horsbüllharde, Nordfriesland: 94
Hundorf, Eiderstedt: 104, 106, 108, 112, 170
Husum, Nordfriesland: 110, 130, 142, 149, 168, 172, 173 ff.

I
Ihlienworth, Land Handeln: 162, 165
Ijsselmeer, Niederlande: 47, 97, 98
Ilgrof, Strand: 134
Imsum, Land Wursten: 57, 100, 162, 165, 166
Itzehoe (Etzehoe), Kr. Steinburg: 55, 122
Iveleck, Lundenbergharde: 130
Ivenfleth (Vienflete), Störmarsch: 122

J
Jade: 10, 113, 118, 162
Jadebusen, Friesland: 20, 22, 27, 77, 89, 114, 122 ff., 125, 142, 162, 165
Jade-Weser-Raum: 18
Jansum, Ostfriesland: 122
Jappsand, Nordfriesland: 172, 181
Jarrenwisch, Dithmarschen: 116
Jemgum, Rheiderland: 54, 158, 159, 161
Jever, Friesland: 72, 89, 123, 165
St.-Johannis-Koog, Eiderstedt: 104, 170
Juist, Ostfriesland: 10, 160, 161, 166 ff.
Jütland, Dänemark: 47, 86, 100

K
Kampen, Niederlande: 122
Kampen, Sylt: 174
Kanalpolder, Ostfriesland: 159
Katharinenheerd, Eiderstedt: 68, 104, 168, 170
Kating, Eiderstedt: 134
Katingsiel, Eiderstedt: 168, 173
Keitum, Sylt: 45, 172, 176
Ketelswarft, Langeneß: 184
Klanxbüll, Nordfriesland: 172, 173
Kleinfriesland (Frisia Minor): 84, 100
Kleve, Dithmarschen: 22, 39
Klixbüll, Nordfriesland: 133, 134, 137
Köln: 86
Kniepsand, Amrum: 11, 177
Knudswarf, Hallig Gröde: 144
Koldenbüttel, Eiderstedt: 141
Krummhörn, Ostfriesland: 13, 54, 56, 70, 75, 100, 116, 161, 162 ff.
Kuden, Dithmarschen: 78

L
Lac Flevo, Holland: 45, 119
Landschaftspolder, Ostfriesland: 159

Land Wursten: siehe unter Wursten
Langedijk, Texel: 97
Langeneß: siehe unter Hallig Langeneß
Langeoog, Ostfriesland: 10, 143, 161, 166 ff.
Langwarden, Butjadingen: 77, 78, 162
Lauwers (Fluss), Holland: 69, 84
Lauwerssee, Holland: 69, 71
Leer, Ostfriesland: 91, 158, 160 ff.
Lehe, Dithmarschen: 67
Lek, Niederlande: 69
Lembecksburg, Föhr: 87, 88, 172, 178
Leybucht, Ostfriesland: 100, 118, 162, 163, 169
Linden-Pahlkrug, Dithmarschen: 37
Lindholm Høje, Limfjord: 86
List, Sylt: 86, 171, 175, 176
Lith, Strand: 130, 131, 137, 141
Lockfleth, Butjadingen: 77, 123, 125
Loire, Frankreich: 96
Loppersum, Ostfriesland: 161
Loquard, Krummhörn: 161, 162
Lübeck: 92
Lüdingworth, Land Hadeln: 162, 165
Lüttmoor, Nordfriesland: 142
Lundeborg/Fünen, Dänemark: 66
Lunden, Dithmarschen: 36, 67
Lundenberg, Nordfriesland: 130, 131, 132
Lundenbergharde, Nordfriesland: 103, 127, 130 ff., 141
Lundener Nehrung, Dithmarschen: 22, 35, 67, 101

M
Maadebucht, Friesland: 20, 123
Maas, Niederlande: 89, 97, 117
Maastricht, Niederlande: 69, 85
Mainz: 47
Mandø, Dänemark: 13
Maningaburg, Krummhörn: 163
Manslagt, Krummhörn: 101, 102, 163
Marie-Elisabeth-Koog, Nordstrand: 141
Marienhafe, Brookmerland: 158, 161, 164
Marienkamp/Esens: 164
Marne, Dithmarschen: 79, 80, 102, 103, 168
Marschkoog, Eiderstedt: 106
Marsdiep, Holland: 97, 99, 122
Massilia: 47, 184
Meldorf, Dithmarschen: 78, 79, 92, 93, 101, 168, 169
Meldorfer Bucht: 10, 11, 102, 103
Melenknop, Archsum/Sylt: 45, 51, 52
Memmert-Sand, Ostfriesland: 10, 166
St. Michaelisdonn, Dithmarschen: 22, 39, 168
Middels, Ostfriesland: 72
Middelzee, Niederlande: 80
Midlum, Föhr: 172
Midlum, Krummhörn: 163
Midlum, Rheiderland: 161
Midlum, Land Wursten: 57, 72, 166
Mildstedt, Nordfriesland: 174
Misselwarden, Land Wursten: 162, 165
Miele, Dithmarschen: 36
Mimhusenkoog, Eiderstedt: 106
Mitteldorp (Middeldorp), Büsum: 102, 123
Mittelmarschkoog, Sylt: 42
Moordorf, Ostfriesland: 161
Morsum, Strand: 130, 138, 141

Morsum, Sylt: 43, 107, 172, 175, 177
Mucking/Essex, England: 68
Mühlendeich, Eiderstedt: 104, 111
Münster, Westfalen: 70, 71, 160
Mulsum, Land Wursten: 162, 166
Mykene, Griechenland: 44

N
Nebel, Amrum: 86, 172, 178
Nesse, Ostfriesland: 161, 163, 164
Neuenkirchen, Dithmarschen: 102, 116, 168, 169
Neufeld, Land Wursten: 56, 57, 100
Neugrodendeich, Wangerland: 100
Neuharlingersiel, Ostfriesland: 161, 162, 164
Neu-Peterswarft, Hallig Langeneß: 148
Neuwarfen, Wangerland: 74, 164
Neuwerk: 162, 165, 183
Nieblum, Föhr: 178
Niedamdeich, Nordfriesland: 113, 126, 132
Niederlande: 153, 156, 167
Niederstrich, Land Wursten: 56, 57, 100, 166
Niens, Butjadingen: 77, 142
Nieuwport, Flandern: 96
Norddorf, Amrum: 172, 178
Norderaue, Nordfriesland: 12, 125, 130, 174, 183
Nordereider, Eiderstedt: 105
Norderhever, Nordfriesland: 11, 12, 103, 124, 125, 130, 131, 137, 144
Norderheverkoog, Eiderstedt: 106
Norderland, Ostfriesland: 68, 161, 163 ff.
Norderney: 10, 161, 166
Norderoog: siehe unter Hallig Norderoog
Norderoogsand: 172, 181
Norden, Ostfriesland: 118, 161
Nordenhamm, Kr. Wesermarsch: 123
Nordfriesische Inseln: 29, 44, 171, 175 ff.
Nordfriesland: 12, 15, 22, 24, 33, 41 ff., 84 ff., 104 ff., 109 ff., 117 ff., 126, 133, 134 ff., 149, 173 ff.
Nordholland: 115
Nordhusen, Dithmarschen: 133
Nordjütland: 44
Nordstrand, Nordfriesland: 8, 12, 24, 39, 110, 125, 126, 130, 131, 141, 137 ff., 172, 178 ff.
Nordstrandischmoor: siehe unter Hallig Nordstrandischmoor

O
Oberstrich, Land Wursten: 100, 166
Ockenswarft, Hooge: 182
Ockholm, Nordfriesland: 182
Ockholmer Koog, Nordfriesland: 174
Oder: 43
Östringen, Friesland: 165
Offenbüller Bucht, Eiderstedt: 102, 105, 133, 170
Oland: siehe unter Hallig Oland
Oldenburg i.O.: 91, 93, 142, 165
Oldenswort, Eiderstedt: 93, 102
Oldersum, Ostfriesland: 91
Oldorf, Wangerland: 70, 74 ff., 161, 164
Oldsum, Föhr: 178
Olversum, Eiderstedt: 85, 134
Osnabrück, Westfalen: 33
Ostbense, Osfriesland: 56

Ostergo, Niederlande: 70, 89
Osterharde, Nordfriesland: 94
Osterhever, Eiderstedt: 102, 106, 133, 168
Osterhusen, Krummhörn: 91
Ostermoor, Dithmarschen: 56
Osterwohld, Strand: 131, 138
Ostfriesische Inseln: 10, 22, 27, 29, 123, 143, 156, 166 ff.
Ostfriesland: 18, 20, 47 ff., 89 ff., 90, 91, 100, 116, 117, 161
Ostsee: 43
Ostseel, Brookmerland: 143, 161, 164
Oud Rockanje, Voorne: 97, 98
Ovelgönne: 91

P
Paddingbüttel, Land Wursten: 162, 166
Padelek, Lundenbergharde: 130
Papenburg, Emsland: 91
Paris, Frankreich: 69
Pellworm, Nordfriesland: 8, 9, 12, 13, 24, 39, 88, 104 ff., 124 ff., 130, 131, 134, 136 ff., 171 ff., 172, 174, 179
Pellwormharde, Nordfriesland: 94, 103, 124, 125, 140, 182
St. Peter-Ording, Eiderstedt: 11, 67, 168, 170, 171
St. Peter-Wittendün, Eiderstedt: 89
Pewsum, Krummhörn: 163
Pilsum, Krummhörn: 101, 161, 163
Pinatubo, Philippinen: 152
Poggenburger Leide, Wangerland: 74
Pohnshallig, Nordfriesland: 137
Pohnswarft, Hooge: 182
Pommern: 93
Poppenbüll, Eiderstedt: 102, 104, 106, 123, 168, 170
Porrenkoog, Nordfriesland: 110
Putten, Zeeland: 98

R
Randzelgat, Ostfriesland: 167
Rantrum, Sylt: 176
Rantum, Sylt: 107
Reetfleth (Reetfleet): 102, 106, 107
Rheiderland, Ostfriesland: 20, 52 ff., 122, 158 ff.
Rhein: 34, 43, 47 ff., 69, 89, 97, 117, 119
Ribe, Dänemark: 69, 70, 71, 86
Ritzebüttel, Kr. Cuxhaven: 165
Rodenkirchen, Wesermarsch: 20, 37, 43, 44, 50 ff., 162, 165
Rømø, Dänemark: 13
Rüstringen, Friesland: 77, 89, 165
Ruhwarden, Butjadingen: 165
Rummelloch, Nordfriesland: 131, 137, 138, 140
Rungholt, Nordfriesland: 9, 14, 113, 124, 126 ff., 128
Rungholtbucht, Nordfriesland: 134
Rutegat, Nordfriesland: 174
Rysum, Krummhörn: 13, 73, 161, 162

S
Sansibar, Tansania: 185
Schalkholz, Dithmarschen: 15, 16
Schardeich, Pellworm: 105, 178
Scheemadabucht: 121, 159
Schelde: 89, 97, 117, 118
Schenefeld, Holstein: 78

Schleswig: 92
Schobüll, Nordfriesland: 34
Schockenbüll, Eiderstedt: 106, 107
Schockenbüller Koog, Eiderstedt: 106, 107
Schoo: 164
Schortens, Kr. Friesland: 71, 73, 161, 165
Schülp, Dithmarschen: 102
Schwabstedt, Nordfriesland: 15
Schwarzes Brack, Friesland: 122, 123, 125
Sehestedter Außendeichsmoor: 20, 32, 162, 165
Sengwarden, Wangerland: 164
Shetland Inseln: 27
Sibetsburg, Wilhelmshaven: 90, 162
Sielmönken, Krummhörn: 100, 101
Sielmönkener Bucht, Krummhörn: 20, 100, 101, 163
Sieversflether Koog, Eiderstedt: 110
Sieverskoog, Eiderstedt: 106
Sillens, Butjadingen: 77, 142, 165
Sillenstede, Wangerland: 164
Simonsberg, Lundenbergharde: 130, 131
Skallingen, Dänemark: 13
Skærbæk, Dänemark: 45, 48
Sönke-Nissen-Koog, Nordfriesland: 172, 174
Soest: 86
Speyer: 86
Spieka, Land Wursten: 162, 166
Spiekeroog, Ostfriesland: 10, 28, 143, 161, 167
Stade: 91
Stadland: 91, 165
Stapelmoor, Rheiderland: 160
Stedingen: 108
Stedinger Brokland: 117
Steenodde, Amrum: 172, 178
Stellerburg, Dithmarschen: 78, 79, 80, 169
Stinumdeich, Sylt: 105 ff., 176
Stintebüll (Stintebull), Strand: 130, 137, 138
Stör, Kr. Steinburg: 55, 78, 122
Stollberg, Nordfriesland: 15, 22
Strand (Alt-Nordstrand): 11, 100, 102, 105, 110, 117, 124, 126, 127, 131, 134 ff., 180
Stormarn: 78
Stufhusen, Eiderstedt: 170, 171
Süddorf, Amrum: 178
Süderau, Dithmarschen: 36, 101
Südau Tief, Nordfriesland: 137
Süderaue, Nordfriesland: 12, 125, 130, 174, 183
Süderbusenwurth, Dithmarschen: 58 ff., 63
Süderhever, Eiderstedt: 24, 78, 102, 106, 170
Süderoogsand, Nordfriesland: 172
Süderpiep, Dithmarschen: 11, 12
Südfall: siehe unter Hallig Südfall
Südjütland, Dänemark: 47
Sylt: 13, 22, 24, 29, 35, 39, 41, 49, 66, 85, 88, 94, 105 ff., 118, 124, 149, 171, 172, 174 ff.

T
Tammensiel, Pellworm: 178
Tating, Eiderstedt: 24, 66, 89, 103, 168, 170
Tellingstedt, Dithmarschen: 78
Tetenbüll, Eiderstedt: 102, 104, 106, 170, 172, 173
Tetenbüller Koog, Eiderstedt: 106
Tettens, Wangerland: 159, 164
Texel, Niederlande: 97, 122

Themse, England: 117, 123
Tholendorf, Eiderstedt: 24
Tiebensee, Dithmarschen: 60 ff., 64, 168, 169
Tinum, Sylt: 45, 176
Tinumburg, Sylt: 87, 88, 172, 175
Tödienwisch, Dithmarschen: 102
Tönning, Eiderstedt: 63, 67, 103, 152, 168, 170, 171
Tofting, Eiderstedt: 60, 61, 63 ff., 85, 171
Toftum, Nordfriesland: 46, 88, 172, 174
Tondern Marsch, Dänemark: 46, 142, 172, 173
Tossens, Butjadingen: 162
Treene, Eiderstedt: 69, 85, 130, 173, 174
Trindermarschkoog (Trendermarsch), Nordstrand: 134, 141
Trischen, Dithmarschen: 22
Tümlauer Bucht, Eiderstedt: 11

U
Ülvesbüll (Uelvesbüll), Eiderstedt: 123, 130, 168, 170
Uelvesbüller Koog, Eiderstedt: 148
Uetersum, Föhr: 178
Upgant, Brookmerland: 91, 164
Upleward, Krummhörn: 54, 68, 75, 101, 161, 162
Uthaven, Dithmarschen: 103, 123
Uthlande, Nordfriesland: 39, 84, 93 ff., 104 ff., 124 ff., 126, 130, 141
Utholm (Holm), Eiderstedt: 11, 94, 103, 104, 109, 170
Utrecht, Niederlande: 69, 70, 71, 120
Uttum, Krummhörn: 161

V
Vedbæk, Dänemark: 34
Vlie (Fluss), Niederlande: 84, 119, 121
Voorne, Niederlande: 97, 98
Vortrapptief: 12, 175, 178

W
Waaden-Sil, Föhr: 88
Waas: 120
Waddens, Butjadingen: 165
Wadewarden, Wangerland: 164
Walcheren, Niederlande: 120
Waldhusener Bucht, Nordfriesland: 134
Wanga, Friesischer Gau: 89
Wangerland, Friesland: 70, 74 ff., 125, 159, 164 ff.
Wangerooge: 10, 133, 143, 148, 160, 161, 166 ff.
Wardamm, Dithmarschen: 102
Wasserkoog, Eiderstedt: 106
Weddingstedt, Dithmarschen: 78
Weener, Rheiderland: 160
Weißes Moor, Dithmarschen: 102
Wellinghusen, Dithmarschen: 79, 80 ff., 83, 168
Welt, Eiderstedt: 78, 85, 168, 170
Wennemannswisch, Dithmarschen: 64, 102, 116
Wenningstedt, Sylt: 45, 171, 174, 176
Weser: 10, 21, 26, 34, 43, 47, 50, 53, 69, 73, 78, 93, 100, 109, 113, 120, 123, 125, 142, 165
Wesselburen, Dithmarschen: 73, 79, 80, 102, 103, 104, 116, 168, 169
Westela, Nordenhamm: 123
Westeraccum, Ostfriesland: 68, 161, 163
Westerems, Ostfriesland: 167
Westergo, Niederlande: 70, 71, 89

Westerhever, Eiderstedt: 11, 67, 102, 104, 105, 112, 114, 154, 168, 170
Westerhever-Sand, Eiderstedt: 11, 110
Westerland, Sylt: 45, 86, 171, 172, 177
Westerwohld, Strand: 131, 138, 139
Westfalen: 71
Westfriese Omringdijk, Holland: 97, 98
Westfriesland, Holland: 84, 164
Westvoorne, Zeeland: 97
Wiearden, Wangerland: 164
Wiedingharde, Nordfriesland: 46, 47, 88, 107, 172, 174
Wiefels, Friesland: 123
Wieringen, Holland: 99
Wijnaldum, Westergo: 70
Wilhelmsburg, Hamburg: 108
Wilhelmshaven: 10, 90, 122, 165
Wilstermarsch: 133
Windbergen, Dithmarschen: 35
Winschoten-Bucht: 121, 159
Wirichsharde (Witrichsharde), Nordfriesland: 125, 144, 182
Withby, England: 34
Witsum, Föhr: 172, 178
Wittdün, Amrum: 172, 178
Wittewierum, Groningen: 122
Wittmund, Friesland: 123
Witzwort, Eiderstedt: 86, 102, 130, 168, 173
Wöhrden, Dithmarschen: 102, 103, 169
Woquard, Krummhörn: 163
Wremen, Land Wursten: 162, 166
Wrixum, Föhr: 178
Wrykesharde, Nordfriesland: 94
Wülgen, Flandern: 97
Wümme: 117
Wüppels, Wangerland: 74, 162, 164
Land Wursten: 10, 45, 56 ff., 78, 95, 100, 125, 162, 165 ff.
Wyk auf Föhr, Nordfriesland: 35, 86, 145, 172, 176, 178
Wymeer, Brookmerland: 164

Y
York, England: 69

Z
Zeeland, Niederlande: 97, 123, 133
Zetel, Friesland: 72
Zevanc, Niederlande: 120
Zijpe, Niederlande: 122
Zuidersee, Niederlande: 47, 97 ff., 119, 120, 153
Zwijn, Flandern: 96